Eduquer et Former

Ouvrages parus chez le même éditeur

Les Sciences humaines. Panorama des connaissances, Jean-François Dortier, 1998.

L'Identité. L'individu, le groupe, la société, Jean-Claude Ruano-Borbalan (coordonné par), 1998.

La Communication : état des savoirs, Philippe Cabin (coordonné par), 1998.

Les Organisations : état des savoirs, Philippe Cabin (coordonné par), 1999.

Le Cerveau et la Pensée. La révolution des sciences cognitives, Jean-François Dortier (coordonné par), 1999.

L'Histoire aujourd'hui, Jean-Claude Ruano-Borbalan (coordonné par), 1999.

Philosophies de notre temps, Jean-François Dortier (coordonné par), 2000.

L'Economie repensée, Philippe Cabin (coordonné par), 2000.

La Sociologie : histoire et idées, Philippe Cabin et Jean-François Dortier (coordonné par), 2000.

Si vous désirez être informé(e) des parutions de Sciences Humaines Éditions
et de la revue mensuelle *Sciences Humaines* :
Sciences Humaines, 38, rue Rantheaume,
BP 256, 89004 Auxerre Cedex.
Tél. : 03 86 72 07 00/Fax : 03 86 52 53 26.
www.scienceshumaines.fr

Eduquer et Former

2e EDITION REFONDUE ET ACTUALISÉE

Les connaissances et les débats en éducation et en formation

COORDONNÉ PAR
JEAN-CLAUDE RUANO-BORBALAN

Éditions
SCIENCES HUMAINES

Réalisation et diffusion de l'ouvrage

Conception : Jean-Claude Ruano-Borbalan

Coordination : Jean-Claude Ruano-Borbalan, Philippe Cabin

Conception maquette, mise en pages intérieures et fabrication :
Anne Leprince et Marc-Philippe Saligue,
PolyPAO, 89420 Saint-André-en-Terre-Plaine

Conception maquette couverture : Gilbert Franchi

Secrétariat : Laurence Blanc

Diffusion : Nadia Léal

Promotion : Estelle Dorey

Diffusion Presses universitaires de France
Distribution Union Distribution

38, rue Rantheaume,
BP 256, 89004 Auxerre Cedex

ISBN 2-912601-11-8

AVERTISSEMENT

Cet ouvrage est une réédition entièrement refondue et actualisée. Il contient 60 % de textes nouveaux par rapport à la première édition parue en 1998. Ces derniers sont pour l'essentiel des articles parus dans le mensuel *Sciences Humaines* entre 1998 et 2001, ainsi que plusieurs textes inédits. Les textes conservés de la première édition ont pour la plupart été revus par leurs auteurs. L'appareillage pédagogique (bibliographie, encadrés) a été également actualisé. Il entend ainsi fournir un panorama renouvelé et récent des connaissances et des débats en éducation et en formation.

Liste des auteurs

Marguerite Altet, Professeur en sciences de l'éducation à l'Université de Nantes

Chris Argyris, Professeur à l'Université de Harvard

Jean-Pierre Astolfi, Professeur à l'Université de Rouen

Robert Ballion, chercheur au Cadis (Centre d'analyse et d'intervention sociologique, CNRS et EHESS)

Claudie Bert, journaliste

Jean-Pierre Boutinet, Professeur à l'Université catholique de l'Ouest, Directeur de l'Institut de recherche fondamentale et appliquée d'Angers, Professeur associé à l'Université de Sherbrooke (Canada)

Jean-Paul Bronckart, Professeur à la Faculté de psychologie et des sciences de l'éducation de Genève

Jerome Bruner, Professeur à l'Université de New York

Philippe Cabin, journaliste au magazine *Sciences Humaines*

Philippe Carré, Professeur à l'Université Paris-X-Nanterre, Président de l'Association Interface recherche

Pierre Caspar, Professeur titulaire de la chaire de formation des adultes du CNAM

Gaëtane Chapelle, journaliste au magazine *Sciences Humaines*

Gérard Chauveau, Chercheur à l'INRP (Institut national de la recherche pédagogique)

Marcel Crahay, Professeur à l'Université de Liège

Jean-Louis Derouet, Chercheur à l'INRP (Institut national de la recherche nédagogique)

François Dubet, Professeur de sociologie à l'Université Bordeaux-II, chercheur au Cadis (Centre d'analyse et d'intervention sociologique, CNRS et EHESS)

Marie Duru-Bellat, Professeur à l'Université de Bourgogne, chercheur à l'Iredu (Institut de recherche en économie de l'éducation, CNRS)

Marie-Françoise Fave-Bonnet, Maître de conférences à l'Université Paris-X-Nanterre

Jean-Yves Fournier, Professeur de psychopédagogie à l'IUFM de Créteil

Martine Fournier, journaliste au magazine *Sciences Humaines*

Howard Gardner, Professeur de psychologie à l'université de Harvard, Professeur de neurologie à la Faculté de médecine de Boston

Clermont Gauthier, Professeur à la Faculté des sciences de l'éducation de l'Université Laval (Canada)

André Giordan, chercheur au Laboratoire de didactique et d'épistémologie des sciences de l'Université de Genève

Roger Girod, Professeur honoraire à l'Université de Genève, Professeur invité aux Universités Columbia de New York et UCLA de Los Angeles

Georgette Goupil, Professeure au département de psychologie de l'Université du Québec à Montréal

Michel Grangeat, Maître de conférences, IUFM et Université Pierre Mendès-France, Grenoble

Charles Hadji, Professeur à l'Université Pierre Mendès-France, Grenoble

Gilles Leclercq, Maître de conférences en sciences de l'éducation, Centre université économie éducation permanente, Université de Lille-I, Laboratoire Trigone

Claude Lessard, Professeur à l'Université de Montréal et Directeur du Laboratoire d'étude des professionnalités en éducation

Guy Lusignan, Consultant en éducation

Edmond Marc, Professeur à l'Université Paris-X-Nanterre

Philippe Meirieu, Professeur à l'Université Lyon-II, Directeur de l'Institut des sciences et pratiques d'éducation et de formation de l'Université Lyon-II

Catherine Monnier, Maître de conférences à l'Université Paul-Valéry de Montpellier

Edgar Morin, Philosophe et sociologue

Guy Pelletier, Professeur à la Faculté des sciences de l'éducation à l'Université de Montréal

Serge Pouts-Lajus, Chercheur à l'Observatoire des technologies de l'éducation en Europe

Marie-José Rémigy, Professeur à l'Université de Haute-Alsace

Jean-Luc Roulin, Maître de conférences à l'Université de Savoie

Jean-Claude Ruano-Borbalan, Directeur du magazine *Sciences Humaine*s

Claudie Solar, Professeur au Département de psychopédagogie et d'andragogie de la Faculté des sciences de l'éducation de l'Université de Montréal

Maurice Tardif, Professeur à l'Université de Montréal et Directeur du Centre national de recherche sur la formation et la profession enseignante

Louis Toupin, Consultant

Vincent Troger, Maître de conférences à l'IUFM de Versaillles et à l'Université Paris-X-Nanterre

Francine Vaniscotte, Ancienne chargée de mission aux relations internationales à l'INRP (Institut national de la recherche pédagogique)

Gérard Vergnaud, Directeur de recherche au CNRS

Rolland Viau, Professeur à l'Université de Sherbrooke (Canada)

SOMMAIRE

INTRODUCTION GÉNÉRALE

DE L'APPRENANT AU SAVOIR

Jean-Claude Ruano-Borbalan*

DE L'APPRENANT AU SAVOIR

Dans les années 80, la réflexion sur l'éducation avait consacré « la centration sur l'apprenant ». Depuis la seconde moitié des années 90, elle est marquée par le retour d'une perspective sociologique, et par une interrogation sur les savoirs à transmettre et à acquérir.

LES RECHERCHES EN ÉDUCATION comme en formation d'adultes relèvent d'une part de la réflexion pédagogique qui remonte à la Renaissance, et d'autre part des sciences humaines et sociales, qui se développent à partir du XXe siècle. Pour ce qui concerne la pédagogie (*voir l'article de Jean-Claude Ruano-Borbalan, p. 55*), la réflexion éducative s'est débattue depuis un siècle entre deux conceptions fondamentales. La première est dite « traditionnelle ». Elle est dominante dans les pratiques et privilégie le cours magistral et la transmission d'un savoir académique élaboré par les instances universitaires et scientifiques. La seconde est issue d'une tradition d'innovation remontant au moins à Jean-Jacques Rousseau, qui privilégie l'autonomie et l'activité de l'élève.

La pensée pédagogique s'est depuis près d'un siècle plutôt inscrite dans la seconde tradition. Durant le XIXe et le XXe siècles, de nombreuses expériences pédagogiques ont approfondi les intuitions des philosophes des Lumières. Ce courant d'innovation pédagogique s'est incarné dans le mouvement de l'école nouvelle et la définition des méthodes actives il y a une cen-

* Directeur de publication du magazine *Sciences Humaines*.

taine d'années (*voir l'article de Martine Fournier sur l'éducation nouvelle, p 75*). Progressivement, par la voie de l'action pédagogique s'est imposée l'idée que l'élève, le formé, est autonome. Il conquiert lui-même son savoir et doit seul développer ses aptitudes. Cette idée s'est propagée lentement dans l'école primaire, technique et l'éducation permanente, puis s'est généralisée après la Seconde Guerre mondiale.

En France pendant près d'un siècle, la réflexion éducative et pédagogique s'est développée à l'ombre d'une interrogation très prégnante sur la transformation du système éducatif par voie de politiques de réformes. Jusqu'aux années 70, elle était principalement l'œuvre d'organisations ou de groupements d'enseignants et seules quelques disciplines universitaires comme la psychologie développaient une véritable activité de recherche sur l'éducation. L'approche sociologique était restreinte, hormis quelques études (dont l'œuvre de Durkheim), et la réflexion pédagogique était l'œuvre d'innovateurs ou de mouvements d'innovations pédagogiques comme l'ICE Freinet (Institut coopératif de l'école moderne) ou le GFEN (Groupe français d'éducation nouvelle) français, plutôt liés aux mouvements politiques de gauche de l'époque. Ces mouvements connurent leur apogée dans les années 60. Pendant deux décennies (les années 60-70), les travaux de recherche ont été axés sur les fonctions et l'organisation des systèmes d'éducation et de formation : rôle de la classe et du groupe; analyse de l'inculcation idéologique au sein du système d'enseignement, etc. Durant les années 70-80, la question pédagogique a décliné, alors même que se développait une réflexion universitaire en sciences de l'éducation (histoire, sociologie, économie de l'éducation notamment).

Depuis une trentaine d'années, les interrogations de la recherche en éducation et en formation résultent de plus en plus nettement de l'interaction entre des évolutions institutionnelles et des problématiques scientifiques, de plus en plus nombreuses. Il est vrai que le nombre de chercheurs universitaires en sciences de l'éducation a fortement cru et que nombre de chercheurs de toutes disciplines s'intéressent à l'éducation et à la formation. Comme le rappelle Michel Develay dans un récent panorama critique (1), les sciences de l'édu-

1. M. Develay, *Propos sur les sciences de l'éducation, réflexions épistémologiques*, ESF, 2001.

cation sont diverses. Certaines sont intégrées aux disciplines des sciences humaines et sociales. D'autres sont plus marquées par une réflexion sur le «comment» de l'éducation, et s'interrogent sur les finalités, les valeurs. C'est le cas de «l'andragogie» (pédagogie pour adultes) et de la pédagogie. On doit, de manière générale, considérer les sciences de l'éducation comme des «sciences de l'ingénieur», des sciences appliquées en quelque sorte, qui puisent leurs sources théoriques dans les sciences humaines et la psychologie.

Les interactions entre les sciences humaines et les pratiques pédagogiques ou andragogiques se sont donc développées, et de nouvelles interprétations ont émergé. Ainsi, la psychologie cognitive, l'analyse des représentations et des processus d'apprentissage ont, par exemple, fini par dominer la réflexion pédagogique, au détriment d'une psychologie «chaude», celle des pulsions et des affects. En conséquence, les questions pédagogiques se sont élargies à de nouvelles interrogations comme l'erreur, les objectifs en formation, les contrats, la question des contenus d'enseignement, les méthodes diverses (pédagogie institutionnelle, par groupes, différenciées, etc.), l'évaluation, la docimologie, etc. Bref, à tout ce que l'élève apprend «réellement» à l'école, au-delà de la description formelle des programmes.

Du point de vue sociologique ou historique, la vision critique et quantitative a cédé du terrain face à une microsociologie de l'action et des pratiques éducatives. Cette réflexion sociologique a d'ailleurs pris une ampleur considérable à la fin des années 90 (2). Dans le droit fil de cette mutation, les interrogations sur la classe, le rôle des enseignants, les didactiques ont été accompagnées par un retour du questionnement sur les finalités de l'éducation, sur les valeurs et la culture à transmettre.

Dans le champ de la formation professionnelle, la nécessité de résultats et de transferts de compétences dans les situations professionnelles a focalisé les investigations des chercheurs sur des questions comme la validation des acquis ou encore la prise en compte et la définition des savoirs d'action. Plus récemment ont émergé des réflexions sur l'autoformation, la communication et les dispositifs de formation (*voir les articles*

2. A. Van Zanten (dir.), *L'Ecole. L'état des savoirs*, La Découverte, 2000. Voir également la présentation de cet ouvrage page 27.

de Philippe Carré et Gilles Leclercq, pages 123 et 223). Là aussi, comme pour la sociologie de l'école, de nombreuses recherches sont arrivées à maturation. (3)

Comprendre les transformations scolaires

La réalité scolaire est marquée par la persistance de grandes inégalités de cursus scolaire entre les élèves (*voir l'article de Marie Duru-Bellat, p. 235*). Cependant la démocratisation a progressé et, selon les enquêtes du ministère de l'Education, nationale la proportion d'enfant d'ouvriers au baccalauréat augmente par rapport aux autres catégories socioprofessionnelles. On sait par ailleurs que les enfants d'étrangers ont, en moyenne, une réussite scolaire plus faible que les enfants de Français. Mais ce sont surtout les conditions de vie, de logement, le nombre d'enfants, le niveau culturel qui peuvent être invoqués : en effet les étrangers ne réussissent pas moins que les Français qui ont le même type de famille.
Une sociologie de l'expérience et des pratiques s'est affirmée, qui prend comme objet l'action individuelle en estimant qu'elle est toujours tiraillée entre plusieurs logiques : celles des valeurs, des intérêts personnels, des rôles sociaux. L'«expérience» des acteurs est précisément ce qui réunifie ces différents registres. Son promoteur, François Dubet, a, par exemple, initié au début des années 90 une enquête sur la vie, les représentations et les aspirations des différentes couches lycéennes dans huit établissements de Paris et de province, de centre ville et de banlieue. Les lycéens, en particulier ces «nouveaux lycéens» qui affluaient en masse dans les sections les moins nobles de l'enseignement général, étaient pris dans une compétition dont ils cherchaient à se préserver par des stratégies individuelles d'évitement. La situation était évidemment différente pour les élèves des lycées d'élite bourgeoise parisienne qui tentaient de conserver les valeurs aristocratiques de l'humanisme secondaire traditionnel. L'enquête montrait que le plus frappant demeurait à la fois la hiérarchisation des filières, des classes et des établissements et la cascade ruisselante de mépris qui en découle. Les lycéens intériorisant la honte qui s'attache à leur filière – les «C» (S actuels) méprisant les «A» (L actuels), qui méprisent les «G», et ainsi de

3. P. Carré et P. Caspar (dir.), *Traité des sciences et techniques de la formation*, Dunod, 1999.

suite – à leur établissement, à leur classe. Au total, l'enquête montrait des lycéens enfermés dans des nécessités d'airain et développant une attitude purement utilitaire.
L'une des autres grandes interrogations des années récentes s'est focalisée sur l'augmentation de la violence scolaire qui, chacun le sait, a fait couler beaucoup d'encre. Le problème est particulièrement emblématique des transformations de la jeunesse, des réalités de la société et des contraintes des institutions éducatives. Eric Debarbieux rappelle que la perception et la réalité de la violence scolaire ont non seulement nourri un fort débat public, mais également généré l'inquiétude de parents d'élèves dont on sait que *«la peur de la violence est aujourd'hui l'un des éléments dans le choix des établissements d'accueil pour leurs enfants»* (4). Si le battage est récent, le phénomène date du milieu des années 70 : c'est pour nombre de sociologues l'irruption de nouveaux publics scolaires dans des institutions inadaptées qui en serait l'origine.
En fait, la violence en milieu scolaire reste très faible si l'on se réfère aux statistiques globales de victimation, en tout cas proportionnellement à ce que l'on constate hors de l'école. Cependant les enquêtes montrent que la dureté des agressions augmente. C'est aussi un climat d'insécurité qui s'est répandu. Cette insécurité subie correspond aux évolutions globales de la criminalité et de sa traduction dans l'espace scolaire : si le nombre de crimes et délits graves décroît, les incivilités et micro-agressions augmentent. Elles sont par définition difficiles à réprimer et à contenir, ce qui entretient le sentiment de désordre et d'inquiétude. Nombre de recherches ou directives tournent autour de la nécessité du renforcement de l'autorité des chefs d'établissements, mais aussi d'une régulation accrue et de l'intervention de personnels de surveillance plus nombreux. Cohésion et stabilité des équipes éducatives sont des solutions souvent évoquées pour traiter le phénomène de la micro-violence en milieu scolaire.
La prise en compte de plus en plus nette du problème de la violence a conforté un mouvement plus vaste vers une valorisation du rôle de l'établissement scolaire dans le processus d'éducation. D'autres enjeux se sont clairement affirmés : la citoyenneté, les valeurs et la culture scolaire. Pour ne prendre que l'exemple de la citoyenneté, l'un des objectifs les plus

4. E. Debarbieux, *La Violence en milieu scolaire*, ESF, 1999.

importants de l'école, on peut souligner que le débat s'est focalisé sur la transmission de l'histoire politique de la République et sur la laïcité. Il s'agit notamment de réfléchir à la prise en compte des identités et des cultures issues des immigrations. Cependant, la construction même d'une citoyenneté scolaire, intégrant les parents d'élèves et surtout les élèves, ne progresse guère.

La question du sens

L'une des grandes avancées de la réflexion éducative est d'avoir montré que, pour être statistiquement constatés, les déterminismes sociaux ne sont pas des forces absolues. Le milieu social d'origine des élèves n'est plus conçu comme la raison unique de la réussite et des trajectoires. Les pratiques des familles et de l'élève vis-à-vis de la culture et de l'école sont essentielles. Les analyses des trajectoires scolaires, en particulier l'étude de la réussite scolaire individuelle pour les élèves de milieux défavorisés, permettent le renouvellement des interrogations. Alors que l'image classique de l'école en banlieue est celle de l'échec scolaire, une minorité importante des jeunes issus de milieux populaires poursuit une scolarité normale, voire brillante. L'équipe Escole de l'Université Paris-X a montré à l'aide de maintes enquêtes que les «bons» élèves ont des caractéristiques communes dans leur rapport au savoir et à l'école, quelle que soit leur origine sociale. Ces élèves donnent sens aux apprentissages scolaires et ne renvoient pas à plus tard, «pour un métier», l'intérêt de l'école. Ils comprennent la cohérence des tâches parcellaires. Ils conçoivent l'école comme un moyen d'émancipation de leur milieu familial qu'ils ne renient pas pour autant. Certes, l'origine sociale structure effectivement la «carrière scolaire», mais l'étude des histoires individuelles atteste que la «mobilisation» des élèves peut être cruciale.
Ainsi, la question du sens dans l'univers scolaire ou de formation est peu à peu devenue une interrogation importante. Elle porte principalement sur les représentations que chacun des acteurs construit dans son parcours de formation. Elle concerne également les perspectives et valeurs que prônent les programmes et l'institution scolaire. Depuis des décennies en effet, la question de l'éducation et celle de l'insertion professionnelle et du développement économique et social étaient intimement liées. Si cette liaison demeure pour les bonnes filières et les bons lycées, elle s'est mise à poser problème

depuis vingt ans au moins, pour un nombre croissant d'élèves et d'enseignants. La question du rapport au savoir éclaire elle aussi ces mutations. En effet, travailler et apprendre n'a pas le même sens pour les apprenants que pour les enseignants, pour un adulte ou pour un enfant, pour un jeune des quartiers bourgeois ou un jeune des quartiers difficiles. Pour ces derniers il s'agit d'obtenir un diplôme, d'acquérir de l'autonomie et un travail. Dans de telles postures il est très peu question du savoir de type académique et désintéressé. Pour l'essentiel, les jeunes issus des couches populaires ont un rapport tactique aux apprentissages, qui ne comportent de ce fait que peu de valeur en eux-mêmes. Pour les enseignants il s'agit d'aider les élèves à s'approprier du savoir par une démarche active et volontaire. La contradiction est flagrante, souvent insurmontable.

Dans le même temps, les familles elles aussi projettent sur l'espace scolaire des imaginaires et des finalités particulières. Elles investissent l'école d'un rôle considérable. Bien entendu, selon les types de familles et de couches sociales, tous les parents n'ont pas la même vision de l'institution et de ses objectifs. Il reste que les qualités essentielles nécessaires pour réussir dans les cursus scolaires (autonomie, capacité d'argumentation, familiarité avec la culture consacrée…) demeurent celles qui sont développées au sein des couches aisées.

Apprendre à apprendre

Au cours de ce siècle, plusieurs courants de la psychologie ont fortement marqué, et marquent encore l'éducation et la formation.

• **Le béhaviorisme** (*behavior* signifie comportement en anglais). Ce courant, dominant dans la première moitié du XXe siècle, postule que l'apprentissage est une modification du comportement provoqué par les *stimuli* provenant de l'environnement. L'un de ses promoteurs, Burrhus F. Skinner (1904-1990), en a tiré les conclusions pédagogiques, qui peuvent se résumer à la mise en place d'encouragements ou de renforcements positifs en fonction des résultats obtenus à des séries de questions.

• **La psychologie du développement.** La figure emblématique de ce courant, Jean Piaget (1896-1980), a développé une théorie des stades de développement de l'enfant et de l'adolescent (*voir les textes de Martine Fournier et de Jean-Paul Bronckart pages 173 et 179*). Elle a connu un succès massif dans les travaux pédagogiques et les formations d'enseignants pour n'être aujourd'hui pratiquement plus évoquée.

• **La psychologie cognitive.** Elle s'est développée depuis les années 60. Elle fait partie du vaste courant des sciences cognitives, regroupant avec elle la philosophie de la connaissance, les neurosciences, l'intelligence artificielle, etc. Elle explore la perception et le traitement de l'information, c'est-à-dire le tri et l'encodage qu'effectue le cerveau dans la masse des données qui lui parviennent. Les recherches montrent, par exemple, que la mémoire est multiple (à court terme, à long terme). Elles se préoccupent des représentations et des images mentales comme de la résolution de problèmes. On peut de ce point de vue suivre Jean-François Le Ny qui envisage la connaissance comme une articulation entre la mémoire, les représentations et les apprentissages : *« Toute acquisition individuelle d'une connaissance se fait* [alors] *en fonction de* [ces] *structures cognitives préexistantes, par une interaction entre l'information entrante et l'information déjà présente. Les premières acquisitions font, chez le bébé, une place prédominante aux traitements perceptifs et perceptivo-moteurs, et aux abstractions spontanées qui s'exercent sur eux. Plus tard, le langage et les conceptualisations socialement réglées dont il est le véhicule prennent la direction de ce processus. »* (5)

Les sciences de l'éducation reprennent ces travaux afin de savoir comment les élèves, les formés, apprennent, et surtout comment leur faciliter cet apprentissage (6). L'accent est porté aujourd'hui sur les conditions d'acquisition des savoirs au plan pédagogique (aspects généraux de la formation) et didactique (formes liées à l'enseignement de telles ou telles connaissances ou compétences).

Par exemple, on peut estimer (*voir l'entretien avec André Giordan, p. 95*) que tout formé, tout élève, construit des systèmes de représentations qui intègrent à la fois ses savoirs antérieurs, ses conceptions, et une part des informations qu'il capte grâce aux séances de formation. Nulle formation, nul enseignement ne peut se bâtir contre les systèmes cohérents de représentations, savoirs et croyances des élèves en formation. En fait, se former, c'est en grande partie modifier ses représentations et

5. P. Champy et C. Etévé (dir.), *Dictionnaire encyclopédique de l'éducation et de la formation*, Nathan (réédition 1998).
6. J.-N. Foulin et S. Mouchon, *Psychologie de l'éducation*, Nathan, 1998.

passer d'une cohérence à une autre : apprendre ne consiste pas à empiler des informations les unes sur les autres, mais à transformer ses «structures cognitives». Encore faut-il, soulignent les chercheurs, que les élèves aient l'occasion de les exprimer, de les travailler lors des séquences de formation ou d'enseignement, et puissent les transformer. Transformer ses représentations, c'est notamment confronter ses connaissances aux informations que propose le formateur. Il s'agit pour ces derniers de mettre en œuvre des dispositifs susceptibles d'aider à la modification des systèmes de représentations des apprenants.

La fin des années 90 a vu, dans le champ de la recherche en éducation, le reflux du «tout cognitif» dont les excès ont été soulignés à propos des méthodes d'éducabilité cognitive ayant fait florès à la fin des années 80 (gestion mentale d'Antoine de La Garanderie, Programme d'enrichissement instrumental de Reuven Feuerstein, etc.). De fait, les recherches biologiques et psychologiques ont montré toute la complexité des mécanismes cérébraux (7) et la grande difficulté d'une transposition pédagogique. Ainsi on trouve peu d'applications directes des découvertes des neurosciences : traitement des dysfonctionnements, ou entraînements mentaux dans des cas de difficulté d'apprentissage de la lecture par exemple.

Qu'est-ce qu'on apprend ?

L'une des grandes questions de la pédagogie est celle de la nature des connaissances, savoirs et contenus de formation. Elle se pose de manière différente dans l'éducation et dans la formation. Dans le système éducatif, c'est la question de la didactique des disciplines qui fait l'objet du plus grand nombre de travaux *(voir l'article de Gérard Vergnaud, p. 273)*. En formation d'adultes, la nature des savoirs, la question des compétences et celle de l'auto-formation constituent une part capitale des réflexions.

En France, contrairement à d'autres pays, les programmes d'enseignement et les contenus de formation ne font guère l'objet de discussions de la part des chercheurs en pédagogie. Ce sont plutôt les historiens ou les sociologues qui pistent les problèmes dans la définition des savoirs sociaux, académiques ou professionnels. Dans la tradition éducative française, qui

7. J.-F. Dortier (dir.), *Le Cerveau et la Pensée*, Editions Sciences Humaines, 2000.

persiste, les programmes sont élaborés par le corps d'inspection générale, les spécialistes universitaires, puis décidés par le ministre. La question des programmes constitue ainsi l'un des points aveugles quoique crucial du système d'enseignement (l'autre étant la classe et son dispositif). Les réflexions éducatives s'effectuent ainsi toujours dans le cadre des programmes et des structures existants. Les choses ont cependant un peu évolué. La réflexion universitaire est venue, il y a une vingtaine d'années, des études sur la formation et l'enseignement techniques, où la nécessité de rendre les apprentissages opératoires a conduit à la création de référentiels d'objectifs de transmission comme d'acquisition. La décennie des années 80 a abouti à une généralisation de la définition des contenus d'enseignement et de formation en termes d'objectifs à acquérir. L'essentiel demeure : les programmes définissent ce qu'il est convenu de connaître en fonction de critères internes aux disciplines universitaires. Ils servent à la mise en place des examens et des concours, destinés à orienter et à sélectionner. Ils servent aussi de garde-fou autant que de protection pour les enseignants et formateurs. Les recherches en formation d'adultes se sont penchées, quant à elles, sur la question de l'appropriation des savoirs par l'apprenant (*voir l'article de Pierre Caspar, p.31*).

La notion de compétence s'est imposée, mais elle est controversée. Elle est en effet portée par des acteurs relevant de secteurs différents : d'une part le monde de l'entreprise et des ressources humaines, et d'autre part celui de l'éducation permanente, de l'enseignement technique ou de la recherche pédagogique. Ce débat met au jour la réflexion sur ce que doit pouvoir faire l'individu et non, à l'inverse, sur la seule définition des exigences des institutions de formation ou des entreprises. Il a aussi le mérite de montrer la nécessité de relier les aspects psychologiques et sociaux aux aspects purement cognitifs dans les processus d'acquisition de savoirs et de compétences. Ainsi, pour comprendre l'engagement d'un individu en formation, il convient de s'interroger sur les transformations identitaires qu'il a connues à travers ses expériences scolaires, sociales et professionnelles, et sur la signification qu'il leur accorde globalement. L'habitude de la mobilité, par exemple, joue un rôle important dans la possibilité de poursuite des itinéraires individuels. L'image que se fait une personne d'elle-même et les affects qu'elle éprouve à propos d'expériences antérieures deviennent dès lors déterminants pour expliquer son engagement en formation et les résultats qui en découlent (*voir l'article de Philippe Carré, p. 123*).

Le débat qui se mène autour de l'introduction des nouvelles technologies dans les formations est un prolongement fécond (8). La possibilité d'autoformation que fourniraient les nouveaux outils de communication a amené certains auteurs à se poser le problème de la structure traditionnelle de l'enseignement, de la place des formateurs et des enseignants. La réflexion sur la formation ou l'apprentissage à distance met en avant les problèmes spécifiques de l'acquisition des connaissances par l'apprenant : motivation lorsque l'on est seul, type de navigation et de cursus d'apprentissage, etc. (*voir l'article de Martine Fournier, p. 287*).

Evaluer apprenants et formateurs

Pour la formation comme pour l'éducation, la question de l'évaluation ou de la validation des acquis prend une place croissante. On parle aujourd'hui d'évaluation formative, c'est-à-dire permettant à l'apprenant d'améliorer ses démarches d'apprentissage et de renforcer ses connaissances. Pourtant, les pratiques ne se modifient guère, en particulier celles qui sont liées à la litanie d'examens et concours qui certifient tous les cursus scolaires ou de formation. Mais de multiples difficultés jaillissent lorsque l'on aborde l'évaluation (*voir l'article de Charles Hadji, p. 131*). En effet, celle-là n'est pas une démarche de recherche, mais avant tout une pratique sociale. Elle met en jeu des relations de pouvoir et des normes sociales : quelle que soit par exemple la justesse des procédures de notation, c'est bien un construit et un choix social de décréter que 10,1 est une note qui permet de réussir alors que 9,9 ne le permet pas.

L'apprentissage est avant tout un processus personnel. Mais il doit être aidé par un formateur qui facilite les acquisitions et assure la médiation entre le savoir savant et le savoir construit. Ainsi, la question des formateurs, de leurs compétences pédagogiques et disciplinaires est-elle désormais centrale. On compte en France plus de 700 000 enseignants et près de 300 000 formateurs (dont près d'un tiers à temps plein). Des enquêtes menées par l'Institut de recherche en économie de

8. S. Bellier, *Le E-learning*, Editions Liaisons, 2001.

l'éducation de Dijon ont démontré la part prépondérante du formateur dans les résultats scolaires : c'est l'«effet maître». Le style d'enseignement, la motivation et l'énergie au travail primeraient sur la formation, les moyens matériels mis en œuvre, voire même sur les méthodes pédagogiques ou les caractéristiques socioculturelles des élèves. Depuis ces constatations, un nombre considérable de recherches a étudié les conditions de la relation pédagogique et son efficacité (*voir l'article de Clermont Gauthier, p. 207*).

De la réflexion à l'action

Le trait le plus frappant, au total, de l'évolution des recherches et réflexions en formation initiale et continue demeure bien la métamorphose régulière des interrogations. L'analyse des conditions socioculturelles des élèves, de la volonté d'éducation permanente, de la reproduction sociale par l'orientation/sélection s'est éclipsée à la fin des années 80. Elle n'a dès lors plus constitué la référence première pour étudier les fondements de l'apprentissage. La mise en avant des facteurs d'apprentissage internes à l'individu au détriment des facteurs externes s'est ensuite inscrite dans la grande vague de mutation des sciences humaines, privilégiant l'individu, ses biais et ses fonctionnements cognitifs, ses stratégies et ses expériences. L'inflexion la plus récente est allée vers une prise en compte des aspects institutionnels et des interactions. Sur le plan sociologique, on a privilégié l'analyse du rôle des établissements ou des arrangements entre acteurs. Du point de vue des apprentissages, on s'est centré sur l'importance de la communication, sur la professionnalisation des formateurs. Mais c'est au fond l'interrogation sur le savoir, sa place centrale dans le processus d'éducation et de formation, qui a marqué la fin du XXe siècle et le début du XXIe.

Chapitre I

La recherche en éducation : problématiques, méthodes, finalités

Jean-Pierre Astolfi*

LES MUTATIONS DU PAYSAGE PÉDAGOGIQUE**

Depuis vingt ans, la pédagogie s'est centrée sur l'apprenant et les mécanismes d'apprentissage, puis sur les savoirs. Jean-Pierre Astolfi dresse un tableau des recherches et leurs apports.

Le paysage pédagogique s'est métamorphosé depuis une vingtaine d'années. Il suffirait, pour mieux s'en convaincre, de comparer la liste des contributions à cet ouvrage avec ce qui constituait, il n'y a pas si longtemps, les « questions vives » de l'éducation.

Où sont passés, par exemple, l'intérêt valorisé pour la relation pédagogique, l'omniprésence des objectifs pédagogiques, les débats passionnels sur l'autorité et le pouvoir dans la classe, comme les prises de position définitives pour ou contre la non-directivité ? Sans décrire par le menu des évolutions que d'autres préciseront plus loin, je proposerai ici une mise en perspective, sans prétention à l'objectivité ni à l'exhaustivité.

Une centration sur l'apprenant

L'évolution la plus immédiatement perceptible est la généralisation de l'idée d'une centration de l'enseignement sur l'apprenant lui-même. Evidemment, ce n'est pas là une nouveauté radicale. Tout le courant qualifié d'éducation nouvelle depuis le début du siècle, toute la pédagogie institutionnelle aussi, militent depuis longtemps contre un apprentissage par émission-réception, qui privilégiait le « processus enseigner » au détriment du « processus apprendre », selon les termes de Jean Houssaye. Mais ce qui était l'engagement militant de minorités actives figure désormais dans

* Professeur de sciences de l'éducation à l'Université de Rouen.

** *Sciences Humaines*, hors-série n° 12, février/mars 1996, texte revu et actualisé, décembre 2000.

la loi d'orientation de 1989 qui met l'enfant *«au centre du système éducatif»*. Celle-ci institutionnalise des tendances qui ont fait, dans la décennie précédente, l'objet de très nombreuses expérimentations et publications, autour des idées de tutorat, d'aide individualisée, de travail personnel de l'élève, de différenciation pédagogique, de médiation... Le problème est aujourd'hui que cette thématique est devenue dominante dans les textes officiels et les ouvrages de formation... si ce n'est dans les pratiques effectives! Comme ce fut le cas antérieurement avec la mode des objectifs pédagogiques, qui a généré toute une littérature, sans pénétrer réellement les salles de classe.

A lire sur le sujet...
- Altet Marguerite, *Les Pédagogies de l'apprentissage*, Puf, 1997.
- Hameline Daniel *et al.*, *L'Ecole active, textes fondateurs*, Puf, 1995.
- Houssaye Jean, *Le Triangle pédagogique*, Peter Lang, 1998.
- Meirieu Philippe, *L'Ecole, mode d'emploi*, ESF, 1995.

Cette centration sur l'apprenant s'identifie souvent au terme «constructivisme», voulant signifier que c'est l'élève qui construit son savoir, et que personne ne peut se substituer à lui dans ce processus. Cela ne signifie nullement que la part de l'enseignant ne soit plus décisive. Plutôt que de rester garant du «vrai», cela le conduit notamment à mieux comprendre les erreurs des élèves avec leur logique cachée, à en rechercher le sens, et à prendre appui sur elles pour favoriser leur dépassement. Les erreurs sont une chose normale dans un processus d'apprentissage. Elles sont de moins en moins des «perles» ou des fautes à sanctionner; elles deviennent d'utiles indicateurs pour comprendre où en est la pensée des élèves et pour orienter efficacement les interventions enseignantes.

A lire sur le sujet...
- Astolfi Jean-Pierre, *L'Erreur, un outil pour enseigner*, ESF, 1997.
- Bassis Odette, *Se construire dans le savoir*, ESF, 1998.
- De Vecchi Gérard, *Aider les élèves à apprendre*, Hachette, 2000.
- Jonnaert Philippe et Vander Borght Cécile (dir.), *Créer des conditions d'apprentissage*, De Boeck, 1999.
- Sanner Michel, *Modèles en conflit et stratégies cognitives*, De Boeck, 1999.

Par exemple, d'innombrables travaux ont sensibilisé au fait que les élèves ont déjà en tête, avant la leçon, leurs représentations propres (qualifiées aussi de conceptions alternatives). C'est le cas pour la plupart des concepts biologiques et physico-chimiques comme la digestion, la nutrition des plantes, la reproduction et la sexualité, mais aussi la chaleur et température, les changements d'état de la matière, les forces, les circuits électriques... Les enfants doivent bien, en effet, se représenter mentalement dès leur plus jeune âge, d'une façon satisfaisante à leurs yeux, le fonctionnement de leur propre corps comme de leur environnement quotidien.
Surtout, une forte résistance de ces conceptions aux efforts d'enseignement s'est maintes fois vérifiée, puisqu'elles peuvent traverser la scolarité, inchangées jusqu'à l'Université. Les prendre en compte dans la classe s'avère dès lors

nécessaire, conduisant à mettre au cœur de l'activité scolaire ce que les élèves savent déjà (ou croient savoir). Apprendre ne se ramène donc pas à un cumul d'informations, mais passe par le remaniement des conceptions, et surtout par un travail actif des obstacles.

A lire sur le sujet...
- Bednarz Nadine et Garnier Catherine (éds), *Construction des savoirs, obstacles et conflits*, Agence d'Arc, 1989.
- Fabre Michel, *Bachelard éducateur*, Puf, 1995.
- Giordan André et de Vecchi Gérard, *L'Origine des savoirs*, Delachaux et Niestlé, 1997.
- Giordan André, Girault Yves et Clément Pierre (dir.), *Conceptions et connaissances*, Peter Lang, 1994.
- Viennot Laurence, *Raisonner en physique : la part du sens commun*, De Boeck, 1996.

Les différenciations de la pédagogie

Ce mouvement de centration sur l'élève conduit à mieux prendre en considération les individualités, en termes d'histoire personnelle et sociale, mais surtout dans le pilotage diversifié des apprentissages. Différencier évite alors de prendre à contre-pied, sans le percevoir, le fonctionnement mental de certains. Les travaux d'Antoine de La Garanderie, basés sur la distinction qui a fait florès dans les années 80 entre auditifs et visuels, ne doivent pas cacher d'autres styles cognitifs théoriquement mieux fondés : DIC (dépendance-indépendance à l'égard du champ), R-I (réflexivité-impulsivité), etc. Le problème, avec les styles cognitifs, c'est d'éviter qu'un louable souci adaptatif ne se traduise par un enfermement. Le défi, dirait Philippe Meirieu, c'est que tout élève *«a simultanément besoin d'une pédagogie à sa mesure... et de se mesurer à d'autres pédagogies»* ! Mais cette pédagogie différenciée n'aurait sans doute pas fait l'objet d'un tel engouement, si elle n'avait d'abord été mise en selle par le problème de l'hétérogénéité croissante des classes. De ce point de vue, la différenciation vise moins l'individualisation de l'enseignement, que le rétablissement de ce que Philippe Perrenoud a appelé un traitement standard. L'hétérogénéité n'est-elle pas trop vite ressentie comme une difficulté à réduire, quand il faudrait aussi envisager les chances à saisir ? L'éloge de la différence, cher à Albert Jacquard, reste à faire à l'école.

Surtout, la pédagogie différenciée peut servir des finalités éducatives très éloignées. Certains la pensent comme une ambition démocratisante, visant à donner à tous une formation et une culture communes. D'autres l'envisagent plutôt comme une adaptation pragmatique aux possibilités et aux goûts variés des élèves et de leurs parents, sinon comme un marché scolaire avec ses segments.

A lire sur le sujet...
- Gillig Jean-Marie, *Les Pédagogies différenciées : origine, actualité, perspectives*, De Boeck, 1999.
- Kerlan Alain, *L'Ecole à venir*, ESF, 1998.
- Legrand Louis, *Une école pour la justice et la démocratie*, Puf, 1995.
- Perrenoud Philippe, *La Pédagogie à l'école des différences*, ESF, 1995.
- Perrenoud Philippe, *Pédagogie différenciée : des intentions à l'action*, ESF, 1997.

Un recentrage sur les savoirs

Cette prise en compte des élèves dans leur diversité n'est pas contradictoire avec un recentrage, dans la même période, sur les savoirs scolaires. Celui-ci n'est pas synonyme d'un repli nostalgique sur les contenus traditionnels. Les concepts ne sont pas des pensums mais des conditions de possibilité pour une pensée bien armée. Ce sont des outils opératoires qui donnent accès à la diversité des grilles de lecture du monde, et constituent pour cela la véritable « colonne vertébrale » des disciplines.

Le succès des travaux de Britt-Mari Barth témoigne bien de cet intérêt contemporain pour un recentrage sur les concepts. Elle propose des stratégies pour éviter que la classe reste engluée dans le maquis des exemples étudiés et des activités pratiques. Sur un autre mode, Gérard Lemeignan et Annick Weil-Barais décrivent des modalités didactiques qui conduisent les élèves à tester l'opérationnalité des concepts et à élaborer des modèles.

Mais l'apprentissage des concepts va de pair avec celui de la problématisation. Ceux-ci, loin d'être donnés, relèvent toujours si l'on suit Bachelard d'une construction coûteuse. Il s'agit donc autant d'apprendre aux élèves à poser les problèmes qu'à seulement les résoudre.

A lire sur le sujet...

- Astolfi Jean-Pierre, *L'Ecole pour apprendre*, ESF, 1992.
- Barth Britt-Mari, *L'Apprentissage de l'abstraction*, Retz, 1987.
- Lemeignan Gérard et Weil-Barais Annick, *Construire des concepts en physique*, Hachette, 1993.
- Orange Christian, *Problèmes et modélisation en biologie*, Puf, 1997.
- Romian Hélène (dir.), *Pour une culture commune, de la maternelle à l'université*, Hachette, 2000.

Les recherches récentes ont aussi mis l'accent sur l'importance du « rapport au savoir », notamment chez les élèves en difficulté. Cette notion est multiple. Certains, autour de Jacky Beillerot, l'examinent sur un mode clinique, où elle renvoie au désir d'apprendre. Ils décrivent ce qui, depuis la petite enfance, permet ou obère la possible sublimation des pulsions que suppose tout accès au savoir. Leur démarche explore les processus psychiques qui déterminent les parcours intellectuels. D'autres l'envisagent avec Bernard Charlot dans une optique sociologique, et soulignent la diversité des rapports au savoir qui peuvent être établis à partir de la culture familiale et de l'environnement social. Un clivage net apparaît entre les élèves qui restent rivés au déroulement factuel des activités scolaires, et ceux qui sont en mesure d'en extraire les savoirs pertinents. Certains laissent défiler les jours et les années, alors que d'autres parviennent à se projeter dans les fins poursuivies, pas seulement pour leur avenir mais dans leur présent. C'est toute la question du sens de l'expérience scolaire.

Quant à l'approche anthropologique d'Yves Chevallard, elle souligne le fait que tout savoir vit au sein d'une institution (recherche, école, production...), déterminant différents rapports possibles avec lui.

Savoirs ou compétences ?

D'autres courants préfèrent aujourd'hui mettre au premier plan la question des compétences. Leur succès spectaculaire a une double origine. Par la première,

A lire sur le sujet...
- Beillerot Jacky *et al.*, *Pour une clinique du rapport au savoir*, L'Harmattan, 1996.
- Charlot Bernard *et al.*, *Ecole et savoir, dans les banlieues... et ailleurs*, Armand Colin, 1992.
- Develay Michel, *Donner du sens à L'Ecole*, ESF, 1996.
- Imbert Francis, *L'Inconscient dans la classe*, ESF, 1996.
- Rochex Jean-Yves, *Le Sens de l'expérience scolaire*, Puf, 1995.
- Sensevy Gérard, *Institutions didactiques*, Puf, 1998.

les compétences cherchent à se démarquer des savoirs, avec le souci légitime de doter l'apprenant d'outils mentaux transférables, ce que ne permettent pas toujours les savoirs disciplinaires. C'est l'enjeu des méthodes dites d'éducabilité cognitive, initialement conçues pour des publics en délicatesse avec l'organisation scolaire classique, qu'il ne peut être question de reproduire avec eux (adultes peu qualifiés en reconversion, élèves en difficultés). Ces méthodes, dont le succès a été considérable dans les années 80, visent un accès direct à des opérations mentales débarrassées de la gangue des contenus, telles que les ont identifiés, par exemple, le programme d'enrichissement instrumental (PEI) ou les ateliers de raisonnement logique (ARL). Or, les évaluations récemment conduites ne confirment que très partiellement cette ambition. Par ailleurs, les compétences cherchent à se démarquer des qualifications professionnelles, avec leurs grilles jugées figées, mal adaptées à la mutation rapide des métiers et à la flexibilité nouvelle attendue des travailleurs. Dès lors, être compétent, n'est-ce pas surtout être compétitif?

Par ce statut mal assuré de «concept nomade», la compétence se définit souvent, soit par excès, soit par défaut. Par excès quand les compétences d'un domaine sont trop vite jugées transversales à d'autres, réduisant indûment les différences à une simple question d'habillage». Par défaut avec les référentiels de compétences, qui sont souvent le nouveau look des objectifs opérationnels d'autrefois.

A lire sur le sujet...
- Delannoy Cécile et Passegand Jean-Claude, *L'Intelligence peut-elle s'éduquer?*, Hachette, 1992.
- Le Boterf Guy, *De la compétence, essai sur un attracteur étrange*, Editions d'Organisation, 1995.
- Rey Bernard, *Les Compétences transversales en question*, ESF, 1996.
- Perrenoud Philippe, *Construire des compétences dès l'école*, ESF, 1997.
- Ropé Françoise et Tanguy Lucie (dir.), *Savoirs et compétences*, L'Harmattan, 1994.

Ce débat sur les introuvables compétences fait écho avec la problématique, tout aussi mal assurée du transfert des apprentissages. Celui-ci n'est défini qu'en creux lorsqu'on se lamente que les élèves «ne transfèrent pas», alors qu'on attend d'eux qu'ils le fassent assez spontanément. Bernard Rey montre à quel point l'évidence de la similitude logique de deux situations est illusoire, les sujets ayant d'excellentes raisons de s'en tenir aux traits de surface qui les séparent. Philippe Meirieu et Michel Develay ajoutent que le transfert doit être pensé de façon permanente tout au long du processus d'apprentissage, et pas seulement à son terme. Il est donc lié à une anticipation, à une prise de risque, à un calcul permanent des situations. Et cela implique de la part de l'apprenant un «fort contrôle métacognitif» sur son activité, qui n'a pourtant rien de spontané.

A lire sur le sujet...
- Grangeat Michel, *Métacognition et aide au travail scolaire des élèves*, Esf, 1999.
- Meirieu Philippe et Develay Michel, *Le Transfert de connaissances en formation initiale et continue*, Crdp, 1996.
- Noël Bernadette, *La Métacognition*, De Boeck, 1991.
- Tardif Jacques, *Le Transfert des apprentissages*, Ed. Logiques, Puf, 1999.

La nouvelle mémoire

La mémoire est souvent dénigrée au profit de l'intelligence, domaine des pures opérations logiques. Mais elle est également survalorisée par le succès des méthodes et procédés pour la stimuler. Il ne faut pourtant pas oublier que le destin normal des informations quotidiennement reçues est d'être perdues, ce qu'exprime joliment en ces termes l'écrivain Pascal Quignard : *«La mémoire est d'abord une sélection dans ce qui est à oublier, ensuite seulement une rétention de ce qu'on entend mettre à l'abri de l'oubli qui la fonde.»*
Suite à une complète métamorphose des modèles cognitifs dont elle se réclame, elle n'a plus rien à voir avec une assimilation passive, au sens quasi digestif du terme. On y distingue généralement le fonctionnement contrasté d'une mémoire à long terme (qui conserve les traces des situations vécues et des notions rencontrées) et celui d'une mémoire de travail (qui détermine les fortes contraintes mnésiques de la réussite d'une activité en cours). Comme l'explique Guy Tiberghien, la mémoire humaine est trop souvent définie d'une façon réductrice comme la simple capacité à réactiver le passé. Or, elle détermine tout autant notre présent perceptif et façonne nos anticipations. L'analyse de ces conditions et processus n'est finalement qu'une manière d'évoquer, par une autre entrée, ceux de l'apprentissage lui-même.
Les recherches d'Alain Lieury décrivent l'énormité du volume lexical exigé par l'école (6000 mots nouveaux en sixième), mettant ainsi en péril un apprentissage qui suppose la rencontre de son objet dans une diversité de contextes (apprentissage multi-épisodique). Les disciplines dont les résultats sont les mieux corrélés avec la réussite scolaire générale ne sont d'ailleurs pas, comme on l'imagine, celles qui mettent en jeu les raisonnements et les formes de pensée les plus abstraites (mathématiques), mais celles saturées par les exigences de mémorisation (biologie, histoire).

A lire sur le sujet...
- Delannoy Cécile, *Une mémoire pour apprendre*, Hachette, 1994.
- Lieury Alain, *La Mémoire, du cerveau à l'école*, Flammarion, Dominos, 1993.
- Lieury Alain, *Mémoire et réussite scolaire*, Dunod, 1997.
- Tiberghien Guy, *La Mémoire oubliée*, Mardaga, 1997.

L'essor des didactiques

L'essor actuel des didactiques se comprend mieux dans un tel contexte de réhabilitation des savoirs authentiques. On ne se représente que trop le travail

témoigne d'ailleurs de la vanité d'un tel «génie de la méthode». Faire face à l'imprévu et décider en situation sont, ajoute Philippe Perrenoud, les caractéristiques quotidiennes du métier. La didactique cherche certes à anticiper tout ce qui est possible, mais l'erreur et l'approximation restent la règle, et il faut constamment veiller à rectifier le tir pour s'adapter aux réalités du terrain. L'enseignement est un métier de l'humain, qui ne saurait sans dommage évacuer les acteurs de leurs propres actions. Les tentatives pour se disculper de ce qui ne marche pas sont bien compréhensibles, mais il est finalement heureux d'«être pour quelque chose» dans les réussites. Tout cela conduit à penser autrement

A lire sur le sujet...
- Cifali Mireille, *Le Lien éducatif*, Puf, 1994.
- Devereux Georges, *De l'angoisse à la méthode*, Flammarion, 1980.
- Meirieu Philippe, *Enseigner, scénario pour un métier nouveau*, ESF, 1989.
- Meirieu Philippe, *La Pédagogie entre le dire et le faire*, ESF, 1995.
- Perrenoud Philippe, *Enseigner : agir dans l'urgence, décider dans l'incertitude*, ESF, 1996.

les relations entre pédagogie, psychologie et sciences de l'éducation. On s'interroge toujours sur les «apports» des sciences humaines à la conduite de la classe. Il faudrait déjà savoir à quelle psychologie ou à quelle sociologie on se réfère. Bien des termes couramment employés par les enseignants relèvent encore du sens commun, et mériteraient d'être «déconstruits» en vue d'une reconstruction dans un cadrage théorique mieux assuré. Nous avons déjà ainsi rencontré ceux de compétence et de transfert; il convient d'appliquer le même traitement critique à celui de motivation.

Le questionnement pertinent est celui qui, partant du pédagogique (savant «bricolage» où se mêlent réflexion, routines et valeurs), «remonte» vers les sciences humaines pour y puiser à la fois de meilleurs fondements ainsi que des justifications. La relation n'est donc pas d'application mais d'implication. Penser les choses ainsi ne fait pas régresser vers la subjectivité incommunicable d'un «art d'enseigner». Cela remet les sciences humaines à leur vraie place, à la fois centrale et modeste : celle de fournir des repères pour l'action, sans jamais la dicter. Il est significatif à ce propos qu'après le technicisme des années 80, renaisse toute une littérature consacrée aux valeurs de l'éducation et à sa dimension éthique.

Les tentations récurrentes pour rendre

A lire sur le sujet...
- Delannoy Cécile, *La Motivation, Hachette-Cndp*, 1997.
- Fabre Michel, *Penser la formation*, Puf, 1994.
- Forquin Jean-Claude, *Ecole et culture*, De Boeck/Ed. Universitaires, 1996.
- Houssaye Jean, *Les Valeurs à l'école*, Puf, 1992.
- Lieury Alain et Fenouillet Fabien, *Motivation et réussite scolaire*, Dunod, 1992.
- Meirieu Philippe, *Le Choix d'éduquer*, ESF, 1991.

la pédagogie scientifique rencontrent sans doute ici leur limite épistémologique, auxquelles s'ajoutent, on l'a vu, une limite pragmatique (les sciences de l'action ne peuvent jamais être entièrement modélisées) comme une limite éthique (l'efficacité didactique n'est jamais le seul critère de décision en éducation, et même parfois un critère faible). Ainsi décrits, les aspects paradoxaux de l'apprentissage peuvent être travaillés au quotidien, avec les constants réajustements évoqués. Cela témoigne de «l'irréductible légèreté» des chercheurs comme des praticiens.

Martine Fournier*

L'ÉTAT DE L'ÉCOLE**

À propos du livre dirigé par Agnès Van Zanten, L'École. L'Etat des savoirs

Les Editions La Découverte publient un ouvrage de synthèse sur les évolutions sociologiques de l'école. De nombreux spécialistes soulignent que l'école est soumise à de profonds changements et à de nouveaux modes de gestion.

Aujourd'hui, un quart de la population française est scolarisée, de la maternelle à l'université. Près de 70 % des jeunes d'une classe d'âge obtiennent le baccalauréat et la moitié d'entre eux prolongent leurs études au-delà de 21 ans. Et le budget de l'Education nationale, qui représentait 1,5 % du PIB en 1952, dépasse aujourd'hui les 7 %.

Deux « explosions scolaires » ont eu lieu : l'une, dans les années 60, a concerné surtout l'enseignement secondaire (entre 1966 et 1975, on a inauguré en moyenne en France un collège par jour). L'autre, dans les années 80, a été impulsée aussi bien par la demande de scolarité que par une volonté politique d'amener *« 80 % d'une classe d'âge au baccalauréat »* (inscrite dans la loi d'orientation de 1989) et d'ouvrir plus largement l'accès à l'enseignement supérieur. Ces évolutions quantitatives se sont accompagnées de conséquents changements structurels, aussi bien au niveau des acteurs et du système que des politiques éducatives.

Les travaux de Bernard Charlot, d'Elisabeth Bautier et de Jean-Yves Rochex sur les élèves de collèges et de lycées ont montré la diversité des attitudes de ces nouveaux publics face à la scolarité. Nombre d'élèves ne voient dans l'école que le moyen d'obtenir des diplômes ou un métier, et s'inscrivent dans une logique d'exécution des tâches, sans

* Journaliste scientifique au magazine *Sciences Humaines.*

** Compte rendu du livre dirigé par A. Van Zanten, *L'Ecole. L'Etat des savoirs*, La Découverte, 2000, paru dans *Sciences Humaines*, n° 110, novembre 2000.

percevoir le sens des apprentissages ou l'intérêt culturel des études. Pour ces jeunes, principalement de milieux populaires, l'école ne devient alors plus qu'un parcours d'obstacles dans lequel il faut juste arriver à «passer», quel que soit le moyen, dans la classe supérieure. Ce rapport utilitaire au savoir produit une attitude visible chez beaucoup de collégiens et de lycéens, dont l'objectif devient de produire *«un effort minimal et un rendement maximal, dans un dosage saisonnier des investissements»* (Anne Barrère, Danilo Martucelli). L'«instrumentalisme scolaire», qui conduit à s'investir davantage en fonction des bénéfices escomptés que de l'intérêt pour les études, a pour conséquence de conduire à un profond sentiment de frustration et d'incompréhension devant l'échec, générant parfois des attitudes inciviles ou violentes.

Pour pallier de tels comportements, les instructions officielles ont, depuis quinze ans, rétabli l'enseignement de l'éducation civique et encouragé les initiatives visant à faire de l'établissement un «espace de citoyenneté» en développant des activités périscolaires (foyers sociaux éducatifs, etc.) et la participation des élèves aux divers conseils et autres parlements lycéens. Ces initiatives ont très vite trouvé leurs limites car, comme l'explique Patrick Rayou, les nouveaux lycéens sont plus attachés à préserver leur sociabilité juvénile, les relations électives avec leurs copains, que de s'investir dans une relation contractuelle avec une institution qui garde malgré tout le pouvoir de réprimer.

L'école n'est pas imperméable, loin s'en faut, aux évolutions de la société. L'une des tendances fortes de ces dernières décennies a été la valorisation des individualités. Les jeunes potaches revendiquent eux aussi d'être reconnus en tant que personne, avec leur différence. Ajouté à la diversité des origines sociales, l'hétérogénéité des publics scolaires, à tous les niveaux du cursus, est devenue, selon les enseignants, une des difficultés majeures de leur métier (Vincent Lang). Pendant longtemps, la transmission des savoirs (incarnée par le cours magistral) a été au centre de l'identité enseignante, particulièrement dans le second degré. Même si elle constitue encore pour beaucoup d'enseignants la composante essentielle, une majorité reconnaissent aujourd'hui, face aux nouveaux publics, la nécessité de diversifier les méthodes, d'utiliser les nouvelles technologies, d'adapter les apprentissages et les évaluations, de pratiquer la transdisciplinarité, de travailler en équipe et de s'investir dans des partenariats éducatifs. De gré ou de force d'ailleurs, les directives officielles les impliquent dans diverses actions : «travaux personnels encadrés» au lycée, «aide individualisée aux élèves» au collège, relations avec les familles, temps consacré à l'orientation... (Philippe Masson).

Si la culture syndicale a longtemps été le ciment des identités enseignantes (Jean-Pierre Albert), il émerge aujourd'hui une *«nouvelle culture d'acteur»* (V. Lang), dans un corps fortement encouragé, depuis la création des IUFM (1991), à se professionnaliser. Selon V. Lang, les générations sorties de ce nouveau moule devraient retrouver une reconnaissance (comme pour les professeurs d'école) et une nouvelle conception de leur tâche, ne se réduisant plus à *«la seule compétence culturelle personnelle»*.

Pendant longtemps, l'Etat a été à la fois le garant et le responsable des objectifs scolaires : transmission d'une culture commune, sélection des meilleurs dans un respect affirmé de l'égalité des chances, épanouissement des enfants... Depuis les années 80, l'*«Etat éducateur et développeur»* est devenu un *«Etat régulateur»* (B. Charlot). Devant la complexité des problèmes, mais aussi dans le cadre plus général de la décentralisation, la gestion des politiques éducatives a pris de nouvelles formes en déléguant une partie des choix éducatifs à l'échelon local : rectorats, inspections académiques, réseaux d'établissements, zones d'éducation prioritaires, bassins de formation et d'emploi... (Maria-Drosile Vasconcellos).

Les grandes lignes des politiques éducatives restent certes le fait du ministère qui, en France, demeure très présent dans l'élaboration des objectifs généraux, l'attribution des crédits et des postes, la gestion des flux d'élèves. Mais en s'appuyant sur les rapports d'experts (sur les lycées, les collèges, l'enseignement professionnel...) et sur des indicateurs de pilotage, comme les grandes évaluations annuelles sur le niveau des élèves ou les résultats des établissements, ces politiques sont adaptées aux situations locales en termes de projets d'établissements (primaire et secondaire) ou de contrats (universités).

De nouveaux acteurs ont fait irruption dans les établissements (collectivités territoriales, organisations professionnelles, parents d'élèves). Les chefs d'établissement, conseillers d'éducation et d'orientation, et aussi les enseignants, se sont vus investis de nouvelles responsabilités, sommés de prendre de nouvelles initiatives. Selon Jean-Louis Derouet, cette pression est à l'origine de souffrance : dans le face-à-face avec les élèves ou avec leurs parents, ces nouveaux acteurs locaux (et en particulier les enseignants) *«apparaissent responsables de tous les défauts du système»*.

On voit bien, à travers les diverses contributions, que l'émergence d'un *«Etat manager» et son corollaire, l'irruption du local «frappé d'illégitimité»* dans les représentations (André Legrand), font l'objet de beaucoup de craintes chez les auteurs comme chez les enseignants : certains y voient l'intrusion d'un *«libéralisme rampant»* (Agnès Van Zanten), d'autres *«une adaptation de l'école aux sociétés démocratiques modernes»* (Nathalie Bulle).

Parmi les nombreux thèmes traités dans ce livre apparaissent aussi les grandes questions sur l'efficacité du système : peut-on dire qu'avec l'avènement de l'école de masse, le système scolaire soit devenu plus démocratique? Comment lutter contre les violences et l'échec scolaire? Quelles sont les conditions qui favorisent la réussite? Faut-il développer les actions de discrimination positive, telles les zones d'éducation prioritaires pour les plus faibles?, etc.

Sur toutes ces questions, rappelons pour mémoire quelques constats : d'une manière générale, on observe depuis la fin des années 80 une baisse du taux des redoublements en primaire et au collège (impulsée par les directives ministérielles), une augmentation du taux de passage dans les filières générales des lycées et une diminution de l'écart entre les vœux des familles et les décisions d'orientation. La réussite reste cependant toujours fortement liée à l'origine sociale (Françoise Œuvrard, à l'appui des travaux d'A. Van Zanten et de Marie Duru-Bellat). Tout un ensemble de stratégies (choix d'une langue vivante ou ancienne puis, en seconde de certaines options, choix de l'établissement) permettent aux jeunes des familles les mieux loties d'accéder aux baccalauréats les plus valorisés, aux Grandes Ecoles et aux carrières les plus rentables.

Saluons pour finir l'extraordinaire rattrapage des filles qui, de l'école primaire à l'université, sont aujourd'hui aussi nombreuses que les garçons, avec des réussites souvent meilleures (Catherine Marry).

PIERRE CASPAR*

BILAN ET PERSPECTIVES EN FORMATION CONTINUE**

La formation des adultes s'est beaucoup développée. Le stage n'est plus la forme unique des pratiques qui visent à développer les compétences professionnelles. Là aussi, la recherche joue un rôle croissant.

LE MONDE CHANGE et change vite. La nature, les modes et les relations de travail changent; comme changent, de façon majeure, les rapports entre travail et emploi et l'ampleur des problèmes d'insertion et d'exclusion dans notre pays. Faut-il s'étonner que la formation change elle aussi profondément : dans ses finalités et ses ambitions, dans ses formes et ses outils, dans ses structures, dans l'exercice de ses métiers... ? Cela concerne la formation continue, l'éducation initiale et les rapports qu'elles entretiennent. Cela concerne aussi la promotion sociale, l'éducation populaire, les formations à vocation culturelle ou de développement personnel et les multiples formes de formations informelles qui participent également à la recherche de la connaissance au sein de notre culture.

Cet article porte essentiellement sur les évolutions de la formation des adultes, dans ses dominantes professionnelles. Quatre tendances lourdes peuvent être esquissées.

• **Le basculement progressif de la formation des adultes du social à l'économique et son entrée dans une véritable économie de service constituent un premier fait marquant.** C'est une économie où se développent une logique client-fournisseur, des normes de qualité, complétées par des procédures de certification, et des comporte-

---

* Professeur titulaire de la chaire « Formation des adultes » du CNAM.

** *Sciences Humaines*, hors-série n° 12, février/mars 1996.

ments de concurrence. Cette tendance vaut même au sein du secteur public. La formation continue des adultes constitue un secteur économique dont le budget, de 140 milliards de francs en 1997, justifierait à lui seul le développement des logiques d'investissement. Ce secteur a généré un nombre d'emplois tel que l'on évoque déjà une véritable branche professionnelle. L'Etat, commanditaire, employeur et formateur, structure toujours fortement cette micro-économie, même si les organismes de droit privé accueillent désormais quatre stagiaires sur cinq et réalisent environ 80 % des recettes.

Sauf directives européennes ou remise en cause de la contribution obligatoire, il est peu probable que cette évolution vers l'économique change fondamentalement à court terme. Elle en appelle à plus de vigilance si l'on veut éviter de retomber dans une opposition périmée entre économique et social ; ou de ne plus accorder d'intérêt à ce qui se mesure ou à ce qui est immédiatement utile.

• **La complexification croissante du monde de la formation.** La formation professionnelle continue s'est trouvée doublement bouleversée ces dernières années. D'une part, parce qu'elle se trouve de plus en plus finalisée sur la résolution de problèmes à caractère économique, technologique ou organisationnel, dont la production de compétences n'est qu'une des composantes. La formation s'est, d'autre part, vue bouleversée par l'accroissement général des contraintes économiques et l'évidente nécessité d'une rigueur budgétaire accrue.

Mais c'est aussi une menace sur le maintien du sens de certaines actions de formation. Ces contraintes accrues conduisent à une interrogation permanente sur les coûts, les délais, l'opportunité, l'efficacité, voire l'utilité même de chaque dispositif, de chaque action de formation ; c'est-à-dire à une gestion, à un management beaucoup plus exigeants et beaucoup plus fins. Elles font aussi apparaître des préoccupations croissantes d'optimisation des processus de formation eux-mêmes. L'évaluation est une démarche nécessaire, mais tardive ; veiller à la qualité totale des processus de formation, avant et pendant leur déroulement, chercher à s'assurer de la qualité des résultats obtenus au moment où on peut encore agir sur eux apparaissent de nos jours comme des optiques plus séduisantes.

La formation sert désormais de nombreux «maîtres», locaux, régionaux, nationaux ou européens. Elle cherche à se positionner par rapport à de multiples enjeux, parfois contradictoires, dont une partie seulement s'exprime en termes de savoirs nouveaux. Les stratégies éducatives se décentralisent ; et la formation cherche à se déterminer désormais au plus près des problèmes. Elle doit aussi faire ses preuves face au regard critique de ses commanditaires, des formés eux-mêmes ou de ceux qui ne se forment pas.

• **La mutation des temps et les territoires de la formation professionnelle.** La formation se démarque de plus en plus de ses formes traditionnelles, dont le sacro-saint stage. L'acceptation du fait que les compétences ne s'acquièrent pas seulement dans les stages ou dans des situations «académiques» a modifié le paysage, en redonnant une vraie valeur éducative à toute une série d'activités jusque-là considérées comme annexes : l'information si importante pour éveiller le désir de se former; les bilans de compétence, dont l'impact sur la capacité à faire des projets réalistes n'est plus à démontrer; l'orientation, qui facilite l'optimisation des parcours; l'accompagnement en cours de formation, qui prend en compte la réalité des cheminements individuels, faite d'enthousiasmes et de démotivations. Et, bien sûr, la reconnaissance et la validation des acquis obtenus au cours de sa vie personnelle et professionnelle. Savoir ce que l'on sait et pouvoir en parler nourrissent à l'évidence les identités individuelles et collectives.

Dans le même temps, les nouveaux territoires de la formation s'inscrivent plus directement dans le travail lui-même, à travers de multiples tentatives pour valoriser la «formation dans et par le travail», pour lier de façon réciproque l'activité productive et le développement de compétences. Cela entraîne des conséquences sur l'exercice même du travail, parce qu'il faut pouvoir se ménager des temps de recul, des moments où il est possible et admis de «penser l'expérience». Le vieux courant de pensée des «formations action» s'en trouve revitalisé. Mais cela touche également l'organisation du travail elle-même et, partant de là, les valeurs managériales qui la sous-tendent. Les concepts d'organisation qualifiante, voire d'entreprise éducative, en découlent très directement.

Enfin de nouveaux territoires de la formation se rencontrent aux interfaces qu'elle établit inévitablement avec d'autres champs d'investissement immatériels : l'organisation du travail, la recherche, le développement des systèmes d'information, l'action commerciale, la pensée stratégique.

• **La recherche constante du professionnalisme au sein des différents métiers de la formation** et, peut-être, l'émergence d'une véritable profession constituent une quatrième tendance lourde à prendre en compte.

Les «fonctions de la formation»

Les métiers de la formation se sont différenciés, précisés, instrumentés, consolidés. Et la distinction entre quatre fonctions complémentaires s'établit de plus en plus.

1. On parle de «fonction politique» pour les responsables de formation qui assurent la veille stratégique sur l'évolution des compétences, traduisent en objectifs pour la formation les enjeux et les grandes orientations de leur organisation et veillent à ce qu'ils soient atteints, dirigent les équipes de formateurs, permanents ou occasionnels, et, bien sûr, gèrent les budgets.

2. On rassemble au sein de la «fonction technique» tout ce qui a trait à l'ingénierie de la formation. C'est-à-dire à la conception, au montage, à la planification, à la gestion, à la conduite et à l'évaluation des dispositifs et des actions de formation. C'est une fonction d'autant plus importante qu'elle dispose d'une gamme «d'outils» de plus en plus étendue, tant au sein des organisations de formation que dans les structures spécifiques chargées de la réaliser.

Cette «instrumentation» est caractéristique de la volonté de «mettre sous contrôle» les processus de formation et d'optimiser la valorisation des patrimoines intellectuels et des ressources en argent et en temps.

3. La «fonction pédagogique» demeure. Elle est essentielle. Elle inscrit la formation dans la réalité des personnes et des organisations. Elle conçoit et conduit le face-à-face entre ceux qui apprennent et ceux qui conçoivent et créent les conditions d'un apprentissage réussi, même lorsque ce face-à-face est virtuel, parce qu'il se fait à distance, ou par différentes intermédiations. Les méthodes pédagogiques progressent; en particulier dans la personnalisation des parcours, la prise en compte des difficultés d'apprentissage cognitives et affectives et le croisement raisonné entre méthodes, contenus, publics et situations professionnelles. Les technologies éducatives y contribuent, surtout lorsque l'on sait les laisser à leur place. Le débat encore récent sur le passage des formations multimédias aux formations ouvertes montre bien l'intérêt mais aussi les risques de séduction de ces techniques. Mais les méthodes pédagogiques progressent également à travers la didactique des disciplines, les sciences cognitives («apprendre peut-il s'apprendre?») et, plus récemment, les applications de la linguistique à la forme même de la communication didactique. Enfin la généralisation de dispositifs d'apprentissage par alternance, y compris à des niveaux d'ingénieur, et l'importance accordée aux fonctions tutorales contribuent à ce renouveau d'intérêt pour la pédagogie.

4. On ne saurait passer sous silence la «fonction de conseil». En période de changements, de contraintes et de complexité, les divisions traditionnelles entre structures de production, de diffusion et d'utilisation du savoir s'estompent. Les laboratoires n'ont plus le monopole de l'innovation et de la recherche. La formation, formelle ou informelle, ne se fait plus seulement dans les Greta, l'enseignement supérieur ou les services et organismes spécialisés. Les entreprises, les administrations nationales ou territoriales deviennent des «universités du réel», impliquant de plus en plus étroitement le travail et la formation. En ce type de période, les décisions apparaissent d'autant plus sages qu'elles sont prises au plus près des problèmes qui les appellent. C'est une constatation générale; c'est vrai *a fortiori* pour la formation. Mais la sagesse de ces décisions dépend aussi du temps que l'on consacre à les préparer, et de la capacité à élaborer des formules sur mesure, même si elles s'inspirent d'investissements antérieurs. D'où le développement sensible de cette quatrième fonction liée au conseil. Elle est différente des fonctions d'expertise, où l'on est appelé pour vérifier une conformité, ou pour dire le vrai et commander les évolutions qui s'imposent. Elle est difficile : elle suppose souvent une relative maîtrise des trois fonctions précédentes. Mais elle implique une posture mentale et affective tout à fait nouvelle dans la relation à autrui : une position «clinique», bien différente des rapports traditionnels entre formateurs et formés.

Toutes ces fonctions existent, de façon plus ou moins différenciée selon les organisations et les structures. Elles coexistent parfois lorsque les ressources ou les choix politiques ne permettent pas de faire autrement. L'exercice de toutes ces fonctions s'apprend ou se perfectionne. C'est là le rôle des dispositifs de formations et de diplômes spécialisés, universitaires ou privés, qui ont foisonné ces dernières années et continuent à le faire. C'est également le rôle des associations professionnelles spécifiques à ce secteur. Leur importance va croissant : comme réseaux d'échange et de perfectionnement, comme organes représentatifs de la profession, comme structures fédératrices et régulatrices, mais aussi comme organes d'information, de veille et de formation. La vitalité de l'AFREF, de la CSFC, de la Fédération de la formation professionnelle et/ou du GARF, pour ne citer que celles-ci, en témoigne.

Pour aller plus loin

Sur l'évolution et la prospective

- J.-M. Barbier et J.-L. Ferrand, « La formation d'adultes et la formation de formateur en France », dans *Pour les sciences de l'éducation. Approche franco-québécoise*, Centre de coopération franco-québécoise, *Revue des sciences de l'éducation-INRP*, 1994.
- J. Boissonat *et al.*, *Rapport de la Commission du Plan sur l'emploi*, Documentation française, 1995.
- P. Caspar, « Quelques tendances d'évolution de la formation d'adultes », *Point recherche-Entreprise, Entreprises-Formation*, n° 83, avril 1995.
- M. Hassoun (dir.), « Formation : la fin d'un mythe », *Panoramiques*, Rapport sur l'emploi, OCDE, 1995.
- N. Péry, secrétariat d'Etat aux droits des femmes et à la formation professionnelle, *La Formation professionnelle : diagnostic, défis, enjeux*, ministère de l'Emploi et de la Solidarité, 1999.
- *Mémorandum sur l'éducation et la formation tout au long de la vie*, Publications de la Commission Européenne, 2000.

Sur les tendances de la recherche en formation des adultes

- P. Caspar (dir.), *Nouvelles technologies éducatives et réseaux de formation. Des entreprises parlent de leurs expériences. EDF/GDF, France Telecom, Renault*, Editions d'Organisation, 1998.
- P. Carré et P. Caspar (dir.), *Traité des sciences et des techniques de la formation*, Dunod, 1999.

Le rôle de la recherche en formation des adultes

En matière de formation des adultes, la recherche joue un rôle de plus en plus important, même si un milieu scientifique reste encore à constituer. Elle sert à formaliser, à capitaliser, à conceptualiser, à rendre visibles et disponibles des expérimentations. Elle sert aussi à analyser et théoriser des pratiques, à « produire des savoirs sur les savoir-faire ». Transposée, elle peut fournir des repères pour l'action. Mais tout cela est encore récent : rappelons, par exemple, que le premier doctorat de formation des adultes, au CNAM, ne s'est ouvert qu'à la fin des années 80. La recherche en formation a ceci de particulier qu'elle s'organise autour d'un champ de pratiques et non au sein d'une discipline. Elle prend de multiples formes, parfois concomitantes au sein d'un même travail.

Il y a des « recherches classiques » bien sûr, focalisées sur la production de savoirs nouveaux et sur le développement de ce dont certains voudraient faire à terme un domaine scientifique à part entière. Mais, pour reprendre la terminologie adoptée par le Centre de recherche sur la formation du CNAM, on rencontre bien d'autres types de recherches : des recherches « empiriques ou descriptives », permettant d'établir des faits, de caractériser des phénomènes ; des « recherches finalisées », conduisant à répondre à une attente sociale, à résoudre des problèmes, à formuler des recommandations ou des propositions d'action ; des recherches « cliniques », focalisées sur les processus de transformation identitaire...

Il faut aussi souligner les « formations à la recherche par la recherche », spécifiques des études doctorales ; et les démarches de « formation par la recherche », sans visée universitaire spécifique, comme les recherches-actions, les processus de conduite de projet ou les histoires de vie. Que l'on se forme ou que l'on contribue à la formation d'autrui, l'engagement dans la formation est d'abord une recherche permanente, certains diraient même une quête permanente de sens.

Claudie Solar *

L'ÉDUCATION DES ADULTES AU QUÉBEC : UN ANCRAGE PARTICULIER**

Depuis un quart de siècle, les structures d'éducation des adultes au Québec se sont complexifiées, tout en s'orientant vers un modèle centré sur les besoins du système économique.

L'ÉDUCATION des adultes a toujours existé, tout au moins dans sa manifestation la plus courante, celle des échanges entre adultes au sein des communautés de vie, là où la parole et le geste se lient dans l'apprentissage des uns par les autres et avec les autres dans la poursuite de projets partagés. C'est notamment la situation qui prévaut dans les débuts de l'éducation des adultes au Québec. Au XXe siècle, elle est essentiellement le fait d'associations et de groupes communautaires, laïques et religieux. Elle se réalisait à la marge du système éducatif qui, quant à lui, était encore presque exclusivement réservé à une élite masculine.

L'institutionnalisation de l'éducation des adultes au Québec commence au cours des années 1950 par la mise en place de structures de formation dans les milieux syndicaux et les corporations autonomes. A titre d'exemples, la Confédération des travailleurs catholiques du Canada (1) fonde les Ecoles d'action ouvrière en 1950 et son Centre de la formation syndicale en 1958. En 1956, l'Institut canadien de l'éducation des adultes voit le jour et il continue, depuis, à jouer un rôle important dans le développement de l'éducation des adultes.

* Département de psychopédagogie et d'andragogie, faculté des sciences de l'éducation, université de Montréal.

** Texte publié dans *Eduquer et Former*, 1re édition, 1998. Revu et actualisé, décembre 2000.

1. Il deviendra plus tard la Confédération des syndicats nationaux (CSN), une des trois grandes centrales syndicales au Québec.

L'institutionnalisation s'amorce également par l'offre de services éducatifs aux adultes dans les universités. L'Université de Montréal met sur pied, en 1952, son Service d'extension de l'enseignement qui deviendra, en 1968, le Service de l'éducation permanente (SEP), puis en 1975, la Faculté de l'éducation permanente (FEP) que l'on connaît aujourd'hui. Ce mouvement d'institutionnalisation non étatique se poursuivra dans les décennies suivantes alors que le mouvement coopératif Desjardins (2) fonde son Institut de coopération en 1963, que des organismes communautaires mettent sur pied le Centre de formation populaire en 1971 et que des groupes de femmes fondent Relais-femmes (3) en 1980.

Les années 60 : une période charnière

Cette institutionnalisation favorise l'émergence d'une professionnalisation des acteurs de la formation : la mise en place du premier programme de formation de formateurs en 1957 à l'Université de Colombie-Britannique en est une première manifestation. Par ailleurs, l'inscription du champ d'études de l'éducation des adultes en milieu universitaire favorise le développement de la recherche. Les premiers travaux tenteront de cerner les spécificités de l'apprentissage adulte et feront la démonstration que les adultes, femmes et hommes, ont les capacités d'être des «apprenants». Les recherches menées dans les services d'éducation des adultes, notamment ceux du SEP et de la FEP favoriseront la connaissance des clientèles adultes et de leur motivation.

Dans les années 60, l'institutionnalisation de l'éducation des adultes se poursuit, cette fois sous un mode plus étatique, alors que le Québec procède à la révision de l'ensemble de son système éducatif. Sont créés la Commission royale d'enquête sur l'enseignement dans la province de Québec (Commission Parent) et le Comité d'étude sur l'enseignement technique et professionnel, en 1961, et le Comité d'étude sur la formation professionnelle par l'apprentissage, en 1962. Les recommandations du *Rapport Ryan* (1962) relatives à l'éducation des adultes seront reprises dans le Rapport Parent, ce qui a pour conséquence d'insérer l'éducation des adultes dans l'organisation même du système d'éducation québécois et, ce, dans tous les ordres d'enseignement (écoles secondaires, cégeps (4), universités). C'est là une des particularités du système québécois qui permettra d'effectuer un véritable rattrapage scolaire, notamment auprès des enseignantes et des enseignants dont la formation initiale passe des écoles normales aux universités en 1969 et dont la durée moyenne de scolarisation de 13 ans à l'époque passera à 17 ans en 1999.

---

2. Le mouvement des Caisses populaires Desjardins, des institutions financières, fondées sur une structure de membres coopératifs, est un des chefs de file du mouvement coopératif québécois.
3. Relais-femmes est un organisme à but non lucratif créé en 1980 par les groupes de femmes et pour les groupes de femmes en collaboration avec l'Université de Montréal et l'Université du Québec à Montréal. Il a pour mission de répondre aux besoins des groupes membres en matière de formation, d'information et de recherche.
4. Les collèges d'enseignement général et professionnel sont des établissements d'enseignement supérieur offrant des programmes post-secondaires non obligatoires d'une durée de deux ou trois ans en amont des formations universitaires.

La professionnalisation des formateurs d'adultes, quant à elle, se poursuit en même temps que s'amplifie l'institutionnalisation de l'éducation des adultes. L'Université de Montréal ouvre le pas de la formation des formateurs dans les universités francophones. Les programmes en andragogie, dont le doctorat, voient le jour en 1969 et 1970. La plupart des universités québécoises suivront l'exemple en ouvrant à leur tour des programmes de premier ou de deuxième cycle entre 1979 et 1988. L'étude des clientèles de ces programmes permet de circonscrire l'origine des demandeurs de formation dont la majorité (51 %) ne provient *«pas du milieu scolaire mais plutôt d'entreprises privées (24 %), du secteur de la santé et des services sociaux (16 %) et d'autres milieux (11 %) comme la fonction publique»* (5). Pour nombre d'acteurs et d'actrices de la formation, cela soulève la question de la pertinence du rattachement de l'éducation des adultes aux sciences de l'éducation dans les universités. Cette question demeure d'actualité.

Les années 60 sont donc des années charnières en raison de la mise en place, au Québec mais au Canada aussi, de structures qui conditionneront le développement de l'éducation des adultes jusqu'à aujourd'hui. En effet, si le Québec a entière juridiction sur l'éducation, le fédéral a, quant à lui, juridiction sur le développement de la main-d'œuvre. Or, alors que le Québec met en place un système qui inclut la formation des adultes, le Canada adopte en 1967 la Loi C-178 et le *National Training Act*, s'arrogeant par le biais de la gestion de la main-d'œuvre une emprise sur la formation des adultes. C'est ainsi que s'amorce une longue querelle fédérale provinciale qui s'atténuera quelque peu en 1987 par une première entente entre les deux paliers de gouvernement puis, en 1997, par une entente plus globale sur les transferts de fonds permettant au Québec de mieux orchestrer les actions de formation/emploi.

L'effervescence en éducation des adultes se poursuit dans les années 70 alors qu'elle se vit de façon soutenue sous un mode de pratique sociale et de prise en charge collective. C'est le temps de projets d'envergure : l'Opération Départ vise à faire l'inventaire des besoins de formation des adultes ; le Projet Sésame constitue une véritable expérimentation des techniques pédagogiques adaptées à l'enseignement des adultes ; le Projet Tévec, grand projet de formation à distance par le biais de la télévision, permet à des milliers d'adultes du Saguenay-Lac-Saint-Jean de compléter leur formation de base ; le mouvement des femmes devient un vaste mouvement d'éducation populaire, crée de nouveaux savoirs (6) et soutient la mise en place de structures de promotion de l'égalité (7) alors que le Québec, en pleine Année internationale des femmes, adopte en 1975 la *Charte des droits de la personne*. Les pratiques de l'éduca-

5. C. Landry, « Le champ d'études de l'andragogie/éducation des adultes dans les programmes de certificat des universités Québécoises », *Revue canadienne de l'éducation permanente universitaire/Canadian Journal of University Continuing Education*, n° 18, 1992.
6. C. Solar, « De la rupture au changement : le cas de l'inéquité », dans C. Danis et C. Solar, *Apprentissage et développement des adultes*, Editions Logiques, 1998.
7. Le Conseil du statut de la femme est créé en 1973.

tion des adultes se formalisent : formation individualisée, formation à distance, formation sur mesure, formation antisexiste, alphabétisation, démarches de groupe, principes andragogiques.
La recherche en éducation des adultes se poursuit, se diversifie et s'intensifie. Paul Bélanger, Lorraine Gagner et Pierre Pâquet en proposent un premier bilan en 1971 (8). L'objet de la recherche porte alors principalement sur la formation générale et professionnelle des adultes. On traite de ses fonctions, de la programmation et de l'analyse de besoins. Les lieux les plus étudiés sont ceux des institutions publiques et parapubliques. La préoccupation du changement social est au cœur de la réflexion bien que se profile déjà à l'horizon la perspective de l'employabilité.

Le tournant des années 80

La décennie 80 va constituer un tournant. L'effervescence et le développement de l'éducation des adultes se poursuivent : des associations professionnelles (9) se créent; de nombreux rapports sont publiés et une revue scientifique voit le jour. La Commission d'étude sur la formation professionnelle et la formation socioculturelle des adultes (CEFA) est créée en 1980. Mais, en pleine crise économique, le gouvernement du Québec réduit le budget de l'éducation des adultes de quelque 30 millions de dollars avant même la fin de ses travaux. La réduction des enveloppes budgétaires se poursuivra jusqu'à aujourd'hui.
La récession économique vient donc frapper de plein fouet le projet majeur d'éducation permanente porté par le rapport de la CEFA, dit le *Rapport Jean*, et retardera la mise en place de nombre de ses recommandations de près de vingt ans. Publié en 1982, il fait suite à vingt journées régionales, 244 audiences, 276 mémoires ainsi qu'à de nombreuses recherches menées par la Commission. *«Ce rapport, en avance sur son temps et présenté sous la forme d'un énoncé de politique, jette les bases d'une éducation des adultes considérée dans une perspective d'éducation permanente. L'éducation y est conçue comme un moyen permettant de développer le potentiel créateur de l'adulte et d'accroître sa participation à la construction de sa société d'appartenance.»* (10) Le contexte économique fit en sorte que l'on évacuera la perspective humaniste du développement du potentiel humain pour ne retenir, au sein du système éducatif, que l'orientation d'une formation qualifiante et d'une harmonisation jeunes-adultes. Tel est l'essence de l'Enoncé d'orientation et plan d'action gouvernemental en éducation des adultes dans lequel *«l'économique est toujours placé avant le social et le culturel»*. (11)

8. P. Bélanger, L. Gagner et P. Pâquet, *Analyse des tendances de la recherche en éducation des adultes au Canada français 1960-1969*, Institut canadien d'éducation des Adultes, 1971.
9. 1980 voit la création de l'Association des formateurs d'adultes du Québec; 1981, celle de l'Association canadienne pour l'étude de l'éducation des adultes/Canadian Association for the Study of Adult Education; 1983, celle de l'Association des andragogues du Québec.
10. P. Inchauspé, *Pour une politique de l'éducation des adultes dans une perspective de formation continue*, rapport final présenté à M. François Legault, ministre de L'Education et Mme Diane Lemieux, ministre d'Etat au Travail et à l'Emploi, Québec : ministère de l'Education, 2000; www.meq.gouv.qc.ca
11. Conseil supérieur de l'éducation, *Accroître l'accessibilité et garantir l'adaptation. L'éducation des adultes dix ans après la Commission Jean*, Les publications du Québec, 1992.

A travers l'économie, ce sont l'employabilité, d'une part, et la compétitivité des entreprises, d'autre part, qui prédominent. Dans cette perspective, les recherches ayant largement mis en lumière le lien entre formation de base et employabilité, l'alphabétisation reçoit un soutien particulier, notamment en raison de l'Année internationale de l'alphabétisation, décrétée par l'Unesco pour 1990. La situation de l'alphabétisation des adultes au Canada est mise au jour et la lutte contre l'« analpha bétisme fonctionnel » s'intensifie. Le Centre de documentation sur l'éducation des adultes et la condition féminine, créé en 1983, obtient des subventions pour développer des collections spécifiques à l'alphabétisation ce qui favorise son développement. Le CDEACF est aujourd'hui un des moteurs de l'alphabétisation « inforoutière » (12) en milieu associatif.

Le redéploiement de l'éducation des adultes vers l'employabilité et l'économique pousse le champ d'études vers le secteur de la gestion des ressources humaines. Ce phénomène va s'amplifier, avec l'adoption en 1996, de la Loi 90 (13) sur la formation et le développement de la main-d'œuvre qui place une bonne partie de la formation des adultes sous la responsabilité du ministère du Travail. La spécificité de l'éducation des adultes, telle qu'elle a existé du début du siècle jusqu'aux années 1990, tend donc à disparaître des structures organisationnelles. Le cloisonnement jeune/adulte au secondaire et au collégial a disparu au bénéfice des adultes qui y sont majoritaires, tout comme ils le sont dans le réseau des universités qui se transforment de plus en plus en institutions supérieures de formation continue. Les adultes, quant à eux, sont inscrits dans un mouvement de plus en plus marqué par l'éducation tout au long de la vie, et, après plus d'une décennie de recherches et de pratiques inscrites sous le sceau de l'économique (14), la volonté étatique d'un développement de la formation continue remet au goût du jour le besoin d'une formation des adultes pour des motivations autres que celle de la seule employabilité.

Au total, en un demi-siècle, l'éducation des adultes au Québec s'est institutionnalisée. Elle s'est construite sur une pratique essentiellement sociale qui a inspiré et inspire encore un grand nombre de personnes, dont des chercheurs dont l'existence est légitimée par cette institutionnalisation même. Or, cette reconnaissance institutionnelle s'est essentiellement déployée dans le secteur de l'éducation et dans celui de l'économie et du travail. En font foi des dépenses de l'ordre de 700 000 000 $ CDN, assumées en 1996-1997, tant au ministère de l'Education qu'au ministère de l'Emploi et de la Solidarité ainsi que celles effectuées dans le cadre de la Loi 90 sur le développement de la main-d'œuvre. Tant et si bien qu'en ce début de siècle,

12. Le CDEACF est le maître d'œuvre des réseaux Espace Alpha et Netfemmes sur l'autoroute de l'information et des communications (consulter le site www.cdeacf.ca). Il participe à la création du réseau Aladin en lien avec l'Unesco.

13. Semblable à la Loi 71 en France, cette loi oblige les entreprises à consacrer un minimum de 1 % de la masse salariale à la formation du personnel.

14. C. Solar, « Nouvelles tendances en éducation des adultes », *Revue des sciences de l'éducation*, vol. 21, n° 3, 1995.

on fait face à un paradoxe. Le fouillis administratif, que dénonçaient le *Rapport Jean* en 1982 et le Conseil supérieur de l'éducation en 1992, s'est en quelque sorte clarifié par une meilleure définition des juridictions respectives des différents ministères. A l'Education, reviennent la formation de base, la formation professionnelle et l'alphabétisation ; au Travail, la formation et le développement de la main-d'œuvre. Les autres ministères interviennent dans leur champ respectif, mais la place de l'éducation des adultes y est moindre.

De façon similaire, le champ d'études de l'éducation des adultes vit des tensions internes au regard de leur appartenance traditionnelle au secteur des sciences de l'éducation. Aussi, se trouve-t-il à l'étroit au sein des unités orientées de plus en plus sur la seule formation initiale et continue des personnels de l'éducation, alors qu'il se déploie, mais de façon différente, dans certains secteurs universitaires, particulièrement ceux s'intéressant aux ressources humaines.

La diversité des lieux et des contenus de l'éducation des adultes propulse la recherche dans une même diversité, accentuant encore davantage l'éclatement du champ et l'incertitude des acteurs. La clarification des responsabilités, d'une part, et le cloisonnement des particularités, d'autre part, provoquent une dispersion du champ d'études. Pourtant, l'énoncé de politique actuellement soumis au ministre de l'Education et à la ministre d'Etat au Travail et à l'Emploi se propose de répondre aux demandes des milieux de la formation des adultes telles qu'elles avaient été canalisées par la Commission Jean. Tout se joue comme si la longue récession économique avait permis de bien saisir l'importance de l'éducation des adultes pour le futur, un futur qui se construit aujourd'hui avec la participation des femmes et des hommes qui y inscrivent leur signature quotidienne.

Références complémentaires

- Commission d'étude sur la formation des adultes, *Apprendre : une action volontaire et responsable*, Editeur officiel, Québec, 1982.
- Ministère de l'Education, *Choisir plutôt que subir le changement : orientations pour la formation continue du personnel enseignant*, 1999 ; *Vers une politique de la formation continue* (www.meq.gouv.qc.ca), 1998 ; *Un projet d'éducation permanente : énoncé d'orientation et plan d'action en éducation des adultes*, Editeur officiel, Québec, 1984.
- A.-H. Pénault et F. Senécal, *L'Education des adultes au Québec depuis 1850 : points de repère*, Commission d'étude sur la formation des adultes. Annexe I, Gouvernement du Québec, 1982.
- Statistiques Canada, *Une personne sur cinq. La participation des adultes à des activités éducatives*, 1985 ; *L'Alphabétisation des adultes au Canada*, Gouvernement du Canada, 1989.
- *Revue canadienne pour l'étude de l'éducation des adultes/The Canadian Journal for the Study of Adult Education* : première parution en 1987.

Guy Pelletier*

LES SCIENCES DE L'ÉDUCATION AU QUÉBEC**

Les sciences de l'éducation ont connu dans les années 70-80 une période de développement et d'institutionnalisation. Elles font face aujourd'hui à une demande sociale plus forte et plus diverse.

L'émergence des sciences de l'éducation au Québec dans les années 60 est liée aux changements culturels et sociaux issus à la «révolution tranquille» (1). Elles ont été marquées par les choix effectués à l'époque dans le domaine éducatif : démocratisation de l'enseignement, développement de l'éducation secondaire et postsecondaire, modernisation du curriculum, ouverture au pluralisme culturel et à la diversité des humanismes, enseignement prenant davantage en compte l'apprenant, son développement et son autonomie.

Sur le plan scientifique, elles sont contemporaines du développement considérable des sciences humaines et sociales, et notamment de la psychologie. Elles ont trouvé à l'époque dans les théories du capital humain un important facteur de légitimation.

Si la croissance et le développement économique d'un pays ne relevaient plus désormais de sa maîtrise des matières premières mais du niveau de compétences professionnelles de l'ensemble de sa population, il tombait alors sous le sens qu'il fallait désormais investir dans l'éducation, la formation de ses agents et le développement d'une recherche dont le fruit devait contri-

---

* Professeur titulaire à la Faculté des sciences de l'éducation, Université de Montréal.

** Texte publié dans la 1re édition d'*Eduquer et Former* (1998), revu et actualisé, janvier 2001.

1. On appelle la «révolution tranquille» au Québec, une période qui s'écoule de la fin des années 50 jusqu'au début des années 70, au cours de laquelle l'ensemble de l'organisation et des structures sociales traditionnelles ont été en profondes mutations.

buer à la réalisation des grands choix de société précédemment identifiés.

La réorganisation du système scolaire

La réorganisation majeure du système scolaire québécois des années 60 et début des années 70 découle d'une commission d'enquête qui constitua à l'époque de véritables états généraux de l'éducation, du secteur préscolaire au secteur universitaire. A la suite des analyses et recommandations de cette commission, diffusées sous le titre *Le Rapport Parent* (2), l'Etat québécois se dote d'un ministère de l'Education qui deviendra le maître d'œuvre des politiques éducatives. Ce dernier exercera un contrôle sur les organismes scolaires, les programmes de formation et l'accréditation des enseignements dispensés, ainsi que sur le cadre général définissant la formation des maîtres et structurant l'exercice de la profession enseignante.

C'est dans ce contexte que les écoles normales seront abolies en faveur des universités qui assurent désormais la formation du personnel de l'enseignement. Sont abolis également les instituts pédagogiques supérieurs, y compris l'Institut de recherche pédagogique.

Les «nouvelles» sciences de l'éducation doivent répondre non seulement aux besoins de formation et de recherche du personnel enseignant, mais aussi à ceux des autres personnels scolaires dont celui de l'encadrement administratif et celui des formateurs d'adultes.

Au Québec, dès le départ, les sciences de l'éducation doivent se construire en tant que champ d'études et de recherche à l'intérieur de l'université, et assumer la responsabilité de la formation initiale et continue d'une diversité d'agents éducatifs.

Le réseau québécois des sciences de l'éducation

Selon des données récentes (3), le réseau des sciences de l'éducation au Québec est composé d'un corps professoral de 550 professeurs réguliers répartis dans 12 universités. Ces données ne tiennent pas compte des professeurs qui œuvrent sur des thématiques associées aux «sciences de l'éducation» et qui sont rattachés à d'autres départements (par exemple les mathématiques). Près de quatre enseignants en sciences de l'éducation sur cinq (79,8 %), sont détenteurs d'un doctorat ce qui les rend, de ce fait, admissibles aux programmes de recherches subventionnées. Les deux tiers sont spécialisés en éducation; les autres ont, le plus fréquemment, reçu une formation en psychologie, en linguistique, en langue et littérature, en mathématiques, en sciences ou en sociologie. Plus de 40 % sont des femmes alors que, dans l'ensemble du réseau universitaire, elles ne représentent qu'un peu plus de 20 % des effectifs.

La constitution de cette masse critique de chercheurs et de formateurs en sciences de l'éducation a permis au cours des dernières décennies un travail impressionnant d'élaboration et de

---

2. *Rapport Parent : rapport de la Commission royale d'enquête sur l'enseignement dans la province de Québec*, Editions Fides, 1966.
3. Commission des universités sur les programmes, *Les Programmes en éducation dans les universités du Québec*, Gouvernement du Québec, 1999.

développement de programmes de formation, puis de constitution d'équipes multidisciplinaires de recherche avec la participation, malheureusement encore marginale, de praticiens du milieu. On peut parler maintenant au Québec d'un réseau universitaire de formation et de recherche en sciences de l'éducation qui a ses regroupements professionnels, ses structures de représentation, ses colloques et ses canaux de publication.

Si tous les enseignants sont formés à l'Université, chaque institution possède des programmes qui lui sont en partie propres et dispense une formation colorée par ses structures et sa culture institutionnelle. Nous sommes ici en présence d'un «marché de la formation» où les différentes unités en sciences de l'éducation sont de plus en plus en compétition les unes avec les autres, tant pour susciter la candidature des étudiants les plus prometteurs que pour les subventions ou commandites de recherche.

Au Québec les professeurs en sciences de l'éducation, tout comme leurs collègues universitaires, ne sont pas des fonctionnaires de l'Etat mais des professionnels rattachés à une institution qui doit composer avec les contingences de son environnement. En période de contractions budgétaires, la question du nombre de départements ou de facultés et celle de la qualité des formations dispensées sont des sujets d'une grande actualité. Ainsi, à l'instar de certaines autres provinces canadiennes où des départements ont été fermés, la clôture de certains programmes, départements ou facultés du réseau québécois en sciences de l'éducation constitue une réalité qui n'a rien de virtuel.

Quoi qu'il en soit, à l'automne 1997, on comptait 26500 étudiants en éducation, ce qui représente près de 12 % de la population universitaire du Québec. Ces étudiants se répartissaient dans plus de 200 programmes, dont 65 baccalauréats (4), 60 certificats, 44 maîtrises et 14 doctorats (5). En plus de desservir toutes les régions du Québec et d'être disponibles en français et en anglais, les programmes en éducation couvrent plusieurs champs d'expertise. Deux programmes sur cinq (41,4 %), essentiellement au premier cycle, conduisent à l'obtention d'un permis ou brevet d'enseignement.

La formation initiale des enseignants

La politique générale de formation initiale repose sur trois modèles de formation : un pour le primaire, un autre pour le secondaire et un troisième pour les «spécialistes» de ces deux ordres. L'enseignante ou l'enseignant du préscolaire/primaire a un rôle de pédagogue généraliste, alors que son collègue du secondaire est spécialiste d'une discipline, récemment de deux.

La formation pour le préscolaire/primaire est devenue pour l'essentiel de nature pédagogique et relève des unités de sciences de l'éducation autorisées à octroyer des baccalauréats d'enseignement dans ce domaine. Au sein de ces

4. Au regard du système scolaire français, le baccalauréat en sciences de l'éducation au Québec correspond à cinq années d'études universitaires après le lycée.
5. La maîtrise et le doctorat correspond respectivement à bac + 6 et bac + 10.

baccalauréats, d'une durée de quatre années, il y a peu de cours dans les disciplines relevant des départements disciplinaires. L'importance majeure qu'a prise la psychopédagogie dans la formation des maîtres du primaire n'est pas étrangère à l'«universitarisation» de cette formation professionnelle ni à la volonté des principaux intervenants y œuvrant d'élever la légitimité de celle-ci en milieu universitaire. Par ailleurs, les étudiants se destinant à l'enseignement secondaire ont une formation de quatre années universitaires qui doit, depuis 1995, former des enseignants aptes à enseigner au moins deux matières du curriculum, accroître la composante pratique de la formation et assurer une meilleure intégration des composantes disciplinaires et de sciences de l'éducation. Au moment où nous écrivons ces lignes, quelques ajustements sont à l'étude, notamment au regard de la formation des enseignants en mathématiques, en sciences et en langue maternelle. Les divers spécialistes (par exemple l'éducation physique), quant à eux, sont habilités à intervenir aux ordres pré-universitaires. Leur formation est souvent en dehors du secteur des sciences de l'éducation, toutefois les programmes dispensés demeurent, par des formes diverses de délégation, sous la responsabilité de ce dernier. En définitive, les sciences de l'éducation au Québec ont le pilotage de la maîtrise d'œuvre des programmes de formation des maîtres.

Ces trois modèles de formation sont en train de changer, laissant place à des expérimentations mais aussi à des questionnements. C'est particulièrement vrai pour la formation des enseignants du secondaire. Est-ce que deux années de formation disciplinaire, dont chacune doit être consacrée à une discipline différente, est suffisante au regard d'une maîtrise du développement des connaissances? En période de rationalisation budgétaire, ne serait-il pas approprié de revoir l'ensemble de l'offre de programmes des différentes unités en sciences de l'éducation? Quelle est la contribution réelle des sciences de l'éducation dans la pratique professionnelle des enseignants et formateurs? La mise en place progressive d'une approche par les compétences constituera-t-elle un gain pour l'ensemble du secteur?

La formation continue du personnel enseignant

L'université s'est aussi vue confier le mandat de la formation continue du personnel enseignant. Les facultés et départements de sciences de l'éducation ont joué un rôle majeur tant dans la formation d'appoint que dans une formation certifiante pouvant conduire aux études de maîtrise et de doctorat. En effet, les enseignants du premier et du second degré ont accès à des cursus de formation leur permettant de poursuivre leurs études universitaires bien au-delà de la formation initiale. Cette possibilité est favorisée par une ingénierie de programmes et de grilles horaires qui permettent aux enseignants en exercice de réaliser, à temps partiel ou à temps complet, des programmes courts de 1er cycle, des diplômes de 2e cycle, des maîtrises professionnelles et, plus récemment, des diplômes de 3e cycle de type professionnel.

Pour ce qui est des contenus de formation, ces certificats et ces maîtrises couvrent l'éventail des champs qui se sont développés dans les facultés et départements de sciences de l'éducation dont la didactique des disciplines, la psychopédagogie, l'orthopédagogie, la technologie éducationnelle, la docimologie, l'andragogie et l'administration de l'éducation. Si ces deux derniers champs d'études ont un statut particulier, tant par leur objet que par leur situation au sein de facultés ou départements de sciences de l'éducation traditionnellement davantage orientés vers la formation des maîtres, la réalisation d'études supérieures dans ces deux domaines constitue la reconnaissance d'une certification professionnelle par les milieux de la pratique. C'est notamment le cas pour l'administration de l'éducation. De fait, les nouveaux chefs d'établissement scolaire doivent maintenant détenir un diplôme d'études supérieurs dans ce domaine.

La formation continue des enseignantes et enseignants peut se révéler être un intéressant indicateur des limites de la formation initiale ou d'une certaine volonté de diversification de carrière. A certains égards, plusieurs des programmes actuels, identifiés à la formation continue, peuvent être considérés comme des compléments de formation initiale plutôt qu'une réflexion et une théorisation de la pratique. Par ailleurs, la distinction historique entre formation initiale et formation continue s'estompe en faveur d'un processus de formation permanente. Au sein d'une telle dynamique, les unités de sciences de l'éducation ont de moins en moins le monopole de la formation continue dont les nouveaux vecteurs sont le plus souvent associés au milieu même d'exercice du métier.

De la recherche...

L'instauration et le développement de pratiques de recherche, dans les unités de sciences de l'éducation fraîchement mises en place au sein des institutions universitaires, ne furent pas les moindres des défis qui accompagnèrent, dans les années 60, le transfert de la formation des maîtres à l'université. Dans l'état général d'urgence qui caractérisa cette institutionnalisation, il faut reconnaître que le domaine de la recherche en éducation ne constitua pas la première priorité. L'énergie des premières années fut à peu près exclusivement consacrée à la mise en place d'une structure administrative qui devait prendre de l'autonomie par rapport aux autres départements universitaires et à la constitution d'un espace curriculaire propre aux sciences de l'éducation. En plus de ce «positionnement» politique, la conception de programmes de formation tant initiale que continue constituait une autre priorité du moment. Par ailleurs, la majorité des membres du personnel enseignant des nouvelles unités en sciences de l'éducation avait peu de formation ou d'expérience en recherche. Enfin, les infrastructures de soutien à la recherche, tant au sein des facultés qu'à l'extérieur de celles-ci, étaient déficientes. L'Université des années 60 et du début des années 70 se définissait peut-être davantage comme un lieu de «réflexion et de critique sociale» que comme un lieu de

« recherche-avec-publications-dans-les-revues-internationales » ! Toutefois, si l'« universitarisation » de la formation des maîtres relevait d'une décision politique, il fut très tôt ressenti que c'était par leur engagement dans la recherche que les sciences de l'éducation pouvaient légitimer de manière durable leur présence au sein de l'enseignement supérieur. Cette quête d'un statut légitime a été favorisée par un investissement significatif des gouvernements, notamment celui du Québec, consacré à la recherche en éducation.

Le contexte général actuel suscite de grandes interrogations sur les ressources dont disposeront à l'avenir les unités de sciences de l'éducation pour poursuivre leurs activités de recherche. Cette inquiétude n'est pas étrangère aux thématiques et aux types de recherche que l'on retrouve au sein des sciences de l'éducation. Si les sciences de l'éducation s'écrivent au pluriel, l'objet de recherche des sciences de l'éducation est complexe et multiforme. La recherche dans ce domaine ne peut éviter d'être diversifiée dans ses objets, ses objectifs et ses méthodes. Dans le cadre de son étude sur le secteur de l'éducation, le Conseil des universités du Québec (6) a cerné les principaux thèmes de recherche de 1979 à 1984. Durant cette période, la majeure partie de l'effort de recherche est faite de recherches appliquées portant spécifiquement sur l'enseignement, la didactique et l'apprentissage. Il en va tout autant en 1990 avec plus de la moitié (52 %) des subventions, accordées aux équipes de chercheurs en éducation par l'organisme de soutien gouvernemental de la recherche du Québec, portant aussi sur ces questions. Toutefois, ces données sont trompeuses car, au regard du volume des subventions accordées, sont privilégiés des projets appartenant aux domaines de l'analyse des politiques, du curriculum ou des nouvelles technologies de l'information et de la communication. Ces orientations, combinées au cumul des réductions des ressources allouées, fait en sorte que de nombreux chercheurs ne présentent plus de demandes de subventions. La recherche-développement a été réduite à des portions congrues. Par ailleurs, la diversité des objets d'études traduit une impression générale d'éclatement, d'éparpillement et les milieux de la pratique professionnelle perçoivent souvent les recherches subventionnées comme peu pertinentes. Cette situation a conduit la Commission des Etats généraux sur l'éducation du Québec (7) à proposer la création d'un fonds gouvernemental exclusivement destiné à soutenir la recherche-développement et l'innovation pédagogique.

En conclusion

A court terme, les unités de sciences de l'éducation auront à assurer avec une vigueur renouvelée leur leadership institutionnel au regard de la formation des enseignants, et cela, particulièrement pour la formation continue. Pour

6. Conseil des universités du Québec (CUQ), *Le Secteur de l'éducation dans les universités du Québec : une analyse de la situation d'ensemble*, Comité de l'étude sectorielle en éducation, gouvernement du Québec, 1987.

7. Commission des Etats généraux sur l'éducation, *Rénover notre système d'éducation : dix chantiers prioritaires*, ministère de l'Education du Québec, 1995.

ce faire elles auront à revitaliser et même à créer de nouveaux partenariats. Dans un tel contexte, elles auront à revoir leurs propres pratiques de recherche et de formation, à mieux concevoir les arrimages entre les activités dites « théoriques » et celles dites « pratiques », entre les activités de formation initiale et celles de formation continue, entre les activités de formation à la recherche et celles de formation par la recherche. De la formation à l'enseignement à la formation à la recherche, de la pédagogie universitaire à la formation en entreprise, du développement des partenariats locaux à la coopération internationale, entre le bilan des années passées et les incertitudes du temps présent, les sciences de l'éducation en terre québécoise sont à la croisée des chemins. Ici, comme ailleurs, le passé est d'abord garant du passé, l'avenir est une construction qui s'élabore au quotidien…

Références complémentaires

- M. Tardif, C. Lessard et C. Gauthier, *Formation des maîtres et contextes sociaux. Perspectives internationales*, Puf, 1998.
- Ministère de l'Education du Québec, *Orientations pour la formation continue du personnel enseignant*, gouvernement du Québec, 1999.
- Ministère de l'Education du Québec, *Indicateurs de l'activité universitaire*, Gouvernement du Québec, 2000.
- G. Pelletier, « Les Etats généraux sur l'éducation au Québec : processus d'évaluation, de négociations et de décisions politiques », dans L. Demailly (éd.), *Evaluer les politiques éducatives*, De Boeck-Université, 2001.
- G. Pelletier (dir.), *Former les dirigeants de l'éducation. Apprentissage dans l'action*, De Boeck-Université, 1999.

Chapitre II

Les grands courants pédagogiques

Depuis longtemps, des penseurs, en opposition avec la pédagogie classique, ont préconisé une pédagogie fondée sur une meilleure connaissance de l'élève et souligné l'importance de la relation éducative. Les pédago-

Cours magistral ou travail de groupe ?

Dans les méthodes traditionnelles, l'idée est de faire passer le savoir de celui qui sait à celui qui ignore. L'élève est pratiquement passif pendant la phase d'enseignement. C'est une pédagogie « frontale » dans laquelle le maître, face à l'élève, dispense le savoir par le cours magistral.
Pendant longtemps, l'enseignement des jésuites a constitué un exemple de cette conception intellectualiste, dans laquelle la connaissance est simplement transmise.
D'autres formes d'apprentissages se font par conditionnement du sujet. L'activité intellectuelle de l'élève est guidée de l'extérieur. C'était le cas de la « maïeutique » de Socrate : les contenus sont formulés par l'élève, mais ils sont suggérés par les questions que pose le maître.
Cette méthode pédagogique est toujours employée dans le cours dialogué.

La méthode de B.F. Skinner (1904-1990) s'appuie sur la psychologie béhavioriste. Une bonne réponse appelle une récompense (renforcement positif) ; une mauvaise, une punition (renforcement négatif). On propose à l'élève des tâches de complexité croissante en renforçant les comportements que l'on désire développer. Dans l'enseignement programmé, le maître est remplacé par un ordinateur qui, selon la réponse proposée, détermine la question suivante. Ces techniques pédagogiques ont connu un fort engouement dans les années 60 ; en revanche, elles sont taxées de « réductionnistes » par leurs adversaires.

Les méthodes actives sont fondées sur les besoins et les initiatives des élèves. Selon la formule de Roger Cousinet (1), « *les méthodes actives sont des instruments non d'enseignement mais d'apprentissage : ces instruments doivent être mis exclusivement dans les mains des élèves.* » L'appropriation des savoirs (concepts) et des savoir-faire (compétences) s'effectue au sein des pratiques sociales qui règlent les échanges avec autrui. Cette appropriation nécessite une reconstruction interne de ce qui a été initialement une activité externe. C'est à ce prix que le sujet pourra agir de manière autonome.
Le cours magistral laisse la place au travail de groupe ou individualisé, à partir d'« outils » (livres, fichiers, bandes audio ou vidéo...) mis à la disposition des élèves. « L'Ecole nouvelle » regroupe l'ensemble des pédagogues novateurs qui, avec des techniques très diverses, ont expérimenté ces méthodes.
Les pratiques de la pédagogie active ont été nourries par les apports de la psychologie constructiviste selon laquelle les apprentissages ne se faisaient pas par conditionnement mais par construction des activités mentales, en interaction avec l'environnement.

Note :
1. Roger Cousinet (1881-1973) fut instituteur puis inspecteur primaire ; il fut, entre autres, le promoteur du travail de groupe.

Les précurseurs

Coménius (1592-1671)
Philosophe, théologien et pédagogue tchèque, Jean Amos Komensky voulait transformer l'école en « atelier d'humanité ». Dans *La Grande Didactique ou l'Art universel d'enseigner à tous* (1632), il recommande de laisser l'enfant découvrir, discuter et faire par lui-même.
Surnommé le « Galilée de l'éducation », Coménius est l'un des précurseurs de la psychologie constructiviste et le fondateur d'une forme de pédagogie différenciée en fonction du développement de l'élève.

Jean-Jacques Rousseau (1712-1778)
L'Emile ou de l'Education (1762) est souvent considéré comme un ouvrage fondateur de la pensée éducative.
Rousseau, qui soutient que c'est la vie en société qui pervertit la bonté originelle de l'homme, prend le contre-pied des usages de son temps, en affirmant :
– la spécificité de l'enfant : « petit d'homme » et non pas « petit homme », l'enfant n'est pas un adulte en réduction et l'on doit respecter les étapes de son développement ;
– une pédagogie du bonheur et de la liberté qui vise le contentement et la libre expression. La première étape de l'éducation doit préserver du vice et de l'erreur, pour apporter des savoirs et des savoir-faire.

Johann Heinrich Pestalozzi (1746-1827)
Ce pédagogue suisse a tenté de mettre en pratique les idées de Rousseau. C'est à Yverdon (1805-1825) qu'il expérimente sa méthode. Avec ses collaborateurs, il ouvre directement ou indirectement toutes les voies de la recherche pédagogique : apprentissage de la lecture et de l'écriture, pédagogie des mathématiques, gymnastique élémentaire, et même approche des handicaps....

gues du XXe siècle ont regroupé ces principes dans l'Ecole nouvelle, où ils ont mis en pratique les méthodes actives. Les courants actuels, fécondés par le développement des recherches en psychologie, en sont issus.

L'Ecole nouvelle

JOHN DEWEY (1859-1952)
Dans son « école laboratoire » du Massachusetts (Etats-Unis), on enseigne à partir des besoins des enfants, et les activités manuelles sont le support des activités intellectuelles.
J. Dewey est considéré comme le fondateur de la pédagogie du projet.

MARIA MONTESSORI (1870-1952)
Dans son école de Rome, elle élabore sa méthode avec des enfants autistes. Elle met au point un matériel éducatif (cubes, cylindres, lettres découpées...) qui, utilisé librement, permet d'accéder à des compétences intellectuelles. C'est la grande inspiratrice de l'école maternelle française.

OVIDE DECROLY (1871-1932)
Ses grands thèmes sont l'importance de la vie en plein air, l'organisation de l'enseignement en grands centres d'intérêts. Il est le théoricien de la « méthode globale » de lecture. Il illustre une démarche que l'on retrouve chez beaucoup de théoriciens de l'Ecole nouvelle : la pédagogie est considérée comme un lieu d'expérimentation destiné à fonder la psychologie de l'enfant.

LE PLAN DALTON
En 1917, dans une école du Massachusetts, les élèves peuvent travailler à leur rythme et répartir leurs tâches comme ils l'entendent, à partir de « contrats » passés dans chaque discipline. L'enseignant vient en aide et contrôle le travail, qui est individualisé.

CÉLESTIN FREINET (1896-1966) est considéré en France comme le véritable fondateur des méthodes actives pour les enfants des milieux populaires et des classes rurales où il enseigne. Sa psychologie s'appuie sur le dynamisme naturel de l'enfant (« l'élan vital ») et le « tâtonnement expérimental » qui lui permet de se développer (l'erreur est réhabilitée comme moyen d'accès à la connaissance). Freinet restera surtout comme le génial inventeur de techniques pédagogiques originales : l'imprimerie, la coopérative scolaire, les fiches de travail individualisées, le texte libre qui permet d'introduire la « méthode naturelle » de lecture et d'écriture.

Aujourd'hui

La pédagogie du projet
Le projet permet de clarifier les objectifs que l'on se fixe pour l'atteindre, tout en donnant du sens aux activités que l'on met en œuvre. Mais le projet de l'apprenant, celui du formateur et celui de l'institution doivent s'articuler.

La pédagogie par objectifs (PPO)
C'est Benjamin Bloom qui a posé le premier les principes de la PPO ou « pédagogie de maîtrise », en proposant une « taxonomie » (liste) de comportements cognitifs et affectifs.
Contrairement aux programmes déterminés à l'avance, les objectifs pédagogiques permettent de définir une activité précise de l'apprenant (être capable d'accorder le participe passé...) et de préciser les critères qui serviront à l'évaluation.
Son intérêt est d'être centrée sur l'apprenant et, en remettant en cause les formes traditionnelles d'évaluation, d'être entièrement orientée vers la réussite : l'analyse des objectifs a connu une vogue exceptionnelle dans les années 70. Cependant, la PPO est aujourd'hui critiquée pour les excès dont elle a fait l'objet.

La pédagogie différenciée
Le développement des recherches sur la construction des savoirs et de la personnalité, sur les styles cognitifs, sur la relation éducative (...), a mis en évidence la complexité de l'acte d'apprentissage et la diversité des individus face à ce processus. L'hétérogénéité des élèves incite à leur proposer des stratégies d'apprentissage différentes. La pédagogie différenciée varie les démarches didactiques, les formes de travail, les supports utilisés et, en respectant la singularité de chacun, permet une forme d'individualisation des parcours des élèves dans leur cursus scolaire.

Les méthodes pédagogiques actuelles
On distingue aujourd'hui deux grands ensembles :
les méthodes traditionnelles ;
les méthodes actives et méthodes « actuelles » apparentées à ces dernières, mais particulièrement marquées par la psychologie contemporaine. La relation entre élève et formateur est redéfinie. Elle est le plus souvent pensée comme triangulaire, en raison de la prise en compte des interactions entre l'apprenant, l'enseignant et le savoir. L'un des aspects de cette mutation est l'émergence de réflexions sur les didactiques.
De manière générale, on a vu se développer de nouvelles interrogations, comme par exemple la mise en œuvre de situations-problèmes, ou les notions de représentation et de méta-cognition, c'est-à-dire les savoirs du sujet sur ses propres modes d'apprentissage.

JEAN-CLAUDE RUANO-BORBALAN*

LES MÉTHODES D'ENSEIGNEMENT : ENTRE TRADITION ET INNOVATION**

Les méthodes actuelles d'enseignement se sont constituées autour de grandes oppositions pédagogiques et philosophiques. Méthodes traditionnelles, méthodes actives, psychologie du développement... dans la réalité, les enseignants « bricolent » leurs méthodes, empruntant à divers modèles.

CLASSE DE SOLFÈGE. Alignés sagement derrière leur pupitre, observant le professeur qui se tient sur l'estrade, une quinzaine d'enfants écoutent. Le professeur écrira la définition d'une croche au tableau, fera quelques mouvements rythmiques à la voix ou avec un tambourin. Il interrogera l'un des enfants pour qu'il lise en rythme les phrases notées au tableau. Il passera à un exercice d'application collectif : une dictée où les élèves devront écrire sur une portée la valeur rythmique des notes. Un résumé de la leçon sera recopié par les élèves, qui devront réviser chez eux. La fois suivante, une nouvelle notion sera abordée. Tous les mois une évaluation sera faite en reprenant des exercices pratiqués lors des séances... Ce processus d'enseignement est tout à fait banal. Il est utilisé à l'école le plus généralement, au lycée ou même dans l'enseignement supérieur pour la plupart des disciplines. Cependant, pour être habituel, ce mode d'enseignement privilégiant l'écoute silencieuse et la mémorisation n'est pas unique, loin de là. On sait que de nombreuses variantes sont possibles et que des modèles pédagogiques différents existent. Notamment ceux qui se fondent sur une plus grande activité des élèves. Ces modèles ont été élaborés dans le cadre d'un long processus historique, remontant à la Renaissance pour l'es-

* Directeur de publication de la revue *Sciences Humaines*.

** Ce texte paru dans le numéro 21 de *Sciences Humaines* a été profondément remanié pour cette seconde édition.

sentiel, voire à l'Antiquité. Ils s'appuient sur deux courants fondamentaux de compréhension du développement de l'enfant. L'un pour qui le cerveau de l'enfant est une cire molle dans laquelle s'imprime le savoir que l'on y déverse et l'autre pour lequel, au contraire, l'enfant s'approprie le savoir, en fonction de son développement et de sa volonté. Plus récemment, les recherches en psychologie de l'apprentissage ont offert de nouvelles voies dans la pratique pédagogique.

Deux conceptions de l'enfant

De l'Antiquité aux Lumières, on a essentiellement pensé l'enfant comme une matière informe à redresser en permanence. *« L'élevage humain, la culture des petits hommes et même, par extension, la culture des plantes sont imaginés prioritairement comme une guidance, un transport, une direction, voire une extraction. »* (1) Dans ce cas, l'enfant était perçu comme une nature « mauvaise », prompte à la faute. Ses propres conceptions, visions spontanées et représentations ne présentaient aucun intérêt. Pis, elles nuisaient à la correction des acquisitions. Dans les collèges de l'Ancien Régime par exemple, le temps et l'espace scolaire furent conçus comme une parenthèse hors du monde, où le latin et l'étude de l'Antiquité, au sein d'internats, devaient contenir les débordements de la jeunesse (jeunesse aisée s'entend). La valeur de l'être résidait souvent pour les congréganistes chargés de l'enseignement dans un cheminement long, rigoureux et pénible.

Cette conception d'un petit d'homme à corriger s'est opposée, parfois dans les mêmes institutions, à une conception de l'enfant conçu comme nature en développement : *« Un feu qu'on allume »*, disait Rabelais. Au XVIIIe siècle la vision de l'enfant évolue, de même que, comme l'ont montré les travaux d'historiens à la suite de Philippe Ariès, les pratiques éducatives et familiales. Les écrits de Diderot et de Rousseau ont traduit cette véritable révolution dans les conceptions de l'enfance. L'homme ne naissait plus corrompu, marqué d'une perversité intrinsèque (suivant ainsi la conception chrétienne du péché originel), mais plutôt libre et maître de son destin.

Une telle opposition traverse toute la mise en place de l'institution scolaire depuis le XVIIIe siècle et la Révolution française. Cette dernière amplifia l'idéal des Lumières en matière de liberté individuelle, alors même que la plupart des pratiques et des conceptions pédagogiques coercitives demeuraient notamment dans les petites écoles destinées au peuple. L'appareil scolaire de la IIIe République ne modifia pas l'ambiguïté d'une école pratiquant à la fois un dressage et une formation au savoir, potentiellement émancipatrice.

La forme occidentale de l'éducation

C'est au cours de ce processus, avec de nombreux tâtonnements que se cristallisa la forme actuelle de l'éducation : un maître détenant le savoir, chargé sans ambiguïté de le transmettre aux générations futures (2). L'un des aspects

1. D. Hameline, article « La pédagogie », dans l'*Encyclopedia Universalis*.

essentiels de la forme scolaire occidentale, cristallisée lors des réformes religieuses, a été la progressive généralisation d'institutions éducatives spécifiques (les écoles, les lycées, les collèges... et de la classe comme modèle unique d'organisation pédagogique (3). Aux XIXe et XXe siècles, les facteurs déterminants de cette forme scolaire et de son évolution résident dans l'affirmation de l'Etat-nation et dans l'explosion du savoir scientifique et technique. L'école, inventée quelques siècles plus tôt, devient en moins de deux siècles une institution centrale des sociétés, et la forme scolaire est adoptée pour tous les types de transmissions de savoirs, quels que soient les lieux et les objets. Ce modèle, clairement calqué des formes monastiques et cléricales, supplanta la forme « populaire » des maîtres de campagne, relativement ignorants, et enseignant par mémorisation les rudiments de la lecture et de la morale chrétienne. Il ne fut pas sérieusement mis en cause, au début du XIXe siècle, par une forme « industrielle » d'enseignement mutuel qui « taylorisait » la transmission de connaissance pour des classes allant jusqu'à plusieurs centaines d'élèves. La prise en compte de la vision humaniste de l'apprentissage se renforça à partir de la fin du XIXe siècle et donna lieu à de nombreux courants pédagogiques (école nouvelle). Elle fut relayée par les associations enseignantes dont les conceptions étaient irriguées par les idéologies socialistes et par l'apport de plus en plus important de la psychologie.

On a coutume de caractériser depuis près d'un siècle la forme habituelle d'enseignement et ses méthodes pédagogiques comme étant « traditionnelles », par opposition à un enseignement et des méthodes « nouvelles », dites également « actives », fondées sur l'autonomie et l'activité de l'élève. Il s'agit là de « modèles » purs qui dans la réalité sont interpénétrés et largement bricolés par les praticiens. En fait, on peut estimer qu'existe aujourd'hui dans les sociétés occidentales un nombre limité de modèles fondamentaux d'enseignement, tous fondés sur l'enseignement collectif, la simultanéité de l'apprentissage de la lecture et de l'écriture et l'introduction progressive de l'apprentissage des sciences.

Les courants contemporains

On distingue deux, voire trois, ensembles de méthodes : les méthodes traditionnelles ; les méthodes actives nées il y a une centaine d'années et, faute de meilleure définition, des méthodes « actuelles » apparentées à ces dernières. Les deux dernières catégories désignent pour l'essentiel les avatars d'une conception convergente du développement, fondée sur l'activité et l'autonomie de l'élève.

1) Les méthodes traditionnelles, typiques des établissements secondaires et supérieurs depuis plusieurs siècles, sont caractérisées par un enseignement frontal où le maître fait face à une classe. Les élèves sont assis en rangs alignés et doivent la plupart du temps écouter. L'enseignement est essentiellement col-

2. F. Morandi, *Modèles et méthodes en pédagogie*, Nathan Université, 1997.

3. C. Gauthier et M. Tardif, *La Pédagogie, théories et pratiques de l'antiquité à nos jours*, Gaëtan Morin Editeur, 1996.

lectif et les élèves doivent être attentifs, mémoriser, raisonner. Les exercices les plus courants sont la dictée, le résumé, la leçon magistrale ou la dissertation. Le dialogue n'existe entre le maître et les élèves que sous forme de questions réponses, et le dialogue entre les élèves est en général proscrit. Au contraire le silence est de rigueur. Dans le modèle pédagogique traditionnel, un système d'évaluation classificatoire et méritocratique accompagne l'autorité du maître, laquelle est fondée sur l'autorité de la connaissance.

2) Les méthodes actives sont issues de pratiques pédagogiques développées en réaction au modèle traditionnel au travers du courant de l'éducation nouvelle, notamment celles de Maria Montessori ou de Celestin Freinet *(voir l'article de Martine Fournier p. 75)*. Elles trouvent leur origine au plan théorique dans la critique humaniste (Rabelais) et dans les philosophies de la construction du sujet (Rousseau; Dewey) et, à partir du XXe siècle dans les apports de la psychologie du développement (Piaget) ou de la psychologie humaniste (Rodgers). Il n'y a pas d'unité d'inspiration ou de pratique dans les méthodes actives, notent, par exemple, les auteurs d'un récent dictionnaire de pédagogie (4), mais plutôt une convergence de valeurs. Comme le souhaitent Dewey ou Claparède, il s'agit de susciter l'intérêt de l'enfant afin de soutenir sa motivation. Dans la conception de l'école nouvelle, la prise en compte de la créativité, de l'activité, mais aussi de l'affectivité de l'enfant ne signifie pas le laxisme de l'enseignant ou l'absence des dispositifs pédagogiques, bien au contraire. Les classes fondées sur des méthodes actives sont caractérisées par du travail en atelier et des tâches plus individualisées, des projets collectifs ou de groupe (on connaît le rôle du journal dans la pédagogie Freinet par exemple).

L'essor de la recherche en éducation

Relayant le mouvement critique de l'école nouvelle et des méthodes actives, une prise en compte de la psychologie du développement s'est affirmée en éducation. Depuis une cinquantaine d'années, on assiste à un renforcement de la référence aux travaux de psychologie, notamment de psychologie cognitive dans les dernières décennies. Ce mouvement est consécutif à l'institutionnalisation de la recherche en sciences de l'éducation : création de nombreuses chaires universitaires en France, par exemple, mais aussi prise en compte des apports de la psychologie cognitive dans les facultés d'éducation. Du point de vue pédagogique pourtant, la reconnaissance des stratégies mentales, de l'importance de la mémoire de travail, les débats contemporains sur l'intelligence ou encore les cartographies de l'activité cérébrale et ses dysfonctionnements n'ont pas véritablement de conséquences directes. Cependant, les cas graves d'hyperactivité enfantine, la dyslexie ou certains problèmes d'acquisition de l'écrit ont pu faire l'objet de traitements thérapeutiques. Ces derniers sont parfois directement médicaux, mais peuvent

4. L. Arenila *et al.*, *Dictionnaire de pédagogie*, Bordas, 2000.

donner lieu à des prescriptions ou validations pédagogiques. Certaines difficultés d'acquisition de l'écrit pour les enfants de 4 à 8 ans sont, par exemple, résorbées par un entraînement spécifique et une manipulation de la lecture des syllabes. Les récentes recherches sur la mémoire tendraient elles aussi à justifier des méthodes d'apprentissage par la mémorisation, largement décriées par les pédagogies actives.

Ce développement de la psychologie accompagne une mutation sensible des formes pédagogiques où la relation pédagogique est redéfinie. Elle est le plus souvent pensée comme triangulaire, selon la réflexion de Jean Houssaye (5), en raison de la prise en compte nécessaire des logiques propres et des interactions entre l'apprenant, l'enseignant et le savoir. L'un des aspects de la mutation est l'émergence de réflexions didactiques de plus en plus nombreuses en sciences de l'éducation. On a ainsi vu se développer à partir des années 70 la réflexion sur l'enseignement des mathématiques, puis progressivement sur l'ensemble des disciplines scolaires. Il s'est agi de réunir les divers apports épistémologiques ou psychologiques, pour examiner les conditions de l'apprentissage humain dans la situation spécifique de l'enseignement scolaire (*voir le texte de Gérard Vergnaud, p. 273*). On en est venu à définir la notion de « contrat didactique », dans lequel l'enseignant fixe les objectifs à atteindre et dont le but est de motiver l'apprenant grâce à un travail limité dans le temps. De manière générale, on a vu se développer dans toute la réflexion éducative de nouvelles interrogations comme par exemple les études sur la mise en œuvre de situations problèmes, liées aux travaux sur les stratégies mentales. La notion de représentation prend en compte l'imaginaire et la cohérence des systèmes d'interprétation des élèves. Elle s'est, elle aussi, singulièrement affirmée, comme la réflexion sur la métacognition, c'est-à-dire les savoirs du sujet sur ses propres modes d'apprentissages.

La science ou l'expérience ?

Pour les méthodes pédagogiques fondées sur l'expérience de l'enfant, le processus d'apprentissage consiste à s'approprier une discipline ou un objet par le rapprochement entre l'intérêt des élèves et les savoirs reconnus. *« Cette démarche s'effectue dans le temps et d'une façon qui excluent la rigidité séquentielle. Dans chaque situation, en fonction de la richesse de l'expérience des sujets d'une part, de leurs possibilités psychologiques d'autre part, l'éducateur s'efforce de mettre en œuvre le processus d'appréhension globale conduisant progressivement à l'analyse et à la synthèse. La méthode d'apprentissage de la musique qui débute par le chant et l'expression vocale et qui conduit, plus tard, à l'idée des notes et du solfège en est une claire illustration. »* (6)

Le travail d'équipe et la pluridisciplinarité, la prise en compte des aspects affectifs de l'éducation, aussi bien que celle du développement psychologique caractérisent ce type de méthodes pédagogiques.

L'autre grand groupe de méthodes se

5. J. Houssaye (dir.), *La Pédagogie, une encyclopédie pour aujourd'hui*, ESF, 1993.
6. G. Mialaret, *La Pédagogie*, Puf, 1992.

centre sur le découpage scientifique (ou reconnu socialement) des contenus disciplinaires et des savoirs. Dans ces approches, l'éducateur part des éléments simples mis en évidence par les spécialistes pour reconstruire le savoir. Les programmes scolaires français, fondés sur l'encyclopédisme des savoirs scientifiques, poussent, par exemple, à l'adoption de telles méthodes. Les inconvénients et obstacles de ces méthodes, dites synthétiques, sont connus depuis longtemps. En partant de l'élément abstrait, souvent isolé de son contexte, l'éducateur a du mal à motiver les apprenants. Le processus de transmission fondé sur la «logique» des savoirs disciplinaires se heurte à l'évolution psychologique réelle de l'enfant et à ses représentations. Dans ce type de méthodes, l'éducateur est détenteur du savoir et du pouvoir. L'élève ne peut qu'espérer au mieux éviter la faute. Les sanctions positives ne peuvent qu'être rares et indiquer à l'élève combien l'apprentissage reste difficile, rebutant. Sans prise en compte réelle des aspects émotionnels, de telles méthodes favorisent l'opposition entre la théorie et l'action. Cependant, cette approche synthétique – souvent liée à des méthodes pédagogiques traditionnelles – permet l'étalonnage et l'évaluation de l'ensemble de la population scolaire et répond aux soucis de normalisation sociale.

En fait, la réalité des classes montre que dans chacune des disciplines ou matières enseignées, les deux formes pédagogiques majeures s'interpénètrent, selon des modalités diverses. On peut se demander alors pourquoi les multiples tentatives de définition et de renforcement des méthodes actives se sont souvent déroulées en marge de l'institution scolaire (*voir l'œuvre de Celestin Freinet, par exemple*). Pourquoi la forme pédagogique dominante demeure-t-elle magistrale, abstraite et souvent peu motivante ? Le poids de l'histoire et, à travers elle, les finalités assignées à l'institution scolaire demeurent énormes. Il est également fort compliqué de réaliser une réflexion d'envergure sur la place et la nature des savoirs à enseigner en France : finalité et importance des programmes, rôle de l'orientation-distribution de l'école, importance de la pluridisciplinarité. Il faut souligner aussi l'inertie organisationnelle de l'énorme machine éducative. Malgré une emprise croissante de la forme scolaire, durant la période récente, aucune remise en cause des formes pédagogiques dominantes ni de l'organisation des filières scolaires n'a eu lieu. Les «usagers» de l'enseignement ont accordé un rôle grandissant aux apprentissages et aux formes scolaires tels qu'ils sont, essentiellement comme un moyen efficace d'une future insertion professionnelle. Ce constat peut être étendu, avec les variations dues à la spécificité de chaque pays, à l'ensemble des Etats. La discussion menée sur les «standards» ou la culture commune aux Etats-Unis et dans les pays anglo-saxons le prouve depuis une décennie (7).

Cependant, depuis une ou deux décennies, un mouvement institutionnel et politique sans précédent est à l'œuvre

7. Voir M. Lemosse, *Le Système éducatif anglais depuis 1944*, Puf, 2001 ; M. Montagutelli, *Histoire de l'enseignement aux Etats-Unis*, Belin, 2000.

dans les principaux pays occidentaux, avec la volonté de développement de l'autonomie des établissements scolaires et parfois même leur mise en concurrence. Il est probable que ce changement, s'il s'amplifie, modifiera sensiblement les voies de la définition de l'excellence académique, l'une des clés principale de la définition des formes pédagogiques de tous les systèmes d'enseignement.

Cette mutation s'effectue alors que les conceptions psychologiques de l'apprentissage et leurs corollaires pédagogiques sont en grandes évolutions, privilégiant notamment le rôle du sujet apprenant. Elle est favorisée par la possibilité technique d'enseignement à distance et de consultation de sources documentaires quasiment illimitées à partir de terminaux d'ordinateurs branchés sur Internet. Il s'agit là, selon certains observateurs, de conditions favorables à un bouleversement des formes pédagogiques, allant dans le sens de la construction des savoirs et de l'autonomie prônée par la plupart des pédagogues. Cependant, la réalité est pour l'heure plus prosaïque. On constate surtout, sur la planète entière, la généralisation de la forme scolaire occidentale... dans sa version la plus habituelle *(voir l'article Des sociétés orales aux sociétés scolaires, p. 281).*

PIF, PAF, POF : LE PROJET EN FORMATION

ENTRETIEN AVEC JEAN-PIERRE BOUTINET*

En France, la formation permanente est fondée sur les projets des acteurs : stagiaires, formateurs, organisations.

***Sciences Humaines :* Le projet en pédagogie intéresse la formation initiale, alors que le projet en formation concerne la formation d'adultes. Cependant, il semble que le projet soit mieux intégré dans la formation pour adultes ; pouvez-vous en faire une présentation ?**

Jean-Pierre Boutinet : Il serait d'abord intéressant de montrer comment la formation pour adultes a émergé en Allemagne, en Angleterre et aux Etats-Unis beaucoup plus tôt que chez nous : ces trois pays se sont préoccupés de formation d'adultes dès la fin du XIXe siècle.

En France, le projet apparaît au grand jour grâce au dispositif de formation permanente de 1971. Plus que la formation initiale, la formation permanente est organisée sur le mode volontariste des acteurs. Il s'agit de coordonner, au sein d'un même dispositif, le projet de formation, trois variantes de projets : les projets des stagiaires adultes, le projet du formateur, le projet ou plan de formation de l'entreprise ou établissement.

J'identifierai donc :

– le PIF (Projet individuel de formation) du stagiaire adulte qui arrive toujours en formation à un moment significatif de déstabilisation dans sa vie ; il faut donc l'aider à s'approprier un projet individuel de formation qui est souvent mal explicité, et à l'articuler sur son projet de carrière ou itiniraire, son devenir, au-delà de la formation ;

– le PAF (Projet d'animation de formation) concerne la professionnalité des formateurs : le créneau de leurs compétences, des méthodologies qu'ils maîtrisent, des conceptions qu'ils se font de la formation. Toute session de formation préparée par les formateurs est finalisée par un projet ;

– mais le PAF ne peut exister sans une commande sociale qui renvoie à la politique et aux stratégies de formation qu'une organisation entend se donner et qu'elle consigne dans son plan de formation; c'est ce que j'appellerai le POF (Projet

* *Directeur de l'Institut de recherche fondamentale et appliquée d'Angers (IRFA), professeur à l'université catholique de l'Ouest, Institut de psychologie et sociologie appliquées. Professeur associé à l'Université de Sherbrooke (Canada), chercheur associé à l'Université de Paris-X.*

organisationnel de formation), celui de l'entreprise, de l'établissement qui décide du rôle attribué à la formation dans ses orientations. Le POF négocie en interne ou en externe avec le PAF pour recruter des PIF, et c'est l'articulation de ces trois instances qui peut constituer un modèle ensembliste appelé le projet de formation. Une telle articulation s'opère à trois niveaux différents de négociation :

– le premier niveau concerne l'élaboration du plan de formation par la direction avec le comité de l'entreprise : cette construction naît du contact entre le POF et les représentants des PIF ;

– le deuxième niveau renvoie à la négociation entre le POF et le PAF : il s'agit de choisir les formateurs, dans l'instance de formation appropriée ;

– le troisième niveau se concrétise à partir du contact entre le formateur et des stagiaires qui vont devoir se réapproprier le dispositif.

L'intérêt de parler en termes de projet, c'est de pouvoir confronter les intentions en présence et aider leur explicitation au sein d'une négociation entre les PIF, le PAF et le POF. J'en suis venu à ce schéma car j'ai remarqué que l'expression « projet de formation » était toujours ambiguë : parle-t-on du projet d'une personne déterminée, d'un formateur, ou de celui d'une institution ? Mais, en tant que formateur, je m'aperçois que la négociation est effective et significative en formation permanente, alors qu'elle est toujours plus difficile et aléatoire en formation initiale.

Propos recueillis par
MARTINE FOURNIER

(*Sciences Humaines*, hors-série n° 12, février/mars 1996,
revu et actualisé, décembre 2000)

Le projet en éducation

Quand l'institution scolaire multiplie les projets...

Depuis une vingtaine d'années, les textes ministériels ont introduit le projet dans le système éducatif. Actuellement, il existe de multiples types de projets dans l'institution scolaire ; tout le problème, comme l'explique J.-P. Boutinet, est de réussir à les articuler en respectant le projet individuel de l'élève.

John Dewey (1859-1952) est considéré comme le véritable initiateur de la pédagogie du projet. Ce professeur à l'université de Chicago conçoit l'enseignement comme « *une action organisée vers un but déclaré* » ; c'est le fameux *learning by doing*. Cette pédagogie est le prolongement direct des méthodes actives. Elle propose aux élèves des réalisations concrètes (par exemple la réalisation d'un journal), qui mobilisent leurs activités en leur donnant l'occasion de s'approprier des connaissances.

Marc Bru et Louis Not (1) distinguent cinq fonctions principales à la pédagogie du projet :
– une fonction de motivation : les élèves s'engagent dans des activités dont ils perçoivent le sens, et renouvellent leurs intérêts pour l'école ;
– une fonction didactique : le traitement des connaissances et des compétences à acquérir est restitué dans l'action du projet ;
– une fonction économique : le produit ou l'action à réaliser nécessiteront des moyens et des aides financières. Il faudra donc intégrer des contraintes qui imposent une rigueur dans la gestion du temps et des ressources ;
– une fonction sociale : tout projet passe par une médiation avec des partenaires ;
– une fonction politique : dans une perspective de participation active à la vie collective, c'est une formation à la vie civique.

M.F.

1. M. Bru, L. Not, *Où va la pédagogie du projet ?*, Editions Universitaires du Sud, 1987.

Philippe Meirieu*

LES VOIES DE LA PÉDAGOGIE**

La pédagogie navigue entre l'apprenant et le savoir. Philippe Meirieu souligne que le respect de l'un et la possibilité de l'autre constituent l'exigence éthique fondatrice de l'éducation. C'est pour lui dans la combinaison de trois modèles pédagogiques (le clerc, le bibliothécaire et le compagnon) qu'elle se résoudra.

Depuis le début du XXe siècle, et de manière si récurrente que plusieurs commentateurs ont pu parler d'un « bégaiement » constitutif du discours pédagogique, il est d'usage d'opposer une « pédagogie centrée sur l'enseignant » et une « pédagogie centrée sur l'apprenant ».

Dans la première, la situation serait organisée autour de la prestation du maître : celui-ci dispense des informations dont la validité scientifique et culturelle est avérée mais sans se demander d'aucune manière si elles sont adaptées à ses élèves, intégrées dans leur progression et participe de leur formation personnelle. Dans la seconde, la situation serait organisée autour de la construction par l'élève de ses propres connaissances : l'enseignant y devient une personne-ressource qui diagnostique les besoins de chacun, lui fournit les documents et exercices adaptés, l'accompagne dans un parcours individualisé. Dans la « pédagogie centrée sur l'enseignant », il s'agirait de séduire ou de capter un auditoire pour l'amener à reproduire un comportement intellectuel standardisé.

Dans la « pédagogie centrée sur l'apprenant », on mettrait en place des « contrats » à partir d'objectifs négociés, avec le souci constant d'impliquer chacun dans la démarche, de le rendre « actif » et de le faire participer à sa

* Professeur à l'Université de Lyon-II. Parmi ses publications : *Des enfants et des hommes*, ESF, 1999 ; *L'Ecole et les parents : la grande explication* (dir.), Plon, 2000 ; *Peut-on transformer l'école ?*, Folio-Le Monde, à paraître, 2001.

** Texte inédit.

propre évaluation. Dans la première régnerait la sélection drastique imposée par la règle du « mimétisme identificatoire ». Dans la seconde se construirait progressivement un modèle de réussite différenciée où chacun pourrait atteindre des objectifs différents mais d'égale dignité.
Une telle opposition a été nécessaire dans l'histoire de la pensée éducative et a eu une fonction polémique particulièrement saine. Ainsi les militants pédagogiques l'ont-ils adoptée et utilisée en de multiples variations pour stigmatiser des formes d'enseignement sclérosées, préoccupées seulement de leur propre pérennité. Ignorant la réalité des personnes concrètes au nom d'un « accès égalitaire de tous à l'universel », certaines pédagogies aboutissent, en effet, à privilégier ceux et celles qui disposent d'un environnement intellectuel ou d'une logistique familiale leur permettant d'entrer, avec une dépense minimale d'énergie, dans le modèle scolaire proposé.
Le « magistrocentrisme » risque toujours de basculer dans la sélection ou le dressage. Mais il a son symétrique dans le « puérocentrisme », qui rabat l'éducation sur l'accompagnement psychologique. Que cet accompagnement soit instrumentalisé en termes affectifs ou technologiques, qu'il se donne pour objectif l'instauration de « bonnes relations » ou l'acquisition de « comportements stabilisés », cela ne change rien au caractère dangereux de cette dérive. Tant que la relation entre celui qui éduque et celui qui est éduqué n'est pas médiatisée par des objets culturels qu'on peut, tout à la fois, s'approprier et mettre à distance, il n'y a pas de véritable émancipation. Car cette dernière suppose que la dépendance éducative soit brisée et que le sujet éduqué puisse distinguer ce qu'il a acquis de celui ou de celle qui lui a permis de l'acquérir. Il faut qu'il puisse s'appuyer sur ce qui lui est transmis pour s'exhausser au-dessus même des conditions de cette transmission.

Une exigence éthique fondatrice

Ainsi, si l'éducation est bien la promotion de l'humain contre toutes les formes d'inhumanité qui nous envahissent, elle requiert nécessairement ce travail lent et patient par lequel le petit d'homme puis l'adulte, avec l'aide de ceux qui sont arrivés avant lui dans le monde, apprennent à se relier aux autres dans un mouvement réciproque de construction de l'objet et de construction de soi. C'est un mouvement par lequel soi et le monde apparaissent et se distinguent à la fois, pour que l'on puisse apprendre précisément à entrer en relation avec le monde et avec nos semblables. Et c'est là, sans doute, l'exigence éthique fondatrice de toute socialité : que le « je » ne s'enferme pas dans la domination hautaine, ne se crispe pas sur une identité étriquée, ne cherche pas à éradiquer l'altérité... mais s'ouvre, au contraire, à travers la médiation de la culture sous toutes ses formes, à l'humanité présente en chacun et en tous. La recherche exigeante de la vérité et l'ouverture à autrui ne constituent ainsi qu'un seul et même mouvement, celui par lequel grandit l'homme.
Ainsi la contradiction entre une « pédagogie centrée sur l'enseignant » et une « pédagogie centrée sur l'apprenant »,

en dépit de son caractère caricatural, permet-elle d'approcher ce qui fait le sens même de l'acte éducatif : une éthique de la vérité et de l'altérité. Certes, aucune de ces deux formes de pédagogie ne se retrouve jamais, dans la réalité, «à l'état pur». Chaque maître, à chaque instant, adopte une posture située quelque part sur un *continuum* dont les deux extrémités n'ont pas d'existence propre. Il reste que, pour enseigner en s'inscrivant dans cette éthique, plusieurs modèles professionnels sont possibles. Chacun d'eux s'est développé dans des contextes particuliers, avec des références identitaires et des savoir-faire spécifiques.

Le modèle du « clerc »

Le modèle du clerc reste, dans les esprits, associé à l'idée de «l'enseignement traditionnel». Même si l'on verra plus loin que les autres modèles disposent aussi d'une solide tradition, ils n'en ont pas, néanmoins, le même prestige… Le clerc connaît la vérité, il a été introduit dans la sphère de ceux qui sont officiellement reconnus comme entretenant un commerce privilégié avec elle. Sacrement, concours, rituel initiatique, les modalités de reconnaissance varient d'une civilisation à l'autre, mais le principe reste le même. Comme le clerc tient son savoir et son pouvoir « d'en haut », il existe toute une hiérarchie dans laquelle il s'inscrit et qui donne sens à son activité : il faut prendre exemple sur celui qui incarne, au-dessus de vous, la légitimité puisqu'il vous a lui-même adoubé. Dans les pays occidentaux, le modèle du clerc, c'est celui du professeur d'université qui, dans son amphithéâtre, instruit les étudiants attentifs. C'est lui qu'il faut imiter puisqu'il a le statut le plus prestigieux et aussi le salaire le plus élevé. C'est sa pratique qui apparaît comme la meilleure puisqu'il scolarise les meilleurs élèves. Ce sont ses conseils qu'il faut écouter puisque c'est lui qui a le pouvoir de conférer à d'autres le droit de professer. Ce droit, c'est celui de la parole : une parole qui n'est pas seulement l'exposé d'un savoir préalable, mais aussi le développement d'une pensée qui se donne à voir dans son mouvement même, s'offre à autrui dans son exigence de clarification permanente, s'efforce de mettre de l'ordre quand les tâtonnements individuels ne livrent qu'obscurité et confusion.

On a beaucoup critiqué le modèle «magistral» du clerc, à tort et à raison. A raison, en dénonçant les complicités préalables qu'il requiert chez un auditeur qui veut en profiter au maximum. A raison, en pointant ses limites et en montrant qu'il ne peut dispenser d'un travail personnel approfondi pour lequel on ne doit pas laisser les élèves démunis se débrouiller tout seuls. A raison, en soulignant la lassitude qu'entraîne sa répétition, l'absence de véritable «guidage cognitif» dans ce qui apparaît trompeusement comme une méthode directive : en assignant les corps et les regards à résidence, le cours magistral laisse vagabonder les esprits, et l'ordonnance apparente qu'il exhibe peut recouvrir une véritable cacophonie mentale… Mais on a aussi critiqué le modèle «magistral», à tort : en laissant croire, par exemple, qu'il ne peut pas y avoir de véritable activité intellec-

tuelle pendant que le cours se déroule. Mais aussi en niant son utilité pour interroger l'esprit ou permettre d'effectuer rapidement une synthèse ou encore en doutant de son pouvoir d'interpellation. Ce dernier, pour n'être jamais acquis définitivement, peut être prodigieux, comme chacun en a fait, au moins une fois, l'expérience.
Car c'est là, paradoxalement, son plus grand danger. Le problème majeur du cours magistral, ce n'est pas qu'il manque d'efficacité, c'est qu'il est trop efficace et entretienne de la dépendance quand il devrait émanciper. Le pouvoir de fascination de la parole est immense et, de captivé, on finit facilement par devenir captif. Un retour sur les débats religieux du XVIe et du XVIIe siècles en Occident permet de mesurer l'importance de l'enjeu : le catholicisme, en effet, interdisait à ses fidèles la lecture directe de la *Bible* que seul le clerc pouvait interpréter en chaire. Les protestants, quand ils étaient trouvés en possession d'une *Bible*, étaient arrêtés et exécutés. Ils développèrent, pourtant, une culture spécifique, encore très présente dans les pays anglo-saxons en particulier, sous le nom de « libre examen » : pour eux, chacun doit pouvoir accéder directement aux textes originaux, les lire, les confronter, les critiquer. En prenant son temps. Sans être soumis au rythme de la parole qui vous subjugue et vous interdit de penser.

Le modèle de l'enseignant-bibliothécaire

C'est à partir de l'expérience protestante que s'est développé un modèle de l'enseignant-bibliothécaire qui ne détient pas tous les savoirs et n'est pas la vérité incarnée. Il aide simplement chacun à se retrouver dans le labyrinthe de la bibliothèque. Il guide, conseille, explique si on le lui demande ; il n'interdit jamais de s'arrêter pour réfléchir, de revenir en arrière ou de chercher ailleurs. On peut l'interroger, mais rarement pour lui demander de transmettre lui-même des connaissances, plutôt pour qu'il explique où et comment on peut les chercher. Dans la masse des informations auxquelles il donne le droit d'accéder sans réserves, il permet de ne pas se perdre.
Le modèle est séduisant et on le trouvera sans doute étonnamment contemporain. Mais, là encore, l'histoire doit nous instruire : à quoi aboutit le « libre examen » si ce n'est à l'encyclopédisme ? Quand la bibliothèque devient trop vaste, quand les documents sont trop nombreux et que leur complexité décourage le lecteur, quand les textes se télescopent entre eux et que l'on ne peut pas, sans de savantes études, en comprendre les enjeux, le bibliothécaire se fait auteur de « manuels » : il trie, classe, organise, présente les documents par ordre de complexité croissante et avec le souci légitime de l'exhaustivité. Bref, il installe, à son tour, entre l'apprenant et les savoirs une médiation qui, pour être écrite, n'en est pas moins arbitraire et risque, qui plus est, de produire, par son légitime souci de simplification, des effets réels de démobilisation. Car c'est là que le bibliothécaire, – qu'il organise des documents écrits ou règne sur un cyber-forum, – bute sur une difficulté essentielle, souvent dénoncée par les pédagogues : le formalisme. Le souci

d'accessibilité, en développant des processus de didactisation massive, dévitalise les savoirs qui ne sont plus reliés, pour celui qui les rencontre, aux pratiques et aux problèmes susceptibles de leur donner du sens. N'étant plus, comme dans le modèle magistral, portés par une «voix» dont le tressaillement confère au discours une dimension humaine, dégagés de leur contexte et de leur histoire qui pouvaient permettre d'en voir les enjeux, simplifiés, «scolarisés», les savoirs se dévitalisent pour finir par n'être plus que des objets d'échange dans une «pédagogie bancaire».

le modèle du « maître-compagnon ».

C'est pour lutter contre de telles dérives que les pédagogues ont, depuis bien longtemps, cherché à promouvoir d'autres voies, centrées sur l'accompagnement et le dialogue. Un troisième modèle s'est élaboré, souvent présenté comme caractéristique de la «pédagogie nouvelle». Il n'en est pas moins inscrit dans une longue tradition : le compagnonnage. En effet, la relation directe du maître à l'apprenti ou à l'élève existe depuis très longtemps, dans de nombreuses civilisations, comme une forme privilégiée d'apprentissage. Chez les «compagnons du tour de France», par exemple, le «maître» entretient avec son apprenti des rapports particulièrement riches et exigeants; il n'abdique nullement sa compétence spécifique, ne cherche pas à faire oublier son autorité, n'hésite pas à donner des ordres. Mais il n'explique pas abstraitement ce qu'il faut faire pour envoyer ensuite l'apprenti le faire tout seul chez lui; il fait devant, fait avec, guide le geste, commente le résultat, fait refaire quand c'est nécessaire jusqu'à ce que l'apprenti se hisse au niveau de maître et parvienne à réaliser son «chef-d'œuvre».
Nous avons là le principe qui, sous une forme ou sous une autre, inspire ce que l'on nomme «la pédagogie active» ou «le travail individualisé»; c'est là aussi le principe organisateur de cette «classe atelier» où les pédagogues rêvent de voir les élèves s'affairer, aux prises avec des «problèmes concrets», collaborant, fabriquant, rectifiant leurs erreurs au fur et à mesure, progressant tout à la fois en autonomie et en compétence... Belle songerie que bien peu ont vue, en réalité, et qui fonctionne plutôt comme une référence mythique que comme modèle opérationnel.
C'est que le compagnonnage comporte ses propres limites, découvertes très tôt par les «compagnons du tour de France» : ces derniers furent tout de suite, en effet, confrontés à un dilemme difficile : satisfaire l'apprenti ou le client? En situation de production, les exigences des deux parties ne sont pas vraiment convergentes : l'apprenti voudrait qu'on prenne du temps et qu'on gâche des matériaux, qu'on le laisse apprendre «à loisir» (faut-il rappeler que c'est là l'étymologie du mot «école» qui, en grec, signifie «loisir»?). Le client, lui, veut obtenir satisfaction le plus vite possible et ne goûte guère le gâchis du matériel ou la perte de temps; de toute évidence, il préfère que le maître fasse le travail tout seul! Et ce qui se passe chez les «compagnons» se passe aussi dans toutes les «classes ateliers» : les élèves ou les étudiants déjà

compétents travaillent vite et bien, pendant que les autres sont écartés… et qu'on les «paye» en identification dans le résultat pour compenser leur frustration dans la production.

Ainsi le «maître compagnon» n'est pas plus parfait que le clerc ou le bibliothécaire. Mais chacun d'entre eux, on le voit, possède des qualités spécifiques : la parole dispose d'un pouvoir d'«arrachement» et de clarification ; le livre apprivoise l'esprit et forme la pensée critique ; le geste accompagné entraîne à la persévérance et à l'exigence de qualité. Aussi faut-il sans doute, en un effort nouveau, tenter d'imaginer un modèle ouvert de l'enseignement, associant en une dynamique originale ces trois aspects et qui nous permette tout en dépassant les querelles du passé d'affronter les défis du futur.

L'organisation des procédures d'enseignement

Chacun des modèles que nous venons d'identifier propose une «manière d'enseigner». Et chaque «manière d'enseigner» semble avoir des avantages et des inconvénients liés, très largement, à ses conditions d'émergence ainsi qu'à la structure socio-politique dans laquelle elle s'est développée : le modèle du clerc correspond parfaitement à une société très hiérarchisée, où les savoirs renvoient à des stratifications économiques, culturelles ou religieuses. Le modèle du bibliothécaire correspond à une société parlementaire où l'espace public est structuré autour de normes juridiques formelles, proclamant l'égalité de tous dans l'inter-argumentation rationnelle. Le modèle du «maître compagnon» correspond à l'idéal de la coopérative autogérée où la dignité des personnes est indépendante des fonctions qu'elle exerce et où les apprentissages s'effectuent sous forme d'échanges réciproques de savoirs…

Or nous semblons avoir renoncé à institutionnaliser ces modèles socio-politiques en tant que tels et commençons à comprendre que l'ordre de l'humain est bien celui des compromis : compromis provisoires mais suffisamment stables pour permettre à des légitimités différentes de coexister et au système de «donner du jeu» à ses acteurs. Ainsi la société s'humanisera pour autant qu'elle ne se crispera pas sur des modèles hégémoniques mais autorisera les personnes à chercher leur cohérence propre dans l'appartenance à plusieurs systèmes de légitimation différents. Et il n'y a pas de raison pour que l'école échappe à ce mouvement général ; il faut même souhaiter qu'elle sache développer les trois types de relations au maître et au savoir que nous avons décrits, tout en s'efforçant de donner à chacun les moyens de se construire comme sujet unifié, capable de poser et d'assumer des actes librement.

La transformation du système scolaire est ici, sans aucun doute, sa condition de survie, c'est-à-dire aussi la condition de pérennité institutionnelle de l'exigence éducative comme «éthique de la vérité et de l'altérité». C'est cette exigence – et elle seule – qui permet de marquer les limites des modèles que nous avons présentés. C'est elle qui nous impose de borner impérativement le pouvoir de captation de «l'enseignant clerc» et de favoriser la confrontation directe de l'élève avec les sources documentaires multiples offertes par «l'enseignant bibliothécaire». C'est elle aussi qui nous met en garde contre le formalisme de ce dernier et la totémisation des ressources offertes à travers les supports traditionnels ou technologiques : coupées de leurs conditions d'émergence et de leurs enjeux intellectuels et humains, ces ressources deviennent vite des informations vides, utilisées simplement pour «se distinguer» sur le marché scolaire et dans la sélection sociale. Si on veut retrouver leur sens, il convient alors, sans doute, de placer l'élève en situation d'activité comme le suggère le «maître compagnon». Là, les ressources apparaissent effectivement comme des moyens de résoudre des problèmes effectivement rencontrés et analysés. Mais l'exigence éducative nous met encore en garde : dans l'activité de production, tout ce qui est gagné en finalisation risque d'être perdu en apprentissage à cause de l'inévitable division du travail qu'elle engendre ; de plus l'empirisme et l'efficacité immédiate menacent de prendre le pas sur la recherche de la vérité, appelant alors une nécessaire intervention magistrale dont le pouvoir d'interpellation et de conceptualisation sera ici très précieux…

Martine Fournier*

UN SIÈCLE D'ÉDUCATION NOUVELLE**

Une pédagogie active, respectant les besoins et les intérêts de l'enfant ainsi que sa liberté : les principes de l'éducation nouvelle apparaissent encore aujourd'hui d'une grande modernité.

Aleth et Elisabeth, allant chacune vers leurs sept ans, s'activent joyeusement à assembler des caractères d'imprimerie pour composer le texte qui a été choisi le matin même. C'est la coutume : une fois par semaine, chaque élève propose son histoire ; celle qui sera sélectionnée par les élèves sera imprimée pour composer le « livre de vie » dans lequel ce Cours préparatoire peu ordinaire apprend à lire. Le livre de vie constitue aussi une ressource pour le journal scolaire, complété par les travaux des autres divisions de la classe : textes libres des plus grands, recherches collectives sur différents sujets, reportages pour faire connaître le village ou la région, échangés avec les correspondants. Nous sommes dans les années 50, dans une école utilisant les méthodes Freinet…

Célestin Freinet, Ovide Decroly, Maria Montessori, John Dewey, Alexander S. Neill, tous ces noms et bien d'autres ont participé d'un courant qui a traversé le siècle, et dont les approches sont généralement réunies sous le nom d'« éducation nouvelle ». Que recouvre ce terme générique ? En fait, toute une diversité de points de vue qui ont en commun une opposition fondatrice à l'enseignement traditionnel. Que reste-t-il d'un mouvement aujourd'hui centenaire, perçu comme innovant et contestataire, voire libertaire, et vivement critiqué par les tenants d'une pédagogie plus classique ?

---

* Journaliste scientifique au magazine *Sciences Humaines*.

** *Sciences Humaines*, n° 105, mai 2000.

Déclaration de guerre à l'école traditionnelle

« Et sur les indications du diable, on créa l'école. L'enfant aime la nature : on le parqua dans des salles closes. L'enfant aime bouger : on l'obligea à se tenir immobile. Il aime manier des objets : on le mit en contact avec des idées (...). Il voudrait raisonner : on le fit mémoriser. Il voudrait s'enthousiasmer : on inventa les punitions... » Cette déclaration d'Adolphe Ferrière, cofondateur en 1921 de la Ligue internationale de l'éducation nouvelle, résume une préoccupation commune de ce courant : la critique de la pédagogie traditionnelle. C'est à la fin du XIXe siècle que naissent les premières écoles nouvelles : la *New School d'Abbotsholme*, en Angleterre, créée par Cecil Reddie ; l'école-laboratoire de l'université de Chicago, fondée par J. Dewey ; les expériences des *Arbeitsschule* (écoles actives) de Munich, par Georg Kerschensteiner ; la *Casa de bambini*, à Rome, de M. Montessori ; l'école de l'Ermitage d'O. Decroly, à Bruxelles (1907). En 1899, A. Ferrière, professeur à l'université de Genève, fonde le Bureau international des écoles nouvelles alors qu'Alfred Binet publie un ouvrage dans lequel il *« déclare la guerre »* à la pédagogie traditionnelle (*La Fatigue intellectuelle*, 1898).

Au lendemain de la Première Guerre mondiale, le mouvement prend une nouvelle vigueur : en Europe particulièrement, la nécessité de réformer l'éducation se fait sentir pour former *« des individus capables de mettre fin aux guerres et d'organiser, par la compréhension mutuelle, un monde meilleur »*. Toutes sortes de tentatives pédagogiques fleurissent : à la fondation des Communautés libres de Hambourg, les enfants organisent seuls leur vie scolaire, décident de leur règlement et choisissent leurs responsables. Aux Etats-Unis, le plan Dalton met en place les méthodes de travail individualisé et une pédagogie du contrat entre l'élève et l'enseignant, tandis qu'en Angleterre, A.S. Neill fonde sa célèbre école de Summerhill en 1921...

Ce n'est pas sans interaction avec ce mouvement pédagogique que l'on peut observer à la même époque le développement des recherches sur la psychologie de l'enfant. Le psychologue suisse Edouard Claparède fonde, en 1912, l'Institut Jean-Jacques Rousseau à Genève, véritable institut des sciences de l'éducation destiné à former, *« dans un esprit nouveau »*, aux carrières pédagogiques. Et c'est dans les années 20 que l'un de ses élèves, Jean Piaget, commence à publier toute une série d'ouvrages sur le développement de l'intelligence chez l'enfant qui, avec ceux de Henri Wallon, influenceront et encourageront le développement de l'éducation nouvelle. De leur côté, Ferdinand Buisson et A. Binet poursuivent leurs travaux sur la mesure de l'intelligence et prônent une pédagogie scientifique.

Durant cette période, le foisonnement des publications témoigne d'une intense activité de recherche pédagogique à travers une foule d'approches diverses et hétéroclites. Dans un petit livre paru en 1965 (1), Roger Cousinet, inspecteur de

1. R. Cousinet, *L'Education nouvelle*, Delachaux et Niestlé, 1965.

Summerhill, l'école du bonheur ?

A Summerhill, qui accueille les enfants de 5 à 16 ans, on peut décider de faire des cabanes ou de patauger dans la boue plutôt que d'aller en cours. Enfants et adultes peuvent se baigner tout nu dans la piscine ; personne n'est obligé de dire bonjour ou de respecter la moindre bonne manière... *« Laisser l'enfant épuiser son désir et ses intérêts »*, telle est la devise d'Alexander S. Neill qui fonda en 1921 sa célèbre école anti-autoritaire, installée en Angleterre.
A Summerhill règne la liberté, mais pas l'anarchie. Les règles de cette petite collectivité d'une soixantaine d'élèves (de milieux financièrement privilégiés) sont discutées au cours d'assemblées hebdomadaires où la voix de chaque élève a le même poids que celle d'un adulte.
Qu'est-il advenu de ces « libres enfants de Summerhill » ? Pas de réussites extraordinaires, admettait A.S. Neill, mais les évaluations ont montré que le niveau de réussite au GCSE (équivalent du BEPC) n'était pas inférieur à la moyenne nationale. Et pour A.S. Neill, l'objectif n'était pas la réussite scolaire ou professionnelle mais le bonheur. Ebéniste, acteur, ingénieur ou professeur en médecine, les témoignages des anciens élèves – aux dires de la presse britannique – montrent des adultes épanouis...

l'Education nationale connu pour avoir mis en place dans les années 20 une méthode de travail libre par groupes, retrace avec enthousiasme la genèse de l'éducation nouvelle, en montrant qu'elle s'est abreuvée à plusieurs courants : un courant scientifique (celui de la psychologie de l'enfant) ; un courant philosophique, que l'on peut illustrer par exemple par le pragmatisme de J. Dewey (philosophe américain dont la formule *« learning by doing »* est restée célèbre). Mais le courant le plus puissant, qui fédère la plupart des initiatives d'éducation nouvelle, est ce que R. Cousinet appelle un courant « mystique » dont les initiateurs sont Jean-Jacques Rousseau et Léon Tolstoï. Qu'entend-il par là ?

Une mystique de l'enfance

Pour J.-J. Rousseau, la nature a fait l'homme heureux et bon, et c'est la société qui le corrompt. L'enfant, encore proche de « l'état de nature », doit séjourner dans cet état le plus longtemps possible et le rôle de l'éducation consiste, tout en le préparant à la vie, à l'empêcher de devenir trop tôt adulte. Cette conception, que R. Cousinet qualifie de mystique en raison de l'idéalisation qui est faite de la nature, va entraîner ce qu'E. Claparède appellera une véritable *« révolution copernicienne »* de l'enseignement.
Léon Tolstoï, inspiré des idées de Rousseau et qui avait, en 1858, ouvert une école dans sa propriété, va pousser encore plus loin cette mystique : l'en-

fant est un être parfait et nul n'a le droit de l'éduquer. C'est d'ailleurs chez Tolstoï que s'enracinent les principes éducatifs libertaires de *self-government*.
«*L'amour et le respect de l'enfance sont universels dans toute l'histoire de l'éducation nouvelle*», explique R. Cousinet. A partir des idées rousseauistes sont exaltés la vie à la campagne, le travail manuel et le jardinage, la liberté et la création artistique, mais aussi l'éducation morale. A. Ferrière donne de l'école nouvelle une définition qui deviendra canonique : «*Un internat familial établi à la campagne où l'expérience de l'enfant sert de base à l'éducation intellectuelle par l'emploi adéquat des travaux manuels et à l'éducation morale par la pratique d'un système d'autonomie relative des écoliers.*»
Outre la centration sur l'enfant, l'organisation sociale est aussi un critère fondamental des écoles nouvelles. L'instruction est inséparable d'une éducation morale qui conduit à l'autonomie et au sentiment de responsabilité. Les écoles nouvelles fonctionnent sur le mode de la coopération, de l'entraide, du contrat avec l'adulte ou avec les pairs. J. Dewey voulait faire de la classe un «milieu total» physique et social qui soit un modèle de démocratie. Dans la coopérative scolaire de type Freinet, les enfants gèrent les ressources qu'ils produisent – par le jardin ou le journal –, programment à l'issue de votes leurs dépenses : sorties, achat de nouveau matériel, etc.
L'aboutissement de cette pédagogie sociale s'incarnera dans le courant de la «pédagogie institutionnelle» (2) dont la critique de l'«école-caserne» connaît un grand succès au moment de mai 1968 : la classe devient lieu de débat et c'est à partir de cette période que l'on voit se multiplier les expériences d'autodiscipline et d'établissements autogérés (3).
La pratique des méthodes actives est, elle aussi, un trait essentiel de l'éducation nouvelle. «*L'apprentissage n'est ni une imitation plus ou moins servile, ni une répétition… L'enfant agit, il explore, il enquête, il découvre, il invente. C'est là la véritable éducation, qui n'a pas besoin de leçons magistrales ni de livres*», affirme R. Cousinet.
«*Comment puis-je calculer combien vont coûter les sandwichs qu'il faudra emporter pour notre sortie de jeudi à la ville voisine ?*», se demande Jérôme qui, pour remplir son office de trésorier de la classe, va ainsi découvrir les arcanes de la règle de trois. Recherche de documentation, entretien avec les habitants du village, confection de dossiers exposés à la classe ou envoyés aux correspondants sur des sujets choisis par les élèves, la classe Freinet est une véritable ruche, où chaque petit groupe vaque à des occupations dont il devra rendre compte aux camarades…
Cette notion d'activité, cependant, est sujette à bien des débats au sein de l'éducation nouvelle. Pour E. Claparède, «*l'activité d'un écolier ne devrait jamais être autre chose qu'un moyen employé par lui pour satisfaire à un besoin qu'on aura su créer en lui*». Mais cette approche «fonctionnelle» n'est pas du goût de tous les éducateurs.

2. A. Vasquez et F. Oury, *Vers une pédagogie institutionnelle*, Maspero, 1969.
3. Le Lycée autogéré de Saint-Nazaire, fondé par Gabriel Cohn-Bendit, fonctionne toujours aujourd'hui.

Quatre figures fondatrices

John Dewey (1859-1952) : *learning by doing*
Philosophe, il crée une « école-laboratoire » à l'université de Chicago où il est professeur. Pour lui, les activités manuelles doivent être le support de l'activité intellectuelle. Il insiste sur la nécessité de s'appuyer sur les intérêts de l'enfant, mais opère une distinction entre les faux intérêts (ceux que l'on croit provoquer en rendant les savoirs attrayants) et les véritables besoins : l'action pédagogique doit faire en sorte que toute leçon soit une réponse au questionnement de l'enfant qui construit son savoir dans un processus dynamique et individuel. Cette pédagogie pragmatique utilise le projet et ce qu'on appelle aujourd'hui les situations-problèmes.
J. Dewey, *L'Ecole et l'Enfant*, Delachaux et Niestlé (4e éd.), 1947.

Ovide Decroly (1871-1932) : centres d'intérêt et méthode globale
Médecin neurologiste belge, fortement imprégné des idées darwinistes, O. Decroly pense que le milieu naturel et la santé physique conditionne l'évolution intellectuelle. L'enseignement est organisé en « centres d'intérêts », fondés sur les besoins naturels de l'individu. La classe est un microcosme démocratique où la discipline est assurée par des « sanctions naturelles » (un objet cassé doit être réparé). O. Decroly est aussi le théoricien de la méthode globale de lecture, influencé par la psychologie de la forme (*Gestalt*) : l'enfant perçoit mieux des ensembles organisés et signifiants (mots ou phrases) que des éléments sans signification (lettres ou syllabes).
O. Decroly, *La Méthode Decroly, sa portée, sa pratique*, La Cordée, 1927.

Maria Montessori (1870-1952) : l'éducation comme aide à la vie
Médecin, comme O. Decroly, l'Italienne Maria Montessori s'intéresse d'abord aux enfants anormaux puis généralise sa méthode. Son inspiration originale a été d'inventer tout un matériel (cubes, emboîtements d'objets variés, lettres découpées dans divers matériaux...) dont les enfants usent librement. C'est ainsi qu'elle apprendra à lire et à écrire à des enfants jugés inaptes, et qui réussiront même à des examens officiels.
M. Montessori voulait démontrer l'importance d'un milieu stimulant pour le développement intellectuel. Influencée par la biologie, elle pense qu'il ne faut pas contrarier l'évolution de l'enfant, qui se fait par étapes. Elle sera la grande inspiratrice de l'école maternelle française.
M. Montessori, *L'Enfant*, Desclée de Brouwer, 1935.

Célestin Freinet (1896-1966) : de l'élan vital au tâtonnement expérimental

Rendu fragile par une blessure au poumon subie pendant la Première Guerre mondiale, cet instituteur se retrouve dans la nécessité de trouver une autre manière de faire la classe. Outre tout un ensemble de techniques pédagogiques qui gardent aujourd'hui encore sa signature, C. Freinet élabore une théorie psychologique de l'enfant, fondée essentiellement sur deux postulats :

– l'« élan vital » : l'enfant est animé d'un dynamisme naturel qu'il convient de ne pas contrarier ;

– le « tâtonnement expérimental » : c'est en déployant tous les moyens qui passent par l'esprit que l'on accède aux lois de la physique, de la grammaire ou de l'orthographe. Pour C. Freinet, l'erreur est un moyen d'accès à la connaissance.

C. Freinet, *Les Techniques Freinet de l'Ecole moderne*, Armand Colin-Bourrelier, 1964.

Faut-il, comme le pensent certains, créer un environnement stimulant ? Organiser l'enseignement autour de « centres d'intérêts » et amener les enfants à une démarche intellectuelle de résolution de problème, comme le pensait J. Dewey pour qui *« toute leçon doit être une réponse »* ? Ou bien, à l'inverse, laisser l'enfant évoluer librement selon ses désirs (A.S. Neill) ?

Célestin Freinet et l'école moderne

Célestin Freinet (1896-1966) créa en 1944 le mouvement de L'Ecole moderne française (4). Pour cet instituteur (qui dut, en raison de ses méthodes, quitter l'Education nationale) *« la voie normale de l'acquisition n'est nullement l'observation, l'explication et la démonstration, mais le tâtonnement expérimental, démarche naturelle et universelle »*. C. Freinet était très critique vis-à-vis d'une utilisation « scolastique » (mécanique) des méthodes actives : pour lui, il fallait redonner un sens aux activités scolaires en rétablissant les finalités concrètes des apprentissages. Contrairement à d'autres pédagogues de l'école nouvelle, C. Freinet pensait aussi que ce n'était pas par le jeu que l'on apprend, mais par le travail.

S'il puisait parfois son inspiration chez certains de ses prédécesseurs (par exemple, la méthode globale de O. Decroly), C. Freinet a aussi mis en place tout un ensemble de techniques pédagogiques originales au service de ses méthodes : l'imprimerie, les plans de travail (sortes de contrats individuels pour chaque élève), les fichiers autocorrectifs (forme d'enseignement programmé par discipline), la bibliothèque

4. Voir les Publications de l'Ecole moderne française (PEMF), 06370 Mouans-Sartoux. Deux collections continuent d'être publiées dans l'esprit des méthodes Freinet : Bibliothèque de travail (niveau primaire) et BT2 (niveau secondaire), ainsi qu'une revue.

de travail (dossiers thématiques remplaçant les manuels scolaires à la libre disposition des élèves), le jardin scolaire qui comprenait l'élevage de petits animaux, les ateliers de peinture, poterie, théâtre ou poésie… Mais ces outils étaient au service d'un modèle de travail dont la dimension sociale coopérative importait autant que les conditions matérielles.

Que reste-t-il de l'éducation nouvelle ? Les années 70 ont vu se multiplier écoles parallèles, ouvertes, et lycées autogérés (publics) dont certains subsistent aujourd'hui. Quelques écoles continuent à appliquer les méthodes des pères fondateurs comme par exemple l'Ecole d'application Decroly de Saint-Mandé. Le mouvement Freinet recueille toujours de fidèles adeptes parmi les enseignants, qui trouvent dans les nouvelles technologies (fax, ordinateurs) des outils pertinents pour leurs pratiques.

Plus globalement, on peut aussi constater qu'un certain nombre d'idées-force, issues de l'éducation nouvelle, ont été peu à peu intégrées par les sciences de l'éducation et dans les instructions officielles de l'Education nationale : la pratique des méthodes actives est vivement recommandée, et l'idée que l'enfant doit construire lui-même ses savoirs a été largement confirmée par les recherches en psychologie. Beaucoup d'idées de ce courant semblent avoir été digérées et sont reprises sous forme de pédagogies de la motivation, du projet, du contrat, du travail de groupe ou d'autoformation, et aussi de la volonté d'introduire plus de démocratie à l'école. Reste à savoir ce qu'il est réellement advenu de ce que R. Cousinet avait appelé l'« état d'esprit » de l'éducation nouvelle…

Chapitre III

Apprendre

LES PSYCHOLOG

La psychologie a été dominée pendant plusieurs décennies par le modèle béhavioriste qui s'intéresse essentiellement aux comportements d'apprentissage observables.

La psychologie béhavioriste

Le béhaviorisme a largement dominé les recherches en psychologie, de la Première Guerre mondiale à la fin de la Seconde. Selon cette approche, l'apprentissage est une modification du comportement provoqué par les *stimuli* venant de l'environnement. C'est surtout Burrhus F. Skinner (1904-1990), un psychologue américain, qui a développé cette approche et en a tiré une pratique pédagogique. L'apprentissage peut être obtenu par l'utilisation de récompenses appelées « renforcements positifs » (ex. : nourriture chez le rat de laboratoire, bonnes notes chez l'élève) et de punitions appelées « renforcements négatifs » (ex. : choc électrique chez le rat, mauvaises notes chez l'élève). L'individu adopte un comportement lui permettant d'éviter les renforcements négatifs et d'augmenter la probabilité de survenue de renforcements positifs. Cette procédure s'appelle « conditionnement opérant ». Skinner a critiqué le mode d'enseignement traditionnel, essentiellement fondé sur des renforcements négatifs, et a proposé de remplacer ceux-ci par des renforcements positifs. Sa théorie est à l'origine de l'« enseignement programmé ».

La psychologie de la forme

Au cours de la période 1930-1960, les théoriciens de la psychologie de la forme (ou gestaltistes) se sont radicalement opposés aux béhavioristes. Des expériences effectuées avec des singes mettent en évidence que la résolution d'un problème ne résulte pas de simples conditionnements, mais suppose également la compréhension de schèmes d'action complexes articulés entre eux. Par exemple, Wolfang Köhler a observé comment les chimpanzés apprenaient à attraper des bananes situées à l'extérieur de leur cage, grâce à un bâton. C'était le fruit d'une période de tâtonnements, d'une phase très courte de réflexion, puis d'une soudaine compréhension *(insight)* de la solution. Max Wertheimer a affirmé que les apprentissages proposés aux élèves dans les écoles sont ennuyeux et ne font pas assez appel à la compréhension par *insight* et donc à une pensée véritablement créatrice.

La psychologie cognitive

La psychologie cognitive, qui s'est développée à partir des années 60, a progressivement détrôné la théorie béhavioriste. Les psychologues cognitivistes tentent de comprendre ce qui se passe dans la « boîte noire » du psychisme humain. Le sujet ne se contente pas d'assimiler des données brutes ; il les sélectionne et les met en forme. Des spécialistes de diverses disciplines (neurosciences, intelligence artificielle, linguistique…) s'associent dans ce programme de recherche. Nombreux sont les domaines explorés par la psychologie cognitive.

1. La perception : le cerveau fait un tri parmi la masse considérable de données issues de l'information. Ce filtre est nécessaire, il marque la différence entre voir et regarder, entendre et écouter.

2. La mémoire : les travaux de psychologie cognitive ont mis en évidence que la mémoire comporte de multiples facettes. On a ainsi juxtaposé mémoire à court terme (utile, par exemple, pour se souvenir du numéro de téléphone que l'on doit composer) et mémoire à long terme. La mémoire à court terme, initialement considérée comme un réceptacle passif, est en fait assez complexe et a donc été nommée mémoire de travail. On distingue également la mémoire lexicale (qui se rattache au « par cœur ») et la mémoire sémantique (qui concerne le sens des mots).
(Voir aussi l'encadré p. 196.)

3. Les représentations : nous nous forgeons, au fil des ans, une représentation du monde environnant, parfois éloignée de la réalité. Ce courant de recherche rejoint la psychologie de l'apprentissage. En effet, certains auteurs considèrent que l'enseignant doit tenir compte des représentations de l'élève afin de confronter judicieusement ce dernier avec des informations nouvelles en vue d'un changement de conceptions.

4. La résolution de problèmes : la psychologie cognitive a montré que deux types de stratégies peuvent être utilisés pour résoudre un problème. Dans l'un, le sujet part du but à atteindre et le décompose en sous-buts successifs. Dans l'autre, le sujet déduit (en général par analogie avec une situation connue) un plan d'action, puis s'approche de la solution par corrections successives.

Mais l'approche cognitiviste qui, à l'inverse, étudie les processus mentaux, a progressivement gagné du terrain, jusqu'à devenir le modèle triomphant de cette fin de siècle.

Jean Piaget

Jean Piaget (1896-1980)
Il affirme qu'au cours de son développement intellectuel, l'enfant passe par différents stades :

– l'intelligence sensori-motrice (de la naissance à deux ans), caractérisée par la découverte de l'espace, des objets et des êtres, à travers la perception et le mouvement ;

– l'intelligence prélogique ou symbolique (deux ans à sept-huit ans), avec laquelle l'enfant commence à élaborer des représentations mentales. Il peut jouer à des jeux de fiction (par exemple la dînette avec des herbes comme aliments) ;

– l'intelligence opératoire concrète (sept-huit ans à onze-douze ans) ; au cours de ce stade, l'enfant acquiert la notion fondamentale de conservation (de poids, de volume) : il comprend qu'un liquide garde la même quantité si on le transvase d'un verre large dans un autre plus étroit (alors que dans ce dernier cas, le niveau est plus élevé) ;

– l'intelligence opératoire ou formelle (à partir de douze ans), qui consacre l'accès véritable à l'abstraction ; l'enfant est capable de raisonner sur un problème en posant des hypothèses *a priori*.

Selon Piaget, cette séquence est à la fois déterminée génétiquement et dépendante de l'activité du sujet sur son environnement. L'intelligence se construit grâce au processus d'équilibration des structures cognitives, en réponse aux sollicitations et aux contraintes de l'environnement. Deux actions y contribuent, l'assimilation et l'accommodation. L'assimilation est l'action de l'individu sur les objets qui l'entourent, en fonction des connaissances et des aptitudes acquises par le sujet. Mais il y a inversement une action du milieu sur l'organisme, appelée accomodation, qui déclenche des ajustements actifs chez ce dernier. On appelle « constructivisme » cette approche basée sur l'interaction sujet-environnement.

Albert Bandura

Le psychologue Albert Bandura
Il est à l'origine de la théorie de l'« apprentissage social », processus qui n'est pas confiné au cadre scolaire, mais concerne de multiples situations de la vie quotidienne.

Le terme d'apprentissage social désigne trois procédures d'acquisition qui ont leur source dans l'entourage de l'individu :

– l'apprentissage imitatif ou « vicariant » résulte de l'observation d'un congénère qui exécute le comportement à acquérir. Bandura s'est particulièrement intéressé à l'agression. Selon lui, une bonne part des comportements agressifs sont appris par imitation de modèles tels que les parents et les pairs. Il a mené de nombreuses expériences dans lesquelles des enfants frappent une poupée en tissu s'ils ont auparavant vu un petit film dans lequel un enfant agit ainsi sans être ensuite réprimandé ;

– la facilitation sociale désigne l'amélioration de la performance de l'individu sous l'effet de la présence d'un ou plusieurs observateurs ;

– l'anticipation cognitive est l'intégration d'une réponse par raisonnement à partir de situations similaires.

Lev S. Vygotsky

Lev S. Vygotsky (1896-1934)
Psychologue russe, contemporain de Piaget, il a élaboré une théorie interactionniste de l'apprentissage, mais qui insiste surtout sur la composante sociale. « *Dans notre conception,* dit-il, *la vraie direction de la pensée ne va pas de l'individuel au social, mais du social à l'individuel.* » Selon lui, la pensée et la conscience sont déterminées par les activités réalisées avec des congénères dans un environnement social déterminé.

Il considère que chaque fonction supérieure apparaît deux fois au cours du développement de l'enfant : tout d'abord dans une activité collective soutenue par l'adulte et le groupe social ; dans un deuxième temps, lors d'une activité individuelle, et elle devient alors une propriété intériorisée de l'enfant. Le rôle de l'enseignant est important puisque « *ce que l'enfant est en mesure de faire aujourd'hui à l'aide des adultes, il pourra l'accomplir seul demain* ». La distance entre ce que l'enfant peut effectuer seul et ce qu'il peut faire avec l'aide d'un adulte est la « *zone proximale de développement* », espace sur lequel l'apprentissage doit s'effectuer.

GEORGETTE GOUPIL ET GUY LUSIGNAN*

DES THÉORIES DE L'APPRENTISSAGE À L'ENSEIGNEMENT**

Les théories psychologiques ont contribué à renouveler les méthodes d'enseignement. Pédagogie par objectifs, enseignement par la découverte, auto-évaluation... chaque modèle met en relief une dimension d'un bon apprentissage.

DANS UNE SALLE DE COURS, un enseignant fait un exposé sur le sens que l'on doit donner à une nouvelle de Maupassant. Les élèves écoutent et prennent des notes... Dans une autre salle, des élèves réunis en groupes de travail discutent du texte de Maupassant. Dans une troisième salle, un enseignant anime le groupe-classe et échange avec les élèves : comment ont-ils compris le texte ? Quelles stratégies ont-ils utilisé pour donner du sens ?

S'il est vrai que l'enseignant doit maîtriser les contenus d'apprentissage, il doit aussi les faire acquérir. Pour y parvenir, il peut choisir parmi plusieurs formes pédagogiques : exposé magistral suivi d'exercices à compléter, approche par la découverte, mise en situation de problèmes à résoudre, apprentissage coopératif, etc. L'enseignement dispose en fait de toute une panoplie de méthodes. Parmi elles, certaines prennent appui sur des théories psychologiques de l'apprentissage (même s'il n'y a pas de relation de cause à effet entre théories psychologiques et pratiques pédagogiques). Le but de cet article est justement de montrer comment les théories psychologiques peuvent apporter leur contribution pour modifier les pratiques en milieu éducatif.

Les théories de l'apprentissage peuvent en effet être regroupées en plusieurs perspectives (qui se recoupent parfois) :

* Respectivement professeure au département de psychologie de l'université du Québec à Montréal et consultant en éducation, ils sont auteurs de *Apprentissage et Enseignement en milieu scolaire*, Gaëtan Morin, 1993.
** *Sciences Humaines*, n° 98, octobre 1999.

l'approche béhavioriste met l'accent sur les différentes formes de «conditionnement» aux modifications des comportements ; l'approche cognitive s'intéresse aux stratégies mentales du sujet (le traitement de l'information) ; l'approche développementale et l'approche sociocognitive se préoccupent à la fois des étapes de développement et des interactions entre le sujet et son environnement social ; enfin, une approche que l'on peut qualifier d'«interactionniste» ou d'intégratrice tente d'articuler entre elles les approches précédentes.

Chacune de ces théories suggère et propose des outils (pas forcément contradictoires) pour stimuler les capacités d'apprentissage de l'élève.

L'influence du béhaviorisme en éducation

L'approche béhavioriste a eu une grande influence en psychologie. Sa démarche expérimentale, fondée sur l'observation minutieuse des faits, a d'abord favorisé une plus grande objectivité dans l'étude des pratiques d'enseignement. C'est dans son prolongement pédagogique que l'on a conçu des outils pour l'évaluation en mathématiques, en lecture et en écriture : des grilles d'observation des comportements individuels, des comportements en groupes, etc.

Mais l'une des influences sans doute les plus visibles du béhaviorisme a été de favoriser, dès la fin des années 50 aux Etats-Unis, l'élaboration de programmes d'études en fonction d'«objectifs d'apprentissage». Cette approche consiste à définir pour chaque discipline des étapes et des seuils à accomplir par l'élève pour atteindre un but donné. Cette approche «par objectifs» a également favorisé les pratiques d'évaluation. On évalue un élève en fonction d'objectifs précis (*«est capable d'effectuer une multiplication»*) et à l'aide de critères connus tant des élèves que des enseignants.

La «pédagogie de la maîtrise» illustre parfaitement cette approche. Elle consiste à présenter une matière (français, mathématiques, langue étrangère, etc.) par l'intermédiaire d'objectifs définis sous forme de comportements divisés en étapes d'apprentissage. Des tests diagnostiques sont administrés avant chaque étape. L'élève aborde donc une tâche nouvelle à un niveau où il peut réussir, parce qu'on est sûr qu'il maîtrise les étapes antérieures de l'apprentissage. Les tâches sont organisées dans un ordre séquentiel.

Au Québec, de nombreuses classes ordinaires et spéciales (pour élèves en difficulté ou handicapés) utilisent des programmes basés sur l'approche béhavioriste. Cette démarche insiste beaucoup sur la nécessité de débuter les apprentissages à partir du niveau de base de l'élève, autrement dit là où il est capable de réussir. L'analyse de tâche (c'est-à-dire la décomposition d'un comportement complexe en plusieurs sous-comportements) est d'emploi fréquent dans ces programmes, et certains d'entre eux, individualisés, sont fondés sur ces principes mêmes. Par exemple, à l'intention des élèves ayant une déficience intellectuelle, ont été mis au point des programmes gradués d'apprentissage à l'habillage, à l'autonomie à la communication avec les pairs, etc.

Burrhus F. Skinner a d'ailleurs, en 1999, été honoré par l'Association américaine sur le retard mental parmi les 35 personnes qui ont réalisé les contributions les plus significatives, au cours du XXe siècle, dans le domaine de la déficience intellectuelle.

L'importance de la stimulation

Influencé par l'approche de Jean Piaget, le psychologue américain Jerome Bruner a proposé une approche basée sur le développement qui accorde une grande importance aux explorations et aux découvertes de l'élève (1). Elle met l'accent sur le rôle de l'expérience et de l'environnement dans le processus d'éducation. En 1960, dans *The Process of Education*, il prolonge une réflexion entamée un an plus tôt par un groupe de 35 scientifiques et éducateurs réunis à Cape Cod (Massachusetts) et destinée à formuler des propositions pour améliorer l'enseignement des sciences à l'école. J. Bruner insiste sur l'importance de plusieurs éléments, notamment sur la nécessité d'une structuration des connaissances en un tout cohérent : «*Les connaissances que l'on acquiert sans une structure adéquate pour les relier les unes aux autres sont des connaissances vouées à l'oubli.*» Mais il insiste beaucoup aussi sur la motivation de l'élève. A ses yeux, la stimulation permanente de l'intérêt des élèves est une condition essentielle de l'apprentissage.

Plus tard, J. Bruner préconisera l'utilisation de techniques pédagogiques telles que l'emploi des contrastes (faire ressortir les différences entre des éléments devant être distingués comme un triangle rectangle et comme un triangle équilatéral), la participation active de l'élève par l'intermédiaire de jeux, l'éveil de la conscience de l'élève quant aux stratégies utilisées pour apprendre et l'apprentissage par la découverte.

Les théories cognitives

Les théories de l'apprentissage qui se sont développées dans le prolongement de la psychologie cognitive s'intéressent particulièrement aux stratégies mentales, mode de raisonnement et de résolution des problèmes : comment s'y prend un élève pour apprendre à lire, pour effectuer une addition, etc.

Les théories cognitives distinguent plusieurs types de connaissances : déclaratives, procédurales et conditionnelles. Les connaissances déclaratives correspondent à des savoirs donnés (connaître l'histoire de la Seconde Guerre mondiale), les connaissances procédurales portent sur le «savoir-faire» (comment apprendre une leçon d'histoire), les connaissances conditionnelles indiquent à quel moment et pourquoi on doit faire appel à elles. Si l'école a longtemps favorisé les connaissances déclaratives, les théories cognitives de l'apprentissage ont fait ressortir davantage l'importance d'enseigner les stratégies et les processus. Elles ont également attiré l'attention des élèves sur les raisons et l'opportunité d'employer telle ou telle stratégie. Le slogan «apprendre à apprendre» est ainsi devenu au cours des années 80 un leitmotiv de l'enseignement.

Les théories cognitives de l'apprentis-

1. Voir l'entretien avec J. Bruner dans cet ouvrage.

L'usage du portfolio : vers une évaluation personnalisée

L'utilisation du portfolio est de plus en plus privilégiée en milieu scolaire, tant aux Etats-Unis qu'au Canada anglophone et au Québec. Le portfolio est un peu à l'élève ce qu'un *press book* est au journaliste ou au photographe. C'est un dossier évolutif qui rassemble d'abord des « œuvres » et travaux que l'élève a produits au cours d'une année scolaire ou même de plusieurs. Il présente aussi des appréciations des professeurs, des remarques sur le travail de l'élève. Il contient enfin des jugements personnels, des conseils, des auto-évaluations de ses méthodes de travail.

La collection de travaux de l'élève doit témoigner de la réflexion qu'il mène sur son propre apprentissage. Le choix des travaux, la façon de les réunir dans le portfolio, l'auto-évaluation que l'élève en fait sous forme de commentaires écrits sollicitent de nombreuses stratégies cognitives et métacognitives. Ainsi, au cours d'une année, les productions retenues par l'élève, ses réflexions, les commentaires de l'enseignant, de ses parents et de ses amis traceront l'histoire de son apprentissage. Le portfolio est donc une sorte de journal de bord de l'élève. Il s'inscrit dans une perspective cognitive et constructiviste dans la mesure où il met l'accent sur le processus d'apprentissage et sur la réflexion qui le sous-tend.

Plus généralement l'usage du portfolio s'inscrit dans une nouvelle optique de l'évaluation. Par rapport à l'évaluation « sommative » pratiquée traditionnellement (faite de notes, de moyennes et de classements attribués à un élève ou à un groupe d'élèves et qui mesure son niveau à un moment donné), l'approche cognitive privilégie une évaluation « formative », qui *« a pour but d'aider l'élève à se développer »* (1).

Dans cette optique, l'enseignement propose une évaluation fondée sur les compétences à atteindre plutôt que sur un résultat brut. Par ailleurs, il devra proposer des mesures à prendre pour aider l'élève à améliorer son apprentissage.

MARTINE FOURNIER

1. P. Perrenoud, « Pour une approche pragmatique de l'évaluation formative », *Mesure et évaluation*, vol. 13, n° 4, 1991.

sage ont influencé de diverses façons les approches pédagogiques. De la *gestalt-theorie* (psychologie de la forme), on a retenu l'idée que, pour résoudre un problème, il fallait le situer dans un contexte plus large. L'*insight* (perception globale et soudaine d'une solution à un problème) suppose qu'une situation d'apprentissage soit perçue comme un tout et que l'élève comprenne le sens global de ce qu'il fait plutôt que d'appliquer des procédures automatiques ou une mémorisation «par cœur». Qu'il s'agisse d'apprendre une leçon de géographie, de résoudre un problème de mathématiques ou de comprendre un texte, la perception du sens global compte autant qu'une suite d'informations morcelées.

Les stratégies d'apprentissage

Dès les années 60, un modèle systématique de l'apprentissage cognitif appliqué à l'enseignement a été élaboré par David P. Ausubel. Selon lui, la qualité d'un apprentissage dépend à la fois de la quantité, de la clarté et de l'organisation des connaissances et de son articulation aux connaissances antérieures : *«Si j'avais à réduire la psychologie de l'éducation à un seul principe, je dirais ceci : le plus important des facteurs influençant l'apprentissage est ce que l'apprenant sait déjà.»* En outre, D.P. Ausubel affirme que la structure cognitive fait l'objet d'une organisation hiérarchique : les concepts généraux précèdent les concepts particuliers, les nouvelles connaissances s'ancrent sur les anciennes. Dans cette optique, il propose des moyens pour rendre plus efficace un apprentissage, notamment celui des «ordonnateurs» (éléments qui «ordonnent» le savoir). Dans les manuels scolaires, les résumés qui précèdent les textes, le rappel de certaines règles ou principes avant d'entreprendre une activité («Ce qu'il faut savoir», «Mots clés», «Ai-je vraiment compris ?») sont les traces tangibles de l'utilisation des ordonnateurs.

Les chercheurs cognitivistes se sont également préoccupés de découvrir les différentes «stratégies d'apprentissage» mises en œuvre par un individu pour apprendre. Souligner les passages importants d'un texte, faire des fiches de synthèse, réciter mentalement certains passages... telles sont quelques-unes des tactiques ou stratégies d'apprentissage utilisées par les élèves pour apprendre et comprendre.

C. Weinstein et R.E. Mayer ont classé les stratégies d'apprentissage en plusieurs catégories :

• **les stratégies d'énumération** consistent à mémoriser des listes de mots. Par exemple, on peut diviser une leçon en cinq paragraphes avec chacun un mot clé de référence;

• **les stratégies d'élaboration** se fondent sur l'établissement de liens entre les informations. Par exemple, si j'apprends l'anglais, je cherche à retenir le sens d'un mot (*pushy* : «arrogant») en l'associant à une image mentale : un individu «pousse» (proche du mot *pushy*) une autre personne;

• **les stratégies organisationnelles** reposent sur l'organisation structurée de l'information. Par exemple, on peut retenir les informations principales de cet article en le découpant en paragraphes

La métacognition

La plupart des pédagogues contemporains le proclament sans cesse : une condition importante de la réussite scolaire est de donner à l'élève la possibilité de construire lui-même ses apprentissages pour devenir autonome. *«Seul l'élève apprend, mais il ne peut guère apprendre seul»*, affirme depuis longtemps déjà le pédagogue Philippe Meirieu. C'est dans cette optique qu'une équipe d'enseignants et de chercheurs de l'Université Lumière (Lyon-II) a mené une étude auprès d'élèves de l'enseignement primaire et de collèges, et de groupes d'élèves en difficulté, sur le processus de la «métacognition» (1). Ce concept, apparu aux Etats-Unis dans les années 70, émerge actuellement en France dans la réflexion sur l'éducation. La métacognition est une opération mentale qui consiste, pour celui qui apprend, à réfléchir sur la manière dont il construit ses connaissances. Ainsi, *«l'apprenant parvient graduellement à conduire lui-même ses progrès dans l'intelligence du monde»*, explique Michel Grangeat, coordonnateur de l'ouvrage. Par exemple, lorsque l'énoncé d'un problème est présenté à des élèves, les uns lisent directement la question finale avant le texte lui-même (*«Pour savoir ce que l'on cherche.»*), d'autres notent les données chiffrées au fur et à mesure de leur lecture (*«Ainsi, souvent, je sais ce qu'il faut chercher avant d'arriver à la fin du problème.»*) et certains disent n'utiliser aucune stratégie particulière...

Les études présentées montrent que le travail avec les élèves sur la métacognition peut accroître leur motivation. Il peut aussi améliorer l'efficacité de la pédagogie différenciée dont l'objectif est de prendre en compte les différences entre les individus. Dans cette démarche, le rôle de l'enseignant comme médiateur prend alors toute son importance.

M.F.

1. *La Métacognition, une aide au travail des élèves*, ouvrage coordonné par M. Grangeat, dirigé par P. Meirieu, ESF, 1997.

et en idées principales et en les résumant sous forme de tableau;

• **les stratégies de contrôle de la compréhension :** un bon lecteur est un lecteur qui sait adapter sa vitesse de lecture à l'objectif qu'il s'est donné ou à son niveau de compréhension d'un texte. Cet autocontrôle est une stratégie «métacognitive» importante pour la lecture;

• **les stratégies affectives** jouent sur l'analyse et la maîtrise de ses émotions afin de faciliter un apprentissage : se

relaxer avant un examen, apprendre à gérer son temps, se concentrer pour étudier, etc.
Les stratégies d'apprentissage sont donc des opérations cognitives ou métacognitives destinées à mieux intégrer l'information. De nombreuses stratégies ont été recensées dans la littérature scientifique et s'appliquent en lecture, en écriture ou en mathématiques : la prise de notes, l'auto-examen, la planification du temps, la méthode KWL (*Know*, *Want to know*, *Learn*), où l'élève est amené à évaluer au cours d'un apprentissage ce qu'il sait (*Know*), ce qu'il veut savoir (*Want to know*), puis ce qu'il a appris (*Learn*), ou encore le système Murder proposé par D.F. Dansereau et qui fait appel à différentes étapes. Murder est le raccourci de *Mood* (établir l'humeur nécessaire à l'étude), *Understand* (comprendre la tâche), *Recall* (se rappeler), *Detail* (détailler l'information), *Expand* (développer) et *Review* (examiner le résultat final).

Les stratégies d'enseignement

A côté des stratégies d'apprentissage de l'élève, on s'est beaucoup intéressé aux stratégies d'enseignement, c'est-à-dire à l'approche pédagogique choisie par l'enseignant. Afin d'aider les élèves à développer leurs capacités à traiter l'information et à organiser leurs connaissances, un modèle d'« enseignement stratégique » a été développé par B.F. Jones. L'objectif pour l'enseignant est d'*« établir des buts bien délimités, de recourir à son répertoire de stratégies pour atteindre ces buts, prévoir les problèmes, (...) et d'évaluer le processus de planification et d'enseignement à la fin de l'activité »*.
Pour l'enseignant, c'est un modèle exigeant. Il oblige tout d'abord à définir ses objectifs, les contenus et ses stratégies d'enseignement qui seront, par exemple, présentés à sous forme de tableaux et de schémas. Mais, par ailleurs, l'enseignant doit accorder une attention particulière à la démarche des élèves, à leurs connaissances et à leurs stratégies. Il doit les amener à verbaliser leurs stratégies d'apprentissage et à en évaluer l'efficacité. Enfin, les composantes affectives et sociales doivent également être prises en compte.
Au fond, les stratégies d'enseignement supposent d'intégrer différents paramètres qui jouent sur un bon apprentissage. On rejoint alors les modèles d'enseignement qui cherchent à prendre en compte les acquis de diverses approches : béhaviorisme, cognitivisme, sociocognitivisme.
Il n'y a donc pas une bonne méthode d'éducation, applicable partout et toujours, mais une diversité de stratégies et de niveaux d'intervention, en fonction des sujets, des moments et des élèves.

De la psychologie à la pédagogie

La maîtrise du processus d'apprentissage dispose d'une panoplie variée d'outils. Elle suppose des compétences, mais aussi de l'organisation, des moyens, du matériel et du temps.
Dans les faits, la planification pédagogique est toujours liée à une analyse de la situation. C'est à partir des objectifs

des programmes, du contexte d'enseignement, de l'état initial, que l'enseignant peut adopter une approche pédagogique (ou plusieurs), choisir le matériel didactique, l'organisation physique de la classe, le type de regroupement des élèves, les responsabilités de chacun, la gestion du temps, etc. Et une telle planification ne peut se faire qu'en liaison avec les élèves.

On le voit, les théories de l'apprentissage peuvent apporter beaucoup aux pratiques pédagogiques. A condition d'enrichir le dialogue entre psychologie et pédagogie et de favoriser la coopération entre psychologues de l'apprentissage et enseignants.

Pour en savoir plus

- D.P. Ausubel, *Educational Psychology : A Cognitive View*, Holt, Rinehart & Winston, 1968.
- J.S. Bruner, *The Process of Education*, 2e éd., Harvard University Press, 1977.
- G. Goupil, *Portfolios et dossiers d'apprentissage*, Chenelière-McGraw Hill, 1998.
- B.F. Jones, « Strategic teaching. Some concepts for instructional design », *Illinois School Research and Development*, n° 24, 1988.
- J. Tardif, *Pour un enseignement stratégique. L'apport de la psychologie cognitive*, Editions Logiques, 1992.
- J. Tardif, *Le Transfert des apprentissages*, Editions Logiques, 1999.

(RE)CONSTRUIRE LES CONNAISSANCES

Entretien avec André Giordan*

André Giordan plaide pour une intégration des facteurs cognitifs, affectifs et environnementaux dans la pédagogie. Il reprend les principaux acquis de son «modèle allostérique», fondé sur la «métamorphose des conceptions» des apprenants.

***Sciences Humaines :* Dans votre ouvrage intitulé *Apprendre!* vous distinguez plusieurs traditions dans la compréhension de l'apprentissage, et de ce fait, plusieurs voies pédagogiques.**

André Giordan : On repère trois grandes traditions en matière de modèles sur l'apprendre. La première décrit la capacité d'apprendre, si développée dans l'espèce humaine, comme une simple mécanique d'enregistrement. Elle a été et demeure souvent la pratique pédagogique dominante, surtout dans les degrés élevés de la pyramide de formation, ou dans les situations de conférences notamment. Effectuée par un cerveau «vierge» et toujours disponible, l'acquisition d'un savoir est le résultat direct d'une transmission. Dans l'enseignement, c'est la routinière présentation de données, illustrées ou non. Au musée, c'est l'exposition d'objets ou de documents accompagnés de cartels explicatifs. Cette pédagogie que l'on nomme «magistrale» ou «frontale» suppose une relation linéaire et directe entre un émetteur (enseignant, journaliste, muséologue), détenteur d'un savoir et un récepteur (élève ou grand public) qui mémorise successivement des messages.

La deuxième tradition repose sur un entraînement promu au rang de principe. On conçoit des situations accompagnées de questions susceptibles d'obtenir des réponses immédiates. L'apprentissage est favorisé par des «récompenses» (renforcements positifs) ou des «punitions» (renforcements négatifs). A travers un tel conditionnement, l'individu finit par adopter le comportement adéquat, celui qui lui évite les renforcements négatifs. L'enseignement offre ainsi des exercices autoprogrammés; transposée dans le cadre muséal, cette approche se traduit par des situations «presse-bouton», comme par exemple au palais de la Découverte à Paris ou au Lawrence Hall of Science de Berkeley. L'enseignement programmé ou EAO (enseignement assisté par ordinateur) s'inspire également de ce principe.

* *LDES université de Genève, auteur de* Apprendre!, *Belin, 1998 et de* Une didactique pour les sciences, *Belin, 1999.*

La troisième tradition est une pédagogie dite « de la construction ». Elle part des besoins spontanés et des intérêts « naturels » des individus. Elle prône leur libre expression, leur créativité et leur savoir-être. Elle met en avant la découverte autonome ou encore l'importance des tâtonnements dans l'acte d'apprendre. L'individu ne se contente plus de recevoir des données brutes, il les sélectionne et les assimile. La construction du savoir s'effectue principalement par l'action et l'expression des représentations des élèves. Les méthodes dites « actives » dans le cadre scolaire et un certain nombre de lieux d'investigations, tels que le Children Museum de Boston, la Cité des Enfants de la Villette, sont construits sur ce modèle éducatif.

SH : **Comment et pourquoi, selon vous, ces conceptions pédagogiques de l'apprendre se sont-elles cristallisées ?**

A.G. : Avec un peu de recul, on constate que chacune de ces positions renvoie à une théorie de la pensée. La pédagogie magistrale prend appui sur les travaux du philosophe anglais John Locke. Dans son livre *Essai sur l'entendement humain* (1693), il présente l'idée révolutionnaire pour l'époque que nos images, nos pensées sont le fruit de notre seule expérience. Contrairement aux Rationalistes, qui ne jurent que par la croyance en une raison innée, le cerveau est pour lui une *tabula rasa*, c'est-à-dire un « tableau vierge » ou « une pièce sans meubles ». Le rôle du maître est d'exposer clairement, de montrer avec conviction, éventuellement de répéter. Ce modèle a obtenu un quasi-monopole à l'école, à l'université et dans toutes les formes de médiation. Il est vrai que cette conception de l'apprendre peut être très efficace… Cependant, le résultat de son emploi s'avère féroce : le message n'est entendu que s'il est attendu ! En d'autres termes, l'apprenant et le médiateur doivent se poser le même type de question, avoir le même cadre de référence (vocabulaire compris) et une façon identique de raisonner. Encore faut-il qu'ils aient en plus le même projet et qu'ils donnent le même sens aux choses. Quand tous ces ingrédients sont réunis, un exposé, une présentation (article, exposition…) est le meilleur moyen de faire passer le maximum d'informations dans le minimum de temps.

D'inspiration plus tardive, la deuxième tradition s'appuie sur la psychologie béhavioriste. Cette théorie postule que l'on ne peut accéder aux états mentaux des individus, ceux-ci restant inobservables. Assimilé à une « boîte noire », l'individu peut cependant être « influencé » de l'extérieur par des situations bien conçues. Reposant sur un processus de type « stimulus-réponse », ces pratiques vont rencontrer quelques succès dans les années 50, au travers d'apprentissages élémentaires ou dans l'acquisition d'automatismes. Aujourd'hui, les critiques face à cette pratique sont nombreuses ; on reproche au béhaviorisme de renoncer à comprendre le mental : les états internes (la structure mentale) apparaissent passifs comme pour la conception pédagogique magistrale. Les présupposés, les croyances, mais également les désirs, les intentions de l'élève (ou du grand public) sont généralement peu pris en compte.

La troisième tradition a démarré sous l'influence d'Emmanuel Kant à la fin du XVIIIe siècle. Dans sa *Critique de la raison pure* (1781), il soutient que le savoir dépend des sens (tout comme Locke). Toutefois il n'évacue pas l'idée de raison, non pas innée, mais qui se construit, car seule cette dernière possède les conditions requises pour interpréter ce que nous percevons du monde. Repris par la psychologie de la fin du XIXe, un rôle très important est accordé au « sujet » dans le développement cognitif. Les connaissances d'un individu constituent le facteur déterminant de l'apprendre. Ce mouvement s'est amplifié depuis sous le vocable de constructivisme, et plus récemment sous celui de cognitivisme.

***SH :* La tradition constructiviste s'est également ancrée dans les mouvements d'éducation nouvelle à partir du XIXe siècle. Aujourd'hui, elle s'appuie notamment sur les travaux d'une psychologie cognitive qui s'intéresse aux séquences de ce processus (mémorisation, stratégies mentales, etc.) ou aux états neuro-biologiques (images et représentations par exemple). Quelles sont les tendances récentes de ce courant ?**

A.G. : En vérité, ce courant (constructiviste-cognitiviste) présente de multiples variantes. Deux psychologues américains, Robert Mills Gagné et Jerome Bruner, ont mis dans les années 60 l'accent sur les « associations » à établir entre les informations externes et la structure de pensée. Toute perception est pour eux une catégorisation. Un autre Américain, David Ausubel, a parlé ensuite de « ponts cognitifs » à la fin des années 60. L'école piagétienne de Genève a avancé, elle, les concepts « d'assimilation et d'accommodation », empruntés à la biologie de l'évolution. Tout organisme assimile ce qu'il prend de l'extérieur à ses propres structures, y compris les informations récupérées par ses perceptions. Ce processus s'accompagne en retour d'une accommodation, c'est-à-dire d'une modification des organes sur un plan biologique ou des instruments intellectuels sur le plan cognitif. Si le sujet veut assimiler un savoir, il doit être capable d'accommoder en permanence son mode de pensée aux exigences de la situation. Ces premiers modèles constructivistes ont eu le mérite de montrer qu'apprendre n'apparaît plus comme le résultat d'empreintes que des stimulations sensorielles laisseraient dans l'esprit de l'élève à la manière de la lumière sur une pellicule photographique. Il n'est pas, non plus, le résultat d'un conditionnement opérant dû à l'environnement. Apprendre procède d'abord de l'activité d'un sujet, que sa capacité d'action soit effective ou symbolique, matérielle ou verbale, et dont l'existence procède de schèmes mentaux. En revanche, ces modèles restent plutôt frustes pour décrire les multiples mécanismes de l'apprendre. Tout ne dépend pas des seules structures cognitives générales. Des étudiants, des chercheurs qui ont accès au formalisme logico-mathématique le plus poussé peuvent par exemple raisonner à l'égal d'enfants de 6-7 ans sur des contenus inhabituels. Plus les situations sont éloignées des savoirs maîtrisés, plus les individus utilisent des stratégies de raisonnement primitives. Ce qui est en cause, ce n'est pas seulement un mode opératoire, mais ce que nous appelons une «conception» de la situation. Interviennent à la fois un type de questionnement, un cadre de référence ou des façons de produire du sens.

***SH :* Si la pédagogie magistrale n'apprend qu'au petit nombre possédant déjà l'essentiel du savoir, si la psychologie béhavioriste est inopérante dans la plupart des cas d'apprentissage et que le constructivisme/cognitivisme est également limité, comment penser le processus apprendre ?**

A.G. : En fait, rien n'est immédiatement accessible dans l'apprendre. L'appropriation d'un savoir ne se réalise pas de façon automatique par abstraction «réfléchissante», comme le supposait Piaget. C'est une vue trop optimiste ou idéalisée. Les conceptions en place dans la tête de l'élève rejettent toutes nouvelles informations qui ne les confortent pas. Pour les apprentissages de concepts ou de démarches, une nouvelle information s'inscrit rarement dans la ligne des savoirs maîtrisés. Au contraire, ceux-ci constituent autant d'obstacles sur les plans cognitif et émotionnel. Il faut donc envisager une déconstruction des conceptions de l'apprenant comme une étape préalable. Or, contrairement à ce que suggérait naïvement Gaston Bachelard, cette démarche est impossible dans la pratique quotidienne. L'apprenant ne se laisse pas facilement déposséder de ses opinions et de ses croyances. Construction et déconstruction ne peuvent donc être appréhendées que comme des processus interactifs. Le nouveau savoir ne s'installe véritablement que lorsque celui en fonction apparaît périmé. Entre temps, seul outil à disposition de l'apprenant, il lui aura servi de cadre interprétatif pour comprendre son environnement et donner sens à ce qui l'entoure.

***SH :* Vous soulignez la complexité des aspects cognitifs en jeu dans le processus apprendre. Mais on sait également que l'être humain est social et affectif. Comment interprétez-vous l'articulation de ces dimensions avec l'apprentissage ?**

A.G. : La sphère affectivo-émotionnelle, si elle n'est niée par personne, n'a pas non plus été prise en compte, faute de modèle explicitant les liens entre le cognitif et l'affectif. Pourtant les sentiments, les passions, les désirs éventuels jouent un rôle stratégique très important dans l'acte d'apprendre.

L'expérience de chacun se construit également dans un environnement social médiatisé. Cet aspect a pourtant été souligné par des psychologues comme Lev S. Vygotsky ou Henri Wallon avant la Seconde Guerre mondiale, et plus récemment Jerome Bruner. L'enfant apprend à agir sur son environnement et à utiliser les systèmes de signification grâce aux interactions avec autrui et à la médiation sociale. L.S. Vygotsky affirme même que les capacités apparaissent d'abord en situation interindividuelle avant d'être intériorisées. Mais ces points ont été fort peu travaillés. Le milieu culturel contribue à donner du sens aux situations. Le monde extérieur n'enseigne pas directement à l'individu ce qu'il est censé apprendre. L'individu doit inventer du sens à partir de l'environnement qu'il rencontre, en tenant compte de son histoire propre. Un processus de médiation devient un des paramètres indispensables. Pour apprendre, il n'y a pas une seule voie. Ce qui détermine cette capacité, c'est le réseau d'informations externes interprétées par un individu en fonction de ses expériences passées et de son projet actuel. On mesure là le rôle primordial de l'apprenant, seul véritable «auteur» de sa formation. Toutefois, un environnement éducatif propre à interférer avec les conceptions mobilisées par l'apprenant est tout aussi important. Le savoir progresse quand des interactions subjectives fécondes entre ses activités mentales et son environnement se mettent en place. Ce dernier tout à la fois stimule et donne une signification au processus.

***SH :* Vous dites que l'individu doit inventer le sens de ses apprentissages et que pour ce faire, une médiation (l'enseignant, sa pédagogie, un environnement didactique et institutionnel, etc.) est indispensable. Pouvez-vous préciser ?**

A.G. : Sur le monde qui l'entoure, chaque individu possède des croyances et met en œuvre des démarches. S'il n'en a pas sur la question abordée, il manipule d'autres idées afin de trouver un système explicatif qui lui convienne. Ce système de pensée mis en branle à propos d'un projet – que nous nommons conception – oriente la façon dont l'apprenant décode les informations et formule ses nouvelles idées…

Appréhender un nouveau savoir, c'est donc l'intégrer dans une structure de pensée déjà «en place» formée de savoirs propres, antérieurs à la situation éducative. Cette intégration relève d'un processus d'organisation (réorganisation) et de régulation d'éléments préalables en interaction avec des données nouvelles qui aboutira à leur métamorphose éventuelle. Toutefois, l'émergence de nouveaux savoirs n'est possible que si l'apprenant saisit ce qu'il peut en faire (intentionnalité), s'il parvient à modifier sa structure mentale, quitte à la reformuler complètement (élaboration) et si ces nouveaux savoirs lui apportent un «plus» dont il peut prendre conscience (métacognition) sur le plan de l'explication, de la prévision ou de l'action. L'affectif, le cognitif et le sens se trouvent ainsi intimement liés, en régulations multiples. Et tous trois sont régulés par des facteurs sociaux; l'apprentissage dépend fortement d'un contexte, il se réalise toujours dans un environnement socioculturel.

C'est à ce stade que l'enseignement, la médiation prennent tout leur sens. Car, si l'individu doit apprendre seul, et que personne ne peut le faire à sa place, l'apprenant a peu de chance de «découvrir» seul l'ensemble des éléments pouvant modifier ses questions, ses concepts ou son rapport aux savoirs. Le sens que nous attribuons aux connaissances ne peut se transmettre directement. Seuls les apprenants peuvent élaborer leurs significations propres, compatibles avec ce qu'ils sont au travers de leur expérience. Toutefois, le médiateur peut faciliter cette production de sens en filtrant les multiples informations, en amplifiant ou réduisant l'apport des stimulus extérieurs. Il peut faciliter le questionnement, la comparaison, les mises en relation (temporelle, spatiale, causale), il peut fournir des aides à penser (schémas, métaphores, modèles…) ou encore inciter à l'organisation du sens par une approche métacognitive.

Propos recueillis par
JEAN-CLAUDE RUANO-BORBALAN
(*Sciences Humaines*, n° 98, octobre 1999)

Pour en savoir plus…
• A. Giordan, *Une didactique pour les sciences*, Belin, 1999.
• A. Giordan, *Apprendre !*, Belin, 1998.
• A. Giordan et G. De Vecchi, *Les Origines du savoir*, Delachaux, 1987.
• A. Giordan et Y. Girault, *New Learning Models*, Z'Editions, 1996.
• A. Giordan, Y. Girault et P. Clement, *Conceptions et Connaissance*, Peter Lang, 1994.
• G. De Vecchi et A. Giordan, *L'Enseignement scientifique : comment faire pour que «ça marche» ?*, Z'Editions, 1989 (nouvelle édition 2001).
• A. Giordan, F. et J. Guichard, *Des idées pour apprendre*, Z'Editions, 1999.

Michel Grangeat*

LEV S. VYGOTSKY**

(1896-1934)

L'APPRENTISSAGE PAR LE GROUPE

Le langage, les théories scientifiques, la mémorisation, etc., ne sont accessibles à l'enfant *« que dans le cadre de la communication avec l'adulte et la collaboration avec les camarades »*, estime Lev S. Vygotsky, théoricien soviétique de l'apprentissage par le groupe (1).

La pensée et la conscience, pour Lev S. Vygotsky, sont en grande partie le résultat des activités réalisées par le sujet avec ses proches (parents, enseignants et autres enfants) : cette origine sociale de la pensée est une caractéristique centrale des idées pédagogiques du psychologue russe. Pour lui, en effet, le développement des fonctions psychiques supérieures découle d'une interaction entre le développement naturel, lié à la maturation organique, et le processus d'acquisition culturel, dû à l'apprentissage; ce deuxième aspect, sous son versant social, revêt ici une importance extrême.

Lev S. Vygotsky estime, en effet, que les instruments de développement psychologiques que sont le langage, surtout écrit (textes, graphiques, cartes, schémas, etc.), les théories scientifiques, les procédés mnémoniques, etc., ne sont accessibles à l'enfant *« que dans le cadre de la communication avec l'adulte et la collaboration avec les camarades »* (2). Cet apprentissage permet la maîtrise de ces instruments, culturels et historiques, par l'enfant; de plus, comme ils augmentent ses possibilités d'action en

* Maître de conférences : IUFM et GREIF/LSE/Université Pierre Mendès-France à Grenoble

** *Sciences Humaines*, n° 34, décembre 1993. Texte revu et actualisé par l'auteur, décembre 2000.

1. Au début des années 1990, les théories de Vygotsky ont essentiellement intéressé les recherches pédagogiques par l'approche originale de la fonction du groupe dans l'apprentissage que développait le psychologue russe. Cette perspective heuristique reste toujours très actuelle, notamment en ce qui concerne les démarches d'évaluation.

2. Les citations sont tirées des textes de L.S. Vygotsky publiés dans B. Schneuwly et J.-P. Bronckart, *Vygotsky aujourd'hui*, Delachaux et Niestlé, 1985.

Repères biographiques

Né en 1896 dans une famille aisée de Biélorussie, Lev Sémionovitch Vygotsky suit des études de droit, de philosophie et d'histoire. Convaincu par les idées marxistes, il se consacre, de 1917 à 1924, à des tâches d'enseignement et d'animation culturelle dans sa ville natale et s'intéresse très rapidement à la pédagogie et à la psychologie. Une intervention sur ce thème, lors d'un congrès à Leningrad en 1924, le fait connaître du grand public soviétique. Une chaire de psychologie lui est alors confiée, à l'Institut psychologique de Moscou, où il travaille jusqu'à sa mort en 1934, à l'âge de trente-huit ans. Pendant ces dix années moscovites, il publie la plupart de ses travaux, à l'origine de nombreux développements dans l'école de psychologie soviétique.

Il partage avec Piaget, né la même année que lui, l'intérêt pour la genèse des processus psychiques ; comme lui, il s'écarte à la fois de la psychologie mentaliste (insistant sur les processus mentaux et les représentations) et de la psychologie empirique (selon laquelle la connaissance s'élabore à partir de l'expérience personnelle).

restructurant son fonctionnement intellectuel, ils lui ouvrent de nouveaux cycles de développement.

De fait, selon Vygotsky, chaque fonction supérieure apparaît deux fois au cours du développement de l'enfant. Elles se manifestent tout d'abord dans une activité collective soutenue par l'adulte et par le groupe. Elles apparaissent, ensuite, lors d'une activité individuelle et deviennent alors une propriété intériorisée de la pensée du sujet. Il appuie son propos sur l'étude du langage. Celui-ci apparaît d'abord comme moyen de communication, dans le cadre d'interactions avec des locuteurs plus compétents qui étayent l'action de l'enfant. C'est dans un deuxième temps, en se transformant en langage intérieur, qu'il devient un mode de pensée fondamental de l'enfant lui-même en lui permettant de réguler son activité : il planifie, évalue, réajuste ses procédures. Cependant, parfois, il extériorise quelques mots, comme s'il était encore accompagné par plus expert que lui. Cette étude permet à Vygotsky d'affirmer que *« ce que l'enfant est en mesure de faire aujourd'hui avec l'aide des adultes, il pourra l'accomplir seul demain ».* De ce fait, Vygotsky distingue ce que le sujet peut accomplir seul (« développement actuel de l'enfant ») et ce qu'il réussit avec l'aide d'autrui (« capacité potentielle de développement »). L'écart entre ces deux types d'activités constitue la « zone proximale de développement », l'espace où le développement est en devenir. Celle-ci *« nous aide à connaître les pas futurs de l'enfant et la dynamique de son développement en prenant en considération non seulement*

Deux applications pédagogiques

1. Pour Vygotsky, ce que l'enfant peut faire avec l'aide d'un expert annonce ce qu'il réussira seul plus tard. Cette idée ne doit pas faire oublier que toutes les formes d'aide ne sont pas équivalentes pour les apprentissages. D'ailleurs, Vygotsky ne dit pas limiter cette aide à la direction étroite que l'adulte exerce sur l'enfant, ou à l'instruction que l'expert apporte au novice.
S'agissant de l'aide méthodologique, par exemple, l'expert doit prendre garde à ne pas démontrer, dès les premiers instants, comment réussir tel exercice, résoudre tel problème, structurer tel récit. Car l'enfant, obéissant ou résigné, n'a plus alors qu'à appliquer la méthode du « penseur-expert » ; mais bien souvent, celle-ci n'est pas vraiment comprise.
Pour favoriser la construction autonome des savoirs, l'adulte a tout intérêt à penser, dès le début de l'interaction, à la façon dont il va confier à l'enfant, le plus rapidement possible, une part du contrôle de ses activités. Cet effacement du guidage de l'adulte est certainement l'une des idées à privilégier dans le modèle vygotskien.

2. Pour Vygotsky, les outils intellectuels utilisés dans le groupe sont petit à petit intériorisés par l'enfant. Ici encore, si l'expert responsable du groupe privilégie trop ce mouvement qui va du collectif à l'individuel, alors, la construction de l'autonomie créatrice du sujet est gravement mise en danger.
Appliquée au respect des règles de vie en classe, par exemple, cette distorsion conduit l'enseignant à faire accepter, par chaque élève, le « contrat » élaboré suite à une discussion collective. Si ce « contrat » ne fait qu'entériner les exigences implicites de l'enseignant ou les stéréotypes culturels des élèves, alors la décision collective ne fait que camoufler une restriction de liberté. Pour éviter cette acceptation passive, l'adulte doit proposer, ou faire trouver, diverses ressources permettant à chacun de respecter ces règles de vie. Cette manière de faire ouvre un éventail de conduites possibles, toutes valorisées, que chacun peut s'approprier activement de façon originale.
Il en est de même en ce qui concerne la construction des savoirs : ici encore, l'adulte doit prévoir des démarches alternatives qui permettent d'atteindre l'objectif visé. Ces démarches diversifiées, qui suscitent des rencontres et des négociations autour du sens des apprentissages, renforcent l'autonomie de l'apprenant. Plutôt que l'intériorisation, c'est donc l'appropriation active qu'il est souhaitable de valoriser dans le modèle vygotskien.

M.G.

les résultats déjà obtenus, mais aussi ceux en voie d'acquisition». En conséquence, la médiation sociale, l'enseignement notamment, permet un véritable apprentissage à condition d'intervenir dans cette zone.

Stimuler l'évolution

Les théories de Vygotsky s'opposent ainsi à celles qui considèrent que le niveau de développement caractérise les capacités d'apprentissage. Au contraire, le psychologue russe affirme que l'enseignement doit stimuler les processus évolutifs qui ne pourraient être actualisés sans lui : *«le seul bon enseignement, est celui qui précède le développement»*, affirme-t-il. Il précise, corollairement, que l'apprentissage de l'enfant commence bien avant l'école : *«l'apprentissage scolaire ne commence jamais sur une table rase. Tout apprentissage de l'enfant à l'école a une préhistoire.»* La tâche de l'enseignant consiste donc à comprendre comment se structurent les différentes connaissances pour chaque enfant particulier, à découvrir ce *«réseau interne, souterrain, génétique des sujets scolaires»*, tel qu'il est issu de leurs interactions sociales antérieures. Il pourra, ainsi, tenter de solliciter plus efficacement l'élève, dans la zone proximale de développement qui lui est propre.

De fait, la pensée de Vygotsky accorde la primauté à l'apprentissage social, au développement cognitif dans et par le groupe, car cette médiation détermine l'appropriation et l'individualisation des acquisitions intellectuelles du sujet. Cette approche peut modifier considérablement les pratiques éducatives et orienter la réflexion sur la fonction des disciplines enseignées.

Des recherches contemporaines

De multiples recherches contemporaines, rejoignant celles de Vygotsky, ont montré en quoi l'interaction sociale peut conduire l'enfant à bâtir de nouveaux instruments cognitifs lui permettant, à leur tour, de participer à des interactions plus élaborées, favorisant de nouveaux progrès intellectuels. Ces études précisent les effets des interactions entre pairs.

Ces recherches font apparaître que, sous certaines conditions, non seulement des groupes d'enfants confrontés à un problème utilisent des stratégies supérieures à celles de chaque individu mais aussi que ces progrès peuvent être intériorisés, de manière stable, par chacun. Cette appropriation advient si les points de vue des partenaires ne sont ni trop éloignés ni trop faiblement assurés, afin de susciter une confrontation. Créer ce «conflit sociocognitif» permet au sujet dont la réponse est erronée de prendre conscience de l'existence de solutions alternatives et, ainsi, d'enrichir sa panoplie d'instruments psychologiques. Gérée de manière pertinente, la controverse favorise alors la curiosité de savoir et la recherche active d'informations complémentaires; cette dynamique, hors de portée des individus travaillant uniquement dans des situations individuelles ou de compétition, favorise, par la suite, de meilleures performances et une meilleure stabilité des acquisitions.

Références bibliographiques en français

Textes de et sur Vygotsky

• M. Brossard (dir.), J. Fijalkow, *Apprendre à l'école : perspectives piagétienne et vygotskienne*, Presses universitaires de Bordeaux, 1998.
• Y. Clot (éd.), *Avec Vygotsky*, La Dispute/SNEDIT, 1999.
• Collectif, « L. Vygotsky », revue *Enfance*, n° 42, 1-2, 1989.
• C. Garnier, N. Bednarz et I. Ulanovskaya, *Après Vygotsky et Piaget, perspectives sociale et constructiviste, écoles russe et occidentale*, De Boeck, 1991.
• C. Moro et B. Schneuwly, *Outils et signes : perspectives actuelles de la théorie vygotskienne*, Peter Lang, 1997.
• A. Rivière, *La Psychologie de Vygotsky*, Mardaga, 1990.
• J.-Y. Rochex, article «Vygotsky» dans P. Champy et C. Etévé, *Dictionnaire encyclopédique de l'éducation et de la formation*, Nathan, 1994.
• J.-Y. Rochex, «L'Œuvre de Vygotsky : fondements pour une psychologie historico-culturelle», *Revue française de pédagogie*, 1997.
• L. Vygotsky (1934/1985), *Pensée et langage*, Messidor.
• L. Vygotsky (1927-1931/1994), *Déficience et défectologie mentale* (recueil de textes), Delachaux et Niestlé.
• L. Vygotsky (1930/1995), «Psychisme, conscience et inconscience» (trad. F. Sève), *Société française*.
• L. Vygotsky (1930/1995), «Apprentissage et développement à l'âge préscolaire» (trad. F. Sève), *Société française*.
• L. Vygotsky (1934/1997), *Pensée et langage*, suivi de *J. Piaget, commentaires sur les remarques critiques de Vygotsky*, La Dispute.
• L. Vygotsky, *Théorie des émotions : étude historico-psychologique*, l'Harmattan, 1998.

Textes prenant en compte les théories de Vygotsky

• J. Bruner, *Le Développement de l'enfant : savoir faire, savoir dire*, PUF, 1983.
• J. Bruner, *L'Education, entrée dans la culture*, Retz, 1996.
• A. Cartronet et F. Winnykamen, *Les Relations sociales chez l'enfant : genèse développement et fonctions*, Armand Colin, 1999.
• M. Crahay, *Psychologie de l'éducation*, PUF, 1999.
• C. Depover et B. Noël (éds), *L'Evaluation des compétences et des processus cognitifs, modèles, pratiques et contextes*, De Boeck, 1999.
• A.-M. Doly, «Métacognition et médiation à l'école», dans M. Grangeat (coord.), *La Métacognition, une aide au travail des élèves*, ESF éditeur, 1999.
• F. Winnykamen, *Apprendre en imitant?*, PUF, 1990.

Développement social de l'intelligence

• W. Doise et G. Mugny, *Psychologie sociale et développement cognitif*, Armand Colin, 1997.
• R.A. Hinde, A.-N. Perret-Clermont et A.-N. Stevenson-Hinde, *Relations interpersonnelles et développement des savoirs*, Cousset-Delval, 1988.
• G. Mugny (éd.), *Psychologie sociale du développement cognitif*, Peter Lang, 1985.
• G. Mugny et F. Carugati, *L'Intelligence au pluriel*, Delval, 1985.
• A.-N. Perret-Clermont, *La Construction de l'intelligence dans l'interaction sociale*, Peter Lang, 1979.
• A.-N. Perret-Clermont et N. Nicolet, *Interagir et connaître; enjeux et régulations sociales dans le développement cognitif*, Delval, 1988.

M.G.

Piaget et Vygotsky : deux approches différentes du développement et de l'apprentissage

Jean Piaget Ouvrage majeur : *L'Equilibration des structures cognitives*, Puf, 1975	**Lev S. Vygotsky** Ouvrage majeur : *Pensée et langage*, Editions sociales, 1985 (éd. originale, 1934)
• Importance du dialogue avec les objets et de la découverte par l'expérience personnelle.	• Importance des interactions sociales et de la relation d'aide.
• Conception biologique de l'apprentissage, dans un mouvement conduisant la pensée de l'individuel au social.	• Conception sociale de l'apprentissage, dans un mouvement conduisant la pensée du social à l'individuel.
• Apprentissage par décentration progressive à partir de l'égocentrisme enfantin.	• Apprentissage par intériorisation progressive de l'action, grâce au langage intérieur.
• Le développement est la condition de possibilité de l'apprentissage, lequel doit respecter le stade de développement en cours.	• L'apprentissage permet une anticipation du développement, en jouant sur la zone proximale du développement (ZPD).
• La structure cognitive évolue par réorganisation de schèmes, à la suite de déséquilibres suivis de rééquilibrations majorantes (*cf.* sujet épistémique).	• Chaque fonction psychique supérieure apparaît deux fois au cours du développement : la première au niveau social, la seconde au niveau individuel (*cf.* passage de l'inter-psychique à l'intra-psychique).
• Scepticisme sur la pédagogie : *« Chaque fois qu'on explique quelque chose à un enfant, on l'empêche de l'inventer. »*	• Importance décisive de la médiation : *« Si l'enfant fait un pas dans l'apprentissage, il avance de deux pas dans son développement. »*
• Rôle de l'adulte : proposer à l'élève un milieu riche et construire des situations favorables à l'émergence de conflits cognitifs, qui sont les moteurs du développement.	• Rôle de l'adulte : solliciter l'élève dans la zone proximale et lui permettre de réussir en collaboration, ce qu'il sera demain capable de réussir seul.
• Conception surtout utile pour analyser les erreurs des élèves et concevoir des remédiations.	• Conception surtout utile pour construire des dispositifs didactiques exigeants et stimulants.
Constructivisme (autostructuration simple)	**Socioconstructivisme** (autostructuration assistée)

JEAN-PIERRE ASTOLFI

Marie-José Rémigy*

QUAND LES DÉSACCORDS FAVORISENT L'APPRENTISSAGE**

De nombreuses recherches montrent que l'élève progresse mieux dans le cadre d'un rapport à d'autres apprenants : spécialement lorsqu'il y a des désaccords.

On demande à des enfants de 6 à 8 ans de construire la réplique exacte d'une maquette de village disposée à leur droite, sur un support vierge placé devant eux. Dans une variante de cette tâche, on fait subir au modèle initial une rotation de 180°. Si la première tâche, qui relève d'une simple copie, est aisément réalisable par les plus jeunes, il n'en va pas de même pour la seconde : ici, pour conserver le modèle initial en respectant la position des différentes pièces à partir du repère de l'entrée, l'enfant doit opérer mentalement la rotation de l'ensemble. On peut encore compliquer ce type de tâche en introduisant une double transformation spatiale, par exemple en combinant rotation du support et modification des positions relatives des différentes pièces constituant le village. Cette dernière variante ne sera accessible qu'aux aînés, capables de se décentrer suffisamment de leur perception immédiate pour accéder à une mobilité suffisante des représentations mentales. Ce type d'expérience tend à montrer que les niveaux de réalisation individuelle sont sensiblement améliorés si les enfants sont deux ou trois à devoir ensemble réaliser la tâche, dans une situation suscitant un conflit de réponses : par exemple, si l'on provoque un désaccord en plaçant chacun des enfants différemment face au dispositif; ou si on place du même côté

* Professeur à l'université de Haute-Alsace.

** *Sciences Humaines*, hors-série n° 12, février/mars 1996. Texte revu et corrigé par l'auteur, décembre 2000.

deux enfants présentant des niveaux cognitifs différents. Dans ces cas, il semble que l'on enregistre, chez les enfants fournissant initialement un résultat inexact, des progrès notables et durables, non seulement à cette tâche mais aussi dans le traitement d'autres exercices voisins.

Intelligence et interaction

Cet exemple est illustratif de travaux réalisés au début des années 1980, dans le cadre de recherches sur le développement social des structures cognitives (1) et montrant que l'enfant progresse dans la mesure où son activité de résolution de problème l'engage dans un rapport à autrui, spécialement lorsqu'il y a un désaccord initial entre les réponses. Le problème posé est alors « d'abord de nature sociale » (2), chacun s'efforçant d'avoir raison sur l'autre ; d'où l'expression de « conflit sociocognitif ». Cela suppose notamment que l'enfant ne perçoive pas son partenaire comme incarnant un statut conférant d'emblée une valeur d'autorité à son jugement (dans le cas, par exemple, où le partenaire est plus âgé et/ou jugé plus expérimenté).

Cette notion de « conflit sociocognitif » a connu un vif succès dans le champ éducatif, au point de déboucher sur des préconisations pédagogiques. Pourtant, ce qui était alors décrit sous cette expression ne constituait qu'une des diverses manières, depuis longtemps repérées, que l'on a d'apprendre en interagissant avec des pairs.

Ces recherches s'inspiraient principalement de deux courants d'idées : d'une part le modèle piagétien pour lequel la construction de l'intelligence suppose le déséquilibre adaptatif (c'est lorsque la réalité nous résiste que nous sommes amenés à revoir nos manières de penser et d'agir) ; d'autre part, un courant constitué de nombreuses études expérimentales réalisées, dès la fin des années 50 en psychologie sociale, sur le rôle du conflit social dans la formation du jugement individuel. Une première lecture socioconstructiviste des écrits de L.S. Vygotsky, traduits en anglais seulement vers la fin des années 70, venant enrichir ce débat sur le rôle des interactions sociales dans le développement intellectuel des individus. Parmi les premiers ouvrages qui ont contribué à diffuser ces travaux, on trouve d'ailleurs *La Construction de l'intelligence dans l'interaction sociale* (3), titre évoquant tout aussi bien des situations de conflit de réponses que de coopération, même si, dans ce dernier cas, la dynamique inclut notamment des désaccords à surmonter. Enfin, dans le même mouvement, on s'est aussi beaucoup intéressé aux manières que nous avons d'apprendre par observation et par imitation (4).

On peut se demander jusqu'à quel point le succès qu'a connu le « conflit sociocognitif » n'est pas lié au caractère un peu provocateur de l'expression : ne portait-il pas, après et avant bien d'autres signifiants circulant dans le lan-

1. W. Doise et G. Mugny, *Le Développement social de l'intelligence*, Interéditions, 1981.
2. F. Carugati, in G. Mugny (éd.), *Psychologie sociale du développement cognitif*, Peter Lang, 1985.
3. A.-N. Perret-Clermont, *La Construction de l'intelligence dans l'interaction sociale*, Peter Lang, 1979.
4. Qu'il s'agisse alors de publications comme celles d'A. Bandura sur *L'Apprentissage social* (1976), trad. Mardaga, 1980 ou de F. Winnykamen, *Apprendre en imitant ?*, Puf, 1990.

gage de l'éducation (5), l'espoir d'une réponse technique, scientifiquement démontrée, aux aléas d'un enseignement collectif? Certains n'ont d'ailleurs pas manqué de dénoncer les illusions d'efficacité, voire les désillusions qui auraient suivi la transposition abusive de ces expériences au terrain pédagogique (6).

S'il semble acquis que les progrès de la connaissance supposent une rupture avec nos manières de penser antérieures, il reste, comme le soulignaient d'ailleurs les initiateurs de ces recherches, qu'*«il n'est pas obligatoirement nécessaire que les interactions se déroulent sur le mode socioconflictuel»* (7).

On n'a jamais non plus manqué de souligner que, selon la situation ou les contenus sur lesquels porte la tâche, les individus peuvent d'emblée fournir des réponses différentes, plus ou moins «marquées» par leur expérience sociale antérieure (8). De la même façon, comme l'ont montré plusieurs études, le fait de vivre ces interactions ne suffit pas; il faut encore que l'apprenant soit capable de communiquer ce qui s'est passé à un tiers ou à un groupe de tiers, pour que ses performances individuelles s'améliorent (9).

La transposition à l'enseignement d'une telle notion, objectivée par la recherche expérimentale, a participé de ce mouvement qui, dans les années 80, a déplacé l'accent du «processus enseigner» sur le «processus apprendre» (10). Par là même, elle a peut-être aussi contribué à focaliser l'attention sur le parti à tirer de la diversité des apprenants dans un enseignement collectif et à réactualiser, au passage, des méthodes éprouvées depuis longtemps qui préconisaient le travail coopératif (11). Au total, ces travaux ont notamment eu le mérite d'attirer l'attention sur l'étroite interdépendance entre le mode de présentation de la tâche, les fonctionnements cognitifs individuels et différentes formes et fonctions de la médiation sociale dans la construction de la connaissance.

Ce paradigme socioconstructiviste s'est trouvé largement conforté depuis, avec les nouvelles formes d'apprentissage en réseau liées aux nouvelles technologies de l'information et de la communication. Celles-ci réinterrogent la part exercée par la médiation sociale, notamment les interactions entre pairs, y compris dans les situations dites d'autoformation. Mais dans le même temps, le recours à ces nouveaux outils contribue à rappeler l'importance de la médiatisation, matérielle et sémiotique, dans les apprentissages. Cette articulation systémique de la médiation et de la médiatisation, ne se constituant-elle pas

5. O. Reboul, *Le Langage de l'éducation*, Puf, 1984
6. D. Coquin-Viennot et D. Gaonac'h, «Psychologie et didactique : les notions fondamentales», dans D. Gaonac'h et C. Golder, *Profession enseignant*, Hachette, 1995.
7. M.-L. Schubauer-Leoni et A.-N. Perret-Clermont, «Interactions sociales et représentations symboliques dans le cadre de problèmes additifs», *Recherches en didactique des mathématiques*, 1, 1980.
8. W. Doise, S. Dionnet et G. Mugny, «Conflit sociocognitif et marquage social», *Cahiers de psychologie*, n° 21, 1978.
9. M. Gilly, J. Fraisse et J.-P. Roux, «Résolution de problèmes en dyades et progrès cognitifs chez des enfants de 11 à 13 ans : dynamiques interactives et sociocognitives», dans A.-N. Perret-Clermont et M. Nicolet (éds), *Interagir et connaître, enjeux et régulations sociales dans le développement cognitif*, DelVal, 1988. Plus généralement, on retrouve ici le rôle de l'argumentation dans la prise de conscience.
10. J. Houssaye, *Théorie et pratiques de l'éducation scolaire (I) : Le triangle pédagogique*, Peter Lang, 1988.
11. Notamment R. Cousinet, dans les années 30.

à son tour comme un des nouveaux paradigmes de référence pour la description des situations d'éducation et de formation (12) ?

12. D. Peraya, « Les dispositifs de communication éducative médiatisée : médiation et médiatisation », *Journées d'études sur la médiation culturelle*, Société française des sciences de l'information et de la communication, 18-19 septembre 1998.

Rolland Viau*

LA MOTIVATION**

CONDITION ESSENTIELLE DE LA RÉUSSITE

De multiples facteurs influent sur la motivation à apprendre (image de soi, valeur attribuée à l'activité, sentiment d'exercer un contrôle sur elle...). Des travaux expérimentaux ont permis de repérer les pratiques pédagogiques qui favorisent l'implication de l'élève.

Devant l'ampleur du problème de la démotivation des élèves et des étudiants dans les pays occidentaux, les recherches sur la motivation à apprendre ont pris un essor considérable depuis une décennie. Il n'est donc pas surprenant que dans les banques de référence informatisées, on répertorie chaque année plus de 700 écrits scientifiques sur la motivation à apprendre.

Dans cet article, nous verrons comment les recherches contemporaines permettent de répondre à deux questions importantes : pourquoi certains élèves sont-ils démotivés ? Sur quels facteurs de la classe peut-on intervenir pour influencer la motivation des élèves ?

Pourquoi certains élèves sont-ils démotivés ? Dans le passé, cette question a fait l'objet d'un long débat entre chercheurs. Pour ceux qui adhéraient à l'approche béhavioriste, la réponse résidait dans les renforcements externes, c'est-à-dire dans la façon dont les enseignants récompensent et punissent les élèves.

Les sources de la motivation

Pour Burrhus F. Skinner (1), chef de file de cette approche, un élève est démotivé par suite d'un manque d'encouragements par l'enseignant ou par des

* Professeur à l'université de Sherbrooke (Canada). Auteur de *La Motivation en contexte scolaire*, De Boeck Université, 1994 et de *La Motivation dans l'apprentissage du français*, Editions du Renouveau Pédagogique, 1999.

** *Sciences Humaines*, hors-série n° 12, février/mars 1996. Texte revu et actualisé par l'auteur, décembre 2000.

1. B.F. Skinner, « Why Teachers Fail ? », dans R.C. et N.A. Sprinthall, *Educational Psychology : Selected Reading*, Van Nostrand-Reinhold, 1969.

punitions corporelles ou psychologiques. Les chercheurs d'approche humaniste comme C. Rodgers estiment, à l'inverse, que la réponse à cette question ne réside pas dans des phénomènes extérieurs aux élèves, mais dans leur besoin intrinsèque d'apprendre et de s'épanouir en tant qu'être humain. Pour eux, un élève est démotivé parce qu'il n'a pas l'occasion de combler ses besoins et de s'actualiser en tant qu'apprenant.

De nos jours, sous l'influence des approches cognitiviste et sociocognitiviste les chercheurs ont mis un terme au débat en situant la motivation dans la relation entre la personne et son environnement. Les diverses théories convergent vers la même idée : la motivation prend son origine dans les perceptions et les attentes d'une personne à l'égard d'elle-même et des événements qui lui arrivent (2).

Nos travaux de recherche (3) et notre analyse d'autres travaux de chercheurs, dont ceux du professeur Paul Pintrich, professeur à l'université du Michigan, nous amènent à préciser la relation entre les sources de la motivation et ses conséquences sur l'apprentissage *(voir schéma page suivante)* (4).

La motivation de l'élève prend son origine dans la relation entre ses perceptions et le contexte de formation. L'image qu'un élève a de lui-même est si importante que Bernard Weiner a affirmé que ce ne sont pas tant les capacités réelles de l'élève qui comptent pour qu'il apprenne mais bien celles qu'il pense avoir.

Des perceptions de soi générales, comme l'estime de soi et le concept de soi, influencent la motivation de l'élève. Cependant, les recherches contemporaines, comme celles d'Albert Bandura, professeur à l'université Stanford en Californie, montrent que ce sont plutôt des perceptions spécifiques au contexte de classe qui sont les sources les plus importantes de motivation (5). Trois de ces perceptions ont d'ailleurs fait l'objet de recherches intenses depuis deux décennies : la perception qu'a un élève de la valeur d'une activité, la perception de sa compétence à l'accomplir et sa perception du contrôle qu'il exerce sur cette activité.

La perception de la valeur d'une activité est le jugement qu'un élève porte sur l'importance l'utilité et l'intérêt d'une activité d'apprentissage en fonction des buts qu'il poursuit. Sans but, un élève peut difficilement valoriser une activité. Les travaux de Carole Ames démontrent (6) que les élèves démotivés n'ont que des buts de performance, c'est-à-dire qu'ils accomplissent une activité non pas pour acquérir de nouvelles connaissances mais pour obtenir une note élevée, des félicitations ou la

2. Pour en connaître davantage sur ces théories, l'ouvrage de R.J. Vallerand et de E.E. Thill, *Introduction à la psychologie de la motivation*, Etudes Vivantes, 1993, est l'une des meilleures références en langue française.

3. R. Viau, « La motivation dans l'apprentissage du français », Editions du Renouveau Pédagogique, 1999.

4. P.R. Pintrich et B. Schrauben, « Students' Motivational Beliefs and Their Cognitive Engagement, Classroom Academic Tasks », dans J.-L. Meece et D.H. Schunk (éds), *Students' Perceptions in the Classroom*, Lawrence Erlbaum, 1992.

5. A. Bandura, « Perceived Self-Efficacy in Cognitive Development and Functioning », *Educational Psychologist*, 28-2, 1993.

6. C. Ames, « Achievement Goals and the Classroom Motivational Climate », dans J.-L. Meece et D.H. Schunk (éds), *op. cit.*

reconnaissance de leur professeur. Willy Lens et son équipe ont démontré (7) que les élèves aux aspirations claires et aux buts bien étalés dans le temps, ce que les auteurs nomment la perspective future d'avenir, sont plus en mesure de percevoir la valeur d'une activité.

La perception de sa compétence à accomplir une activité est particulièrement utile à l'élève placé devant une activité qui soulève chez lui un degré élevé d'incertitude quant à sa réussite. est une perception de soi qui fait que, avant d'entreprendre une activité dont la réussite comporte un degré élevé d'incertitude, une personne a tendance à évaluer ses capacités à l'accomplir de manière adéquate. Plusieurs études révèlent l'influence de la perception de sa compétence sur le type d'engagement cognitif de l'élève. Par exemple, les travaux de Thérèse Bouffard-Bouchard, professeur à l'université du Québec à Montréal, révèlent que les élèves qui ont une bonne perception de leur compétence utilisent des stratégies d'apprentissage plus élaborées (dont l'autoévaluation) que celle qui consiste simplement à mémoriser (8).

La perception de la contrôlabilité est la perception du contrôle que l'élève croit exercer sur le déroulement et les conséquences d'une activité d'apprentissage. Les élèves qui en font preuve abordent la matière plus en profondeur, créent des liens entre les différentes parties et tentent d'en dégager la structure. A l'inverse, ceux qui estiment avoir peu de contrôle sur leur apprentissage se limitent à essayer de mémoriser le plus de matière possible. En résumé, un élève motivé a des aspirations claires qui l'amènent à percevoir l'importance l'utilité et l'intérêt des activités qu'on lui propose ; il se perçoit capable de les accomplir et, enfin, il perçoit qu'il a un certain contrôle sur leur déroulement. Mais le « portrait-robot » de l'élève motivé ne serait pas complet si nous ne nous attardions pas à examiner ses comportements en classe.

Persévérance ou stratégies d'évitement

Comme l'illustre la figure page suivante, l'élève motivé choisit de s'engager et de persévérer. A l'opposé, un élève démotivé recourt à des stratégies d'évitement ; autrement dit, il « fait tout pour ne rien faire ». A l'école primaire ou au collège, les stratégies d'évitement se traduisent par des comportements comme se lever constamment pour tailler un crayon, demander inutilement des explications, faire répéter le professeur pour gagner du temps, etc. Dans la formation d'adultes, elles se manifestent par de l'absentéisme ou par l'abandon du cours. La persévérance est une conséquence importante de la motivation. Toutefois, il ne suffit pas de passer des heures à travailler pour s'assurer de la qualité d'un apprentissage. Si un élève est distrait lorsqu'il travaille sur un projet, les heures qu'il y consacrera seront inutiles. La persévérance doit donc être accom-

7. W. Lens, « Future Time Perspective ; Motivation and School Performance », dans E. de Corte, J. Lodewijks, R. Parmentier et P. Span (éds), *Leaning and Instruction. European research in an International Context*, Leuven University Press et Pergamon Press, 1987.

8. T. Bouffard-Bouchard, « Influence of Self-Efficacy on Performance in a Cognitive Task », *Journal of Social Psychology*, 130 (3), 1990.

La dynamique motivationnelle

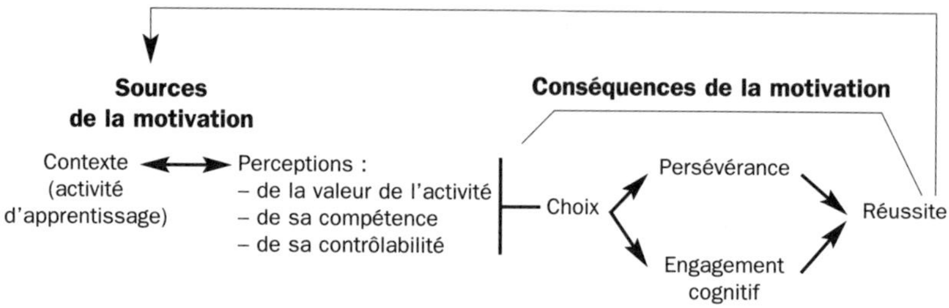

La motivation de l'élève est fonction de ce qu'il pense savoir plutôt que de ce qu'il sait vraiment. La perception qu'il a du contexte de la classe est déterminante :
– perception par l'élève de la valeur de l'activité ;
– perception de la compétence qu'il a pour accomplir une tâche ;
– perception par l'élève du contrôle qu'il exerce sur l'activité.

Imaginons une situation dans laquelle un élève doit refaire un travail de mathématiques qu'il croyait réussi. A l'aide de la figure ci-dessus, examinons en quoi consistent les deux scénarios possibles selon qu'il entre dans une dynamique motivationnelle positive ou négative.

Dans le cas d'une dynamique positive, l'élève s'estime capable de le réussir et a le sentiment de contrôler cette situation. Il comprend par exemple l'importance de reprendre son travail pour mieux se préparer à la profession à laquelle il aspire. Ces perceptions suscitant chez lui une forte motivation, il choisit de s'engager dans l'accomplissement de cette activité en utilisant des stratégies d'apprentissage appropriées et persévère jusqu'à ce qu'il atteigne l'objectif qu'il s'est fixé. Enfin, son engagement cognitif et la persévérance dont il fait preuve lui permettront d'atteindre une bonne performance, ce qui aura un effet positif sur ses perceptions.

Si, en revanche, l'obligation de refaire son travail entraîne une dynamique négative, l'élève pense que les mathématiques sont secondaires ou inutiles et n'accorde aucune valeur à ce travail. Il s'estime incapable d'améliorer sa performance et a l'impression de n'avoir aucun contrôle sur la situation, invoquant pour se justifier l'intransigeance du professeur. Ces perceptions ne le motivent pas à accomplir cette activité ; son engagement cognitif et sa persévérance sont faibles. En conséquence, sa performance ultérieure est peu améliorée, le contexte demeure défavorable et ses perceptions en souffrent à nouveau.

R.V.

pagnée d'un engagement cognitif. L'engagement cognitif consiste en l'utilisation par l'élève de stratégies d'apprentissage lors de l'accomplissement d'une activité. A l'université du Texas, Claire Weinstein a répertorié plus de seize stratégies d'apprentissage et d'autorégulation répertoriées dans huit catégories (9). Ainsi, l'élève motivé planifie son apprentissage, s'auto-évalue, gère son temps d'étude et se motive lui-même. En revanche, l'élève démotivé se limite à utiliser des stratégies de mémorisation comme se répéter régulièrement la définition d'un concept ou relire plusieurs fois le même texte pour se souvenir du contenu. Conséquence de la motivation, la réussite en est également une source. En effet, un succès mérité influence positivement la perception que l'élève a de sa compétence, le conduit à valoriser l'activité qu'il a accomplie avec succès et l'amène à penser qu'il a un certain contrôle sur son apprentissage. C'est souvent le cas des adultes qui reviennent à l'école après une absence prolongée. Autrefois sceptiques sur leurs capacités, ils ont été rassurés par leurs succès et se perçoivent ainsi capables d'apprendre.

Connaissant mieux les causes et les conséquences de la motivation et de la démotivation, les chercheurs ont tenté de savoir comment on peut influencer cette dynamique motivationnelle. C. Ames repère quatre facteurs agissant sur la dynamique motivationnelle de l'élève au sein même de la classe : les activités d'apprentissage, l'évaluation, le système de récompenses et de punitions, enfin l'enseignant lui-même (10).

Modifier les pratiques pédagogiques

En classe, l'essentiel de l'activité d'un élève consiste à écouter des exposés magistraux dispensés par l'enseignant. On peut douter de l'impact positif de ce type d'activité sur la motivation des élèves. Pour Scott G. Paris et Julianne C. Turner, une activité motivante doit au moins offrir aux élèves un défi à relever, leur permettre de faire des choix et favoriser la collaboration entre eux (11). Dans cette perspective, un travail de recherche, un projet d'équipe ou une étude de cas sont des activités plus susceptibles de motiver les élèves que des exposés magistraux. Les travaux de Barbara McCombs, du Mid-Continent Educational Laboratory, au Colorado, ont principalement porté sur les activités offertes aux adultes en formation continue (12). Selon cette chercheuse, une activité doit posséder la majorité des caractéristiques suivantes pour être motivante aux yeux des adultes :

– avoir des objectifs et des consignes clairs ;
– tenir compte des intérêts des élèves ;
– être à l'image de celles qu'ils accomplissent dans leur métier ou leur profession ;
– représenter un défi à relever ;
– nécessiter l'utilisation de stratégies de

9. C. Weinstein et D.K. Meyer, « Implications of Cognitive Psychology for Testing : Contributions from Work in Learning Strategies », dans M.C. Wittrock et E.L. Baker (éds), *Testing and Cognition*, Prentice Hall, 1991.
10. C. Ames, *op. cit.*
11. S.G. Paris et J.C. Turner, « Situated Motivation », dans P.R. Pintrich, D.R. Brown et C.E. Weinstein (éds), *Student Motivation, Cognition and Learning*, Lawrence Erlbaum, 1994.
12. B. McCombs, *What Underlies Learning to Learn in the Workplace ?*, manuscrit inédit, 1993.

résolution de problèmes;
– nécessiter l'utilisation de connaissances acquises dans différents domaines;
– donner l'occasion de faire des choix;
– se dérouler sur une période de temps suffisante;
– conduire à un produit fini.

Dans les écoles des Etats-Unis, les enseignants exécutent en moyenne dix mille actes d'évaluation par an, qui vont du simple fait de dire à un élève que sa réponse est inexacte jusqu'à la correction d'un travail. Cette ambiance évaluative conduit certains élèves à considérer les institutions de formation non comme des lieux d'apprentissage mais comme des cours de justice où ils sont constamment sur le banc des accusés.

Martin V. Covington, professeur à l'université Berkeley, a constaté que la comparaison entre pairs et la compétition engendrée par l'évaluation nuisent à la motivation des élèves faibles et moyens, alors qu'elles motivent les plus forts (13). Souhaitant que l'évaluation favorise la motivation des élèves faibles et moyens, ce chercheur recommande de :
– choisir d'ajouter des objets d'évaluation qui permettent de constater le progrès accompli (le portfolio) plutôt que des objets qui mesurent seulement l'état des connaissances ou l'atteinte des objectifs (les examens);
– commenter les travaux des élèves plutôt que de se limiter à les noter;
– inciter les élèves à s'auto-évaluer;
– reconnaître l'effort qu'ils ont déployé;
– susciter la collaboration entre élèves plutôt que la compétition et la comparaison.

Dans plusieurs écoles primaires d'Amérique du Nord, on utilise des systèmes de jetons, d'autocollants ou de prix pour motiver les enfants. Au secondaire, on a plutôt tendance à récompenser les élèves en réduisant leurs devoirs et à les punir en leur faisant faire des pensums ou en les mettant en retenue.

Plusieurs auteurs, dont Edward L. Deci, de l'université de Rochester, doutent que ces comportements motivent réellement les élèves (14). Des chercheurs estiment même que récompenser des élèves pour une activité qu'ils jugent d'emblée intéressante entraîne chez certains une baisse de motivation. Pour sa part, C. Ames croit que les récompenses peuvent avoir un effet positif à court terme, mais qu'elles nuisent à la longue à la motivation, car elles empêchent les élèves d'expérimenter et de prendre des risques dans leur apprentissage. Certains élèves, dont les meilleurs, ne font que le strict nécessaire de peur d'être réprimandés s'ils échouent. L'encouragement et la reconnaissance du travail accompli demeurent les stratégies les plus efficaces pour motiver les élèves à manifester de la curiosité intellectuelle. La formation d'adultes est également touchée par les systèmes de récompenses et de punitions mis en place par les enseignants. Bien qu'à ce niveau d'étude les punitions se limitent à l'attribution d'une mauvaise note ou à un échec, les récompenses sont répandues (par

13. M.V. Covington, *Making the Grade*, Cambridge University Press, 1992.
14. E.L. Deci, R.J. Vallerand, L.G. Pelletier et R.M. Ryan, « Motivation and Education : the Self Determination Perspective », *Educational Psychologist*, 26, 1991; R. Brandt, « Punished by rewards ? a conversation with Alfie Kohn », *Educational Leadership*, 53 (1), 1995.

Jouer pour apprendre

Constatant que l'échec scolaire se produisait dès le plus jeune âge, une équipe de spécialistes (psychologues et pédagogues) et d'enseignants néerlandais ont instauré, dans les premières années de l'école primaire, une pédagogie du jeu, fondée sur l'approche de Lev S. Vygotski (1896-1934) et de son concept de « zone proximale de développement ».

Pour L.S. Vygotski, l'apprentissage devait toujours partir des activités propres des enfants. En les stimulant et en les développant, l'enseignant suscite alors de nouveaux besoins, conduisant à de nouvelles activités et à l'acquisition de nouveaux savoirs. Dans la pédagogie de ces enseignants néerlandais, les enfants sont invités à participer à des jeux de rôles ou à faire semblant. Par exemple, jouer au magasin, au bureau de poste ou au restaurant permet de susciter le besoin d'écrire. Partant de l'activité spontanée qu'ont les jeunes enfants de collectionner toutes sortes de choses (cailloux, objets, jouets divers...), un instituteur a transformé sa classe (d'élèves de 4 et 5 ans) en musée : très vite, il a fallu classer, fabriquer des étiquettes ou des signalisations (« ne pas toucher »...) : les enfants ont ainsi appris à écrire les chiffres et les mots élémentaires. *« Les apprentissages réalisés étaient fonctionnels et avaient un sens personnel »* pour chacun.

Dans cette pédagogie du jeu, souligne Bert Van Oers de l'université libre d'Amsterdam (1), l'enseignant a un rôle bien spécifique dans la mesure où il doit veiller à intégrer l'apprentissage des techniques (lecture, écriture, calcul) dans des activités culturelles globales. Ces techniques, en effet, lorsqu'elles sont enseignées par des exercices scolaires traditionnels, déroutent beaucoup d'enfants qui ne peuvent donner du sens à ce qu'ils apprennent. Pour respecter la notion de « conditions proximales », explique l'auteur, *« le sens des actions doit toujours prévaloir sur les conditions de leur exécution »*.

Cette pratique des méthodes actives et de la pédagogie du jeu ne se cantonne certes pas aux écoles hollandaises. Mais dans ce pays, sa réussite est attestée par les spécialistes qui l'ont mise en place : outre le constat que les « élèves à risque » s'en sortent mieux et que l'ensemble des classes atteint le niveau requis par l'institution, les enseignants notent que tous les élèves montrent intérêt et engagement dans les activités. En lecture et écriture par exemple, ils deviennent des « lecteurs-auteurs » et non plus seulement des « déchiffreurs-scripteurs ».

M.F.

1. B. Van Oers, « La pédagogie du jeu aux Pays-Bas. Une approche vygotskienne », *Revue française de pédagogie*, décembre 1999.

exemple, les certificats de réussite). Pour Raymond J. Wlodkowski, l'utilisation de récompenses pour motiver les adultes est une épée à double tranchant, car elles risquent dans certains cas de les démotiver et parfois même de les offusquer (15). Pour qu'une récompense, telle qu'un prix ou un certificat d'excellence, ait un effet favorable, il faut que l'adulte qui la reçoit estime qu'il la mérite, et non qu'il l'ait obtenue facilement ou qu'on la lui ait donnée par gentillesse. De plus, il ne faut pas qu'une remise de prix en public gêne la personne à laquelle celui-ci est destiné ou vienne amoindrir la valeur du travail des autres. Même à ces conditions, Wlodkowski émet des réserves quant à l'importance des systèmes de récompenses dans la formation d'adultes ; il suggère plutôt aux enseignants de donner des commentaires pertinents et favorables sur les apprentissages.

Prêter attention aux élèves démotivés

Le niveau de compétence de l'enseignant, sa propre motivation et d'autres traits qui le caractérisent influencent la dynamique motivationnelle de ses élèves. Certains enseignants, précise D.J. Stipek, sont portés inconsciemment à critiquer plus souvent les élèves qu'ils considèrent faibles et démotivés, les font asseoir loin d'eux, ont peu de contacts avec eux, se contentent de réponses inadéquates et manifestent de la pitié lorsqu'ils échouent (16). Face à de tels comportements, les élèves perçus comme faibles et démotivés ne font aucun effort pour apprendre, car ils savent que l'enseignant ne les interroge jamais et qu'il ne leur adresse la parole que pour les réprimander. Ils entrent alors dans un cercle vicieux : n'étant pas encouragés à travailler, ils ne sont pas motivés à le faire et, ne travaillant pas, ils deviennent faibles, ce qui confirme l'opinion de leur enseignant selon laquelle « il n'y a rien à faire ».

On doit s'efforcer d'accorder l'attention à laquelle chaque élève a droit, quelles que soient ses capacités. Face aux élèves que l'enseignant considère faibles et démotivés, il peut :

– leur exprimer sa confiance en leur capacité de réussir ;
– éviter de créer des situations compétitives dans lesquelles ils ne peuvent que perdre ;
– éviter de les réprimander devant leurs camarades ;
– éviter de leur exprimer de la pitié devant un échec ;
– leur donner autant d'attention qu'aux élèves forts ;
– démontrer de l'enthousiasme à leur enseigner et de l'intérêt à leur réussite.

Devenir des spécialistes de la motivation

De nos jours, enseigner consiste à travailler à contre-courant d'une société de plus en plus tolérante et permissive sur le plan intellectuel.

Alors que les masses-médias incitent les jeunes à se laisser aller dans des mondes imaginaires et à profiter pleinement du moment présent, les enseignants leur demandent de travailler, d'être attentifs,

15. R.J. Wlodkowski, *Enhancing Adult Motivation to Learn*, Jossey-Bass, 1985.
16. D.J. Stipek, *Motivation to Learn*, Allyn and Bacon, 1993.

d'écouter, de lire et d'écrire. Ce décalage entre ce qu'on offre aux jeunes à l'extérieur et à l'intérieur de l'école s'accentuera avec le temps ; c'est pour cette raison qu'il est devenu impératif pour les enseignants, en plus d'être des experts dans leur matière, d'être des spécialistes en motivation. Pour y arriver, le lien entre la recherche et la pratique devra s'accentuer.

Les chercheurs devront axer davantage leur travail sur les problèmes vécus par les enseignants. Quant à ces derniers, ils devront prendre l'habitude d'examiner la recherche en pédagogie pour trouver des réponses à leurs questions.

Philippe Carré*

POURQUOI NOUS FORMONS-NOUS ?**

On peut suivre une formation professionnelle pour de multiples raisons, très différentes : viser une promotion, se cultiver, bénéficier de contacts sociaux, acquérir une meilleure image de soi, s'évader de conflits familiaux, etc.

Autant dans le monde de la formation continue que dans le système scolaire, l'évocation de la notion de motivation suscite des attitudes variées. Si le praticien l'exploite pour expliquer certains comportements des apprenants, il peut également la rejeter parce qu'opaque, simpliste ou, finalement, inutile. Il peut en nier l'existence, ou au contraire, tirer du constat de sa toute-puissance une forme de résignation pédagogique. Il peut s'acharner à créer de la motivation, ou inversement, abdiquer devant sa propre incapacité à influencer ce mystérieux moteur de l'engagement éducatif.

Bref, suivant l'interlocuteur, la question de la motivation peut alternativement susciter résistance, passion, curiosité ou indifférence... Et l'on retrouvera le même clivage entre partisans et opposants de la motivation dans le débat théorique sur les dynamiques d'engagement dans la formation

Pourtant, la question de ce « quelque chose qui pousse à l'action » prend une importance nouvelle aujourd'hui pour les chercheurs et les praticiens de la gestion des ressources humaines, du développement social et de la formation. Les nouvelles interrogations sur l'engagement des sujets sociaux dans l'action et sur les modes de mobilisation des ressources humaines sont évidemment à relier au contexte socio-économique actuel, qui tend à responsabiliser les

* Professeur à l'Université Paris-X Nanterre. Président de l'association Interface-Recherche (Paris).

** *Sciences Humaines*, n° 92, mars 1999.

individus dans le développement de leurs compétences et la gestion de leurs propres itinéraires (1).

La question du passage à l'action, ou de l'engagement dans l'acte, a été traitée de longue date par la psychologie expérimentale, bien que sur des bases épistémologiques aujourd'hui obsolètes. Depuis les années 80, la psychologie, nord-américaine en particulier, a entrepris de revisiter le concept de motivation à partir de bases théoriques d'inspiration sociocognitiviste (2).

Pour le sens commun, la motivation représente *«ce qui pousse à l'action»*, c'est-à-dire *«l'ensemble des motifs qui expliquent un acte»* (Larousse) ou *«la relation d'un acte aux motifs qui l'expliquent ou le justifient»* (Robert). Sur le plan scientifique, d'après R. Vallerand et E. Thill (3), le concept de motivation est un construit hypothétique censé décrire *«les forces internes et/ou externes produisant le déclenchement, la direction, l'intensité et la persistance du comportement»*.

Le terme de motivation, outil privilégié de la réflexion sur le sens de l'action humaine, a subi les contrecoups des dérives du behaviorisme, et en porte encore les stigmates. Or il ne s'agit plus, aujourd'hui, de concevoir la motivation comme il y a un quart de siècle, autour du concept initial, d'orientation behavioriste et indissolublement lié aux théories du conditionnement animal. Ni comme, aujourd'hui encore, se plaît parfois à le dévoyer une certaine littérature managériale ou pédagogique, férue de pyramides de besoins et autres schémas simples pour mieux motiver équipes démobilisées ou élèves apathiques.

S'il est une idée que les théories actuelles de la motivation établissent avec fermeté, c'est que jamais – hormis dans les cas de conditionnement de laboratoire – on ne peut directement motiver autrui : la motivation n'est toujours, pourrait-on dire en forme de tautologie, qu'automotivation. Les problématiques d'intervention posent alors la question des modes et stratégies de mobilisation, terme dont on sait, par ses connotations militaires, à quel point il peut différer de celui de motivation. En 1996, un colloque de ressources humaines s'est achevé sur la perplexité des participants quant à ce *«concept galvaudé»*, autour d'une question iconoclaste qui traduit bien l'évolution de ces dernières années : *«Et s'il était impossible de motiver qui que ce soit d'autre que soi-même ?»* (4)

Les multiples raisons de suivre une formation

A partir du postulat hérité des recherches contemporaines sur la motivation menées dans une perspective cognitive, la conception des dynamiques d'engagement éducatif des adultes se modifie pour nous entraîner à penser l'entrée en formation en partant des sujets sociaux eux-mêmes, de leurs motifs et des processus «conatifs» (5) qui les portent.

1. P. Carré (dir.), *De la motivation à la formation*, L'Harmattan, 2001.
2. R. Vallerand et E.E. Thill, *Introduction à la psychologie de la motivation*, Vigot, 1993.
3. R. Vallerand et E.E. Thill, *op. cit.*
4. *Le Monde*, mardi 2 avril 1996.
5. Voisin de motivation, le terme de «conation» a été proposé, entre autres auteurs, par M. Reuchlin, pour décrire le choix et l'orientation des conduites, c'est-à-dire des activités finalisées et organisées (dont, par excellence, la démarche de formation fait partie).

Une recherche récente (6) nous a conduits à réaliser 61 entretiens non directifs et à construire, puis à proposer à des centaines d'adultes inscrits en formation un questionnaire, afin d'apprécier le «tableau motivationnel» qui les caractérise lors de leur engagement dans un processus de formation, avant le début des activités pédagogiques. Le modèle théorique utilisé repose sur une conception de l'engagement en formation basée sur deux axes (7) :

• **Orientation intrinsèque/extrinsèque**
Certains apprenants sont motivés par le fait même d'être en formation, tandis que d'autres le sont par l'espoir d'atteindre des objectifs qui leur sont extérieurs (avantages matériels, acquisition de savoirs utilisables dans le domaine professionnel ou en dehors, etc.).
Conformément à la conception de E. Deci et R. Ryan, nous nommerons la première série motifs «intrinsèques» et la seconde motifs «extrinsèques».

• **Orientation vers l'apprentissage/vers la participation**
Certains apprenants visent l'acquisition d'un contenu de formation (connaissances, habiletés, attitudes), et donc sont centrés sur l'apprentissage de savoirs, alors que d'autres visent la participation ou l'inscription, c'est-à-dire la présence en formation, indépendamment de l'apprentissage de savoirs.

En combinant ces deux axes, on obtient une répartition en quatre quadrants spécifiques, dans lesquels peuvent s'inscrire les dix motifs d'engagement en formation mis en évidence au cours de la recherche *(voir schéma page suivante)*. Ces motifs ne représentent ni des traits de personnalité, ni des styles d'apprenant : on n'est pas motivé par nature, quelle que soit la tâche à entreprendre. Les motifs traduisent le rapport qu'établit le sujet, à un certain moment, avec un certain type de formation. Ils ne sont ni uniques, ni nécessairement stables : on a généralement plusieurs motifs de s'inscrire en formation, et cette combinatoire est vouée à évoluer selon les circonstances et les contenus. Le «tableau motivationnel» de l'adulte lors de son inscription en formation est en fait un instantané qui permet d'apprécier la dynamique d'engagement à l'instant T.

• **Une première catégorie** (ne comprenant qu'un motif) réunit l'orientation intrinsèque et l'orientation vers l'apprentissage (quadrant nord-est) :
– motif épistémique : apprendre, s'approprier des savoirs, se cultiver, etc., sont des processus qui trouvent leurs justifications en eux-mêmes. Le motif d'engagement est ici lié à la recherche de la connaissance, comme fréquentation d'un «gai savoir», source de plaisir en lui-même.

• **Une deuxième catégorie** associe l'orientation intrinsèque et l'orientation vers la participation (quadrant sud-est). Elle correspond à deux motifs :
– motif socio-affectif : il s'agit de participer à une formation pour bénéficier de contacts sociaux. Pour répondre à ce motif d'inscription, il s'agit de trouver dans la formation des occasions

6. «Motivation et performances en formation d'adultes», recherche dirigée par Interface-Recherche en collaboration avec l'AFPA, la RATP, Renault, EDF-GDF, les universités Lille-I et Lille-III (1997-99).
7. C. Houle, *The Inquiring Mind*, university of Wisconsin Press, 1961.

Le tableau motivationnel et ses quadrants

Ce tableau présente une typologie des motifs qui incitent quelqu'un à s'engager dans une formation, en fonction de deux axes. Le premier axe (intrinsèque/extrinsèque) situe la motivation selon que la personne éprouve une satisfaction dans le fait même d'être en formation ou en raison des bénéfices qu'elle en attend (par exemple, une promotion). Le second axe (apprentissage/participation) indique si le mobile de la formation vise l'acquisition d'un contenu de formation ou la présence (voire la seule inscription) en formation.

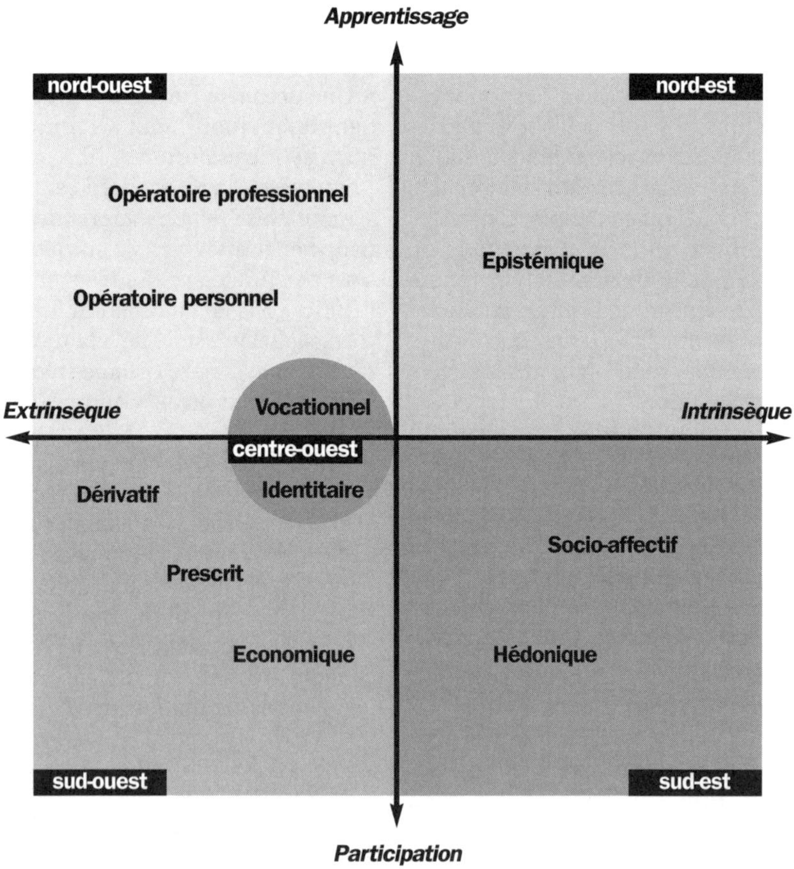

d'échanges avec d'autres, de permettre le développement de relations nouvelles, de s'intégrer à des groupes, de communiquer, d'établir des liens sociaux ou de les renforcer;

– motif hédonique : il s'agit de participer pour le plaisir lié aux conditions pratiques de déroulement et à l'environnement de la formation, ici encore de façon relativement indépendante de l'apprentissage de contenus précis. L'«ambiance» et le confort des lieux de formation, le goût pour les outils, matériaux ou documents (du bibliophile au cyberfan) sont à la base de ce motif.

• **Une troisième catégorie** regroupe l'orientation extrinsèque et l'orientation vers la participation (quadrant sud-ouest). Elle renvoie à trois motifs :

– motif économique : les raisons de la participation sont d'ordre explicitement matériel. Le fait de participer à une action de formation amènera des avantages de type économique. Ceux-ci peuvent être directs (par exemple les allocations de chômage) ou indirects, par le biais d'avantages matériels suite à la formation (ou à la promotion qu'elle accompagne);

– motif prescrit : l'engagement en formation est le résultat de l'injonction ou de la pression d'autrui, évoquant les dimensions les plus extrinsèques de la motivation. Cela peut se faire sous des formes discrètes (la pression de conformité sociale, le conseil d'un supérieur hiérarchique, l'intervention d'une personne influente, etc.) ou explicites (la contrainte d'inscription prévue par la loi);

– motif dérivatif : l'inscription en formation permet d'éviter des situations ou des activités vécues comme désagréables. A titre d'exemples, on citera une mauvaise ambiance de travail, des tâches routinières, le manque d'intérêt professionnel, ou sur un autre registre, une vie affective ou sociale pauvre, des conflits familiaux, etc.

• **Une quatrième catégorie** rassemble l'orientation extrinsèque et l'orientation vers l'apprentissage (quadrant nord-ouest). Elle s'exprime sous deux formes différentes :

– motif opératoire professionnel : il s'agit d'acquérir les savoirs (connaissances, habiletés, attitudes) perçus comme nécessaires à la réalisation d'activités spécifiques sur le champ du travail, afin d'anticiper ou de s'adapter à des changements, de découvrir ou de perfectionner des pratiques, mais toujours avec un objectif de performance précis;

– motif opératoire personnel : la formation doit permettre d'acquérir les savoirs (connaissances, habiletés, attitudes), perçus comme nécessaires à la réalisation d'activités spécifiques en dehors du champ du travail (loisirs, vie familiale, responsabilités associatives, humanitaires, religieuses, politiques, etc.), ici encore dans un but d'action bien identifié.

• **Une dernière catégorie** est plus «centrale», tout en relevant surtout de l'orientation extrinsèque (centre-ouest). On y rencontre deux motifs :

– motif identitaire : ce motif est centré sur la reconnaissance de l'environnement et l'image sociale de soi, en dehors de tout motif économique. Il s'agit d'acquérir les savoirs (connaissances, habileté, attitudes) et/ou la reconnaissance symbolique nécessaires à une transfor-

mation (ou une préservation) de ses caractéristiques d'identification sociale, à travers le maintien ou la transformation du statut social ou familial, de la fonction, du niveau de qualification, du titre, etc.;
– motif vocationnel : par ce motif, la personne cherche à acquérir les savoirs (connaissances, habileté, attitudes) et/ou la reconnaissance nécessaires à l'obtention d'un emploi, à sa préservation, son évolution ou sa transformation. La raison de s'engager en formation est ici centrée sur une logique d'orientation professionnelle, de gestion de carrière ou de recherche d'emploi.

L'homme motivé : ni aliéné, ni totalement libre

A côté de la combinatoire des motifs explicitement invoqués pour analyser la démarche d'engagement en formation, d'autres aspects du processus motivationnel ont été mis au jour par la recherche. Les concepts de sentiment d'autodétermination, de perceptions de compétence et d'instrumentalité du projet permettent d'appréhender la motivation à l'engagement éducatif dans la complexité de ses déterminants.

• **Le sentiment d'autodétermination** est un concept dû à Edward Deci (8). Il postule une tendance fondamentale chez l'humain à se sentir la principale cause de son comportement, à effectuer des choix et à se sentir libre de ses actes. En formation des adultes, la prise en compte du sentiment d'autodétermination impose d'associer les sujets concernés aux choix de formation les concernant, afin de créer les conditions d'un engagement motivé.

• **La perception de compétence** est, pour E. Deci, le deuxième facteur qui influence la motivation à entreprendre une action donnée. Cette notion recoupe le concept d'auto-efficacité d'Albert Bandura (9). Elle décrit la perception qu'a le sujet des compétences qu'il estime posséder pour réussir l'action dans laquelle il s'engage. Cette caractéristique motivationnelle a des applications immédiates sur le terrain pédagogique : les situations de formation les plus propices à développer des perceptions de compétence seront les plus susceptibles d'engendrer la motivation des apprenants...

• **L'instrumentalité** est la perception par le sujet de l'utilité de la formation dans la réalisation d'un projet plus large. Elle s'appréciera d'une part à travers la répartition des motifs d'engagement, entre motifs «intrinsèques», donc indépendants d'un résultat extérieur, et «extrinsèques», c'est-à-dire, précisément, subordonnés à l'obtention d'un gain externe à la formation. Le caractère plus ou moins instrumental de la formation s'exprimera à travers des formulations qui vont de l'assurance que la formation apportera le résultat recherché, jusqu'à la certitude de l'inutilité de l'engagement, en passant par le doute...

A travers l'analyse combinée des motifs d'engagement, du sentiment d'autodétermination, des perceptions de compétence et de l'instrumentalité de la formation dans le projet global, c'est une

8. E. Deci, *Why We Do What We Do*, Putnam, 1995.
9. A. Bandura, *Self-Efficacy – The Exercise of Control*, Freeman & Co, 1997.

nouvelle image de la motivation éducative des adultes qui émerge.
Cernée de la sorte, la notion de motivation éducative représente la dimension dynamique du rapport à la formation. Son investigation s'inscrit dans le champ global de l'étude du rapport à la formation, en complément d'aspects cognitifs (représentations, perception, mémoire, traitement de l'information...), affectifs (émotions, sentiments, affects...) et sociodémographiques (âge, genre, catégorie socioprofessionnelle, statut économique, origine culturelle, niveau de qualification...).
Dans ce cadre d'analyse, la motivation n'est plus pensée comme un mécanisme de type homéostatique (besoin/réponse), ni comme une réaction induite par les influences externes à l'intentionnalité, qu'il s'agisse de forces inconscientes, de lois sociologiques ou d'automatismes cognitifs. C'est dans la combinaison de ces diverses influences, et la gestion de leur complexité, que s'exercent, à la frontière de la pensée et de l'action, les différents médiateurs motivationnels brièvement mentionnés ci-dessus. Et c'est dans l'interaction entre ces processus «conatifs» du sujet et les différentes influences qui contraignent son autonomie que se dessinera l'engagement dans l'action, en formation comme ailleurs. *«Ni machine, ni dieu»*, selon la formule de B. Weiner (10), l'homme est aujourd'hui pensé comme un juge face à l'action; la dynamique motivationnelle, ni aliénation, ni liberté absolue, devient l'instance d'exercice de son arbitrage.

10. B. Weiner, *Human Motivation. Metaphors, Theories and Research*, Sage, 1992.

Charles Hadji*

LES VOIES DE L'ÉVALUATION**

TRENTE ANS DE RECHERCHES ET DE DÉBATS

L'évaluation est devenue l'une des questions majeures de la formation et de l'enseignement. On parle d'évaluation formative quand elle permet à l'apprenant d'améliorer ses démarches d'apprentissage et de renforcer ses connaissances et ses compétences. Charles Hadji explique pourquoi l'évaluation formative est un idéal, un guide pour l'action pédagogique.

DANS LE MONDE DE L'ÉDUCATION et de la formation, le concept d'évaluation a fait l'objet, depuis une trentaine d'années, d'un engouement qui est allé en s'accroissant. On prône même, aujourd'hui, une véritable «culture de l'évaluation», c'est-à-dire *«l'émergence d'un état d'esprit, d'habitudes, de réflexes même, grâce auxquels sont appréciés régulièrement l'état courant et les actions conduites pour, en retour, infléchir ces dernières si nécessaire»* (1). Quels sont donc les pouvoirs de l'évaluation, pour ce qui concerne la transmission des savoirs et des compétences ? Que sommes-nous en droit d'attendre d'elle, aujourd'hui ?

La première difficulté est de pouvoir caractériser les pratiques d'évaluation : un même terme convient-il pour désigner des activités diverses, telles que noter, comparer, s'interroger sur le sens, et portant sur des objets aussi différents que des élèves, des connaissances, des actions ou des systèmes ? Prendre l'évaluation pour objet, c'est tout autant poser la question du sens des pratiques abordées (approche compréhensive), que tenter de décrire et d'analyser ces pratiques (approche descriptive) et, enfin, tenter de contribuer à l'amélioration de ces pratiques (approche pres-

* Professeur de sciences de l'éducation à l'Université Pierre-Mendès-France de Grenoble, auteur de *L'Evaluation, règles du jeu*, ESF Editeur, 1995 (6e édition 2000), et de *L'Evaluation démystifiée*, ESF Editeur, 1997 (2e édition 1999).

** *Sciences Humaines*, hors-série n° 12, février/mars 1996. Texte revu et corrigé par l'auteur, décembre 2000.

1. C. Thélot, *L'Evaluation du système éducatif*, Nathan, 1993.

criptive). Ces trois grandes orientations peuvent offrir une entrée commode pour tenter un bilan des acquis de la recherche des dernières décennies.

Les formes de l'activité évaluative

L'évaluation peut être implicite : par exemple, l'auto-élimination d'un grand nombre d'étudiants qui ne se présentent même pas à l'examen. L'évaluation implicite, précédant les multiples décisions que prend tout sujet humain, est ainsi un *«acte social universel»*, mais qui est demeuré, en fonction de sa dimension cachée, relativement peu étudié. Seule l'évaluation instituée constitue *«un acte délibéré et socialement organisé»* (2) qui s'exprime essentiellement selon deux directions. La première s'oriente plutôt vers le quantitatif (estimer la valeur d'un bijou). La seconde privilégie un point de vue qualitatif : apprécier la valeur d'une action, c'est dire si elle peut être jugée bonne ou non.

Cette dichotomie met également en jeu le domaine de référence de l'acte évaluatif. Quand l'évaluation porte sur un comportement ou sur une production, elle est tentée de les appréhender en tant que performances. On pourra se contenter de mesurer la performance, ce qui peut être facile lorsqu'il s'agit de performances physiques ou de réalisations matérielles, mais déjà beaucoup plus difficile pour une production intellectuelle. C'est pourquoi on peut apprécier ce qui aura été tout d'abord mesuré, ou estimé, en le situant par rapport à un barème de performances jouant le rôle de «norme». Les réponses, les performances d'un sujet sont jugées par comparaison à celles d'un groupe de référence. C'est la distribution des résultats de la population de référence, à laquelle appartient l'apprenant, qui donne sens à la performance individuelle. Mais si ce sens est recherché, non pas dans l'affectation d'un rang, mais dans la comparaison avec un critère de contenu, on parlera d'évaluation à «référence critériée». On situe alors le sujet par rapport à une «performance cible», qui est de l'ordre de l'objectif à atteindre. L'évaluation a ici pour but de fournir des informations sur l'écart à la cible (comportement visé) et le degré de maîtrise des acquisitions attendues.

Evaluation sommative et évaluation formative

Les pratiques d'évaluation sommative sont celles par lesquelles on s'efforce de faire un bilan des acquisitions d'un élève, ou d'une action de formation, à la fin d'un apprentissage ou d'une formation. On fait la somme de ces acquisitions. Souvent une telle évaluation est certificative : le bilan effectué permet de délivrer (ou non) un diplôme, tel que le baccalauréat. Ce sont ces pratiques d'examen qui ont été l'objet premier de la docimologie, précisément définie par Henri Piéron comme *«la science des examens»*, à laquelle il donne pour objectif général, en 1963 (3), de contribuer au perfectionnement des méthodes destinées à assurer les «classements humains». Car la scientificité des

2. J.-M. Barbier, *L'Evaluation en formation*, Puf, 1985.
3. H. Piéron, *Examens et Docimologie*, Puf, 1963.

L'école, la classe ou le maître ?

Peut-on mesurer l'efficacité de l'enseignement ? Cette question a toujours concerné les chercheurs en sciences de l'éducation. Ils ont ainsi pu constater l'influence du milieu familial et de l'origine socioculturelle des élèves. Mais qu'en est-il alors de l'environnement scolaire ? Parler d'environnement scolaire, c'est englober de multiples variables. Les chercheurs en sciences de l'éducation ont essayé de déterminer la part de certaines d'entre elles. Ils parlent alors d'effet-établissement, d'effet-classe ou d'effet-enseignant (ou effet-maître) (1).
Comme l'explique P. Bressoux, chercheur à l'université de Grenoble, une fois qu'on a enlevé les différences dues à l'âge et l'origine sociale des élèves, les écarts de réussite entre les collèges sont faibles. Ce serait plutôt au niveau de la classe que les différences sont les plus importantes.

Mais lorsqu'on veut évaluer les performances d'une classe, les spécialistes distinguent deux aspects : d'une part l'efficacité, c'est-à-dire la capacité à élever le niveau moyen des élèves, d'autre part l'équité, c'est-à-dire la capacité à faire progresser autant tous les élèves. Si l'on regroupe les élèves dans les classes de niveau (classe forte, classe faible), on s'aperçoit que ce sont les élèves forts qui en profitent le plus. Dans les classes hétérogènes (où l'on mélange les enfants de tous niveaux), par contre, les élèves faibles y progressent beaucoup mieux, avec un léger détriment pour les élèves les plus forts.
Mais à côté de l'effet classe, il semble qu'il existe un effet important de l'enseignant. Malgré l'apparente ressemblance des relations entre enseignant et élèves, basées généralement sur le modèle du cours magistral, certaines composantes de l'enseignement varient d'un professeur à un autre. Parmi celles-ci, le mode de gestion du temps, ou de la répartition du temps entre les différentes matières. Mais aussi, la structure de l'enseignement : lorsque l'enseignement est dirigé, divisé en phases distinctes, par petites étapes, avec un rythme soutenu, on observe que les élèves sont plus engagés dans l'activité et que cela accroît la clarté de l'exposé. (*Voir l'article de C. Gauthier, p. 207*)
Une dernière influence majeure de l'enseignant réside dans le regard qu'il porte sur ses élèves, la façon dont il les évalue : lorsque les attentes de l'enseignant sont élevées, les progrès sont meilleurs. Les élèves s'approprient ces attentes et s'y conforment (c'est ce qu'on appelle l'effet pygmalion).

G.C.

1. P. Bressoux, « Pratiques pédagogiques et évaluation des élèves », dans A. Van Zanten (dir.), *L'Ecole. L'état des savoirs*, La Découverte, 2000.

analyses docimologiques est vue comme un garant de l'efficacité future des pratiques. Se centrant sur l'examen, la docimologie est amenée, en fonction même du résultat de ses recherches, à remettre en cause les formes et les modalités de l'examen traditionnel. Car ce que la «science des examens» révèle en premier lieu, c'est que l'examen n'est pas une science !

Partie avec l'ambition d'assurer la mesure, la docimologie montre abondamment que l'activité de l'examinateur n'est en rien comparable à celle du physicien mesurant un phénomène naturel. La notation des copies, par exemple, est toujours aléatoire. Des examinateurs différents n'évaluent pas de la même façon les mêmes objets, n'utilisent pas de manière identique les échelles de notes, et produisent des jugements qui n'ont pas de stabilité dans le temps.

Des travaux ultérieurs viendront préciser certains mécanismes à l'origine des errements constatés (4). Trois principales causes de biais ont été étudiées : la possession *a priori* d'informations sur le producteur de la copie, l'ordre des copies, la dynamique du recueil de l'information dans la correction d'une copie. Plutôt que de succomber au mythe de la note «vraie», ne vaut-il pas mieux se centrer sur ce à quoi sert (ou devrait servir !) l'évaluation, quand elle s'intègre au processus de formation ?

Ainsi se justifie la notion d'évaluation formative, proposée en 1967 par Michael Scriven (5) à propos de l'évaluation des *curricula*, puis étendue en 1971 par Benjamin S. Bloom (6) à l'évaluation des élèves et des étudiants. On désigne comme formative une évaluation qui joue un rôle de régulation des apprentissages. Qu'il s'agisse de programmes d'études, ou d'apprentissages scolaires, l'objectif essentiel est de les améliorer. L'évaluation contribue, par les informations qu'elle apporte, à une bonne régulation du processus concerné. S'il s'agit d'un processus d'apprentissage, le but est de guider l'élève, de lui permettre de reconnaître, de comprendre et de corriger lui-même ses erreurs (fonction corrective), de l'informer sur les étapes franchies ou non, tout en informant l'enseignant sur les effets réels de son action pédagogique (fonction régulatrice).

L'évaluation décrite comme formative présente ainsi trois caractères principaux. Elle s'inscrit dans la durée d'une action pédagogique (intégration au processus). Elle se met délibérément au service de la fin poursuivie dans le contexte de sa mise en œuvre (subordination à l'action éducative et de formation). Elle se propose moins de dire la réalité telle qu'elle est que de l'aider à devenir ce qu'elle pourrait être (visée transformatrice).

De l'évaluation sommative à l'évaluation formative, il y a toute la distance qui sépare un paradigme de la saisie objective (attribuer la note vraie) d'un paradigme de l'aide au développement (accompagner le mouvement de progression en l'éclairant). De la même façon qu'on change de logique en passant d'une évaluation comparative et

4. G. Noizet et J.-P. Caverni, *Psychologie de l'évaluation scolaire*, Puf, 1978.
5. M. Scriven, «The Methodology of Evaluation», *Perspectives of Curriculum Evaluation*, Rand Mc Nally, 1967.
6. B.S. Bloom et al., *Handbook on Formative and Summative Evaluation of Student Learning*, Mc Graw-Hill Book Co., 1971.

sélective, vouée à la «fabrication de l'excellence», à une formation «observation formative au service de la régulation des apprentissages».

Cependant «rien n'est joué» (7). Et l'ambition fondatrice de l'évaluation formative – qui est de se centrer sur l'élève pour mieux le connaître, afin de mieux l'aider à apprendre – ne s'est pas vraiment traduite dans les faits. L'évaluation formative correspond à des pratiques qui sont davantage prônées, et rêvées, que réelles.

Le modèle de l'évaluation formative est un modèle idéal. Et sans doute parle-t-on d'autant plus de cette forme de pratique que l'on déplore que tant de formateurs ou d'enseignants se refusent à l'adopter...

En effet, si l'essentiel est d'aider l'élève à repérer, analyser et comprendre ses erreurs pour ne plus les commettre, l'évaluateur doit disposer d'un modèle théorique rendant possible cette analyse et, plus généralement, d'un modèle du fonctionnement cognitif de l'élève. Les progrès de l'évaluation sont de ce point de vue suspendus aux progrès de la science cognitive. Il devient nécessaire de maîtriser des savoirs nombreux et complexes pour bien évaluer. Le discours sur l'évaluation formative n'est précisément qu'un discours pédagogique. Son intérêt est sans doute moins de décrire ce qui doit être absolument réalisé, que d'offrir une perspective pour penser la pratique (8).

En troisième lieu, l'objectif de l'évaluation formative est de progresser vers la transparence, qu'il s'agisse des comportements analysés aussi bien que des procédures utilisées.

Le sens des activités d'évaluation

Mais un excès de transparence ne risque-t-il pas d'être dommageable pour le sujet ainsi mis à nu? Faut-il vouloir tout analyser, et tout dévoiler? Enfin, de cette manière, ne va-t-on pas perdre son temps? Si l'évaluation est au service de la pédagogie, au lieu de passer son temps à évaluer, ne faudrait-il pas mieux agir? C'est la question du sens même de l'acte d'évaluation qui se trouve posée. Cette question a été au cœur des recherches «compréhensives».

L'évaluation est un acte qui se situe dans le cadre d'un rapport social de communication. On peut alors décrire les différents usages sociaux de cette activité. Mais la question a d'emblée une dimension théorique, ou analytique.

En effet, pour évaluer il faut soit posséder, soit construire à cet effet, un référent, constitué pour l'essentiel par un ensemble de critères qui spécifient ce que l'on estime être légitimement en droit d'attendre de l'apprenant; et lire ce réel à partir de cette grille en recherchant des signes (les indicateurs) susceptibles de témoigner de la satisfaction de l'attente, et dont l'ensemble constituera le référé de l'évaluation. Par exemple, on attend d'un élève de 6e qu'il sache tirer des informations ponctuelles d'un écrit (référent), et on constate qu'il a exécuté de façon satisfaisante un exercice l'invitant à retrouver dans le texte des indicateurs de

7. P. Perrenoud, *L'Evaluation des élèves. De la fabrication de l'excellence à la régulation des apprentissages. Entre deux logiques*, De Bœck Université, 1998.

8. P. Meirieu, *La Pédagogie entre le dire et le faire*, ESF, 1995.

lieux et de temps, et à dresser une liste de personnages (référé). L'évaluation est bien ainsi une opération de lecture orientée de la réalité, qui suppose une série d'impératifs. L'enseignant ou le formateur ont à préciser leur projet en termes de compétences attendues, dont la légitimité s'appréciera d'un triple point de vue : scientifique (l'attente est-elle conforme à ce que la psychologie cognitive du développement nous apprend d'un élève de cet âge ?) ; institutionnel (respect des textes réglementaires et institutions officielles ?) et idéologique (est-ce bien cela qu'il faut socialement souhaiter ?).

Le processus évaluatif, c'est-à-dire l'ensemble des activités et démarches décrites ci-dessus, pourra être mis au service :

– d'un acte de certification comme valider des acquis ou accorder un diplôme (l'évaluation, dite alors certificative, est le plus souvent terminale, bien qu'elle puisse reposer sur un contrôle continu ; elle a pour fonction de vérifier, afin de pouvoir l'attester, la « présence » des compétences visées) ;

– d'un acte d'orientation qui tend à harmoniser les particularités d'un individu et les exigences d'une filière de formation (à cette fin, l'évaluation s'efforce d'être diagnostique, c'est-à-dire de faire un bilan des difficultés et lacunes d'un côté, des acquis et potentialités de l'autre) ;

– d'un acte de régulation qui permet un ajustement ou une réorientation de l'action pédagogique elle-même, ce qui n'est vraiment possible que dans la mesure où l'évaluation est devenue formative. On comprend, en fonction de la pluralité de ses usages sociaux possibles, que l'activité évaluative puisse osciller entre le contrôle (simple vérification de la présence de ce qui était attendu) et l'interprétation (effort fait pour rendre intelligible la réalité concrète examinée).

Les conditions d'une évaluation efficace

L'évaluation efficace est celle qui atteint son but. Bien évaluer, c'est en premier lieu comprendre ce que l'on fait, pourquoi on le fait. La difficulté est de savoir de quel point de vue il faut se placer pour trancher de la pertinence d'une pratique. Voilà sans doute un acquis fondamental des trente dernières années : il n'y a pas d'évaluation correcte en soi – dans l'absolu. Mais il y a des évaluations pertinentes, en fonction d'une intention donnée et pour un usage social précis. C'est sans doute pourquoi le discours sur l'évaluation formative est devenu dominant dans le champ de la pédagogie. L'évaluation formative est l'évaluation que l'on pourra dire « pédagogiquement correcte » (comme on dirait « politiquement correcte »), dans la mesure où les enseignants et les formateurs ont pour tâche de contribuer au développement positif des élèves et des formés en facilitant leurs apprentissages. C'est cet objectif pédagogique qui donne son sens à l'évaluation formative comme objectif à atteindre, laquelle s'intègre au processus pédagogique qu'elle éclaire. Et l'évaluation efficace est celle qui éclaire bien, d'où la nécessité d'expliciter les attentes en termes de compétences, d'analyser et d'interpréter les erreurs, d'identifier les caractéristiques des apprenants, de faire un diagnostic précis des acquis et des lacunes, des forces et des faiblesses de chacun.

Les débats contemporains

Nous ne prendrons que les trois grandes questions «vives» autour desquelles se sont cristallisées les interrogations, et qui correspondent, en fait, à trois grandes alternatives.

1. Mesurer ou interpréter ?

A l'époque de la docimologie naissante, et encore pleine d'espoir, le dilemme paraissait être : mesurer correctement ou disparaître. Faut-il dire aujourd'hui : interpréter correctement ou disparaître ? En ce sens, avec l'évaluation formative, c'est bien ce second dilemme qui est d'actualité. Toutefois, beaucoup de formateurs et enseignants, et encore plus de parents, ont du mal à se détourner de l'idéal de la mesure «objective». Si bien qu'aujourd'hui, les évaluateurs paraissent écartelés entre un fait et un impératif. Le fait, c'est l'absence de fiabilité des notes, que de nouvelles recherches viennent constamment rappeler au bon souvenir de ceux qui voudraient l'oublier. Et l'impératif, c'est d'apprécier le plus objectivement possible le degré d'atteinte des objectifs pédagogiques ou sociaux assignés aux apprenants ou aux formés. Il est toujours fréquent que des évaluations reposent ainsi sur des relevés quantitatifs (pourcentages, notes, moyennes, etc.). Or, *«avant d'interpréter ces résultats, il est toujours nécessaire d'examiner s'ils méritent effectivement d'être pris en considération»* (9). Cependant, pour évaluer, il faut bien à la fois observer, le plus rigoureusement possible, et interpréter, le plus pertinemment possible.

2. Juger ou informer ?

Selon Jean Cardinet, à un paradigme décisionnel (mesurer, juger, décider), a succédé un paradigme informationnel (apporter de l'information utile à l'apprenant pour faciliter ses apprentissages). Le premier paradigme s'est incarné dans les figures de l'évaluation comparative (pratiques de classement fondées sur des techniques psychométriques), puis critériée (régulation de la pédagogie par un retour fonctionnel d'information). Le second, dans les figures de l'évaluation correctrice (on fournit un modèle approprié), puis enfin conscientisante (on fournit des repères permettant à l'apprenant de s'auto-évaluer correctement). A cette dernière figure correspond ce qui a été désigné comme «évaluation formatrice», laquelle fait pratiquement disparaître ce qui serait un jugement formulé par un évaluateur externe, au profit d'une participation au mouvement d'autonomisation des apprenants. C'est pourquoi il y aurait lieu désormais d'«évaluer sans juger» (10), une évaluation descriptive étant la seule qui soit compatible avec une relation d'aide : *«L'évaluation formative souhaitable est un retour d'information multidirectionnel, s'adressant à l'élève, au lieu de porter sur l'élève.»* Non plus juger pour décider mais informer, pour aider.

En premier lieu, il s'agit moins pour

9. J. Cardinet, «Pour évaluer vos mesures», *Bulletin de l'ADMEE-Europe*, 1995-2.

10. J. Cardinet, «Evaluer sans juger», *Revue française de pédagogie*, n° 88, INRP.

l'évaluateur de prendre l'élève comme objet, que de l'aider à devenir sujet. En second lieu, et dans le même sens, le jugement de l'évaluateur a tout à gagner à s'éloigner de ce qui ressemblerait au verdict rendu par un tribunal. L'évaluateur ne juge pas une personne, mais juge (ou l'aide à juger) de la façon dont elle s'est rapprochée (ou non) d'un but.

3. Evaluer ou agir ?

L'évaluation implique toujours, d'une certaine façon, un arrêt (même bref) dans le mouvement (de réalisation d'un projet, de progression vers un but). Ne vaudrait-il pas mieux alors évaluer moins et agir plus ? Le glissement progressif de l'évaluation vers la pédagogie durant les trente dernières années, du souci de saisir à celui d'aider, traduit bien cette relative désaffection pour une évaluation perçue comme une inutile perte de temps au profit d'une activité didactique se mettant plus rationnellement et efficacement au service des apprentissages. Mais le choix est-il vraiment entre évaluation et pédagogie ? Il convient en effet de se méfier de l'activisme évaluatif, et de refuser une frénésie évaluative qui ne serait plus qu'un alibi pour l'inaction et l'immobilisme (plus on évalue, moins les élèves progressent...). Mais une évaluation qui présenterait le triple caractère d'être «compréhensive» (capable d'interpréter la situation «mesurée»), «conscientisante» (fournissant des repères éclairants à l'élève au lieu de le tancer), et «formatrice» (préoccupée de donner les outils de la réussite) ne serait-elle pas le plus bel auxiliaire et le premier moyen d'une pédagogie enfin efficace ?

LE PARADOXE DE L'APPRENTISSAGE

ENTRETIEN AVEC PHILIPPE MEIRIEU*

C'est l'élève qui apprend, mais pour cela il faut qu'on lui propose des contenus et procédures.
Ainsi, le formateur comme le formé ont un pouvoir identique, que seule la ruse pédagogique peut faire converger.
Il peut y avoir en ce cas, souligne Philippe Meirieu, risque de manipulation.

***Sciences Humaines :* Vous parlez souvent du « paradoxe de l'apprentissage », alors que l'on s'interroge plutôt en général sur les obstacles, facilitateurs ou biais qui le conditionnent. Pour quelles raisons ?**

Philippe Meirieu : J'ai fait partie de ceux qui ont cru et croient encore très largement que, selon l'aphorisme de Carl Rogers, apprendre vaut mieux qu'enseigner et que la seule chose importante c'est ce que le sujet s'approprie lui-même ce dont il fait son propre miel.

Mais peu de temps après avoir découvert ce que Rogers disait là, je me souviens avoir assisté à une conférence de Paul Ricœur qu'il avait conclue par un aphorisme tout aussi radical et complètement contradictoire en affirmant que *« tout autodidacte était un imposteur »*. Je me dis aujourd'hui que ce sont peut-être ces deux aphorismes et ces deux exigences qui constituent dans leurs contradictions mêmes l'objet du travail et de la réflexion en pédagogie et en formation. Nous devons tenir ensemble ces deux exigences. Une centration sur le processus apprendre, parce qu'il est vrai qu'apprendre vaut mieux qu'enseigner, et que le sujet ne s'approprie que les savoirs qu'il élabore lui-même, qu'il intègre dans son propre processus.

Mais il est vrai aussi qu'il n'y a pas d'apprentissage sans transmission, c'est-à-dire une asymétrie entre celui qui sait et celui qui ne sait pas. Celui qui dispose d'un savoir, qui dispose déjà d'un certain nombre d'éléments sur les méthodes pour l'acquérir et celui qui précisément, ne possédant pas ce savoir, doit se placer pendant un certain temps en position de sujétion provisoire au regard de celui qui le lui enseigne. Je crois qu'on doit travailler simultanément ces deux aphorismes et accepter que toute formation suppose une transmission.

* *Professeur à l'Université de Lyon-II. Parmi ses publications :* Des enfants et des hommes, *ESF, 1999;* L'Ecole et les parents : la grande explication *(dir.), Plon, 2000;* Peut-on transformer l'école ?, *Folio-*Le Monde, *à paraître, 2001.*

SH : Il n'y a pas d'apprentissage sans transmission dites-vous. Mais qu'est-ce que transmettre ?

P.M. : Il s'agit de la transmission d'un relais, d'un bien culturel, d'un héritage, d'un savoir-faire, d'une compétence, on pourrait multiplier les termes... Du compagnonnage moyen-âgeux à l'apprentissage aujourd'hui, des écoles des petits frères des pauvres jusqu'à l'école d'ingénieur, il y a bien transmission, il y a un bien culturel, des savoir-faire antérieurs qui se transmettent d'une génération à l'autre, d'un groupe d'individus à un autre. Tout apprentissage suppose une transmission et en même temps ne peut se faire que si le sujet décide d'apprendre et l'inscrit dans sa propre dynamique d'évolution.
Ce qui nous amène à évoquer cette double, et non pas cette unique asymétrie ou dissymétrie. Du point de vue d'une situation de formation, celui qui maîtrise le savoir et celui qui doit transmettre semblent être en position de supériorité par rapport à celui qui apprend. Mais dans la mesure où celui qui apprend est le seul à pouvoir décider d'apprendre et où c'est son apprentissage qui fait loi ou qui fait foi ou, en tout cas, qui est la pierre de touche de son évolution, c'est lui qui dispose du pouvoir. Nous avons donc un double jeu de pouvoir. Le pouvoir de celui qui enseigne est un pouvoir de la compétence, de la maîtrise du savoir, et le pouvoir de celui qui apprend est le pouvoir d'accepter ou de refuser d'intégrer ou de ne pas intégrer, d'inscrire cette connaissance dans une construction personnelle ou de l'intégrer comme un réflexe provisoire pour satisfaire à des exigences sociales du moment. Et nous savons bien que toute la difficulté d'enseignant et de formateur est de gérer ce double pouvoir. J'ai le pouvoir quand j'entre dans ma classe ou devant mon groupe de stagiaires puisque je définis les objectifs, que j'organise les méthodes et que j'évalue les résultats. Mais le formé a le pouvoir, puisque c'est lui qui décide de m'écouter, de prendre ce que je lui dis pour en faire quelque chose pour lui. C'est lui qui décide d'apprendre l'histoire, les mathématiques, la géographie comme c'est lui seul qui décide d'apprendre à nager ou n'importe quelle autre activité que je lui propose.

SH : Comment résoudre ce paradoxe ?

P.M. : Par la ruse, ruse pédagogique évidemment. La réflexion éducative a bien vu, a bien perçu depuis longtemps la double dissymétrie, liée au pouvoir du formateur et au pouvoir du formé. Elle l'a perçue puisque celui que l'on peut considérer comme le fondateur de la réflexion éducative moderne, c'est-à-dire Rousseau, a fondé l'essentiel de son œuvre sur une manière de penser cette double dissymétrie. On peut considérer que l'*Emile* de Rousseau est tout entier un ouvrage qui s'affronte à ce problème-là et qui essaie de comprendre comment le formateur, tout en conservant le pouvoir de définir les objectifs, tout en conservant le pouvoir d'identifier les bonnes méthodes, rend au formé le pouvoir d'apprendre, c'est-à-dire le pouvoir de décider de ses propres apprentissages et de les intérioriser, de les construire dans sa dynamique propre. Rousseau était loin d'être un non-directif. Dans le livre II de l'*Emile* il dit *«qu'il ne fasse pas un pas que vous n'ayez prévu, qu'il n'ouvre pas la bouche et qu'il ne dise pas un mot que vous n'ayez préparé, mais que tout ce qu'il fasse, il ait le sentiment de le faire seul et à sa propre initiative»*. Il assume avec tout le cynisme possible la double contradiction que je viens d'indiquer. Il l'assume en installant délibérément la formation comme ruse. L'*Emile*, c'est l'affirmation claire que la formation c'est la ruse. C'est la ruse au sens où il s'agit d'une part de rendre l'autre capable ou susceptible de désirer ce qu'on a décidé nous-mêmes qu'il était bon qu'il désire, parce que cela correspond précisément à ce dont il a besoin pour son développement. Ruse avec le désir. Ruse avec son intelligence. Et à ce titre on pourrait considérer que le livre II de l'*Emile* est d'une certaine manière le paradigme fondateur de ce qu'on a construit depuis sous le titre de situation d'apprentissage, de situation-problème. Lorsque Piaget a défini ce qu'on appellera plus tard une situation-problème, il n'a rien fait d'autre qu'organiser d'une manière systématique cette ruse. Il s'agit de placer l'individu dans une activité en lui donnant un projet et en faisant en sorte qu'au cours de ce projet, l'intelligence de l'individu agisse de telle manière qu'elle s'approprie des connaissances nouvelles qui lui permettent de réaliser ce projet. Le formateur, lui, n'a pas pour objectif que l'individu produise quelque chose mais qu'à l'occasion de cette production, il effectue un certain nombre d'opérations mentales qui lui permettent de stabiliser dans son intelligence de nouveaux savoirs et de nouveaux savoir-faire. C'est ce double regard qu'on voit apparaître dans le livre II de l'*Emile*. Ce double regard est constitutif de cette ruse avec l'intelligence qui est à l'œuvre dans la plupart des situations de formation que nous construisons.

***SH :* Le pédagogue est lui même un être affectif et social et ses buts ne sont pas seulement d'ordre éducatif. En rusant comme vous le suggérez, n'est-il pas tenté d'influencer l'élève pour satisfaire ses propres désirs et intérêts ?**

P.M. : La pédagogie est, depuis l'origine, victime d'un certain nombre d'attaques qui voient en elle un outil de manipulation. Un philosophe formateur en entreprise comme Jean-Pierre Le Goff, qui a publié *La Barbarie douce*, dénonce par exemple avec une violence extraordinaire ce qui se passe à la fois dans l'entreprise et dans l'école, comme étant une manipulation organisée des esprits, comme étant une manière de tuer dans l'œuf toute velléité de révolte. Cela en permettant aux individus de s'approprier «librement», au nom de la modernité du projet et du management, les contraintes patronales et économiques qui sont intériorisées et ne peuvent même plus être l'objet d'une critique ni *a fortiori* d'une révolte. Cette critique est récurrente, on l'avait vu apparaître il y a déjà quelques années quand le béhaviorisme dominait dans la réflexion pédagogique et didactique. On l'avait vu apparaître aussi au moment du «Rogerisme». Dès qu'il y a une tentative de formaliser la formation, on voit en elle une sorte de danger. On imagine que la formation devient très vite, insidieusement mais efficacement, outil d'assujettissement des personnes. Il est vrai que les utopies qui placent l'éducation et la formation comme constitutives de l'Etat font de la ruse pédagogique une sorte de loi fondatrice de l'organisation sociale tout entière. Dans un texte comme l'*Utopie* de Thomas More, on trouve exprimée admirablement une vision totalisante, voire totalitaire de l'éducation. L'éducation n'est là que pour structurer un espace social, économique et symbolique dans lequel chaque individu a une place définie à l'avance et dans lequel l'éducateur n'a comme projet que de faire en sorte que l'individu occupe «librement» la place qu'on a décidée qu'il devait occuper. Si l'on affecte l'individu à cette place autoritairement, il risque de ne pas y demeurer voire de se révolter. Si on l'autorise ou favorise une espèce d'adhésion libre à ce qu'on a décidé que l'individu devait faire, on organise d'une manière systématique le système le plus efficace en matière de soumission.

Il faut assumer cette critique, la prendre de face et réfléchir à la façon dont la ruse peut ouvrir à l'éducation. J'ai tendance à penser que ça n'est possible que si, simultanément à la réflexion sur la technologie éducative et formative, une réflexion forte sur l'éthique de la formation est engagée et si une articulation est véritablement construite entre ce qu'on pourrait appeler une didactique et une éthique qui laisse la place à l'ouverture. Une éthique de la retenue, qui permet à chaque instant au formateur, tout en utilisant la ruse, de laisser la place à l'autre et à autoriser l'autre à prendre une place, donc à subvertir notre propre ruse. Je pense qu'il est nécessaire de réfléchir à cette question-là d'une manière forte. Il est à noter que nombre de critiques faites aux pédagogues peuvent, non pas les détruire ou les déstabiliser, mais aider à réintroduire dans leur propre travail des exigences essentielles d'une réflexion éthique. Je crois qu'à ce titre, les adversaires sont utiles.

Propos recueillis par
Jean-Claude Ruano-Borbalan
(Texte inédit)

Marcel Crahay*

PSYCHOLOGIE DE L'ÉDUCATION : LES FONDEMENTS DE L'APPRENTISSAGE**

La psychologie de l'éducation est basée sur la compréhension du développement et de l'apprentissage humain. Elle est aujourd'hui dominée par l'approche cognitiviste, même si certains psychologues cherchent à en relativiser les conclusions – notamment Jerome Bruner et sa psychologie culturelle.

La conception de l'apprentissage humain relève de plusieurs traditions pédagogiques et psychologiques. Chacune d'elles s'ancre dans une tradition et des postulats philosophiques : la conception empiriste estime qu'au fondement de l'apprentissage et de la connaissance se trouve la perception. Une deuxième tradition philosophique, de Platon à Descartes, postule que la raison prime la perception. Elle s'est ressourcée et réactualisée récemment grâce aux apports de la psychologie et de la linguistique qui constatent l'importance des structures mentales de traitement de l'information. A ces deux traditions philosophiques auxquelles s'apparentent aujourd'hui encore de nombreuses pratiques pédagogiques, se sont adjointes au cours du XXe siècle des théories psychologiques pour qui le fondement de l'apprentissage est l'action du sujet. Le béhaviorisme, puis le constructivisme piagétien se fondent sur cette prémisse. Un dernier courant, représenté par le psychologue russe Lev Vygotsky et aujourd'hui par la psychologie culturelle de Jerome Bruner, met l'emphase sur le langage. Pour cette approche, la pensée humaine est contrainte par le système de signes et de signification de la langue écrite ou orale, produit par l'interaction entre les structures mentales de l'individu et la culture dans laquelle il évolue.

---

* Professeur à l'Université de Liège. Auteur de *Psychologie de l'éducation*, Puf, 1999.

** Texte inédit. La plupart des questions abordées ici sont présentées de façon plus développée dans l'ouvrage *Psychologie de l'éducation, op. cit.*

La perception ou la raison

Une première conception de l'apprentissage humain est représentée par l'empirisme. Ce courant philosophique et pédagogique important fonde son approche de l'apprentissage sur la perception et l'expérience. Les philosophes John Locke (1632-1702), David Hume (1711-1776), Etienne de Condillac (1714-1796) et Claude André Helvétius (1715-1771) sont les représentants les plus typiques de cette manière de penser que l'on retrouve aussi chez Jean-Jacques Rousseau (1712-1778) ainsi que chez divers pédagogues : Johan F. Herbart (1776-1841) avec son concept d'aperception, Maria Montessori (1870-1952) avec le concept d'esprit absorbant et son éducation sensorielle, Ovide Decroly (1871-1932) avec son principe pédagogique sous forme de triptyque « observation – association – expression »... En matière d'enseignement, les empiristes mettent essentiellement l'accent sur l'organisation de l'expérience sensorielle des enfants : l'enseignement doit partir du concret. Pour l'approche empiriste, l'apprentissage se ramène en quelque sorte à un enregistrement ou à un stockage en mémoire d'informations venant de l'extérieur. Tout se passe comme si les stimulations externes venaient marquer le cerveau de leur empreinte. L'esprit est considéré au départ comme une cire vierge, une table rase qui se fait imprégner par le monde réel, et ceci par l'intermédiaire des sens. Dans cette optique, l'esprit est façonné par les expériences qu'il est donné à l'individu de vivre.

Si les connaissances s'acquièrent par un contact direct avec le réel, l'enseignement doit se donner pour fonction d'organiser cette rencontre avec les choses, et la pédagogie a pour objet l'étude des façons de structurer l'expérience sensitive des élèves. Foncièrement optimiste quant au pouvoir de l'éducation, l'empirisme est profondément égalitaire : moyennant un choix adéquat des expériences auxquelles soumettre les enfants, il est possible de leur faire maîtriser toutes les compétences essentielles.

A l'inverse de l'empirisme, le rationalisme se méfie de l'expérience sensorielle que l'être humain peut avoir du réel. Mettant en évidence les illusions perceptives dont l'individu peut être victime, le rationalisme affirme que les sens ne donnent qu'une vue confuse et non significative de la réalité des choses. Si la structuration des connaissances provient, non pas de l'organisation du monde extérieur (comme le postulent les empiristes), mais de l'intérieur (comme le postulent les rationalistes), l'enseignement doit se donner pour première mission de susciter la réflexion de l'élève, considérant celle-ci comme une fonction pouvant s'exercer de façon autonome. Postulant que les structures de la pensée sont innées, le rationalisme et ses émules contemporaines conduisent à penser que l'individu doit découvrir la vérité en lui-même grâce au travail de la raison dont il est naturellement doté. Autrement dit, c'est par déduction et/ou introspection que les progrès cognitifs se réalisent. Ce qui amène logiquement à valoriser l'enseignement du latin, de la logique ou, depuis une cinquantaine d'années, des mathématiques ; ces enseignements étant conçus comme des gymnastiques intellectuelles ou, plus largement, comme des façons d'exercer la logique de l'individu.

L'action et le langage

La psychologie naissante s'enracine dans la philosophie pragmatiste et souligne la dimension agissante du sujet. L'individu se trouve placé dans l'obligation de créer des formes de connaissances de plus en plus sophistiquées, en s'efforçant d'ajuster ses actions aux contraintes de la réalité. Pour les béhavioristes Edward L. Thorndike et Burrhus Skinner comme pour le constructiviste Jean Piaget, tous marqués par l'héritage intellectuel de John Dewey, les actions constituent le moyen par lequel l'individu interagit avec le milieu, s'y adapte et le transforme tout à la fois. Tout apprentissage s'enracine dans l'action exercée par le sujet sur son environnement.

Dans cette perspective, E.L. Thorndike (1874-1949) considère que l'apprentissage se réalise par essais et erreurs. Traitant du conditionnement opérant, B. Skinner affirme que les hommes agissent sur le monde, le transforment et sont transformés en retour par les conséquences de leurs actions. Cette dernière affirmation pourrait être reprise par J. Piaget. Ces auteurs se distinguent notamment par le rôle qu'ils accordent à l'erreur dans ce processus d'ajustement des actions au milieu. La loi de l'effet formulée par Thorndike affirme que les actions couronnées de succès tendent à être répétées par le sujet alors que celles sanctionnées par l'échec sont éliminées de son répertoire d'actions. A l'opposé, B. Skinner n'attribue aucun effet à l'erreur au point qu'il prétendra, tout au long de son œuvre, que l'apprentissage peut se réaliser sans erreur. Il en fera un idéal pédagogique puisqu'un cours programmé bien conçu doit, selon lui, mener l'élève à la compétence terminale au fil d'une progression comportant au minimum 95 % de bonnes réponses. Quant à J. Piaget, il donne aux erreurs une fonction de perturbation ou de facteurs déséquilibrant : toute action constitue une tentative d'assimilation d'une réalité; lorsque celle-ci résiste, il y a échec d'assimilation et déséquilibration momentanée du système cognitif du sujet qui va s'efforcer de créer un nouvel état d'équilibre en inventant de nouveaux procédés d'action; s'il réussit, il aura réalisé une accommodation.

Les théories de l'apprentissage par l'action sont confrontées à un problème crucial : le passage des actions aux concepts et, plus globalement, le rapport entre pensée conceptuelle et intelligence pratique ou sensori-motrice. B. Skinner le résout en distinguant les comportements contrôlés par les contingences et ceux gouvernés par les règles; celles-ci étant transmises aux individus par la voie du langage. La solution de J. Piaget est plus complexe. Selon lui, c'est avec l'émergence d'appareils sémiotiques (langage, imitation différée, jeu de faire-semblant, image mentale, etc.) vers l'âge de deux ans que commence à s'opérer la métamorphose des schèmes sensori-moteurs en schèmes conceptuels. Ainsi, s'il est vrai que tout savoir trouve son origine dans l'action, cela ne signifie pas qu'il suffise d'agir pour accéder à une connaissance représentative adaptée des réalités qui ont été manipulées. Toute la difficulté consiste à reconstruire sur le plan sémiotique ce qui est maîtrisé à un niveau pratique. Cette reconstruction constitue, aux yeux de J. Piaget, une conceptualisation et implique notamment un processus d'abstraction.

Toute action effective comporte une dimension physique et une dimension logico-mathématique. Ainsi, lorsque le bébé réagit à la vue d'un objet suspendu en tendant la main pour le balancer, il découvre qu'une impulsion peut provoquer un mouvement et, ce faisant, mobilise une liaison inférentielle : suspendu → balancement. L'enfant est face à un autre type de liaison lorsqu'il constate que la bille, qu'il vient d'introduire dans un cube vide, peut être retirée du bout du doigt; une action directe peut être annulée par son inverse. Par ailleurs, si certaines actions comportent un ordre strict de réalisation, d'autres sont douées de la propriété de commutativité et d'autres encore de celle de symétrie. Ainsi, pour remplir un récipient d'eau par transvasement, il faut saisir un autre récipient, le plonger dans l'eau, le retirer en le redressant, puis le renverser dans le premier. Dans ce cas, il n'est pas question de permuter l'ordre des actions.

Par rapport à toutes ses actions, l'enfant peut procéder à deux sortes d'abstractions. On parlera d'abstraction empirique lorsque le sujet extrait, de l'application d'un schème assimilateur sur le réel, une information sur les objets eux-mêmes et/ou une information sur les effets de ses actions; autrement dit, l'information tirée de l'action sur les objets peut concerner soit les propriétés des objets, soit une dimension physique de l'action. On qualifiera de réfléchissante toute abstraction d'une propriété tirée, non des résultats de l'action exercée sur le monde, mais des coordinations de schèmes qui ont été mises en œuvre. Lorsque l'enfant laisse tomber une série de boîtes en plastique dans un bac à eau et constate que tous ces objets flottent, il réalise une abstraction empirique. En revanche, les notions avant-après sont le fruit d'une abstraction réfléchissante appliquée à la coordination temporelle des actions. Dès la première année, le nourrisson introduit de l'ordre dans ses activités intentionnelles : pour amener à lui un objet éloigné, il saisit un bâton et l'utilise pour rapprocher la cible. Au moment de la construction de la représentation de l'ordre temporel, la succession des actions est projetée sur le plan représentatif, plan sur lequel l'ordre temporel est reconstruit en tant que concept, ce qui lui confère notamment la capacité d'ordonner d'autres représentations. L'abstraction réfléchissante crée les cadres logiques nécessaires à la pensée : classes, nombre, temps et espace, causalité et mises en relation de toutes sortes.

En contrepoint des visions du béhaviorisme ou de l'approche piagétienne, des psychologues comme Lev S. Vygotsky, Henri Wallon ou aujourd'hui Jerome Bruner estiment que la pensée humaine ne peut se comprendre sans l'usage d'outils sémiotiques et, plus particulièrement, du langage. Pour penser, l'individu a besoin d'un système de signes lui permettant de traiter les significations. Il le trouve dans la culture qui lui offre le langage, mais aussi toute une série d'outils sémiotiques (le dessin, l'écriture, les symboles et signes divers). Postulant une nature sociale permettant à l'enfant de s'approprier la vie intellectuelle de ceux qui l'entourent, L.S. Vygotsky soutient par exemple que l'enfant devient homme par son insertion dans un environnement social qui véhicule les traces culturelles des conquêtes intellectuelles et technologiques réalisées par les hommes au cours de leur histoire. L'apprentissage est avant tout une appropriation des outils matériels (marteau, crayon, télévision, ordinateur...) et sémiotiques dont la civilisation s'est dotée au fur et à mesure de son évolution. Ceci ne signifie pas que l'enfant est malléable comme une cire molle. L'apprentissage se produit en situation sociale de coopération, lorsque les appareils sémiotiques utilisés par le compagnon d'interaction peuvent être incorporés par l'enfant en fonction de son degré de développement potentiel. La construction cognitive de la personne se réalise principalement dans des contextes interactifs au sein desquels l'enfant et l'adulte s'engagent dans une activité commune. Ce dernier est par nature un agent de développement, dans la mesure où il médiatise la relation de l'enfant au monde des objets en guidant, planifiant, régulant, parachevant ses actions.

Dans cette perspective, la construction du sujet psychologique ne procède pas de l'intérieur vers l'extérieur, comme le postule le rationalisme. Il n'est pas non plus le produit des modelages environnementaux. Il est le fruit de la relation sociale. Selon L.S. Vygotsky, les apprentissages ne dépendent pas du développement endogène de structures cognitives ; les apprentissages activent le développement en stimulant chez l'enfant toute une série de processus cognitifs qui ne lui sont accessibles que dans le cadre d'interaction avec l'adulte et/ou de collaboration avec des camarades ; une fois intériorisés, ces processus deviennent une conquête propre à l'enfant. Dans cette perspective, la psychologie du développement doit nécessairement conjuguer la psychologie de l'apprentissage et celle de l'éducation.

Les avancées de la psychologie cognitive

Pour le cognitivisme, le cerveau humain traite l'information venant de l'extérieur et se régule en fonction d'elle. Plus exactement, il transforme les *inputs* informationnels en représentations symboliques de l'état du monde et manipule ces symboles en leur appliquant des algorithmes de calcul. Ceux-ci jouent, dans le fonctionnement cognitif, le rôle que J. Piaget attribue aux opérations logico-mathématiques. Le champ d'études de la psychologie est constitué par la manière dont l'être humain recueille, modifie, encode, interprète, emmagasine l'information de l'environnement et par la façon dont il en tient compte pour prendre des décisions et déterminer sa conduite. Il s'agit encore de comprendre comment une personne ajoute de l'information à son stock de connaissances permanentes du monde, comment elle y accède et comment elle utilise ces connaissances

face aux différentes situations de la vie. Dans *Architecture of Cognition*, John Anderson (1983) distingue deux types de connaissance. Il montre qu'il suffit de quelques minutes d'étude pour mettre en mémoire une connaissance déclarative (connaissance factuelle que l'on peut énoncer, du type : le mont Everest culmine à 8 847 m) alors que l'intégration d'une procédure (ensemble de connaissances et de savoirs explicites ou implicites impossibles à formuler simplement, voire à transmettre, du type : savoir faire du vélo ou parler l'anglais) requiert une pratique graduelle et souvent considérable. Si l'on prend l'exemple de la connaissance du calcul de l'aire d'un triangle, on comprend que la connaissance déclarative (la formule de calcul) peut s'acquérir aisément par mémorisation. La connaissance procédurale (la mise en œuvre des stratégies mentales et des comportements permettant de résoudre la question dans un problème de mathématique) est plus longue et plus complexe à acquérir. En revanche, une fois acquise, la procédure permet un passage à l'acte rapide et efficace. Le passage d'une forme de connaissance à l'autre n'est pas simple et de nombreux travaux actuels portent sur la procéduralisation des connaissances déclaratives.
De manière générale, l'individu passe d'une application lente et consciente de règles à une pratique de plus en plus automatisée et inconsciente, par la mise en actes régulière de connaissances déclaratives (dans l'exemple choisi, par la multiplication des problèmes comportant le calcul de l'aire du triangle et nécessitant l'application de la formule). L'apprentissage de connaissances procédurales correspond à la constitution de séquences d'actions conditionnelles (si A se produit, alors faire B), qui permettent la réalisation de certaines tâches dans certaines conditions. Lire et comprendre un texte, rédiger, orthographier, calculer, résoudre un problème, maîtriser une langue étrangère… toutes ces habiletés reposent sur des connaissances procédurales.
Toujours selon J. Anderson, la maîtrise des connaissances déclaratives correspond à la première étape des apprentissages. L'individu intègre dans sa mémoire à long terme des informations et des instructions relatives à une catégorie de situations, à l'utilisation d'un code (écrit, par exemple) et/ou d'un instrument (le crayon et le cahier). Ces informations, codées sous des formes diverses, ne débouchent sur l'exécution d'une performance qu'au prix d'un processus d'interprétation de ces connaissances. Ce processus est coûteux en temps et en espace de travail : la mémoire de travail doit retrouver toutes les informations nécessaires à l'action dans la mémoire à long terme et les y maintenir par une activité de répétition afin de procéder à leur coordination et à leur traduction en actes. C'est ce processus que l'on constate chez l'enfant lors de l'apprentissage de la lecture par exemple. A ce moment, la médiation verbale joue un rôle important. Sous l'effet de la pratique, le contrôle verbal de l'activité s'estompe et les connaissances déclaratives sont compilées : elles peuvent être appliquées de façon automatique, c'est-à-dire sans recours à aucun effort interprétatif. Dans

une troisième étape, il y a réglage progressif des procédures, ce qui aboutit à une amélioration de la précision et de la vitesse d'exécution. On finit, en général, par lire de manière automatique.

Il existe d'autres voies d'acquisition ne faisant pas appel à la médiation verbale. Les études relatives à l'apprentissage implicite montrent que le sujet humain peut acquérir des façons de réagir adéquatement en situation sans pouvoir expliciter les règles qui semblent gouverner son comportement. Ces savoir-faire ne sont pas accessibles en dehors de leur mise en œuvre : le lecteur expert ignore comment il procède, ce qui ne l'empêche pas d'être performant.

En mettant en évidence le rôle crucial joué par les procédures automatisées dans le fonctionnement cognitif, les psychologues contemporains incitent à une révolution pédagogique. La notion d'automatisme a plutôt mauvaise presse parmi les enseignants, pour qui la noblesse de l'art consiste à conduire les enfants à la découverte de lois ou de notions. Pour beaucoup d'entre eux, ce qui est compris est acquis. Peut-être pareil adage peut-il s'appliquer aux connaissances déclaratives? Il n'est assurément pas valide en ce qui concerne les connaissances procédurales; celles-ci demandent de l'exercice ou mieux de l'automatisation. Avec la psychologie cognitive contemporaine, on accepte de distinguer les traitements contrôlés qui reposent sur l'interprétation de connaissances déclaratives et les traitements automatisés qui supposent la mobilisation de connaissances procédurales, il convient d'examiner quelle place réserver aux uns et aux autres. La question est d'importance. Elle demande assurément qu'on en saisisse parfaitement les enjeux et, donc, que l'on cerne clairement les avantages et inconvénients de chaque mode d'interaction avec notre environnement. Les traitements contrôlés sont lents et coûteux. Leur mise en œuvre suppose un effort de la part du sujet. Ils sont en outre inhibiteurs car leur activation gêne la mise en œuvre d'autres traitements d'informations possibles. Ils permettent cependant d'exercer un contrôle, notent Daniel Gaonac'h et Jean-Michel Passerault (1), puisque le sujet peut éviter volontairement l'activation des processus de traitement contrôlés. Au contraire, les traitements automatisés sont irrépressibles et il n'est pas possible de ne pas les exécuter lorsque les conditions externes de leur déclenchement sont remplies. Cependant, ils sont rapides, peu coûteux et non inhibiteurs d'autres traitements qui peuvent s'effectuer en parallèle : on peut par exemple parler ou écouter de la musique tout en conduisant.

On constate les avantages des automatismes : rapides, peu coûteux, ils déchargent la mémoire de travail. Dès lors qu'elle dispose de procédures automatisées, la mémoire à long terme peut produire des réponses. Dans les autres cas, les informations déclaratives stockées en mémoire à long terme doivent transiter par la mémoire de travail qui, elle, va les traduire en procédures d'action et permettre la production d'une réponse. L'automatisation des procé-

1. « La psychologie cognitive », dans D. Gaonac'h et C. Golder, *Profession enseignant : manuel de psychologie pour l'enseignement*, Hachette, 1995.

dures présente donc des avantages importants au niveau du fonctionnement cognitif de tout individu qui s'efforce de résoudre un problème : plus un sujet dispose de procédures automatisées, plus il peut activer des éléments de réponse sans charger la mémoire de travail et plus il peut se concentrer sur les nœuds spécifiques du problème.
Cependant, les traitements automatisés réalisés avec un minimum de conscience peuvent déboucher sur des erreurs plus ou moins systématiques. Les recherches menées sur la maîtrise et l'utilisation des algorithmes de calcul sont éclairantes à ce sujet. Elles indiquent notamment que les erreurs systématiques rencontrées dans les opérations sont principalement dues à une sorte de mobilisation aveugle des traitements automatisés : tout se passe comme si les enfants résolvaient les opérations sans exercer sur leurs procédures ou leurs résultats un quelconque contrôle sémantique.
Comment doter les élèves des automatismes que requièrent la plupart des expertises humaines tout en les conduisant à exercer le contrôle sémantique indispensable à une conduite réellement intelligente ? Voilà un problème que la recherche en éducation doit absolument résoudre. Il se pose dans la compréhension de textes et, de manière générale, dans le domaine des apprentissages mathématiques.

Pensée logique et pensée narrative

Pionnier avec d'autres de la révolution cognitiviste, J. Bruner en souligne désormais les limites (2). Sans rejeter complètement cette approche, il plaide pour l'intégration de ses apports les plus significatifs dans ce qu'il appelle la psychologie culturelle.
Selon lui, il faut partir du fait de base suivant : en partageant un objet d'attention commun, des individus différents peuvent élaborer une (ou des) signification(s) commune(s). Dans ces moments de convergence de centration, s'effectuent des échanges de significations marquées par la culture d'appartenance des uns et des autres. Pour Bruner, il convient en effet de prendre totalement en compte le caractère situé et perpétuellement évolutif de la cognition humaine (*Situated Cognition*). Il renoue, dès lors, avec le postulat épistémologique du constructivisme qui fait de la réalité une élaboration de l'esprit humain confronté, avec ses caractéristiques propres, à un environnement physique et social.
Pour J. Bruner, il existe deux voies principales par lesquelles les êtres humains organisent et gèrent leurs représentations du monde et, par conséquent, structurent leur expérience immédiate de ce monde. La première est principalement dévolue au traitement des phénomènes physiques et correspond à la pensée logico-scientifique, objet d'étude privilégié par J. Piaget. La seconde, qualifiée de pensée narrative, est prioritairement orientée vers les hommes et leurs problèmes. Nos sociétés industrialisées privilégient très largement la première catégorie de pensée à laquelle correspond un mode propo-

2. J. Bruner, *L'Education, entrée dans la culture*, Retz, 1996. Voir aussi l'entretien avec J. Bruner dans cet ouvrage.

sitionnel d'élaboration du sens : les connaissances sont encodées de façon décontextualisée et leur formulation théorique est régie par un système de règles formelles. Pourtant, le genre narratif est essentiel tant pour la cohésion d'une culture que pour la structuration des personnalités individuelles. Son universalité suggère qu'il plonge ses racines au plus profond de la spécificité de l'homme. Les récits symbolisent les situations critiques typiques de la condition humaine, tout en véhiculant un cadre logique. Une histoire, quelle qu'elle soit, implique une action faite par un agent dans un certain cadre et à propos de laquelle s'expriment des attentes qui peuvent être déçues ou satisfaites et, éventuellement, modifiées en cours de route. Le narrateur peut opposer ce qui est advenu à ce qui aurait pu se passer si…, sollicitant ainsi un raisonnement hypothétique de la part du lecteur. Il peut encore souligner les relations problématiques entre intentions et actions et, plus généralement, mettre en scène la vie intérieure d'un autre, offrant ainsi au lecteur la possibilité de confronter son soi à un autre soi à la fois impersonnel et si proche. Les récits répondent à une nécessité culturelle et psychologique. Ils sont le reflet des modes de vie propres à une époque, tout en anticipant le plus souvent sur leur transformation. Les héros de Shakespeare, Stendhal ou Flaubert sont l'incarnation de thématiques qui participent autant à la construction culturelle de notre civilisation que le sont les lois de Newton ou la théorie d'Einstein. Certes, le genre narratif ne satisfait pas les mêmes nécessités psychologiques que le mode propositionnel ; il n'en est pas pour autant moins important. Au contraire, la narration est probablement la façon la plus précoce et la plus naturelle avec laquelle l'être humain organise son expérience. Donner du sens au monde est d'abord le fruit d'un traitement interprétatif ; c'est seulement dans un second temps que le sujet s'efforce de se doter d'un cadre explicatif.

Chapitre IV

Intelligence et cognition

Jean-Yves Fournier*

INTELLIGENCE ET APPRENTISSAGE**

L'intelligence, en tant que faculté de résolution de problèmes, est selon l'auteur, trop rarement sollicitée à l'école. Tout apprentissage est le fruit d'une démarche intellectuelle qui part d'un questionnement concret. Les situations pédagogiques font trop souvent abstraction de ce postulat de base.

Sans un mot, surprise oblige, le jeune professeur a distribué des feuilles A4 à ses élèves de 6e :
— *«Pliez cette feuille en deux, n'importe comment !»*
Les élèves plient.
— *«Pliez une seconde fois en mettant les bases bord à bord !»*
Les élèves replient.
— *«Dépliez et observez les lignes obtenues !»*
Les élèves déplient. Et observent.
— *«Repliez le tout : qu'obtenez-vous ?»*
Les élèves replient. Et obtiennent.
— *«Qu'avez-vous obtenu ?»*
Silence. Silence insupportable pour l'enseignant.
— *«Une équerre, vous ne voyez donc pas ! Et à l'intérieur – redépliez ! – les lignes se coupent comment ? Comment ? En angle droit !»*
Moment de joie intense de la part du professeur. De lui tout seul. Plus tard, en discussion avec des collègues, il cédera au découragement : il n'a décelé aucun signe de compréhension chez ses élèves. Et pourtant il s'en est donné du mal pour leur faire découvrir par eux-mêmes, grâce à une méthode active, que l'équerre est à angle droit. Et si ces élèves manquaient d'intelligence ? L'idée ne lui vient pas que, loin de solliciter leur intelligence, il lui a même en ce cas précis fait barrage. Et on ne peut lui en tenir rigueur : il n'y a dans les concours qui mènent au professorat

* Professeur de psychopédagogie à l'IUFM de Créteil, auteur de *A l'école de l'intelligence ; Comprendre pour apprendre*, ESF, 1999.

** *Sciences Humaines*, n° 116, mai 2001.

Développement cognitif : escalier ou vagues ?

« Mes enfants n'ont jamais vraiment ressemblé à ceux décrits par la plupart des théories du développement cognitif. » Quand un livre commence par cette phrase, on imagine qu'il ne sera ni classique ni ordinaire. L'ouvrage de Robert S. Siegler (1) offre ainsi un nouveau regard sur le développement de l'enfant. Tâche difficile, car il affronte des théories aussi célèbres que celles de Piaget ou Bruner. Mais il réussit à nous convaincre que les théories du développement présentent toutes une faiblesse : elles classent, ordonnent, définissent des stades, en un mot mettent de l'ordre dans une réalité finalement beaucoup plus complexe.

« Tant que nous nous limiterons à essayer de caractériser le mode de pensée des enfants d'un âge donné (...), nos descriptions persisteront à être inexactes et incomplètes et à passer à côté de l'essentiel, c'est-à-dire le caractère dynamique de la pensée des enfants. » R.S. Siegler démontre ainsi, données à l'appui, que pour résoudre une tâche, les enfants du même âge peuvent employer des stratégies très différentes, et que le même enfant peut utiliser plusieurs démarches. Plutôt que voir ces variations comme un « bruit » gênant, il affirme que ce sont elles qu'il faut démasquer, et expliquer.

L'auteur ne se limite d'ailleurs pas à souligner les failles des approches classiques du développement ; il propose une autre approche. Il compare le développement cognitif non plus à un escalier, mais à un chevauchement de vagues, puisque différentes stratégies de résolution de problèmes coexistent. Certaines sont dominantes à un moment du développement, mais n'empêchent pas de plus anciennes de survivre, et de nouvelles d'apparaître comme « à l'essai ».

Faisant le parallèle entre le développement cognitif et la théorie de l'évolution de Charles Darwin, il montre comment des concepts tels que la variabilité, l'autorégulation, l'adaptation pourraient expliquer comment, petit à petit, l'enfant choisit les meilleures stratégies pour s'adapter à son environnement.

GAËTANE CHAPELLE

1. R.S. Siegler, *Intelligence et développement de l'enfant. Variations, évolution, modalités,* De Boeck Université, 1999.

aucune épreuve ni de psychologie, ni de sociologie, pas même de pédagogie générale. Alors, l'intelligence, certains même ne savent pas trop comment la définir.

Celle-ci est pourtant une qualité reconnue et admirée par tous, et plus encore peut-être par l'école elle-même. Mais paradoxalement, elle ne fait en classe l'objet d'aucune préoccupation spéciale. Nous ne parlerons pas d'une certaine idée à laquelle les enseignants, lorsqu'ils sont découragés, n'échappent pas toujours : à savoir que l'intelligence est innée et que donc on n'y peut pas grand-chose. Nous examinerons plutôt cette idée qui traîne toujours dans notre système éducatif : c'est par l'acquisition d'un maximum de connaissances que naît et se développe « naturellement » l'intelligence, idée qui perdure depuis des siècles, depuis la scolastique qui assénait le savoir en quantité jusqu'à l'encore actuel béhaviorisme qui pense que l'esprit est modelé par l'imprégnation de l'environnement. Apprenons donc pour apprendre ! Le reste viendra ensuite tout seul. Peut-être. Plus ou moins bien…

Nous avons affaire ici à une conception de l'intelligence subordonnée à la connaissance, c'est-à-dire considérée comme faculté seconde, simple organisatrice et classificatrice du savoir (tout le monde reconnaît en effet que des connaissances brutes qui seraient empilées telles quelles n'auraient aucune signification). Dans cette perspective, il est effectivement bien difficile de préciser ce qu'est l'intelligence : faculté de classification certes mais, au delà, de compréhension, d'invention, de jugement, de logique, de création, d'adaptation même, et de connaissance bien sûr. Toutes les qualifications abondent et l'on comprend l'embarras de ceux qui n'arrivent pas à la définir.

« Toute leçon doit être une réponse »

C'est le grand mouvement de pédagogie nouvelle du début du siècle (1) qui va amener psychologues et pédagogues à analyser d'un peu plus près cette intelligence. John Dewey déjà avait lancé sa formule célèbre *« Toute leçon doit être une réponse »*, mais lui ne s'attachait alors qu'à la question de l'intérêt et de la motivation. Sa formule pourtant allait en mettre d'autres sur la voie. Celui qui mettra une bonne fois pour toutes les points sur les *i* sera le psychologue Edouard Claparède qui renversera la vapeur. Non, ce n'est pas l'intelligence qui est au service des connaissances, mais les connaissances au service de l'intelligence (2). Voilà donc cette dernière promue faculté première et enfin définie clairement, par sa fonctionnalité : *« l'intelligence est faculté de résoudre les problèmes »*. C'est là en fait une définition qui fait toujours l'unanimité.

Selon cette nouvelle perspective, voici comment les choses se passent : tout être humain poursuit des objectifs dans la vie (motivés par des besoins ou des désirs). Mais sur sa route il rencontre des obstacles. C'est précisément cette faculté appelée intelligence qui se met alors en branle pour permettre de sur-

1. Voir *Sciences Humaines*, n° 105 : « Un siècle d'éducation nouvelle », mai 2000.
2. E. Claparède, *L'Education fonctionnelle*, Delachaux et Niestlé, rééd. 1968.

monter ces obstacles. Mais cette intelligence ne peut s'exercer à vide : elle doit pour cela faire appel à des connaissances. De deux choses l'une : ou ces connaissances sont déjà acquises et toute sa stratégie consistera à aller puiser dans la mémoire, dans l'expérience, la bonne règle à appliquer – ce qui n'est déjà pas du tout évident, parce que nous avons une multitude de savoirs que nous ne pensons pas toujours à utiliser ; ou, si la connaissance nécessaire fait défaut, il lui faudra la découvrir et parfois même la construire de toutes pièces. Un exemple simple : en panne de voiture en rase campagne, j'ouvre le capot et mets en œuvre mes (maigres) connaissances ; mais je sais malgré tout que tout fil doit être raccordé, qu'une fuite est suspecte, que... Si tout ce savoir s'avère vain, j'irai chercher la notice « En cas de panne » et là je vais acquérir quelque nouvelle connaissance. C'est bien mon intelligence qui s'est mise en œuvre d'abord, parce qu'il y avait problème, et qui pour cela a fait ensuite appel à des connaissances pour résoudre ce problème. Conséquences pédagogiques immenses : on n'apprend pas pour apprendre, on apprend pour résoudre un problème, on apprend pour surmonter un obstacle, qu'il soit physique, existentiel ou purement intellectuel.

Dans l'exemple du début de cet article, le professeur se désespère de l'apathie de ses élèves. Mais où était donc le problème ? Lequel d'entre nous, dans la vie, se lancerait ainsi à l'aveuglette dans une activité dont il ne connaît ni les tenants ni les aboutissants ? Qui pourrait s'engager dans une action dont il ne sait ni le but, ni la raison, ni l'utilité ? Dont, pour tout dire, il ne comprend pas le sens ? Cette manière de procéder est tout simplement une insulte à l'intelligence humaine. Seule l'école se permet encore de telles stratégies, où l'on apprend parce qu'il faut apprendre, sans que l'on sache à quel problème répond la connaissance que l'on est en train d'ingérer, sans que l'on comprenne la signification et l'utilité du travail entrepris. Agir comme cela, c'est nier l'existence de l'intelligence. Les manuels regorgent d'« exercices préalables », pensant ainsi que de l'action aveugle naîtra la lumière, ignorant superbement que pour agir intelligemment, il faut déjà se poser une question. Toute leçon doit être une réponse.

Du problème au concept

Comment fonctionne l'intelligence pour acquérir une connaissance ? Elle démarre donc d'un obstacle à franchir, et souvent très concret : même les plus grandes découvertes scientifiques furent dues à des questionnements de départ très terre à terre. Prenons par exemple la découverte de la pression atmosphérique : l'histoire de cette dernière est tout à fait exemplaire et mérite que l'on s'y arrête, parce qu'elle laisse apparaître très clairement comment procède l'intelligence. A Florence s'était produit, en 1638, un phénomène tout à fait inexplicable, parce qu'il tenait en échec une loi physique considérée depuis Aristote comme intangible : le fait que la nature a horreur du vide. En effet, alors que la technique de la pompe aspirante était parfaitement maîtrisée, il était impossible de faire parvenir l'eau à la surface.

Celle-ci se refusait à dépasser la hauteur de 10,33 mètres par rapport à la nappe souterraine. Même Galilée n'y trouvait aucune explication valable. C'est Torricelli qui en viendra à bout. Celui-ci se livrait depuis longtemps à des expériences sur les vases communicants et avait entre autres remarqué que si l'on met un liquide lourd (eau) d'un côté et léger (huile) de l'autre, l'équilibre se fait en fonction de la masse volumique des liquides au lieu de respecter l'égalité des niveaux : comme si le lourd appuyait plus fort de son côté et faisait en conséquence remonter plus haut le plus léger. Lorsqu'on aspire l'eau (dans une paille, dans une pompe), si c'était également, se demanda-t-il, quelque chose qui appuie de l'autre côté qui lui permet de remonter jusqu'à une certaine hauteur seulement ? Si c'était l'air qui nous entoure ? Il faut se remettre dans le contexte de l'époque pour saisir à quel point cette idée d'« air pesant » pouvait être géniale ou plutôt extravagante ! Torricelli ne pouvait en effet prouver que son hypothèse était bonne, faute de pouvoir la vérifier sur place – impossible à l'époque d'injecter de l'air sous pression dans le sous-sol. Ce sera Pascal qui aura l'idée de monter en altitude avec une colonne de mercure pour vérifier que moins nous avons d'air au-dessus de nos têtes, moins effectivement celle-ci monte dans le tube. Preuve en fut ainsi donc faite.

Nous avons assisté là à une démarche intellectuelle dans son intégralité. Le point de départ en est donc un problème que l'on peut définir comme l'effet d'une cause cachée : qu'est-ce qui empêche l'eau de monter ? L'intelligence se met alors en action et passe par quatre opérations se succédant toujours de la même manière : analyse, synthèse, généralisation et application.

L'analyse commence par décortiquer le problème sous forme d'éléments prenant valeur d'indices ; c'est la *phase d'observation*, une observation vraie où l'on sait ce que l'on cherche (et non point une pseudo-observation où l'on colle aux sujets un document ou une manipulation aveugle sans qu'ils sachent ce qu'il faut trouver) : c'est Torricelli comparant les fontaines qui fonctionnent, les liquides en laboratoire, etc.

Suit la deuxième opération : **la synthèse**, où les indices sont reliés en système cohérent, sous forme de solution virtuelle (parce qu'uniquement pensée mais pas encore vérifiée) ; c'est la *phase d'explication*. C'est le temps le plus fort sans doute de l'activité intellectuelle, celui qui fait l'objet de la majorité des recherches des écoles cognitivistes : le moment du raisonnement. Celui-ci se fait tout à la fois à partir de construction d'hypothèses, ce qui suppose à la fois une activité de créativité (trouver une cause) et de logique (enchaîner rationnellement cause à effet). Dans notre exemple, il y a « quelque chose qui appuie » sur l'eau et la fait monter lorsqu'on fait le vide, mais pas suffisamment pour atteindre la surface ; ce quelque chose pourrait bien être le poids de l'air.

Opération intellectuelle qui entraîne la suivante, **la généralisation**, par la construction d'une loi (d'une règle, d'un principe, d'une théorie) : l'air est pesant et exerce une pression sur toutes choses. C'est la *phase d'abstraction*.

C'est à ce niveau que commence à prendre forme la connaissance.
Ces trois opérations qui mènent du problème particulier et concret à la loi abstraite et générale et par là même de l'effet à la cause forment ce que l'on appelle l'induction. Suit la déduction, qui à partir de la loi encore hypothétique va procéder à la quatrième et dernière opération : **l'application**, *phase de vérification* d'abord (l'expérience de Pascal), puis de mises en œuvre diverses ensuite si la loi se trouve confirmée. Ce sont ces applications répétées qui mèneront finalement au concept.
La démarche décrite ci-dessus n'est pas, comme on le croit trop souvent, propre à la science. C'est la démarche naturelle de l'intelligence devant tout obstacle qui nous fait barrage, même dans nos activités les plus modestes. Que ce soit le génie qui découvre la pression atmosphérique, celui qui veut comprendre une œuvre difficile ou la personne en panne sur la route, c'est la même chose; simplement ces opérations s'enchaînent plus ou moins rapidement selon la difficulté du problème.

Pour une pédagogie de l'intelligence

Que peut faire alors l'éducateur qui désire exercer l'intelligence de ses élèves ? Mettre, ne serait-ce que de temps à autre, ceux-ci devant un problème ou face à un questionnement et les laisser faire, sans intervenir (la parole du maître viendra ensuite), les laisser proposer des solutions. Les résultats obtenus sont souvent stupéfiants de pertinence, et ce de la maternelle à l'université.
Alors seulement le dialogue peut s'engager pour juger de la validité de ces réponses, et si possible de les vérifier dans la réalité. Il ne s'agit pas bien entendu de faire redécouvrir dans sa totalité des connaissances nouvelles comme le firent les grands découvreurs, mais de laisser les élèves se poser des questions et émettre des hypothèses avant de les orienter vers la bonne solution. Etant ainsi construite par l'intelligence, la nouvelle connaissance est vraiment assimilée, c'est-à-dire qu'elle n'a pas été simplement mémorisée telle quelle, mais qu'elle est désormais capable de transferts ultérieurs pour résoudre d'autres problèmes approchants : de connaissance, elle s'est transformée en compétence.
Par bonheur, un vent assez fort souffle actuellement dans cette direction : on (re)parle de situation-problème (cela faisait plus d'un demi-siècle que l'éducation nouvelle – Célestin Freinet et tant d'autres – utilisait sans le nommer ce concept), ou d'objectif-obstacle : démarrer la séquence pédagogique par un problème posé en forme de défi à l'intellect.
Il est vrai que ce n'est pas une mince affaire pour l'enseignant que de se casser la tête à « problématiser » son cours ! Il n'a en effet en main que des solutions, c'est-à-dire des connaissances qui brillent pour lui d'une sereine évidence et ne lui posent plus question depuis belle lurette ! Il va donc lui falloir à partir de ces solutions reconstruire des problèmes. Le monde à l'envers ! Et ce d'autant plus difficilement que ce savoir, il l'a totalement intériorisé. E. Claparède a montré, dans ce qu'il appelle la « loi de prise de conscience »,

maintes fois reprise par Jean Piaget (3) et Lev S. Vygotsky (4), que plus l'on a intégré une connaissance, plus les opérations mentales qui ont présidé à sa mise en place sont difficilement accessibles à la conscience. Quant au problème qui l'a vu naître : oublié, forclos. A-t-il seulement existé ? Cela va tellement de soi pour qui maîtrise sa connaissance d'utiliser une équation du premier degré, de considérer La Fontaine comme peintre social, de transformer un acide en base ou de révoquer l'édit de Nantes : pas de problème !

Mais si cette idée du problème comme point de départ à toute connaissance commence malgré tout à pénétrer peu à peu dans les classes, le reste ne suit pas encore. Le reste, c'est la production d'hypothèses par les élèves, parce que là se trouve le temps fort de l'acte intellectuel, parce qu'elles seules enclenchent le raisonnement, source de créativité et de logique. Rarissimes sont les cours qui laissent place à une telle démarche. A partir du problème posé, la stratégie classique consiste encore à mener pas à pas les élèves « en ligne droite » sur le chemin de l'induction, le plus souvent en les bombardant socratiquement de courtes questions, destinées à montrer finalement que, lorsque l'on s'interroge bien, il n'y a pas de problème. Encadré par le professeur, on remonte ainsi de pied ferme le sentier des certitudes qui mène infailliblement de l'effet à la cause, du fait à la loi, du concret à l'abstrait : le doute n'est pas permis pour qui dirige rationnellement sa pensée. Vieil héritage de l'empirisme associationniste qui refusait les hypothèses considérées comme des fantaisies inacceptables.

Dans un rapport récent (5), l'Inspection générale déplore cet état de fait et dénonce cette horreur du silence manifestée par la plupart des enseignants : lorsqu'ils ont posé une question, ils laissent rarement s'installer le temps d'attente qui permettrait de préparer une réponse ou de formuler une hypothèse et s'empressent de fournir eux-mêmes la réponse qui ne vient pas assez vite.

Sinon, quelle effervescence dans certaines classes : « *Je ne comprends pas*, lance ce prof de techno, *pourquoi ces diodes de notre dé électronique ne s'allument pas. Si on met des ampoules à la place, ça marche. Qu'est-ce qui se passe ?* » Et le prof de français qui fait mine de s'indigner : « *Vous avez vu dans notre texte ce participe passé conjugué avec être : les rois se sont succédé ! Il ne s'accorde pas avec le sujet et il y en a d'autres comme ça plus loin. Balzac fait des fautes maintenant ?* » Et là, on ne se contente plus d'une réponse jetée oralement par un élève. On demande à chacun, documentation ou expérimentation à l'appui, de proposer sa solution par écrit. Pour être sûr que tout le monde cherche. On peut dire qu'à ce moment-là l'activité intellectuelle est à son maximum, activité qui débouchera sur une véritable acquisition de connaissance, puisque celle-ci sera construite par l'intelligence elle-même et non artificiellement présentée en kit à assem-

3. Voir notamment J. Piaget, *La Prise de conscience*, Puf, 1974 et *Réussir et comprendre*, Puf, 1974.
4. L.S. Vygotsky, *Pensée et langage*, Ed. sociales, 1985.
5. « La place de l'oral dans les enseignements : de l'école primaire au lycée », Rapport de l'IGEN à Ségolène Royal, novembre 1999.

bler. Le souhait que nous exprimons ici est donc qu'on laisse (au moins de temps en temps) les élèves opérer, sans intervention magistrale préalable, une intellection totale qui, partant du problème, aille de bout en bout de l'analyse aux applications. Même s'ils se trompent, l'erreur rectifiée par le maître n'en aura que plus de poids. La nouvelle acquisition sera véritablement conceptualisée et l'intelligence se sera développée pour s'être ainsi exercée, prête à franchir des obstacles plus importants encore par la construction de savoirs de plus en plus complexes.

L.S. Vygotsky disait : c'est seulement en tant qu'il découle de la résolution d'un problème qu'un concept apparaît. Mais du problème au concept, que d'hypothétiques (mais positifs) chemins à parcourir ! Sans compter la difficulté de le formaliser, ce problème. Au fait, il est où, le problème de l'équerre et de l'angle droit ?

LA CONCEPTION STANDARD DE L'INTELLIGENCE EST FAUSSE

ENTRETIEN AVEC HOWARD GARDNER*

Selon Howard Gardner, on ne peut parler d'une intelligence générale, comme l'a prétendu une longue tradition de recherche. Des travaux issus de la neurobiologie et de l'observation de nombreux enfants ont conduit à proposer la théorie des intelligences multiples : logico-mathématique, musicale, spatiale, langagière, etc.

***Sciences Humaines :* Vous êtes célèbre aux Etats-Unis pour avoir élaboré la théorie des intelligences multiples. Quels sont les faits qui vous ont conduit à cette théorie ?**

Howard Gardner : Les éléments les plus importants sont les résultats des recherches que j'ai menées avec des enfants normaux et d'autres doués, ainsi qu'avec des patients adultes atteints de lésions cérébrales. J'ai ainsi compris que constater la force ou la faiblesse dans tel domaine intellectuel ne permet aucunement de prédire qu'il en est de même dans un autre domaine intellectuel. Dès lors, je savais que la conception standard de l'intelligence (selon laquelle il y a une seule intelligence, dite générale) était fausse. J'ai donc établi huit critères pour la définir, puis j'ai testé de nombreuses intelligences « candidates possibles » afin de voir lesquelles pouvaient vraiment recevoir ce qualificatif. En 1985, j'avais mis en évidence sept intelligences ; aujourd'hui, leur nombre s'élève à huit ou neuf *(voir l'encadré page suivante)*.

***SH :* Vous avez mis en place le Projet Spectre destiné à repérer dès le premier âge les talents exceptionnels d'un enfant dans telle ou telle intelligence. En quoi consiste ce projet ?**

H.G. : C'est un programme d'éducation qui fournit aux jeunes enfants (entre 3 et 6 ans) un environnement très riche, sollicitant un large éventail d'intelligences. Les enfants peuvent explorer ce lieu, qui ressemble plus à un musée pour enfants qu'à une salle de classe habituelle. En observant la manière dont ils en exploitent les éléments, nous pouvons déduire leur profil d'intelligence. Il y a également des « tâches

* Professeur de psychologie à l'université de Harvard et professeur de neurologie à la faculté de Boston.

La théorie des intelligences multiples

Une idée centrale de la théorie des intelligences multiples est que chacune d'elles est autonome, indépendante des autres. Ce qui signifie qu'un individu peut avoir telle intelligence développée et telle autre faible.

Howard Gardner a initialement repéré sept intelligences :

L'intelligence musicale
L'autonomie de cette intelligence est mise en évidence par le cas de certains enfants autistes capables de très bien jouer d'un instrument. Par ailleurs, certaines zones cérébrales, situées dans l'hémisphère droit, jouent un rôle important dans la perception et la production de la musique.

L'intelligence kinesthésique
C'est l'intelligence favorisant une utilisation précise de son corps pour effectuer tel ou tel geste. Elle est particulièrement présente chez des sportifs tels que les footballeurs ou les tennismen, ou chez des artistes tels que les danseurs, les comédiens et les mimes.

L'intelligence logico-mathématique
C'est ce que l'on appelle habituellement l'intelligence, le raisonnement logico-mathématique constituant la base des tests de QI. Elle est particulièrement présente chez les chercheurs scientifiques. Le cas des « idiots-savants », capables d'exploits en matière de calcul tout en étant fortement déficients dans d'autres domaines, démontre l'autonomie de cette intelligence.

L'intelligence langagière
Poètes et écrivains sont très doués dans cette intelligence. Une zone particulière du cerveau, appelée « l'aire de Broca » est le lieu de production des constructions grammaticales. Une personne présentant des lésions de cette zone éprouvera de grandes difficultés à former une phrase un peu complexe, alors que ses autres facultés mentales seront préservées.

L'intelligence spatiale
Cette intelligence est particulièrement présente chez des artistes tels que les sculpteurs et les peintres. C'est surtout l'hémisphère droit qui gouverne les processus spatiaux. Ainsi, des lésions des zones postérieures de l'hémisphère droit altèrent le sens de l'orientation.

L'intelligence interpersonnelle
C'est l'intelligence des personnes « intuitives », qui leur permet d'être très sensibles aux différences d'humeur, de motivation

et d'intention des autres. Le lobe frontal joue un rôle majeur dans cette compétence.

L'intelligence intrapersonnelle
Il s'agit de l'aptitude à la connaissance introspective de soi, la capacité d'analyse de ses émotions et sentiments, ce qui permet de mieux orienter son comportement. Là encore, les lobes frontaux sont très actifs dans cette intelligence. Des lésions de la partie inférieure des lobes frontaux provoquent souvent de l'irritabilité ou de l'euphorie, tandis que des lésions supérieures produisent plutôt de l'indifférence et de l'apathie.

H. Gardner a récemment ajouté une huitième intelligence et émis l'hypothèse d'une neuvième :

L'intelligence naturaliste
Elle concerne la capacité de reconnaître et distinguer entre telle et telle plante, ou tel ou tel animal, par exemple, entre une tourterelle et un pigeon. Ainsi, Darwin possédait une remarquable intelligence naturaliste.

L'intelligence existentielle
C'est la capacité humaine de poser des questions sur des problèmes fondamentaux de l'existence, tels que « d'où venons-nous ? », « de quoi est constitué le monde ? », ou encore « pourquoi mourons-nous ? ».

H. Gardner n'a cependant pas encore pris en compte cette intelligence en raison de l'absence actuelle de preuves concernant sa base neurologique.

Parmi les ouvrages de H. Gardner traduits en français :
- *Les Intelligences multiples*, Retz, 1996 ;
- *L'Intelligence et l'Ecole : la pensée de l'enfant et les crises de l'enseignement*, Retz, 1996.

Spectre » plus formelles, destinées à déterminer quelles sont les intelligences fortes et les intelligences faibles d'un enfant, à la fois relativement (c'est-à-dire comparativement à d'autres intelligences chez le même enfant) et dans l'absolu (comparativement à d'autres enfants). Les résultats de cette évaluation sont reportés dans un « Profil Spectre », lequel comprend des suggestions pratiques sur les activités à entreprendre avec l'enfant, selon son profil particulier de forces et de faiblesses.

_SH :_ N'y a-t-il pas un risque de déséquilibre à vouloir favoriser le domaine d'intelligence qui est déjà le plus présent chez un enfant ?

H.G. : Il n'y a jamais de lien direct entre une théorie scientifique et un programme d'enseignement. Toute théorie scientifique de l'esprit humain suggère des douzaines de pratiques éducatives possibles et seule l'expérimentation peut indiquer quelles applications ont du sens ou non.

Pour répondre plus précisément à votre question, je ne pense pas qu'on doive se focaliser sur un domaine particulier de force chez un enfant. En effet, le but de ma démarche n'est absolument pas de transformer en prodiges les enfants, dans le domaine où ils excellent. On devrait seulement découvrir quels sont leurs domaines de force et de faiblesse. C'est ensuite à chacun de décider, comme jugement de valeur, s'il souhaite prêter attention aux forces et/ou aux faiblesses de l'enfant, ou au contraire, s'il préfère ignorer ces résultats.

Inversement, il n'y a aucune raison de penser qu'une personne, apparemment faible dans une intelligence à un certain moment, ne peut pas devenir forte. En effet, constater la faiblesse d'une intelligence peut éventuellement inciter cette personne à agir vigoureusement afin de développer celle-ci. Beaucoup de personnes ont compensé leurs déficiences apparentes en travaillant fort et ont même parfois ensuite excellé dans ces domaines.

Je peux d'ailleurs vous fournir un exemple personnel. Je suis daltonien, j'ai une vision stéréoscopique défectueuse, et j'ai besoin de puissantes lentilles correctrices. J'ai pourtant choisi de consacrer ma thèse de doctorat aux arts visuels et j'ai passé beaucoup de temps à écrire sur le monde visuel. Ce n'est donc pas la théorie des intelligences multiples qui est déterministe, mais plutôt les individus qui, constatant une faiblesse courante, considèrent celle-ci comme un signal les incitant à abandonner leurs efforts, plutôt que de compenser cette faiblesse.

_SH :_ Où vous situez-vous dans le débat inné-acquis ?

H.G. : Comme la plupart des chercheurs en biologie, je rejette l'opposition entre ces deux termes. En effet, tout comportement humain est gouverné par la génétique, mais d'un autre côté, rien ne peut être accompli sans un environnement favorable, lequel exerce d'ailleurs son influence, non à la naissance, mais dès la conception.

Prenons l'exemple de la musique. Je suis convaincu que les

gènes de Mozart étaient plus «prédisposés» à la musique que ceux de la plupart des autres personnes. Mais une pédagogie habile peut permettre à quiconque de jouer d'un instrument à un très haut niveau. Lorsque nous, Américains, avons entendu pour la première fois de jeunes enfants japonais jouer remarquablement bien du violon, nous avons pensé qu'ils étaient surdoués. Mais ensuite, nous avons découvert la méthode du maître japonais Shinichi Suzuki, intitulée «L'éducation du talent».

Nous avons alors compris que ce n'était pas les enfants qui étaient géniaux, mais la méthode pédagogique. Le succès de Suzuki vient du fait qu'il a identifié les facteurs permettant de développer la compétence musicale chez les jeunes enfants. Ce sont, par exemple, les doigtés possibles au violon, les types de motifs que les jeunes enfants peuvent facilement reconnaître et chanter, la tendance à s'identifier à des camarades plus âgés. Or, je suis convaincu que l'on peut faire avec toutes les autres intelligences ce que Suzuki a réussi à faire dans le domaine musical.

***SH :* Précisément, quel est l'intérêt concret, sur le plan pédagogique, de la théorie des intelligences multiples ?**

H.G. : Cette théorie n'est pas une fin en soi, mais un outil pour les enseignants attentifs qui souhaitent développer certaines capacités chez leurs élèves. Par exemple, si nous souhaitons que les enfants soient polis entre eux, nous avons besoin de développer leur intelligence personnelle. Cette théorie permet également d'améliorer la présentation des programmes scolaires. Par exemple, chaque élève devrait apprendre l'histoire et la géométrie, mais il n'y a pas de raison pour que chacun apprenne ces matières de la même manière, ni soit évalué identiquement.

Le programme Spectre a déjà permis d'identifier des points forts exceptionnels chez certains élèves, et qui seraient restés ignorés sans cela. Ainsi, au cours d'une des enquêtes que j'ai menées avec mon équipe, nous avons rencontré un garçon de six ans, issu d'un foyer brisé et en grand danger d'échec scolaire. Ses résultats étaient tels au cours préparatoire, que sa maîtresse avait décidé de le faire redoubler après seulement deux mois de présence dans sa classe.

Pourtant, cet enfant réussissait mieux qu'aucun autre à démonter et remonter des objets usuels. Après l'avoir filmé en action, j'ai montré la séquence vidéo à son institutrice. Celle-ci en a été bouleversée, au point de très mal dormir durant trois nuits. Son regard sur cet enfant a, dès lors, radicalement changé, et celui-ci a ensuite sensiblement amélioré ses résultats scolaires.

***SH :* Quelles ont été les réactions à cette théorie des intelligences multiples ?**

H.G. : La plupart des psychologues, en particulier ceux impliqués dans la psychométrie, se sont opposés à cette théorie. Cela est aisément compréhensible, puisque la théorie menace leurs moyens de subsistance et leur raison d'être. En revanche, d'autres scientifiques, par exemple des biologistes, la trouvent assez intéressante.

Par ailleurs, la théorie a eu un écho retentissant dans le monde enseignant américain. Au cours de la dernière décennie, peu d'idées sur l'éducation aux Etats-Unis ont reçu autant d'intérêt que cette théorie. Mais cela ne signifie pas pour autant qu'ils approuvent nécessairement celle-ci. Beaucoup des applications sont superficielles et une part de ce soutien a été un effet de mode.

Ma théorie influence de plus en plus l'éducation car elle est en accord avec l'observation commune des enseignants et des parents selon laquelle les enfants diffèrent les uns des autres sur le plan cognitif. Nous possédons tous différentes forces et faiblesses dans divers domaines intellectuels. La plupart des efforts antérieurs en éducation ont nié ces différences et valorisé le mode de pensée basé sur le langage et la logique. C'est particulièrement le cas de l'esprit cartésien en France. A l'inverse, mon approche met en avant les différents profils intellectuels. Je suggère que l'éducation prenne en compte ces différences pour essayer d'enseigner avec le maximum d'efficacité.

Si nous voulons enseigner à tous les enfants, et pas seulement à ceux ayant des aptitudes logiques et langagières, nous devons tenir compte des découvertes mises en avant par la théorie des intelligences multiples.

Enfin, les chercheurs en éducation n'ont pas été particulièrement critiques à l'égard de la théorie, mais peu ont véritablement tenté de la faire progresser. Cela a cependant été l'objectif de certains de mes étudiants talentueux, tels que Mindy Kornhaber, Mara Krechevsky, Tom Hatch, Bruce Torff et d'autres.

***SH :* On vous a parfois reproché de ne pas avoir suffisamment validé cette théorie. Notamment de ne pas avoir mis au point des batteries de tests permettant d'évaluer telle ou telle intelligence.**

H.G. : Le Projet Spectre est un effort pour évaluer différentes formes d'intelligence chez les jeunes enfants, et il pourrait être adapté pour des âges plus précoces. Je n'ai pas d'objection de principe pour évaluer les intelligences, tant que cela se fait de manière équitable, et non avec un test standardisé de type « papier-crayon ». Si, par exemple, vous voulez évaluer l'intelligence spatiale d'une personne, ne lui présentez pas un tel test, mais apprenez-lui un nouvel itinéraire et observez à quelle vitesse elle arrive à le maîtriser et comment elle s'en souvient.

Beaucoup d'autres chercheurs ont développé des tests d'intelligence. Je ne suis pas un adepte de ces tests, mais je les juge au cas par cas. Je pense que nous passons beaucoup trop de temps à évaluer et classer les enfants et trop peu de temps à les aider.

Pour moi, la seule justification de l'évaluation des intelligences est d'aider les élèves à mieux apprendre, à la fois en utilisant les intelligences qui sont fortes et en renforçant celles qui en ont besoin.

***SH :* Comment voyez-vous l'avenir de la recherche sur les intelligences multiples ? Quelles sont les voies à explorer et les impasses à éviter ?**

H.G. : Je souhaite développer la théorie dans différentes directions. Ce qui m'intéresse le plus est de comprendre comment un enfant peut utiliser son ou ses intelligences afin de maîtriser d'importants programmes scolaires, et trouver sa place dans la société, et s'y développer. C'est d'ailleurs le thème de mon prochain livre, que j'ai provisoirement intitulé *Une éducation pour tous les êtres humains*. Par ailleurs, je voudrais découvrir d'autres intelligences et comprendre comment elles fonctionnent. Je voudrais également mieux comprendre comment la « même » intelligence s'exprime dans différents environnements culturels. J'aimerais aussi savoir comment les multiples intelligences arrivent à travailler avec aisance. Enfin, comment développer ces intelligences, séparément et en lien les unes avec les autres, et explorer les relations existantes entre les intelligences, la créativité et le *leadership*.

Quant aux impasses à éviter, j'en vois une, majeure. Il ne faut pas essayer de comparer les groupes en termes d'intelligences (comparaisons entre hommes et femmes, entre groupes ethniques, etc.) en raison des risques importants d'effets pervers. En Australie, une partie du matériel scolaire adopté par l'un des Etats établissait la liste de chaque groupe ethnique. Pour chacun d'eux étaient précisées les intelligences dans lesquelles ils étaient prétendument forts et faibles. J'ai trouvé cela aberrant, et j'ai dénoncé ce programme à la télévision australienne. Dès le lendemain de mon intervention, le Premier ministre de l'Etat a annulé ce tohu-bohu éducatif, qui était basé sur de la pseudoscience.

Propos recueillis par
MARTHA ZUBER et JACQUES LECOMTE
(*Sciences Humaines*, n° 69, février 1997)

MARTINE FOURNIER*

JEAN PIAGET**

(1896-1980)

LE DÉVELOPPEMENT DE L'INTELLIGENCE

Jean Piaget est surtout connu pour sa théorie des stades de développement de l'intelligence chez l'enfant. Pour ce grand psychologue suisse, les connaissances se construisent par l'action : c'est le constructivisme, qui permet de dépasser la traditionnelle opposition entre inné et acquis.

A L'ÂGE DE SIX MOIS, Laurent joue avec une balle : lorsque celle-ci disparaît derrière un coussin, il cesse de s'y intéresser et se saisit d'un autre jouet. Vers dix mois, l'enfant commence à rechercher l'objet disparu ; mais, si son père a déplacé sous ses yeux la balle depuis le coussin sous lequel elle avait roulé à un autre endroit tout aussi accessible, Laurent la recherche néanmoins sous le coussin où il l'a perdue la première fois...

Piaget, psychologue malgré lui

C'est sur ses propres enfants que Piaget effectue ses premières expériences. Ce qui le passionne depuis le début de ses recherches, c'est de comprendre comment la connaissance vient aux individus et comment se développe l'intelligence. Il conçoit que l'évolution de la pensée chez l'enfant reflète l'évolution de la pensée humaine et donc le développement de la pensée scientifique. Pour lui, la constitution d'une philosophie des sciences implique la construction d'une psychologie des sciences. Pour aborder ces questions épistémologiques et élaborer une théorie de la connaissance, Piaget entreprend d'étudier la genèse des fonctions cognitives chez l'enfant (1).

---

* Journaliste à la revue *Sciences Humaines*.

** *Sciences Humaines*, n° 60, avril 1996.

1. La « psychologie et l'épistémologie génétique » de Piaget évoquent la genèse du développement. Mais, dans le langage des biologistes, la génétique se réfère aux mécanismes de l'hérédité et renvoie souvent aux positions innéistes. C'est pourquoi Piaget, à la fin de sa vie, préférera utiliser l'expression de « psychologie du développement ».

Parallèlement à la philosophie, Piaget a étudié la biologie : dès l'âge de 11 ans, il avait publié son premier article dans le journal de la société zoologique de Neuchâtel, et il consacrera sa thèse à l'étude des mollusques du Valais.

Influencé par sa formation de biologiste (2), Piaget conçoit l'intelligence comme une fonction qui permet à l'être humain de s'adapter à son environnement. L'intelligence est le résultat d'une intériorisation de l'action, qui s'appuie sur deux processus fondamentaux : l'*assimilation* et l'*accommodation*. Un organisme vivant cherche à assimiler les données de son environnement pour vivre : cette fonction d'assimilation prime dans tout le comportement d'adaptation. Mais, lorsqu'il rencontre une difficulté nouvelle, il doit adapter ses structures mentales pour pouvoir à nouveau assimiler les données qui lui sont proposées : c'est l'accommodation. Ainsi, le jeune enfant qui apprend à saisir des objets est amené à modifier sa manière de faire lorsqu'il est confronté à un objet plus lourd ou anguleux. Il aura ainsi enrichi sa capacité d'action. L'intelligence se construit par l'équilibration entre ces deux processus provoquant une autostructuration du sujet. Toute l'œuvre de Piaget tendra à montrer que l'on construit ses connaissances par ses propres actions : c'est le *constructivisme*. Un tel mécanisme ne peut donc se réduire à la seule innéité (bien que Piaget ne nie pas la présence de structures pré-existantes dans le cerveau), ni à une simple accumulation des connaissances. S'appuyant sur l'exemple de la cybernétique, il décrira le développement comme *« une autorégulation, c'est-à-dire une suite de compensations actives du sujet en réponse aux perturbations extérieures et d'un réglage rétroactif* (feedback) *et anticipateur constituant un système permanent de telles compensations »* (3).

Les grandes périodes du développement : les stades

En conséquence, la modification des comportements observés chez les enfants ne peut plus s'interpréter en termes quantitatifs d'accumulation des connaissances. Piaget est amené à découper le développement intellectuel en grandes périodes, ou stades, dont l'ordre de succession est constant, et dont chaque étape résulte de la précédente par processus intégratif. Cette théorie des stades lui vaudra une grande notoriété.

- **Le stade sensori-moteur :** jusqu'à environ deux ans, le nourrisson va commencer à construire son intelligence par les activités motrices. En décrivant le comportement du petit Laurent, Piaget veut montrer que sa pensée est liée à ses propres actions. En outre, à six mois, cette pensée était totalement égocentrique, et il n'avait pas acquis la permanence des objets. C'est progressivement que le nourrisson se différencie de son environnement : il perçoit qu'un objet continue d'exister même lorsqu'il disparaît de sa vue, il identifie ses parents, ses frères et sœurs… Ainsi, il se décentre de lui-même pour découvrir le monde. Vers la fin de cette période

2. Voir l'article de J.-P. Bronckart p. 179.
3. J. Piaget et B. Inhelder, *La Psychologie de l'enfant*, Puf, « Que sais-je ? », n° 369, 1966.

« sensori-motrice », l'émergence de la fonction symbolique va élargir son champ de pensée. Par l'imitation, le jeu, le dessin, la mémoire, le langage, il acquiert la maîtrise des représentations symboliques : il fait semblant de dormir, de se fâcher, il va chercher son manteau pour montrer qu'il veut sortir…

• **Le stade des opérations concrètes** (de 2 à 12 ans environ) : lorsque l'on transvase de l'eau d'un bocal A dans un bocal B plus étroit sous les yeux d'enfants de 5 ans, ils affirment que la quantité d'eau a augmenté. Ce n'est que vers 7 ans que la notion d'invariance se construit graduellement. Le raisonnement logique se met en place (sériation, classification, perception du temps, de la vitesse), mais toujours par le moyen d'actions concrètes et matérielles.

A la fin de cette période que Piaget découpe en plusieurs étapes, le réalisme enfantin et l'égocentrisme sont de mieux en mieux surmontés. L'enfant a opéré une deuxième forme de décentration : il comprend que ce qui est à sa gauche peut être aussi à droite, et que la fourmi qui traîne une brindille plus grosse qu'elle est d'une force surprenante…

• **La préadolescence, période des opérations formelles :** pour Piaget, ce stade constitue le point culminant de la pensée intellectuelle. Au terme de l'enfance, s'accomplit une *« dernière décentration fondamentale »*, qui permet au sujet de manier des hypothèses et des raisonnements détachés de la réalité concrète et immédiate : c'est la pensée « hypothético-déductive » qui définit l'intelligence adulte et permet de manier la pensée abstraite.

La méthode clinique

Les travaux de Piaget ont constitué un apport significatif à la psychologie du développement dans la mesure où ils tentaient de décrire le monde de l'enfant en se détachant des normes de l'adulte. Ils témoignaient en outre d'une grande nouveauté : la méthode clinique, qui dépassait de loin tous les travaux produits par des méthodes d'observation pure, de questionnaires ou de tests. La méthode clinique tient à la fois de l'entretien psychiatrique (d'où le qualificatif de clinique) et de la psychologie expérimentale qui vise à mettre en évidence ce qui est généralisable dans la conduite des sujets. Au fil des années, elle s'est enrichie des expériences acquises par les nombreux chercheurs qui travaillaient avec Piaget dans son école de Genève.

Piaget et l'éducation

En 1929, Piaget devient directeur du Bureau international de l'éducation à Genève. Il consacre chaque année un ou deux articles aux grands problèmes de la pédagogie et de l'enseignement. Dès 1935, il se fera le défenseur des méthodes actives qui favorisent l'autonomie nécessaire à l'enfant pour développer ses structures intellectuelles. Sa théorie offre de nombreuses suggestions pour la pédagogie des écoles maternelles et élémentaires : par exemple, l'importance du jeu, qui participe du développement de la fonction symbolique. Les théories de Piaget ont beaucoup influencé les changements observés dans les systèmes éducatifs des pays francophones et anglo-saxons. Elles ont été prises en compte dans les conceptions

Une œuvre en réserve de la science ?

Malgré les tentatives de Bärbel Inhelder (1) et de quelques courants néo-piagétiens, le projet constructiviste, dans la dimension que Piaget voulait lui insuffler, semble aujourd'hui à l'abandon.

Il y a à cela, d'abord, des raisons internes. Même si la formule est en soi contestable, et même si lui-même n'en avait bien sûr pas le sentiment, Piaget a achevé son œuvre. Il est allé aussi loin que l'on pouvait, à partir des postulats auxquels il adhérait, dans le projet qui était le sien, celui d'une réflexion épistémologique fondée sur la genèse du développement. Et comme quelques autres constructions scientifiques rigoureusement explicites, cette œuvre restera, dans ses succès et ses contradictions mêmes, un monument des sciences humaines. Parmi les raisons externes, il y a surtout l'envahissement du champ de la psychologie par le cognitivisme, courant d'idées dont on croit souvent qu'il prolonge la démarche piagétienne. Erreur historique étrange tant il est évident qu'en dépit des déclarations sur les révolutions de paradigmes, le cognitivisme s'inscrit en fait fondamentalement dans la continuité du projet positiviste de « naturalisation de l'esprit », en projetant sur le fonctionnement mental humain l'imagerie mécaniciste des ordinateurs ou des transmissions neuronales. Le questionnement cognitiviste, sur le statut et les interactions entre social, mental, comportemental et symbolique, se situe en fait en deçà des apports de Piaget et des autres grands penseurs de la psychologie (Wundt, Vygotsky, Skinner, Wallon ou Bruner).
Reste alors à identifier de véritables voies d'exploitation des acquis piagétiens. L'une d'entre elles semble s'élaborer, depuis une décennie, à partir du terrain pédagogique, chez des psychologues qui considèrent que l'examen des pratiques formatives constitue le lieu majeur de validation d'une théorie du développement. Ces psychologues qui, ayant pris la mesure des insuffisances de la théorie piagétienne en ce domaine, ont adhéré au questionnement et au programme vygotskyens se caractérisant par une prise en compte du rôle de l'histoire, des institutions sociales et des productions discursives, c'est-à-dire précisément des facteurs que Piaget avait négligés. Et qui se dotent en conséquence de démarches méthodologiques centrées sur les processus d'apprentissage humain tels qu'ils se déploient dans leur cadre effectif, c'est-à-dire socioculturel, souvent institutionnalisé et notamment scolaire. Mais qui, dans le cadre de ce programme même, rencontrent inévitablement les

questions, les données empiriques et les interprétations piagétiennes. Parfois pour les confirmer, parfois pour les contester, mais toujours en les prenant au sérieux. En exploitant les contradictions entre lectures du développement, intelligemment biologisante d'un côté, lucidement socioculturelle d'un autre. Et ce, dans l'attente d'une nouvelle synthèse, qui sera inéluctablement dialectique.

JEAN-PAUL BRONCKART

1. Voir notamment B. Inhelder et G. Cellerier, *Le Cheminement des découvertes de l'enfant*, Delachaux et Niestlé, 1992.

de programmes et les découpages des cursus. Ainsi, pendant longtemps, les directives ministérielles françaises incitaient les enseignants à refuser les dispenses d'âge à l'entrée de l'école élémentaire, considérant que des enfants trop jeunes ne pouvaient avoir la maturité nécessaire pour aborder les apprentissages de la lecture et du calcul. Selon Piaget, en effet, c'était seulement à partir de 6 ans que l'on pouvait accéder au stade des opérations concrètes.

Critiques et controverses

• **Langage et interactions sociales.** En 1957, un débat célèbre l'oppose au linguiste Noam Chomsky, pour qui les structures du langage sont innées et la logique n'est autre chose qu'une syntaxe généralisée. Pour Piaget, c'est la fonction symbolique dans son ensemble qui permet à la pensée de se développer. *«La pensée précède le langage, et celui-ci se borne à la transformer profondément (...) par une schématisation plus poussée et une abstraction plus mobile.»* (4)
Mais ce débat va rebondir, avec les recherches du psychologue américain Jerome Bruner, qui remet à jour l'œuvre du psychologue russe Lev Vygotsky. Pour ce dernier, c'est par les interactions sociales avec le milieu environnant, dans lesquelles le langage tient une place importante, que se construisent les apprentissages. Or Piaget ne s'intéresse pas aux différences de milieu ou de culture : son souci est de tenter d'établir des lois universelles du développement. Il se limite à mentionner que *«l'affectivité constitue l'énergétique»* des conduites et si elle est *«essentielle comme moteur»*, elle ne peut expliquer comment se construisent les structures qui correspondent aux fonctions cognitives.

• **Les progrès de la psychologie du bébé.** Depuis les années 70, de nombreux travaux ont mis l'accent sur l'importance pour le bébé du milieu social et affectif, montrant l'existence d'une capacité d'imitation dès les premiers mois de la vie (alors que pour Piaget, elle apparaît vers 18 mois). Le contact avec les adultes favorise la construction de relations de causalité : très vite, le bébé comprend qu'en pleurant, il peut

4. J. Piaget, *Six Etudes de psychologie*, Denoël/Gonthier, 1964.

obtenir son biberon. C'est en cela que Roger Lécuyer parle de «bébés psychologues» (5).
Ce chercheur français explique aussi que le nourrisson acquiert des connaissances par la vision et l'audition… Il existe une intelligence perceptive bien avant l'activité motrice. D'autres recherches (6) ont repéré, dès 3 mois, les premières constructions logiques de discrimination et de catégorisation (visages, couleur…). Actuellement, on pense que Piaget avait largement sous-estimé les capacités des bébés.
• **La non-pertinence du modèle des stades.** Des expériences se sont multipliées qui remettent en cause le découpage des stades de développement. Dans certains contextes, les enfants de 2 à 7 ans peuvent s'adapter, se décentrer et progresser. Bien avant la période des opérations concrètes, l'enfant est capable de raisonnements logiques. Ainsi, vers 3 ans, des enfants emploient l'expression « délumer » pour éteindre la lumière, prouvant qu'ils possèdent déjà une certaine maîtrise des règles logiques. L'importance du contexte social et du langage employé paraît déterminante dans les résultats des expériences piagétiennes reproduites par d'autres chercheurs : dès lors, ce seraient les protocoles expérimentaux eux-mêmes qui seraient à questionner. David Cohen (7) souligne un paradoxe : pour Piaget, avant 6 ans, l'enfant ne saisit pas le sens des mots « plus », « moins », « autant », puisqu'il est encore au stade préopératoire. Pourtant, dans les situations expérimentales, il lui demande sans cesse s'il y a « plus ou moins » de liquide dans tel bocal… Piaget s'est donc trompé… Pour lui, la maturation devait se faire à son propre rythme, sinon, l'enfant n'était qu'un perroquet ou un petit singe savant. Les expériences, en grande partie américaines, prouvent qu'il était beaucoup trop pessimiste et que les enfants peuvent apprendre de manière bien plus précoce. Cela a d'ailleurs mené aux dérives que l'on connaît, sur l'acharnement de certaines familles à produire des petits génies…

Alors, que reste-t-il de Piaget ?

A partir des années 30, les idées de Piaget ont dominé la psychologie française. Depuis les années 50, la psychologie anglo-saxonne, jusque-là presque entièrement béhavioriste, a manifesté pour le chercheur suisse un intérêt nouveau. Piaget, en effet, a fourni un cadre théorique de référence : le constructivisme, qui dépasse l'opposition inné-acquis, a stimulé les recherches de la psychologie du développement et fécondé de nouveaux courants, comme celui de la psychologie cognitive qui s'intéresse à la façon dont le cerveau traite et interprète les informations en provenance de l'environnement. Au-delà des limites que l'on peut attribuer à son œuvre, elle reste une grille de lecture incontournable pour l'étude de l'intelligence.

5. R. Lécuyer, *Bébés astronomes, bébés psychologues*, Mardaga, 1989.
6. Voir *Sciences Humaines*, n° 2, décembre 1990 et n° 87, octobre 1998.
7. Toutes les expériences anglo-saxonnes sont décrites dans D. Cohen, *Piaget, une remise en question ou faut-il brûler Piaget ?*, Retz, 1985.

Jean-Paul Bronckart*

PIAGET : UNE ŒUVRE D'EXCEPTION**

Connu surtout en psychologie pour sa théorie des stades de développement de l'intelligence, Jean Piaget était aussi biologiste et philosophe. Il a développé une vaste réflexion épistémologique sur la genèse du développement des êtres vivants.

Le parcours piagétien est complexe, multiforme voire hétérogène, et l'on doit à Jean-Jacques Ducret d'en avoir proposé une synthèse complète et intelligible (1). A peine sorti de l'enfance, Piaget se découvre naturaliste ; il décrit les oiseaux (première publication en 1907, *Le Moineau albinos*), collectionne les coquillages, et le sérieux de ce travail précoce lui vaut d'être admis à collaborer – à 11 ans ! – avec le Musée d'histoire naturelle de Neuchâtel. Collaboration au cours de laquelle il étudie notamment les mécanismes d'adaptation des limnées (petits mollusques d'eau douce) à différents types de milieu, publiant sur ce thème une quinzaine d'articles et entrant en interaction avec les plus grands spécialistes de malacologie. Piaget poursuivra d'ailleurs ce type de recherches qui s'étendront plus tard aux sédums (plantes grasses appelées communément orpin) tout au long de sa vie.

La problématique de l'adaptation conduit naturellement Piaget à intervenir dans le débat sur l'évolution des espèces. Et cette entrée en biologie se caractérise d'emblée par la tentative d'élaborer un modèle théorique se situant entre les thèses lamarckienne (2) et néo-darwinienne (3). Projet qui sera, lui aussi, poursuivi, et qui trou-

* Professeur à la Faculté de psychologie et des sciences de l'éducation de Genève. Auteur de *Théories du langage, une introduction critique*, Mardaga, 1978, et de *Activité langagière, textes et discours*, Delachaux et Niestlé, 1997 .

** *Sciences Humaines*, n° 77, novembre 1997 (extraits).

1. J.-J. Ducret, *Jean Piaget; Biographie et parcours intellectuel*, Delachaux et Niestlé, 1990. Voir aussi sa « Présentation critique de l'œuvre de Piaget » incluse dans le CD-Rom *Jean Piaget*, Delachaux et Niestlé, 1997.

2. Voir mots clés page 181.

3. *Idem.*

vera son aboutissement bien plus tard dans *Biologie et Connaissance* (1967). Dans cet ouvrage, il soutient fermement la thèse du rôle de l'activité créatrice des organismes dans le processus d'évolution des espèces, et accepte de la sorte, contre les interdits du darwinisme, la possibilité d'une transmission héréditaire de certains acquis.

Cette intervention dans le questionnement théorique de la biologie coïncide chez Piaget, avec l'émergence d'interrogations métaphysique, philosophique et sociopolitique. Période de crise relative qui se traduit par des engagements (protestant et socialiste notamment), mais surtout par une nouvelle série de publications, clôturée par deux ouvrages : *La Mission de l'idée* (1915), qui annonce un nouveau projet scientifique et *Recherche* (1918) qui relate et résout la crise métaphysique. Sous l'influence de *L'Evolution créatrice* de Bergson, Piaget adhère désormais à une manière de panthéisme qui le porte à croire que les problèmes existentiels et métaphysiques peuvent être résolus par une démarche scientifique. Démarche qui porterait sur les conditions d'évolution de la vie, et singulièrement sur les conditions d'émergence de ces formes de vie que constituent les connaissances humaines.

Restait à se donner un terrain et une méthode. Il trouvera l'un et l'autre dans le laboratoire du psychologue Théodore Simon, à Paris (1919-1920) : expliquer la construction de la logique humaine, en analysant les comportements et les raisonnements de l'enfant. Devenu ainsi psychologue, Piaget s'installait en 1921 à Genève, et allait s'atteler à une entreprise colossale dans laquelle on peut distinguer trois étapes majeures et de multiples ramifications.

• **La première étape** (1921-1932) est consacrée à la psychologie de l'enfant, relatée en cinq ouvrages importants : *Le Langage et la pensée chez l'enfant* (1923) ; *Le Jugement et le raisonnement chez l'enfant* (1924) ; *La Représentation du monde chez l'enfant* (1926) ; *La Causalité physique chez l'enfant* (1927) ; *Le Jugement moral chez l'enfant* (1932). Recherches alimentées par les raisonnements de l'enfant tels que celui-ci les énonce et que Piaget interprète en termes d'*autonomisation progressive de la pensée*, sous l'effet de décentrations successives.

• **La deuxième étape** sur la psychologie du développement (1936-1955) se caractérise par une double réorientation. Deux de ses collaboratrices, Alina Szeminska puis Bärbel Inhelder, affinent et systématisent la méthode d'observation des enfants : aux simples entretiens des premiers travaux font place d'astucieux problèmes de manipulations d'objets – dont les fameuses « épreuves de conservation » (4) – et une lecture des données fondée tout autant sur les comportements objectifs de l'enfant que sur ses justifications verbales. Sur cette base, Piaget, fort d'un long investissement en logique et en mathématiques, propose un véritable modèle théorique du développement cognitif qui se caractérise par la formalisation des structures logiques successives qui sous-tendent le fonctionnement psychologique. Modèle devenu célèbre dans la théorie piagétienne sous le nom de « stades de développement » : stade sensori-moteur, stade des opérations concrètes, stade des opérations formelles *(voir le texte précédent de M. Fournier)*.

4. Voir mots clés page suivante.

Ce modèle met également en évidence les processus explicatifs de l'évolution interne aux stades ainsi que du passage d'un stade au suivant (équilibration et abstraction). Le tout est présenté en une série de dix ouvrages mondialement connus (5).

• **La troisième étape** débute avec la création du Centre international d'épistémologie génétique (1955), institution interdisciplinaire unique à laquelle collaboreront pendant vingt-cinq ans de prestigieux savants. L'objectif de Piaget est alors de réexaminer les mécanismes de construction par l'enfant des grandes catégories de la pensée (nombre, espace, temps, causalité, etc.), de confronter ces données à l'évolution historique des disciplines scientifiques, et d'élaborer de la sorte une théorie générale de la construction des connaissances humaines. Cette épistémologie se caractérisera par le rejet des solutions aussi bien empiristes qu'innéistes, et, par la défense de la thèse constructiviste, selon laquelle les formes de connaissance nouvelles s'expliquent par une interaction entre les processus d'assimilation (qui consistent à intégrer de nouvelles situations à des cadres mentaux déjà existants) et d'accommodation (adaptation du sujet à des situations nouvelles produisant une transformation des cadres mentaux.) Théorie qui sera formulée en une soixantaine de volumes d'*Etudes d'épistémologie génétique*.

A cet ensemble de travaux s'ajouteront encore de multiples recherches et publications en biologie, en logique, en mathématiques et en histoire des sciences, ainsi que divers écrits prolongeant la pensée piagétienne en direction de la sociologie et des sciences de l'éducation. C'est au titre de psychologue que Piaget a connu la célébrité. La méthode clinique (6) et la théorie des stades s'étant rapidement imposées comme des références méthodologiques et interprétatives incontournables.

Piaget ne se voulait pas psychologue ! Comme il l'a si souvent répété, son objectif central, depuis l'adolescence, était d'ordre épistémologique : comprendre les mécanismes de construction du vivant, dans leurs diverses formes et à l'ensemble de leurs niveaux de réalisation. La

Mots clés

• **Jean-Baptiste de Lamarck.** Le naturaliste français Jean-Baptiste de Monet, chevalier de Lamarck (1744-1829), élabora une théorie de l'évolution des êtres vivants, dans laquelle il soutenait l'hérédité des caractères acquis. Son œuvre influença Darwin, qui s'en démarqua toutefois.

• **Néo-darwinisme.** Synthèse entre la théorie de Darwin et les connaissances de la génétique moderne.

• **Epreuves de conservation.** Selon Piaget, à partir de 7 ans (stade des opérations concrètes), l'enfant découvre progressivement la notion d'invariance : la déformation des objets ne change rien à leur poids, à leur quantité de substance ou à leur volume, même si la forme ou l'apparence extérieure de l'objet a été modifiée.

• **Méthode clinique.** Cette méthode tient à la fois de l'entretien psychiatrique (d'où le qualificatif de clinique) et de la psychologie expérimentale qui vise à mettre en évidence ce qui est généralisable dans la conduite des sujets. Avant que Piaget n'instaure cette méthode (dans les années 20), les psychologues se contentaient d'observation pure, de questionnaires ou de tests.

5. J. Piaget, *La Naissance de l'intelligence chez l'enfant*, Delachaux et Niestlé, 1936 ; *La Construction du réel chez l'enfant*, Delachaux et Niestlé, 1937 ; *La Genèse du nombre chez l'enfant*, Delachaux et Niestlé, 1941 (avec A. Szeminska) ; *Le Développement des quantités chez l'enfant*, Delachaux et Niestlé, 1941 (avec B. Inhelder) ; *La Formation du symbole chez l'enfant*, Delachaux et Niestlé, 1946 ; *Le Développement de la notion de temps chez l'enfant*, Puf, 1946 ; *La Psychologie de l'intelligence*, A. Colin, 1947 ; *La Représentation de l'espace chez l'enfant*, Puf, 1948 (avec B. Inhelder) ; *La Genèse de l'idée de hasard chez l'enfant*, Puf, 1951 (avec B. Inhelder) ; *De la logique de l'enfant à la logique de l'adolescent*, Puf, 1955 (avec B. Inhelder).

6. Voir mots clés ci-dessus.

recherche psychologique n'avait dès lors pour lui qu'un statut de méthode au service de ce projet, et elle coexistait avec d'autres démarches, plus classiques, d'épistémologie des sciences. Par ailleurs, en tant qu'objet, le fonctionnement psychologique humain ne constituait pour lui qu'un aspect de l'évolution du vivant. Piaget soutenait en effet la thèse de l'identité des processus d'interaction entre organisme et milieu, du biologique au social, quand bien même il reconnaissait que les produits de ces interactions s'organisaient en structures cognitives différentes, et de complexité croissante. C'est ce postulat « continuiste » qui a soustendu l'ensemble de son œuvre et lui a donné sa cohérence.

Bibliographie de Jean Piaget

- *La Naissance de l'intelligence chez l'enfant*, Delachaux et Niestlé, 1936.
- *La Construction du réel chez l'enfant*, Delachaux et Niestlé, 1937.
- *La Genèse du nombre chez l'enfant*, avec Alina Szeminska, Delachaux et Niestlé, 1941.
- *La Formation du symbole chez l'enfant, imitation, jeu et rêve, image et représentation*, Delachaux et Niestlé, 1946.
- *Introduction à l'épistémologie génétique*, Puf, 1949 (3 vol.).
- *De la Logique de l'enfant à la logique de l'adolescent*, avec Bärbel Inhelder, Puf, 1955.
- *Six Etudes de psychologie*, Gonthier (Médiations), 1964.
- *La Psychologie de l'enfant*, avec Bärbel Inhelder, Puf, « Que sais-je ? », 1966.
- *Logique et Connaissance scientifique*, Gallimard (encyclopédie de la Pléiade), 1967.
- *Psychologie et pédagogie*, Denoël/Gonthier/folio, 1969.
- *L'Epistémologie génétique*, Puf, « Que sais-je ? », 1970.
- *Biologie et Connaissance*, 1967, réédition Delachaux & Niestlé, 1992.
- *Sagesse et illusions de la philosophie*, Puf, 1965 (réflexions autobiographiques).
- *L'Education morale à l'école*. Textes choisis par C. Xypas, Anthropos/Economica, 1997.

Autour de Piaget

- J.-C. Bringuier, *Conversations libres avec Jean Piaget*, Laffont, 1977.
- A. Chalon-Blanc, *Introduction à Jean Piaget*, L'Harmattan, 1997.
- D. Cohen, *Faut-il brûler Piaget ?*, Retz, 1981.
- Collectif, *Jean Piaget et les sciences sociales*, Droz, 1966.
- Collectif, *Psychologie et épistémologie génétiques : thèmes piagétiens*, Dunod, 1966.
- J.-J. Ducret, *Jean Piaget ; Biographie et parcours intellectuel*, Delachaux et Niestlé, 1990.
- J.-M. Dolle, *Pour comprendre Piaget*, Dunod/Privat, 1991.
- R. Droz et M. Rahmy, *Lire Piaget*, Mardaga, 1972
- M. Perrandeau, *Piaget aujourd'hui, réponses à une controverse*, A. Colin, 1996.
- M. Piatelli-Palmarini, « Théories du langage, théories de l'apprentissage : le débat entre Jean Piaget et Noam Chomsky », colloque de Royaumont, Seuil, 1975.

L'ÉDUCATION, PORTE OUVERTE SUR LE SENS

ENTRETIEN AVEC JEROME BRUNER*

On ne peut comprendre l'homme sans tenir compte de la culture dans laquelle il est inséré. Cette idée-force de Jerome Bruner, l'un des grands noms de la psychologie cognitive, ouvre la voie à de nouvelles approches éducatives.

Sciences Humaines : **Vous êtes l'un des fondateurs de la psychologie cognitive. Mais cette discipline a pris une orientation qui n'est pas celle que vous souhaitiez initialement. C'est en quelque sorte, à vos yeux, un enfant qui a mal grandi.**

Jerome Bruner : Les premiers psychologues cognitivistes avaient pour but de découvrir et de comprendre les significations que l'être humain élabore sur sa propre existence et sur le monde qui l'environne, à l'époque du béhaviorisme dominant, où l'on ne s'intéressait pratiquement qu'aux comportements observables. De nos jours, l'importance des états mentaux est très largement admise chez les chercheurs en psychologie, mais un glissement s'est opéré au fil des ans.
L'intérêt ne porte plus sur la construction du sens mais sur le traitement de l'information, en prenant l'ordinateur comme modèle de fonctionnement de l'esprit humain, ce qui constitue un nouveau réductionnisme.
L'erreur du béhaviorisme était de ne s'intéresser qu'aux comportements, tandis que l'erreur des sciences cognitives est de s'intéresser aux processus mentaux, mais sans tenir compte de la culture dans laquelle baigne l'individu. En ce qui me concerne, j'étais au départ un psychologue strictement expérimentaliste travaillant sur la perception, mais j'ai toujours pensé qu'il est ridicule de tenter de comprendre l'homme sans tenir compte de l'ambiance culturelle dans laquelle et par laquelle il opère dans le monde. Je préconise le développement d'une psychologie cognitive orientée culturellement.

* *Professeur à l'Université de New York. Un des fondateurs de la psychologie cognitive* (voir encadré page suivante).

SH : **En quoi consiste une telle vision de la psychologie ?**

J.B. : Le postulat central de cette approche est que l'esprit se constitue au travers de la culture. J'aime beaucoup l'image proposée par Wittgenstein d'une corde dont chaque brin est un être humain.

Jerome Bruner, psychologue du sens

Jerome Bruner est né à New York en 1915. Après avoir obtenu son doctorat de psychologie à l'université de Harvard, il a accompli la plus grande partie de sa carrière en tant qu'enseignant dans cette institution. Il est président de diverses associations scientifiques, dont l'Association américaine de psychologie. Son œuvre scientifique est imposante : dix-huit ouvrages et plus de trois cents articles scientifiques, essentiellement consacrés à la psychologie de l'éducation.

C'est l'un des pères fondateurs de la psychologie cognitive. En 1956, il publie l'ouvrage *A Study of thinking* qui porte sur la catégorisation et l'acquisition des concepts. A une époque où domine la vision béhavioriste (qui s'intéresse exclusivement aux comportements), il montre que les sujets mettent en œuvre des stratégies mentales afin de résoudre activement des problèmes. L'ouvrage bouleverse une tradition bien ancrée et ouvre de nouvelles voies de recherche, qui conduiront à l'émergence de la psychologie cognitive.

Ouvrages publiés en français

- *L'Education, entrée dans la culture ; les problèmes de l'école à la lumière de la psychologie culturelle*, Retz, 1996. Jerome Bruner applique à l'éducation ses réflexions sur la psychologie culturelle. Selon lui, l'éducation ne peut être réduite à un processus de traitement de l'information, mais doit aussi aider l'élève à construire du sens et lui permettre ainsi de s'intégrer à la culture dont il dépend.
- *Car la culture donne forme à l'esprit*, Eshel, 1991. Ce livre critique l'orientation actuelle de la recherche en psychologie, qui tend à comparer le cerveau à un ordinateur. Il invite le lecteur à accorder de l'importance à la culture, qui permet à l'individu de donner un sens au monde qui l'entoure.
- *Comment les enfants apprennent à parler*, Retz, 1987.
- *Savoir dire, savoir faire*, Puf, 1983.

La signification que chacun de nous donne du monde et de soi-même est modelée par la culture et dépend de l'existence préalable d'un système symbolique partagé par les membres d'une communauté. Il est donc essentiel d'étudier comment ce système de valeurs, d'échanges et de pouvoirs que constitue une culture, influe sur les personnes qui en sont membres.

Or, si les anthropologues se sont intéressés à la culture, il n'en a malheureusement pas été de même des psychologues.

***SH :* Vous tenez à rattacher la recherche en psychologie à des applications pédagogiques, comme en témoigne votre dernier ouvrage, *L'Education, entrée dans la culture*. Quelle est votre conception de l'éducation ?**

J.B. : On peut envisager deux conceptions apparemment antinomiques. Sachant que l'homme est la seule espèce qui emploie l'éducation comme façon de transmettre la culture d'une génération à l'autre, on peut estimer que l'éducation a pour but de reproduire la culture dans laquelle elle est située. Mais nombreux sont ceux qui estiment que la finalité de l'éducation est surtout de rendre les gens plus autonomes et aptes à utiliser au mieux leurs capacités. En fait, ces deux interprétations ne me semblent pas nécessairement opposées. Je rejoins la pensée de Niels Bohr qui disait que le contraire d'une grande vérité peut parfaitement être une autre vérité. On peut en dire autant d'une autre antinomie apparente : l'apprentissage est à la fois un processus qui se déroule à l'intérieur du cerveau de l'individu et dans un environnement culturel déterminé.

***SH :* Vous écrivez qu'il y a quatre modèles de l'esprit humain, qui conditionnent quatre formes de pédagogie. Pouvez-vous nous les décrire ?**

J.B. : Une première conception revient à considérer que l'enfant apprend par imitation, en regardant agir un adulte ou un jeune plus expérimenté. L'éducation vise alors surtout à lui faire acquérir des savoir-faire. On peut également estimer que l'apprentissage consiste surtout à acquérir un savoir formel, déjà présent dans des livres et dans la tête de l'enseignant. Ces connaissances se présentent sous forme de propositions et de règles qui doivent être apprises, mémorisées puis appliquées. C'est la conception la plus répandue de l'éducation.

Une troisième démarche est de considérer que l'enfant est avant tout un penseur. L'enseignant qui adopte cette posture s'intéresse à ce qui se passe dans l'esprit de l'enfant, il tient compte du fait que celui-ci construit une représentation du monde qui l'environne et du fonctionnement de son propre esprit. Le rôle du maître est donc d'aider l'enfant à mieux comprendre. Mais ce processus se fait par l'intermédiaire de l'argumentation plutôt que de l'autorité, l'éducation étant conçue comme un échange intersubjectif.

Une dernière conception est de considérer que l'enfant est capable de savoir. Selon cette perspective, l'enseignement devrait aider les enfants à saisir la différence entre ce qui est un savoir personnel et ce que l'on doit savoir selon la culture d'appartenance.

J'estime que l'enseignement devrait user alternativement de ces quatre méthodes, selon les circonstances et les thèmes abordés. Il y a encore trop de rigidités au sein des établissements scolaires et chez les enseignants, qui prétendent que la seule méthode efficace est celle qu'ils pratiquent. Mais je pense aussi que l'on a trop développé l'apprentissage formel (la deuxième approche) au détriment des autres. De plus, on a délaissé dans les écoles les arts de la narration, comme le chant, la fiction et le théâtre. Ce qui revient à éliminer un aspect très important de la personne car il y a en l'être humain une prédisposition à organiser le vécu sous forme narrative, en construisant des intrigues. En fait, nous avons deux manières d'appréhender le monde : la pensée logico-scientifique, qui est plutôt consacrée au traitement des éléments physiques, et la pensée narrative qui concerne les liens que nous établissons avec les autres.

***SH :* Votre orientation humaniste vous a conduit à étudier les programmes visant à développer les capacités intellectuelles des jeunes issus de milieux défavorisés.**

J.B. : Je me suis notamment intéressé au programme Head Start qui a été expérimenté à grande échelle aux Etats-Unis, et qui consistait à fournir aux enfants désavantagés l'occasion d'utiliser leurs compétences dans un environnement stimulant, afin de prendre confiance en eux-mêmes et pouvoir ainsi mieux s'adapter à l'environnement scolaire. Ce programme a parfois été critiqué sous prétexte que les gains en QI obtenus par les enfants disparaissent au bout de quelques années. Le coup d'accélérateur provoqué initialement ne se maintient pas ultérieurement dans la scolarité des enfants issus du ghetto. Certes, Head Start n'a pas abouti à un miracle général, mais un bilan plus global, réalisé après vingt-cinq ans de programme, a clairement démontré que parmi les jeunes qui en ont bénéficié, il y a moins de délinquants, et ils sont le plus souvent mariés, avec des enfants et un emploi. Par ailleurs, le coût global du programme Head Start est bien inférieur aux coûts du chômage. Depuis quelques années, je suis avec attention le remarquable travail de recherche-action que mène Ann Brown dans des écoles d'Oakland en Californie. Elle propose à des élèves de résoudre des problèmes, par exemple *«que faire pour résorber la marée noire consécutive à la catastrophe de l'Exxon-Valdez en Alaska, en 1989 ?»* Elle a ainsi développé chez eux «l'agentivité», c'est-à-dire la capacité de contrôler efficacement leur activité mentale, en la dirigeant vers un but. Mais, à cette occasion, les enfants ont fait bien plus que réfléchir sur le monde qui les entoure. En effet, Ann Brown a mis l'accent sur l'enseignement mutuel ; non seulement les élèves émettent des hypothèses, mais ils les négocient avec les autres, en particulier avec leurs maîtres. Ils occupent également le rôle d'enseignant, en apprenant à leurs camarades qui maîtrisent moins un domaine de connaissances, ce qui les amène à réfléchir et à découvrir de nouveaux moyens d'utiliser leur esprit. Les observations d'Ann Brown ont mis clairement en évidence que pour permettre aux étudiants de progresser, il faut d'abord les amener à élaborer les bonnes questions. Une fois qu'on obtient les bonnes questions, les bonnes réponses arrivent toutes seules.

***SH :* Vous affirmez qu'on peut tout enseigner à un enfant, quel que soit son âge. C'est là une déclaration plutôt surprenante.**

J.B. : C'est effectivement le cas, même si c'est parfois difficile. L'important, c'est de trouver une présentation adaptée à l'âge de l'enfant. On peut commencer avec une base intuitive simple et progresser vers une forme stricte et formalisée. Par exemple, pour enseigner les mythes, on peut commencer par enseigner des fables telles que *Le Lièvre et la Tortue*, puis présenter la même chose sous une forme plus symbolique ou logique. On peut également enseigner de la philosophie à des enfants en partant d'histoires aptes à susciter certaines réflexions en eux. Ce n'est que plus tard que l'on utilisera des termes abstraits tels qu'amitié, conscience de soi ou justice. Pour ma part, j'ai enseigné les fonctions du second degré en mathématiques en commençant avec une balance, en faisant faire des triangles, puis en proposant des règles plus abstraites. Les capacités du jeune enfant sont plus importantes qu'on le pense habituellement.

Propos recueillis par
JACQUES LECOMTE
(*Sciences Humaines*, n° 67, décembre 1996)

Jean-Luc Roulin et Catherine Monnier*

La mémoire de travail : un outil pour penser**

Pour converser, calculer, lire, il est nécessaire de garder temporairement en tête certaines informations afin de pouvoir les manipuler. Selon les psychologues, c'est la mémoire de travail qui joue ce rôle.

Nous connaissons tous cette situation. Nous sommes en train de calculer mentalement une opération un peu complexe – *« 35 x 9 ?, ça fait... 5 x 9 = 45, et puis 30 x 9 = 270... »* – et soudain, quelqu'un nous interrompt : *« Dis, tu n'aurais pas un stylo ? »* Et voilà, tout est à recommencer. Nous venons d'oublier les étapes intermédiaires du calcul. Oublier ? Utilisons-nous donc notre mémoire pour faire un calcul mental ? Est-ce la même mémoire que celle qui nous permet de retenir notre adresse, ou de se souvenir des vacances de l'été dernier ?

Non, selon les psychologues. Ils ont depuis longtemps fait une distinction entre une mémoire immédiate, à court terme, et une mémoire différée, à long terme. La mémoire immédiate ou à court terme n'est capable de retenir des informations que pendant une durée de quinze à vingt secondes. De plus, elle ne peut retenir qu'une quantité limitée d'informations, généralement de 5 à 9. Pour mesurer cette mémoire très particulière, on demande à une personne de se rappeler immédiatement, et dans le même ordre, après une seule présentation, des séries de mots ou de chiffres. Le nombre maximum d'éléments que la personne est capable de rappeler est appelé son empan.

Mais à quoi peut bien servir une mémoire tout juste capable de retenir

---

* Respectivement maître de conférences à l'université de Savoie et maître de conférences à l'université Paul-Valéry de Montpellier. Jean-Luc Roulin a coordonné l'ouvrage *Psychologie cognitive*, Bréal, 1998.

** *Sciences Humaines*, n° 107, juillet 2000.

plus de 7 informations pendant quinze à vingt secondes ? Les psychologues s'attendaient à ce qu'elle joue un rôle important dans des activités complexes comme le raisonnement ou la résolution de problèmes. En effet, pendant l'exécution d'un problème, on doit maintenir en tête un certain nombre d'informations : l'objectif de la tâche, les consignes, les résultats intermédiaires (il ne s'agit pas de refaire plusieurs fois la même chose), etc. D'autres activités mentales, comme lire un texte ou avoir une conversation avec quelqu'un, nécessitent également d'utiliser la mémoire à court terme : il faut se souvenir temporairement de la phrase précédente pour comprendre la suite du texte, ou de la question qu'on nous a posée pour y répondre adéquatement.

Une mémoire pour travailler

En étudiant les relations entre mémoire à court terme et activités intellectuelles, les chercheurs ont très vite vu la nécessité de distinguer deux caractéristiques de la mémoire immédiate : d'une part, la capacité à maintenir des informations dans le même ordre (ce qui permet par exemple de retenir un numéro de téléphone le temps de le composer) ; d'autre part, la capacité à maintenir et à manipuler mentalement des informations (ce que nous faisons par exemple lorsque nous rangeons mentalement dans l'ordre alphabétique une série de mots). Lorsqu'on examine le lien entre mémoire à court terme et intelligence, on peut en effet voir que ces deux aspects, simple répétition et répétition avec manipulation, n'ont pas le même statut : par exemple, la capacité à rappeler dans l'ordre des séries de chiffres de plus en plus longues est une tâche qui corrèle peu avec les épreuves d'intelligence ou le quotient intellectuel (QI). En revanche, se rappeler des chiffres dans l'ordre inverse de présentation (il faut alors réorganiser le matériel présenté) corrèle plus significativement avec le QI. L'importance de cette capacité à maintenir et à manipuler de l'information a conduit certains chercheurs à préférer le terme de mémoire de travail à celui de mémoire à court terme.

Le modèle le plus connu de la mémoire de travail est celui des psychologues anglais Alan Baddeley et Graham Hitch, défini en 1974, repris de façon plus élaborée en 1986 par A. Baddeley (1). Ce dernier la décrit sous la forme d'une structure tripartite, comprenant un administrateur central assisté de deux systèmes-esclaves, la boucle phonologique et le calepin visuo-spatial *(voir le schéma ci-contre)*.

L'administrateur central est en quelque sorte le cerveau du système. Etant donné les capacités limitées de la mémoire de travail, son rôle est décisif : il a essentiellement une fonction régulatrice de l'activité et une fonction de gestion des ressources de traitement. C'est lui qui nous permet de gérer plusieurs choses en même temps, comme retenir le résultat intermédiaire d'un calcul tout en continuant l'opération.

Le premier système-esclave est la boucle phonologique. C'est le sous-système le mieux connu, sans doute parce qu'il

1. A. Baddeley, *Working Memory*, Oxford University Press, 1986 ; A. Baddeley, *La Mémoire humaine*, Presses Universitaires de Grenoble, 1993.

Le modèle de la mémoire de travail d'Alan Baddeley

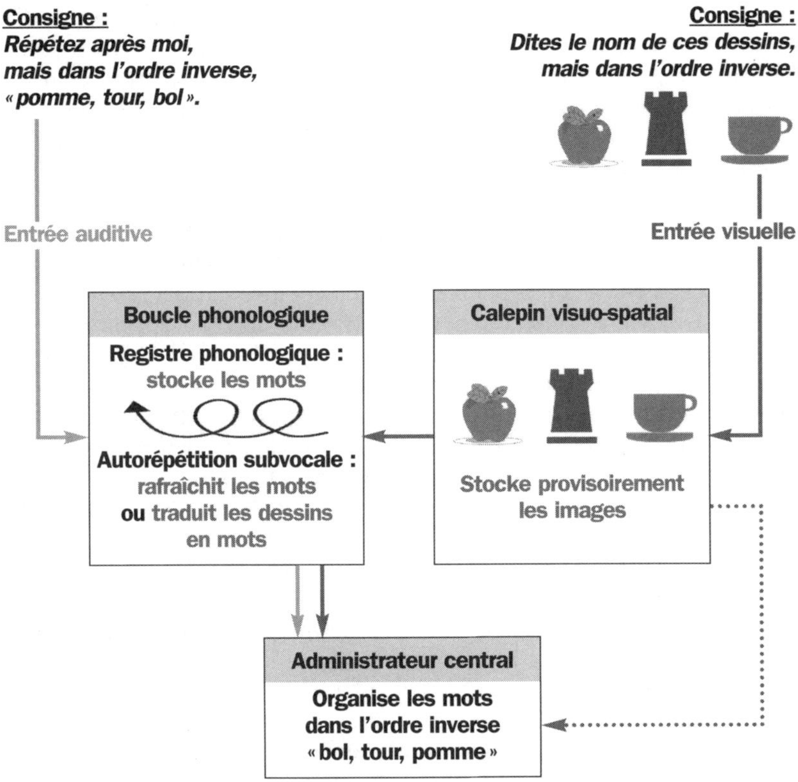

Le modèle d'A. Baddeley est fait de trois composantes. Dans cette expérience, on demande de répéter dans l'ordre inverse des mots lus à voix haute (consigne de gauche). La boucle phonologique permet de garder les mots en tête. Si, en revanche, on demande de relire dans l'ordre inverse les noms de dessins (consigne de droite), le traitement est différent : le calepin visuo-spatial intervient pour maintenir les images, et l'autorépétition subvocale pour les traduire en mots. Dans les deux cas, l'administrateur central manipule les items pour les placer dans l'ordre inverse.

concerne les informations verbales, plus faciles à étudier que les informations visuelles. Ce sous-système est constitué de deux composantes : la première est le registre phonologique qui stocke temporairement (pendant environ deux secondes) l'information. Pour maintenir plus longtemps l'information dans ce registre, il existe un second composant, dit d'autorépétition subvocale, qui la réactive continuellement de façon cyclique. C'est exactement ce que nous faisons lorsque nous répétons mentalement un numéro de téléphone le temps de le composer. Cette autorépétition est aussi le mécanisme qui permet de transformer une information visuelle (des dessins ou des mots écrits) pour lui permettre d'être maintenu par ce sous-système phonologique.
Cette formalisation simple de la boucle phonologique permet d'interpréter non seulement des résultats anciens, mais elle est également à l'origine de la formulation d'hypothèses originales. Les psychologues avaient ainsi remarqué que les personnes retenaient (à court terme) moins bien des listes de mots qui sont très proches phonologiquement (comme bateau, chapeau, crapaud, marteau) que des listes de mots très différents (comme maison, photo, bouquin, lunette). C'est ce qu'ils appellent l'effet de similarité phonologique, qui confirme le stockage de l'information en format verbalisable. Ils ont aussi observé qu'une série de mots courts (à une seule syllabe) est mieux restituée qu'une série de mots longs (à trois ou quatre syllabes). Ils appellent cela l'effet de longueur de mots. On montre aussi que ces deux effets disparaissent lorsque, en présentation visuelle, on bloque la boucle phonologique en demandant de répéter continuellement un mot comme « trois, trois, trois » pendant la présentation du matériel à mémoriser.
Le second système-esclave est celui qui gère les informations de types visuels et qu'A. Baddeley appelle le calepin visuo-spatial. Il serait responsable du maintien des informations visuelles et spatiales, ainsi que de la formation et de la manipulation des images mentales. Il intervient par exemple lorsque nous maintenons en tête le chemin parcouru dans un bâtiment inconnu pour pouvoir refaire le trajet inverse. On appelle ce système visuo-spatial, mais il apparaît actuellement aux chercheurs qu'il faut dissocier les composantes spatiales (lorsque la mémorisation des localisations d'objets est l'objectif principal) et les composantes visuelles (où ce sont des caractéristiques visuelles qui sont à maintenir, comme des formes ou des couleurs).

Une question d'attention

D'autres modèles de la mémoire de travail mettent davantage l'accent sur la notion d'attention ou de ressources attentionnelles. Ils considèrent que la mémoire de travail n'est pas simplement en rapport avec le nombre d'informations que l'on peut maintenir en mémoire, mais est en relation avec le nombre d'informations qu'il est possible de traiter simultanément. On peut retrouver l'origine de cette approche, dès 1973, dans le modèle des ressources attentionnelles de Daniel Kahneman (2).

2. D. Kahneman, *Attention and Effort*, Prentice Hall, 1973.

Dans ce modèle, on suppose que chacun d'entre nous dispose de ressources mentales limitées, qui déterminent la qualité et/ou l'efficacité des traitements. Nous connaissons tous l'importance de la concentration lorsque nous devons exécuter plusieurs tâches à la fois. Dans ce cas, les ressources mentales sont bien mobilisées, mais elles sont allouées de façon partagée, et on pourra choisir d'accorder plus d'attention à un traitement plutôt qu'à un autre.

Selon l'attention portée aux différentes tâches, notre efficacité dans chacune sera cependant plus ou moins diminuée. Par exemple, si nous devons téléphoner tout en conduisant, nous pourrons décider de porter moins d'attention à la conversation lorsque le trafic exige plus d'attention. Mais inversement, on expliquera aussi la dégradation systématique des performances des automobilistes lors de l'utilisation du téléphone mobile, l'attention étant mobilisée pour une conversation à distance. Selon Nelson Cowan, les capacités de la mémoire de travail seraient dépendantes de ces ressources attentionnelles qui, si elles sont importantes et disponibles, permettent d'activer et de maintenir plus d'information en mémoire (3).

Dans ce cadre de recherche, d'autres facteurs attentionnels permettent aussi d'expliquer la variation des performances de la mémoire de travail. Par exemple, il arrive que nous traitions automatiquement des informations qui mobilisent involontairement l'attention. Dans ce cas, c'est notre capacité à inhiber ces informations non pertinentes qui nous permettra de maintenir notre niveau de performance en mémoire de travail.

Résoudre un calcul mental

Ces conceptions attentionnelles de la mémoire de travail ne sont pas en contradiction avec la conception de A. Baddeley. En fait, elles peuvent être comprises comme des formalisations particulières de l'administrateur central. Celui-ci joue en effet le rôle direct d'interface entre les systèmes mnésiques, comme les systèmes-esclaves qui stockent les informations phonologiques ou visuo-spatiales, et la cognition, au sens plus général du terme.

L'introduction du terme mémoire de travail souligne que l'étude de la mémoire à court terme n'est plus une étude de la mémoire pour elle-même, mais de la mémoire dans ses relations avec les activités cognitives en général. La dimension de gestion des ressources attentionnelles par l'administrateur central prend ici toute son importance. Mais contrairement à ce que l'on pourrait penser, les relations entre mémoire de travail et activités intellectuelles ne sont pas simples et univoques. En effet, si l'on peut trouver dans la littérature des recherches mettant en évidence des corrélations significatives entre mémoire de travail et activités intellectuelles, celles-ci sont non systématiques. On ne peut pas mettre en évidence une relation de cause à effet directe entre mémoire de travail et développement ou performances intellectuelles. Actuellement, les recherches s'intéressent plus particulièrement à des groupes d'activités spécifiques, comme le développe-

3. J.-L. Roulin et C. Monnier, « La mémoire de travail », dans F. Eustache, B. Lechevalier et F. Viader, *La Mémoire : neuropsychologie clinique et modèles cognitifs*, De Boeck université, 1996.

Jouer avec sa mémoire de travail

Pour comprendre le fonctionnement de la mémoire de travail, les chercheurs ont inventé toutes sortes de tâches. Chacune implique différents aspects de la mémoire de travail. En voici quelques-unes, de plus en plus difficiles.

1. On vous lit à voix haute les listes de mots qui suivent. Répétez-les immédiatement après, et dans le même ordre.

– *chat, verre*
– *pomme, tour, bol*
– *vitre, lac, main, cure*
– *pic, livre, bal, marche, terre*

La difficulté de la tâche augmente avec le nombre de mots. La plupart des gens échouent autour de 7 mots. On appelle « empan » le nombre de mots que quelqu'un est capable de rappeler sans faute. On peut faire le même exercice avec des mots présentés un à un par écrit, ou avec des dessins d'objets. Pour faire ce type de tâche, les « systèmes-esclaves » décrits par A. Baddeley (boucle phonologique et calepin visuo-spatial) suffisent.

2. Refaites le même jeu avec les mêmes mots, mais cette fois, rappelez-les dans l'ordre inverse.

– *chat, verre ; réponse : verre, chat*
– *pomme, tour, bol ; réponse : bol, tour, pomme*

La tâche est plus difficile et demande plus de concentration. En effet, en plus de retenir les mots, il faut les réorganiser, les manipuler. C'est l'administrateur central *(voir schéma page 191)* qui s'en charge, pendant que la boucle phonologique les rafraîchit pour les empêcher de s'effacer. On risque néanmoins de se rappeler un plus petit nombre de mots sans erreur.

3. Lisez les phrases qui suivent à voix haute et dite pour chacune d'entre elles si elle est grammaticalement correcte. Ensuite, rappelez le dernier mot de chaque phrase, dans l'ordre de présentation.

Le chat est dormi sur le lit (incorrect), la fête s'est déroulée sur la place (correct), il mange des crémeux gâteaux (incorrect) ; réponse : lit, place, gâteaux

Cette épreuve demande de maintenir temporairement en mémoire des mots (le dernier de chaque phrase) tout en effectuant une activité de traitement (lire à voix haute et juger la grammaticalité de la phrase suivante). L'administrateur central est à nouveau essentiel : il permet de consacrer de l'attention au jugement de la phrase, pendant que la boucle phonologique retient les derniers mots.

ment du vocabulaire, le calcul, le développement du langage, la compréhension de texte écrit, etc. Voyons ce qu'il en est à partir de deux exemples, le calcul et le vocabulaire.

Comme nous l'avons dit plus haut, il est évident que la mémoire de travail joue un rôle important dans le domaine arithmétique, et plus spécifiquement, celui du calcul mental. Pour le comprendre, les chercheurs ont essentiellement étudié les capacités d'adultes. Lorsqu'il est confronté à une opération élémentaire, comme 4 + 3 = ?, l'adulte, pour qui cette opération et sa solution ont été sur-apprises, récupère directement la solution du calcul en mémoire à long terme. En revanche, lorsqu'il doit résoudre une opération plus complexe, comme 52 + 34 = ?, il doit décomposer l'opération complexe en calculs élémentaires et il doit maintenir en mémoire les résultats intermédiaires. La mémoire de travail contribuerait donc largement aux performances dans ce type de tâche. La plupart des recherches étudiant son rôle dans le calcul mental ont utilisé un paradigme particulier, dit de double tâche. Il consiste à faire résoudre mentalement une opération en imposant en même temps une tâche secondaire, censée solliciter les ressources d'un composant spécifique de la mémoire de travail (par exemple, répéter « le, le, le » pour mobiliser la boucle phonologique, toucher des localisations dans l'espace pour mobiliser le calepin visuo-spatial, ou encore produire une série de lettres dans un ordre aléatoire pour mobiliser l'administrateur central).

Suivant l'ampleur des perturbations induites sur la performance en calcul mental, on peut en déduire le rôle des différentes composantes de la mémoire de travail. On a ainsi pu montrer que la boucle phonologique serait impliquée dans le comptage et dans le maintien des nombres sur lesquels porte l'opération. Le calepin visuo-spatial interviendrait lorsque l'opération est présentée visuellement et lorsque la disposition spatiale des nombres est importante pour une résolution correcte. Enfin, l'administrateur central serait impliqué dans l'initiation, la planification et le contrôle des procédures de calcul mises en œuvre, ainsi que dans la récupération des informations en mémoire permanente.

Chez l'enfant, les stratégies pour réaliser mentalement une opération évoluent avec l'âge. Confronté à un calcul élémentaire, l'enfant procède d'abord par comptage à partir du chiffre le plus grand, puis grâce aux apprentissages scolaires, il se créerait, en mémoire permanente, un répertoire des solutions associées aux calculs élémentaires. L'enfant serait progressivement capable de récupérer directement ces solutions en mémoire, tout comme l'adulte. On peut donc s'attendre à ce que la contrainte imposée par la mémoire de travail sur l'activité de calcul mental s'amenuise avec l'âge.

Acquérir un nouveau vocabulaire

Les chercheurs en psychologie se sont également intéressés au rôle de la mémoire de travail dans l'acquisition du vocabulaire. C'est un peu après son premier anniversaire que l'enfant produit son premier mot et l'on assiste, entre

Les 5 mémoires selon Endel Tulving

En 1995, le psychologue américain Endel Tulving propose un modèle d'organisation de la mémoire en cinq systèmes (1). Ils collaborent pour remplir les trois fonctions de la mémoire : enregistrer les informations nouvelles (l'encodage), les conserver (le stockage), et les récupérer (la récupération). Selon les systèmes, leur action peut être automatique et non consciente (c'est-à-dire « implicite ») ou contrôlée et volontaire (c'est-à-dire « explicite »).

La mémoire procédurale : apprendre des actions
Cette mémoire nous permet d'apprendre à rouler à vélo ou à faire une multiplication. Elle est en fait spécialisée dans la mémorisation de procédures, motrices ou cognitives. Elle travaille de façon automatique et non consciente.

La mémoire épisodique : retenir des moments uniques
La lumière particulière d'un paysage de vacances, le déroulement précis du nouvel an 2000, la liste des courses à faire ce soir, voilà ce que nous permet de retenir la mémoire épisodique. Elle permet de contextualiser dans le temps et l'espace les informations issues de la mémoire sémantique et enregistre le souvenir précis d'un épisode passé, avec toutes ses caractéristiques uniques. C'est elle qui permet d'apprendre par cœur une liste de mots afin de les rappeler plus tard ou de rechercher volontairement un événement passé. Elle est également essentielle pour nous donner l'impression consciente d'avoir nous-mêmes vécu des événements.

La mémoire sémantique : avoir des connaissances
Cette mémoire contient toutes nos connaissances générales et abstraites, depuis nos connaissances sur les pommes et les oiseaux, en passant par la formule de la surface du losange ou les prénoms de nos frères et sœurs. Elle donne une signification aux objets en les comparant aux connaissances stockées antérieurement. On peut accéder à ces connaissances soit de façon automatique et non consciente (dans la plupart des situations de la vie quotidienne), soit volontairement (lorsqu'on restitue ses connaissances).

Le système de représentation perceptive : reconnaître les formes
Reconnaître une fleur, un visage ou une chaise suppose l'action du système de représentation perceptive. Avant même d'en connaître le nom ou l'usage, il encode les caractéristiques perceptives d'une situation. En les comparant aux informations qu'il

a stockées, il organise en images structurées les lignes, couleurs et sons multiples de l'environnement. Il travaille de façon automatique et non consciente et est entre autres responsable du traitement des images subliminales (où nous « voyons » inconsciemment une image présentée très brièvement).

La mémoire de travail : garder en tête l'information
Comment se souvenir de la question qu'on vient de nous poser pour pouvoir y répondre ou, comme le fait une calculette, des étapes intermédiaires d'un calcul mental ? Grâce à la mémoire de travail, qui enregistre et maintient l'information issue de la mémoire sémantique sous une forme hautement accessible pendant une très courte période de temps. Elle permet donc de conserver l'impression d'un stimulus après sa disparition physique, et d'exercer des opérations cognitives dessus.

1. « Organisation of memory : quo vadis ? », dans M.S. Gazzaniga, *The Cognitive Neurosciences*, MIT Press, 1995.

19 mois et 2 ans, à une véritable explosion de vocabulaire. Bien que tous les jeunes enfants aient une grande facilité pour apprendre les mots de leur langue maternelle, on observe cependant des différences interindividuelles importantes. Jusqu'à 5 ans environ, il semble que ce qui explique le mieux ces différences soit la composante phonologique de la mémoire de travail. Par exemple, Susan Gathercole et ses collaborateurs ont montré qu'il existait une relation entre la capacité des enfants à retenir sur un temps bref un nouveau mot, ou ce qu'on appelle un non-mot (par exemple le terme batoute), et le niveau de connaissance en vocabulaire. Une bonne performance des enfants dans la répétition de non-mots est associée le plus souvent à un vocabulaire plus étendu.

Dans une autre étude longitudinale (les enfants sont examinés à plusieurs reprises au cours de leur développement), S. Gathercole a aussi montré que l'aptitude à répéter des non-mots à 4 ans permet de prédire le niveau de vocabulaire à 5 ans. Enfin, dans l'une de leurs recherches, S. Gathercole et A. Baddeley constituent deux groupes d'enfants de 5 ans sur la base de leur capacité à répéter des non-mots (bons répétiteurs et mauvais répétiteurs). Il est proposé à ces enfants d'apprendre des noms d'animaux imaginaires, ces noms pouvant être familiers (par exemple, Michael, Pierre) ou non familiers (par exemple, Sommel, Piemas). Il s'avère que les enfants mauvais répétiteurs mettent plus de temps que les enfants bons répétiteurs pour apprendre les noms non familiers. Il semble donc que la composante phonologique de la mémoire de travail joue un rôle essentiel dans l'apprentissage d'un vocabulaire nouveau, et cela avant 5 ans. Construire une représentation stable en mémoire permanente de la forme phonologique d'un mot serait lié à la capacité à élaborer une représentation phonologique temporaire la plus précise possible (4).

Au-delà de 5 ans, la contrainte imposée par la composante phonologique de la mémoire de travail sur l'acquisition du vocabulaire s'amenuise au profit des connaissances lexicales dont dispose déjà l'enfant. En effet, il apparaît que l'enfant plus âgé s'appuie sur les mots qu'il connaît pour mémoriser une forme phonologique nouvelle. Il est également en mesure d'utiliser, pour mémoriser les mots nouveaux, les connaissances dont il dispose concernant les régularités sonores rencontrées dans sa langue maternelle. Avec l'extension de son vocabulaire, la contribution de la mémoire de travail phonologique s'affaiblit donc. Notons que lors de l'apprentissage d'une deuxième langue dont les sonorités sont éloignées de la langue maternelle (anglais pour des enfants finlandais de 9 ans), la contrainte imposée par la composante phonologique de la mémoire de travail est à nouveau maximale.

Le changement de terminologie de la mémoire immédiate, appelée non plus mémoire à court terme mais mémoire de travail, n'est pas seulement une finesse de langage. Il s'agit d'un regard nouveau sur cette mémoire bien particulière, capable de ne conserver que quelques éléments d'information pendant quelques secondes. Les psychologues ont en effet découvert qu'en plus d'un rôle de stockage momentané de l'information, la mémoire immédiate était fortement impliquée dans les possibilités de manipulation et de réorganisation de cette information. Comme son nom l'indique, l'administrateur central est aussi l'objet de toute l'attention des chercheurs. C'est en effet lui qui, par son rôle central, donne à la mémoire immédiate une nouvelle dimension : sa capacité à travailler sur ou avec l'information. D'où le terme de mémoire de travail (5).

4. S.E. Gathercole et A. Baddeley, *Working Memory and Language*, Lawrence Erlbaum, 1993.
5. A lire également : D. Gaonac'h et P. Larigauderie, *Mémoire et fonctionnement cognitif : la mémoire de travail*, Armand Colin, 2000.

CHAPITRE V

La relation pédagogique

Marguerite Altet*

LES STYLES PÉDAGOGIQUES**

Pour établir un contact avec ses élèves et présenter une matière, chaque enseignant a un style particulier, qui peut d'ailleurs varier selon les situations. En prendre conscience permet de modifier éventuellement ce style afin d'améliorer les conditions d'apprentissage.

Les pratiques véritables des enseignants et formateurs d'adultes présentent une très grande variété selon les praticiens. Elles témoignent également d'une très grande variabilité chez le même enseignant d'une séquence à l'autre, d'une année à l'autre (1). Les chercheurs en éducation ont montré que les pratiques d'enseignement ou de formation sont complexes et ne peuvent se réduire à l'application de méthodes définies *a priori*. D'abord parce qu'il n'existe pas une méthode d'enseignement ou de formation bonne en soi, définissable scientifiquement, qui permettrait la réussite de tous, en tout temps et en tout lieu.

C'est plutôt la mise en œuvre d'une méthode par le formateur dans un contexte donné qui en fait son efficacité. Il n'est pas possible de comparer ou d'évaluer les méthodes d'enseignement ou de formation pour elles-mêmes en les isolant des autres variables de la situation. L'impact des pratiques tient à de multiples facteurs autres que la méthode. Mais cet impact est réel : des recherches constatent qu'il existe un «effet enseignant» sur les apprentissages.

Cet effet, différent de l'«effet établissement» et de l'«effet classe», a été statistiquement défini comme étant de

* Professeur de sciences de l'éducation à l'université de Nantes, responsable du Centre de recherche en éducation de Nantes (CREN), auteur de *La Formation professionnelle des enseignants*, Puf, 1994.

** *Sciences Humaines*, hors-série n° 12, février/mars 1996.

1. M. Bru, *Les Variations didactiques dans l'organisation des conditions d'apprentissage*, Editions universitaires du Sud, 1991.

l'ordre de 16 % sur les acquisitions (2). Reste la difficulté à l'isoler; des travaux sur des modélisations permettant d'appréhender cet effet sont en cours (3).

Actuellement, il semble d'abord essentiel de commencer par des travaux de description systématique des pratiques réelles des enseignants ou formateurs en situation, pour essayer de restituer leur fonctionnement pédagogique dans les processus enseignement-formation-apprentissage et tenter de repérer ce que ces pratiques induisent chez les apprenants. Il s'agit de voir en quoi ce que font les enseignants modifie ce que font les apprenants et modifie les «conditions d'apprentissage». Ce sont les processus enseignement-formation-apprentissage dans leurs interactions qui seront présentés à l'aide d'outils descripteurs. Bien sûr, la situation de formation initiale à l'école diffère de celle de la formation continue des adultes : les élèves constituent un public contraint, les adultes sont volontaires et actifs dans leur formation; la finalité de l'école consiste à faire acquérir des savoirs et à socialiser, tandis que la formation des adultes vise à développer les compétences professionnelles et personnelles; les savoirs scolaires sont essentiellement abstraits, les savoirs utilisés en formation s'efforcent de répondre à des problèmes concrets. Bernard Charlot résume cette distinction en définissant l'enseignant comme «l'homme des concepts» et le formateur d'adultes comme «l'homme des médiations» (4).

Néanmoins, enseignants et formateurs se retrouvent face à des apprenants et mettent en œuvre des pratiques pédagogiques qu'il s'agit de décrire : tel est précisément le rôle du concept de «style pédagogique». Dans cette perspective, les chercheurs ont mis au point des instruments pour explorer les types de pratiques des enseignants et formateurs.

Dès les années 50, de nombreux travaux nord-américains ont ainsi dégagé divers styles d'enseignement. Ce concept de style a été utilisé dans deux sens différents : comme moyen de classification générale, puis d'identification individuelle.

Décrire les pratiques pédagogiques

Dans un premier temps, il a ainsi servi d'instrument de classification pour recenser des traits généraux communs à plusieurs enseignants. Par exemple : style traditionnel (centré sur le contenu) ou moderne (centré sur l'apprenant); direct (qui influence ce que fait l'élève) ou indirect (qui laisse faire l'apprenant); style formel (structuré), informel (souple) ou mixte.

Mais ce type d'approche a mésestimé les facteurs venant des apprenants et de la situation. Un second courant de recherche, à l'inverse, prend en compte les effets des situations de formation sur les pratiques. Dans cette optique que j'appelle «processus interactifs-contextualisés», on utilise le concept de

2. M. Duru-Bellat, J.-P. Jarousse et A. Mingat, «Mieux analyser l'impact des pratiques pédagogiques», *Les Evaluations*, Presses universitaires du Mirail, 1992.
3. M. Altet, M. Bru, P. Bressoux et C. Leconte-Lambert, «Etude exploratoire des pratiques d'enseignement en classe de CE2», *Les Dossiers de la Direction de l'évaluation et de la prospective*, n° 44, 1994; n° 16, 1995.
4. B. Charlot, «Enseigner, former : logique des discours constitués et logiques des pratiques», *Recherche et formation*, n° 8, 1990.

style comme un outil pour repérer les caractéristiques distinctives de chaque enseignant.

Diverses manières d'être, de communiquer et de faire

S.N. Bennett a repéré douze styles à partir de divers «choix stratégiques de la conduite de la classe», diverses manières de faire au niveau de la planification, de l'intervention, de la discipline, de l'évaluation (5).

D'autres chercheurs ont préféré une approche par les «manières d'interagir» en centrant leurs observations sur le style relationnel de l'enseignant (Anderson : style dominateur ou style socio-intégratif; Lewin, Lipitt et White : style autoritaire, démocratique ou laisser-faire (6) *(voir le texte d'Edmond Marc p. 215)*. D'autres encore ont analysé les «manières d'être», les façons employées pour traiter l'information, et dégagé le style personnel d'apprentissage de l'enseignant (7).

Certains ont aussi pris en compte les «tactiques» mises en œuvre en classe par rapport aux stratégies préalablement fixées. Selon les critères retenus, les catégorisations sont nombreuses mais elles privilégient toutes une dimension sur l'autre.

A l'inverse, j'ai tenté de définir le style pédagogique en prenant en compte trois dimensions constitutives interdépendantes : la dimension «style personnel», c'est-à-dire la manière dominante personnelle d'être de l'enseignant; la dimension «style relationnel, interactionnel», c'est-à-dire sa manière dominante personnelle d'entrer en relation; enfin la dimension «style didactique», c'est-à-dire sa manière dominante personnelle de faire, d'organiser la situation pédagogique; trois dimensions étroitement liées entre elles.

• **La dimension «style personnel».** Elle est liée à la personnalité du formateur. Il s'agit de faire émerger ses opinions, ses attitudes, ses conceptions pédagogiques, son acceptation d'autrui, son rapport au savoir, ses théories implicites, ses attentes. Ce travail d'explicitation des représentations peut être mené sur les modalités d'action de l'enseignant, la place qu'il accorde au savoir, l'image qu'il a de lui et des élèves sur son propre style d'apprentissage. Ainsi, certains enseignants n'hésitent pas à faire de leur cours une véritable mise en scène : tel ce professeur mimant de façon personnalisée le serment du Jeu de paume.

Certains enseignants privilégient un style pédagogique structuré, alors que d'autres adoptent plutôt un style informel. Certains enseignants reproduisent dans chacun de leur cours un véritable rituel : le plan est annoncé, le cours se déroule toujours selon les mêmes modalités. D'autres, plus flexibles, préfèrent varier et improviser.

On peut situer les comportements des enseignants ou formateurs sur une échelle qui va d'un axe structurant centré sur le processus enseigner et le pôle savoir, à un axe stimulant privilégiant le

5. S.N. Bennett, *Teaching Styles : a Typological Approach*, NFER Publishing Company, 1975.

6. R. Lipitt et R.K. White, «Une étude expérimentale du commandement et de la vie en groupe», A. Lévy, *Psychologie sociale, textes fondamentaux anglais et américains*, Dunod, 1978 (texte américain en 1939).

7. M. Huteau, *Style cognitif et personnalité; la dépendance-indépendance du champ*, Presses universitaires de Lille, 1987.

processus former et le pôle apprenant.

• **La dimension « style relationnel, interactionnel ».** A côté de son style personnel, il y a, chez tout enseignant, une manière de communiquer avec l'élève et d'intervenir dans le groupe. Si enseignement et formation sont avant tout un travail interactif, le style relationnel, c'est la manière de créer un certain climat, de développer des modes de communication (notamment non verbale), et surtout de montrer une certaine habileté à être en relation avec les élèves, à avoir « le contact », à percevoir les réactions des apprenants. En relevant le nombre, l'origine, la destination, la forme des interactions dans plusieurs séquences de classe ou de formation menées par un même praticien, on retrouve, quelles que soient les modalités didactiques choisies par l'enseignant, une certaine stabilité de cette dimension relationnelle. Nous avons ainsi dégagé des styles relationnels ou interactionnels privilégiés par chaque enseignant :

– l'instructeur s'adresse au groupe collectif, à la cantonade;

– le questionneur d'individus s'adresse essentiellement à l'apprenant en le désignant;

– le questionneur échangeur mixte dirige à la fois ses messages vers le groupe et vers des individus;

– le moniteur-guide laisse l'initiative des messages à l'élève et régule les échanges dans les groupes.

Les enseignants de style instructeur et questionneur d'individus sont à l'origine de la plupart des interactions, et organisent des échanges de communication verticaux. Leur mode de communication est de type « séduction-persuasion ». Par exemple, on pose une question dans laquelle la « bonne réponse » est incluse.

Chez les enseignants de style questionneur échangeur mixte ou moniteur-guide, les interactions viennent autant des élèves que des enseignants; les relations sont plus horizontales, fondées sur le dialogue. Leur mode de communication est de type « écoute-échange ». C'est le cas, par exemple, de l'enseignant qui accepte de suspendre le déroulement de son cours si on lui demande de parler d'un problème d'actualité.

• **La dimension « style didactique, organisationnel ».** Elle est caractérisée par le choix et l'organisation des modalités didactiques, des stratégies et des méthodes mises en œuvre par chaque enseignant. Souvent confondue avec le style pédagogique dans son ensemble, cette dimension concerne les facteurs organisationnels et gestionnaires de l'enseignant ou du formateur : sa manière de gérer le temps, la mise en place des activités de groupe, l'implication des élèves, la passation des consignes sont des organisateurs stables des pratiques (8).

Les observations ont permis de distinguer des profils comportementaux stables :

– celui d'une centration sur le contenu : le processus enseigner est privilégié, les enseignants sont de type dirigeants et les élèves des exécutants;

– celui d'une centration sur l'apprenant : le processus former est développé, les enseignants sont plutôt gui-

8. M. Altet et coll., *op. cit.*

dants et les élèves acteurs. Les situations d'apprentissage mises en place (cours magistral, cours dialogué, travail de groupe ou travail individualisé), l'outil d'apprentissage privilégié (tableau ou livre, source documentaire diversifiée, fiches de travail individualisées) permettent de repérer des styles didactiques différents : expositif, interrogatif, incitatif, animation, guide et mixte-flexible. Donc, le repérage des facteurs personnels, psychosociologiques, organisationnels permet de définir un style pédagogique, et par là même d'aider à analyser, à caractériser une pratique, au-delà de sa variabilité.

Un outil pour améliorer la pédagogie

Mais à partir de leur style pédagogique, certains enseignants se «polarisent» sur des modes d'organisation, de gestion et d'action stables et invariants; beaucoup d'autres, au contraire, modifient leurs types d'intervention, leurs stratégies, selon les contextes ou les publics. Même si elles sont dépendantes les unes des autres, les dimensions personnelle et relationnelle d'un style sont en permanence influencées et modifiées par la dimension didactique.

Au niveau opératoire, le concept de style reste un outil essentiel pour la formation. Si l'on veut modifier les pratiques dans ce domaine encore faut-il, dans un premier temps, amener le formateur à décrire ses propres pratiques et à prendre conscience de son style dominant dans toutes ses dimensions. Il s'agit de lui fournir un outil conceptuel de lecture de ce qu'il fait et induit, pour l'aider à s'adapter aux situations changeantes et diversifiées qu'il rencontre. Benjamin Bloom a montré qu'en offrant aux enseignants une image exacte de leur style et en les sensibilisant à agir sur leurs propres décisions, on les amène à modifier leurs styles d'interaction avec les élèves, à varier leurs stratégies pour diversifier leurs pratiques, ce qui permet d'améliorer les conditions d'apprentissage des élèves (9). Une formation professionnelle des enseignants visant une transformation personnelle et professionnelle des acteurs s'appuie non sur des théories mais sur des pratiques réelles. Pour mener cette analyse des pratiques, des outils descripteurs deviennent essentiels : le concept de style pédagogique en est un. L'enregistrement vidéo de séquences réelles de classe permet non seulement l'analyse des pratiques des formateurs, mais aussi celle des variables de situation et de contexte. Il facilite la prise de conscience de ce qui est fait et la conception de nouvelles situations d'enseignement, la mise en place de conditions d'apprentissage variées, la construction de stratégies compensatoires diversifiées plus adaptées aux apprenants. Les enseignants parviennent ainsi à se détacher de leur style dominant, à varier leurs actions et, comme le suggère Louis Legrand «*à minorer leur style au profit de la technique*», à s'adapter à leur public (10).

9. B. Bloom, 1982, «Le défi des deux sigmas», M. Crahay, D. Lafontaine (dir.), *Hommage à De Landsheere*, Nathan-Labor 2000, 1986.
10. L. Legrand, *La Différenciation pédagogique*, Scarabée, 1986.

Evaluer l'élève : tout un art

Selon quels critères les enseignants évaluent et orientent-ils leurs élèves ? Une étude (1) menée auprès de 1000 enseignants de collèges, lycées d'enseignement général et lycées professionnels, permet d'établir trois profils différents.

Un quart des personnes interrogées prônent une sélection rigoureuse, axée sur les seules performances des élèves et souhaitant ne recevoir dans leurs classes que ceux ayant de « vraies chances » de réussir. Dans ce groupe se trouvent fortement représentés les enseignants de lycée général, les plus diplômés (agrégés par exemple), en langue vivante ou discipline littéraire.

A l'opposé, un tiers de l'échantillon adopte une attitude « compréhensive ». Ils sont plus enclins à considérer l'investissement personnel et non pas simplement les résultats scolaires. Ils partagent la conviction qu'il est important de permettre au plus grand nombre de poursuivre des études longues. On trouve cette position majoritairement chez les enseignants de lycées professionnels et, dans une moindre proportion, chez les professeurs de collège ; souvent enseignants de disciplines technologiques ou scientifiques, ce sont les plus nombreux aussi à considérer que leur fonction s'apparente pleinement au métier d'éducateur et de travailleur social, à l'opposé du groupe « sélectif » qui refuse ces deux vocables.

45 % des enseignants adoptent une attitude intermédiaire de « neutralité bienveillante », qui consiste à mettre de côté leurs convictions personnelles et à ne pas trop user de leur autorité pour influencer les orientations. Comme les enseignants « compréhensifs », ils ont majoritairement une image positive de leurs élèves et le sentiment d'exercer un métier plutôt reconnu – alors que les enseignants sélectifs le voient plutôt déconsidéré.

Même si une telle typologie n'épuise pas la variété des profils d'enseignants, elle montre que le devenir des élèves n'est pas indépendant de ce que certains chercheurs ont qualifié d'« effet-maître », d'« effet-établissement » et d'« effet-discipline ».

MARTINE FOURNIER

1. P. Périer, « Les conceptions des enseignants des collèges et lycées en matière d'évaluation et d'orientation scolaire des élèves », CRDP d'Amiens, *Carrefour de l'éducation*, n° 6, juillet/décembre 1998.

Clermont Gauthier*

L'EFFET ENSEIGNANT**

Tous les maîtres ne se valent pas. Mais quelles sont les qualités et les attitudes qui font « l'enseignant efficace » ? A partir de recherches de terrain, Clermont Gauthier apporte des éléments de réponse, tout en invitant à une interprétation prudente.

FREINET, Freire, Montessori, Skinner, Piaget… ces visionnaires ont proposé des manières novatrices d'enseigner. Ces approches pédagogiques, malgré leur mérite incontestable, ne sont cependant pas le lot de la majorité des enseignants. En effet, ceux-ci ne sont pas les partisans enthousiastes d'un courant pédagogique particulier, ils sont des pédagogues qui peuvent à l'occasion intégrer dans leur enseignement une pratique nouvelle, mais dont le profil pédagogique d'ensemble demeure malgré tout plutôt classique. C'est le travail de ces pédagogues que nous aimerions examiner, en nous appuyant sur un vaste corpus de recherches empiriques, conduites en contexte anglo-saxon dans des classes élémentaires et secondaires.

Les recherches menées au cours des trente dernières années montrent en effet qu'il existe des différences importantes entre ces enseignants : autrement dit, certaines pratiques pédagogiques sont associées à des gains d'apprentissages chez les élèves, d'autres moins. Pour bien saisir ces disparités, partons de la distinction proposée par Walter Doyle, pour qui l'enseignement comporte deux grandes fonctions qui sont inter-reliées (1) : la gestion de la matière

* Professeur à la Faculté des sciences de l'éducation de l'Université Laval. Auteur, avec J.-F. Desbiens, A. Malo, S. Martineau et D. Simard, de : *Pour une théorie de la pédagogie. Recherches contemporaines sur le savoir des enseignants*, De Boeck et Presses de l'Université Laval, 1997.

** Texte inédit.

1. W. Doyle, « Classroom organisation and management », dans M.C. Wittrock (dir.), *Handbook of Research on Teaching*, MacMillan, 1986.

et la gestion de la classe. Chaque fonction peut être analysée à partir d'un triple point de vue : de la planification, de l'interaction et de l'évaluation.

La gestion de la matière

Cette fonction pédagogique couvre l'ensemble des opérations de planification, d'enseignement et d'évaluation que l'enseignant mobilise pour faire apprendre un contenu aux élèves.

• **La planification.** Les recherches montrent que le travail de planification favorise l'apprentissage des élèves. Il permet à l'enseignant d'anticiper la manière d'organiser le travail du groupe, d'attirer son attention sur le contenu de la matière à voir et sur les processus qui se déroulent en classe.

Une bonne planification semble se caractériser par la minutie et non par la rigidité. Les enseignants qui planifient d'une façon excessivement rigide et détaillée se concentrent trop sur le contenu à enseigner et ne sont pas assez attentifs aux élèves. Cela peut les empêcher de tirer avantage de ces moments propices qui surgissent quand les élèves posent des questions et donnent des réponses inattendues.

L'établissement *a priori* de buts ou d'objectifs explicites à atteindre facilite l'apprentissage des élèves. Les enseignants doivent faire en sorte que les objectifs soient pertinents pour les élèves et d'un niveau cognitif à leur portée. Les contenus exercent aussi une influence considérable sur la réussite des élèves : les enseignants favorisent l'apprentissage quand ils planifient de façon à lier les nouvelles connaissances à celles que les élèves possèdent déjà, à intégrer différents champs de connaissances.

Enfin, les enseignants dont les élèves semblent mieux réussir planifient en tenant compte de l'environnement d'apprentissage : par exemple, ils déterminent un temps prévu à l'enseignement des matières, préparent le matériel au préalable, prévoient son emplacement, rendent l'environnement attrayant, tiennent compte des niveaux cognitifs pour diviser les élèves en groupes, prévoient des alternatives en cas de contretemps.

• **La matière proprement dite.** Il existe une relation positive et significative entre la clarté de la présentation et la réussite des élèves. Présenter clairement signifie que l'enseignant souligne les aspects importants du contenu, utilise de bons exemples, emploie un langage précis, répète plus d'une fois (redondance), articule clairement, évite l'emploi de termes vagues ou inutilement compliqués et s'exprime sans hésitations *(«hum», «eeeee»)*. Il apparaît qu'avec l'expérience du métier une sorte d'usage économique et fonctionnel du langage se développe chez certains et que les enseignants jugés plus efficaces s'expriment de façon moins fréquente.

Une leçon bien conçue prévoit une période de temps où il est possible pour les élèves de s'exercer. Les recherches montrent que les enseignants les plus efficaces accordent (au secondaire) en moyenne 24 minutes (dans une période de 50 minutes) en démonstration et en pratique guidée tandis que les moins efficaces y consacrent seulement 10 minutes.

Par ailleurs, le fait d'enseigner à l'ensemble de la classe est relié positivement à l'apprentissage. Cela ne veut pas dire que les activités individuelles ne sont pas importantes. Mais, pour être pleinement efficaces, elles devraient porter sur la consolidation et l'automatisation des connaissances acquises en cours, être accompagnées de consignes précises, comporter des éléments de nouveauté et de variété, offrir des défis, être graduées et permettre un haut niveau de succès (90 à 100 %). En outre, et ceci est essentiel, les enseignants doivent être en mesure d'en assurer un suivi attentif durant leur déroulement. Leurs rétroactions sont à la fois régulières, spécifiques et détaillées. La rétroaction corrective et l'emploi d'indices exercent un effet très important sur l'apprentissage des élèves. De même, la réussite des élèves est plus élevée quand les contenus sont présentés avec suffisamment de redondance – notamment en répétant et en revoyant les règles, les concepts clés – pour faciliter le suivi de la présentation et la perception des liens entre les énoncés.

Beaucoup de recherches ont examiné l'utilisation des questions par les enseignants. Une mauvaise façon de vérifier la compréhension des élèves consiste à poser peu de questions, à se contenter de demander s'il y a d'autres questions, à croire qu'il n'est pas nécessaire de vérifier la compréhension de la matière présentée, à n'interroger que les volontaires. La clarté des questions formulées par les enseignants est un facteur important à considérer. Les élèves ont évidemment de la difficulté à répondre aux questions vagues ou quand l'enseignant pose deux questions ou plus sans même attendre une réponse à la première d'entre elles.

Les enseignants qui posent plus de questions pendant le travail de groupe favorisent davantage l'engagement pendant le travail individuel et, plus généralement, poussent la réussite des élèves. Les enseignants les plus efficaces posent en moyenne 24 questions durant une période de 50 minutes (constaté en mathématiques), comparativement à 8,6 questions pour les enseignants moins efficaces. Le fait d'exiger une réponse semble favoriser la réussite des apprenants. Pour ce faire, il est nécessaire de soutenir l'interaction avec le répondant, en lui répétant la question, en la simplifiant, en lui fournissant des clés de compréhension, en attendant qu'il livre une réponse plus substantielle…

• **L'évaluation** fréquente en lecture et en mathématiques favorise l'apprentissage et la réussite scolaire de ces matières, en exigeant des élèves un plus grand effort de même qu'en procurant une rétroaction intermittente. Les évaluations courtes et rapides *(quiz)* sont supérieures aux examens finaux. De même, les enseignants qui utilisent différentes formes d'évaluation influencent davantage l'apprentissage que ceux qui ne le font pas. Il doit y avoir une relation entre ce qui a été enseigné et ce qui est évalué. Des résultats ont montré en effet que, dans les meilleurs cas, jusqu'à 30 % (et jusqu'à 47 % dans les situations les pires) de ce qui fut évalué n'avait jamais été couvert en classe.

L'adoption de critères élevés de correction par les enseignants semble aussi favoriser la réussite des élèves. Cela s'ex-

plique selon les chercheurs par le fait que ceux-ci sont amenés à faire davantage d'efforts, à porter une attention plus soutenue durant les cours et à produire de meilleures performances aux tests.
Par ailleurs, les résultats de recherches montrent que les enseignants qui acceptent une part de responsabilité personnelle dans la performance de leurs élèves semblent plus efficaces que ceux qui ne le font pas. Dans le but de vérifier si leurs méthodes pédagogiques fonctionnent, ces enseignants utilisent une variété de moyens d'évaluation comme la révision mentale d'une leçon ou d'un épisode interactif avec les élèves, l'enregistrement de la vie de la classe sur bande magnétoscopique dans le but de revoir le tout, l'observation par un collègue en vue d'une discussion ultérieure, la tenue d'un journal sur ses pensées et ses sentiments.

La gestion de la classe

Cette fonction est le versant complémentaire de l'enseignement du contenu. Il n'est pas donc surprenant de constater que les bons gestionnaires de classe tendent à être également de bons enseignants des contenus, et *vice versa*. La gestion de la classe se déroule en trois moments : la planification, l'interaction avec les élèves et, enfin, l'évaluation.

• **La planification.** Les travaux de recherches indiquent que les premières semaines de l'année scolaire (et même celles précédant le début de l'année) sont particulièrement importantes. L'enseignant veille alors à la planification, à l'implantation et à la communication de règles, de procédures, de relations et d'attentes vis-à-vis des élèves. Il est donc important non seulement que ces derniers soient conscients des comportements qui sont attendus d'eux, mais aussi que les règles, procédures soient systématiquement expliquées et pratiquées. Les recherches montrent aussi que les enseignants qui obtiennent le plus de succès dans la gestion de leur classe planifient et évoquent les conséquences qu'entraîne la violation des règles déjà explicitées.
Par ailleurs, la recherche fait ressortir le rôle stratégique des routines. Celles-ci contribuent à produire plusieurs effets positifs tels que la réduction du nombre d'informations devant être traitées par les enseignants, la diminution du nombre de décisions à prendre pendant l'intervention, l'accroissement de la stabilité des activités, le maintien de l'ordre de la classe, l'augmentation de la disponibilité des enseignants face aux réactions des élèves, la stabilisation de la situation d'apprentissage, la baisse de l'anxiété des élèves, la diminution de l'occurrence des interruptions et, enfin, la responsabilisation des élèves.

• **L'interaction avec les élèves.** Les enseignants efficaces reconnaissent rapidement et anticipent les comportements indésirables susceptibles de se propager à l'ensemble du groupe et de perturber l'ordre établi, prennent des mesures appropriées avant que le désordre apparaisse et disposent de procédures et de techniques variées permettant de contrôler ces situations. Il semble que l'ordre créé durant les premiers jours de l'école prédise le degré d'engagement des élèves ainsi que que le niveau de perturbation de la classe pour le reste de l'année scolaire. Les résultats de ces recherches montrent que la fréquence des interventions ayant pour but d'interrompre les problèmes de comportement se situe aux alentours de 16 par heure. Les interventions réussies auprès des élèves tendent à se faire en privé, à l'insu du groupe ; elles sont brèves, n'interfèrent pas avec le flot des événements de la classe et n'invitent pas à des commentaires supplémentaires de la part de l'élève visé ou des autres élèves. Les enseignants efficaces utilisent soit des signaux non verbaux (gestes, contact direct des yeux, proximité), soit de courtes interventions verbales *(«Chhh !», «Attends !», «Arrête !», «Non !»).*

Lorsqu'ils se voient obligés de sévir, les enseignants cherchent à faire accepter la responsabilité de la faute par les élèves concernés. Ils les informent également de l'attitude acceptable et des conséquences éventuelles entraînées par la reproduction des comportements inadéquats. Ils n'appliquent les punitions qu'en dernier recours et celles-ci sont de nature modérée. Les règles et procédures utilisées par les enseignants efficaces sont simples et fonctionnelles (donc claires, concrètes et faciles à accomplir en un temps relativement court), familières et répétées, c'est-à-dire installées sous forme de routine. Le simple fait d'établir les règles n'est en effet pas suffisant : les enseignants doivent aussi démontrer une volonté et une capacité à agir lorsqu'elles sont violées.

La supervision du travail est une dimension essentielle de la gestion de la classe et les enseignants efficaces supervisent étroitement leurs élèves au lieu de les laisser travailler toujours seuls à leur pupitre. Pendant les périodes de travail individuel, les enseignants supervisent de manière constante les activités afin de recueillir et de distribuer diverses informations leur permettant de poser des questions, de donner de courtes explications et de fournir des rétroactions ainsi que des renforcements appropriés. Cette façon de prendre le pouls du groupe, d'«habiter la classe», est positivement corrélée à la perception de l'efficacité de l'enseignant. De même, il semble que les enseignants efficaces circulent davantage dans la classe, utilisent des comportements non verbaux signifiants, maintiennent un contact des yeux avec les élèves de façon plus soutenue que les enseignants inefficaces. Les contacts avec les enseignants au cours du travail individuel augmentent d'environ 10 % le taux d'engagement des élèves.

Les synthèses de recherches permettent d'identifier trois principales dimensions au travail de supervision. La première dimension est la vigilance. Les enseignants surveillent le groupe et sont conscients de ce qui se passe dans leur classe. Par exemple, si l'enseignement est dispensé à un petit groupe et que le reste de la classe effectue du travail sur une base individuelle, les enseignants efficaces prennent la précaution de disposer les sièges de telle sorte qu'ils puissent faire face à la fois au petit groupe et aux autres élèves. La deuxième dimension de la supervision est l'attention particulière que les enseignants donnent aux écarts de comportements ou de conduite. Ils se montrent capables de les reconnaître rapidement et de les faire cesser avant qu'ils ne s'amplifient et aient des conséquences publiques. La troisième dimension de la supervision est la manière qu'ont les bons gestionnaires de classe de superviser l'allure, le rythme et la durée des événements de la classe. Il semble en effet que l'allure et le rythme soient les facteurs clés dans le maintien optimal de l'activité de la classe et la réussite des élèves. Des délais trop longs ou des changements brusques dans la façon de diriger sont souvent associés à des comportements inappropriés et perturbateurs. Les enseignants compétents cherchent à maintenir un flot d'activité régulier. Ils marquent clairement le début des transitions, les orchestrent activement et s'assurent que le temps écoulé entre les activités est bref et ordonné et que peu d'énergie est dépensée à organiser la classe ou à transiger avec l'inattention ou la résistance des élèves. Les transitions doivent être courtes, flexibles et faciles à discerner. A l'inverse, l'interruption de ce flot continu est associée à une augmentation drastique de la probabilité d'apparition de comportements déviants des élèves. L'enseignant devra alors traiter une quantité très importante d'informations dans un temps très court et prendre des décisions en situation d'urgence. C'est pourquoi les enseignants compétents évitent d'interrompre inutilement leurs leçons pour réprimander un élève.

• **L'évaluation.** Lorsque des comportements perturbateurs se manifestent, les bons gestionnaires de classe traitent en privé avec les élèves dérangeants afin d'éviter les conflits de pouvoir, et essaient de les responsabiliser avant d'envisager d'éventuelles punitions. Les effets de la punition et de la suspension montrent que ces stratégies ne sont pas, par elles-mêmes, éducatives et que, pour être efficaces, il faut les invoquer à l'intérieur d'un système de règles et de standards clair.

La suspension des élèves est une pratique très fréquente, bien que son rendement éducatif soit peu évident. Elle a souvent pour effet de priver d'école ceux qui en ont le plus besoin. L'emploi de récompenses matérielles (par exemple des jetons, des figurines) est corrélé avec une diminution des comportements déviants, l'augmentation du taux de présence en classe, la hausse du nombre de réponses correctes, l'augmentation de l'engagement des élèves. En revanche, il est à noter que les récompenses concrètes au secondaire semblent avoir peu d'influence.

Le fait de féliciter les élèves peut aider à construire leur estime de soi et à établir une relation amicale avec eux. Cependant, les corrélations entre l'emploi des éloges et les gains d'apprentissage sont faibles et vont dans plusieurs directions. Les éloges sont efficaces lorsqu'ils sont spécifiques plutôt que globaux, s'ils sont utilisés avec les élèves dépendants et anxieux, s'ils sont donnés en privé plutôt qu'en public, s'ils ne sont pas trop fréquents, s'ils sont crédibles, s'ils sont liés au contexte…

L'utilisation des critiques exige de la prudence. Selon certaines études, il n'y a aucun lien entre les critiques et l'apprentissage des élèves. Il importe de remarquer qu'environ le tiers des enseignants se comporte d'une manière telle qu'ils contribuent à maintenir une

L'effet Pygmalion : ça marche... parfois !

L'« effet Pygmalion » est un phénomène bien connu – et très controversé. Ce terme vient de l'étude de Robert A. Rosenthal et Lenore Jacobson (1), selon laquelle, lorsque des professeurs s'attendent à de bons résultats de la part de leurs élèves, ceux-ci obtiennent en effet des résultats inespérés, eu égard à leurs résultats antérieurs. Cette étude a été très critiquée, et les tentatives pour la reproduire n'ont mis en évidence qu'un effet très faible, en moyenne.

Mais Stephanie Madon, Lee Jussim et Jacquelyne Eccles (2) se sont demandé si cette moyenne ne masquait pas un effet plus important sur certaines catégories d'élèves. Pour tester cette hypothèse, ils ont évalué l'effet Pygmalion sur les résultats en mathématiques de 1539 élèves de l'Etat du Michigan. Ils ont mis à profit une étude, en cours dans cet Etat : tous les enfants, au sortir de l'école primaire, étaient soumis à un test de niveau en mathématiques. Ils ont ensuite comparé leurs performances, d'une part, aux résultats que les professeurs de mathématiques de 6e prédisaient à ces élèves ; d'autre part, aux résultats obtenus au test que passent en début de 5e tous les élèves du Michigan.

Les auteurs font le même constat que dans les précédentes études : l'attente des professeurs n'influe que faiblement sur les résultats des élèves. Toutefois, leur hypothèse est confirmée : la moyenne masque des différences sensibles entre élèves. Les attentes des professeurs influent davantage sur les élèves qu'ils surestiment que sur ceux qu'ils sous-estiment ; et davantage sur les mauvais élèves que sur les bons. D'où le résultat le plus marquant de cette recherche : les mauvais élèves surestimés par leurs professeurs sont les gagnants. Ils font de nets progrès en mathématiques.

C. BERT

1. R.A. Rosenthal et L. Jacobson, *Pygmalion à l'école*, Casterman, 1971.
2. S. Madon, L. Jussim et J. Eccles, « In Search of the Powerful Self-Fulfilling Prophecy », *Journal of Personality and Social Psychology*, avril 1997.

piètre performance chez les élèves considérés comme faibles en critiquant ces derniers plus souvent que les élèves forts. Il semble que l'usage peu fréquent et judicieux des critiques peut parfois produire des effets souhaitables chez les élèves. C'est le cas avec certains élèves du primaire issus de milieux socioéconomiques favorisés dont le rendement et la qualité des travaux étaient insatisfaisants. A l'opposé, les effets les plus néfastes des critiques se manifestent chez les élèves de l'école élémentaire provenant d'un milieu socioéconomique faible et/ou montrant des habiletés réduites.

Des résultats à lire avec prudence

Comment lire ces résultats de recherches ? Faut-il faire tout cela pour être un enseignant efficace ? Pas vraiment. N'y a-t-il pas d'autres savoirs ou habiletés dont on doit tenir compte également ? Fort probablement. Ces travaux ne couvrent pas toutes les facettes du métier et ne sauraient constituer une sorte de portrait de l'enseignant idéal. Il faut plutôt aborder la question autrement et se demander s'il est possible, chacun dans sa classe, et selon son cheminement personnel, d'utiliser ces résultats pour réfléchir sur sa propre pratique. Souvent, ces données de recherches confirmeront les enseignants dans ce qu'ils font depuis belle lurette et ont appris au gré des multiples essais et erreurs. D'autres fois au contraire, elles pourront raviver et ramener à leur conscience des stratégies qu'ils avaient déjà utilisées dans le passé mais qu'ils ont, pour toutes sortes de raisons, délaissées voire même oubliées. Enfin, cet inventaire de recherches peut aussi parfois interpeller directement les enseignants en infirmant le bien-fondé de l'efficacité de certaines pratiques installées depuis longtemps dans leur répertoire pédagogique. Mais il ne s'agit pas pour l'enseignant d'appliquer dans sa situation, de façon intégrale et à la lettre, l'ensemble de ces aptitudes. On le sait trop bien, enseigner est un métier qui se déroule dans un contexte trop complexe pour se laisser réduire à une liste de compétences. Il s'agit d'essayer d'incorporer dans sa pratique, selon son contexte et ses priorités professionnelles, certains savoirs, savoir-faire ou savoir-être afin d'augmenter son «effet enseignant».

EDMOND MARC*

SE FORMER EN GROUPE**

La psychologie ne nous aide pas seulement à mieux comprendre le fonctionnement de la classe ou du groupe de formation. Elle a aussi contribué à renouveler et à enrichir les démarches pédagogiques.

L'ÈRE DES PRÉCEPTEURS est aujourd'hui révolue. Qu'il s'adresse à des enfants ou à des adultes, l'enseignement se fait le plus souvent en groupe.

Or, ce contexte constitue une dimension fondamentale de la pratique pédagogique. Tout enseignant ou formateur sait d'expérience qu'il existe des comportements collectifs spécifiques : tel élève individuellement charmant et attentif devient infernal dès qu'il est stimulé par ses petits camarades ; tel adulte efficace dans son travail retrouve en stage des attitudes infantiles de dépendance.

Il est des manifestations que l'on retrouve peu ou prou dans n'importe quel groupe et qui semblent bien indépendantes de la personnalité des formés. C'est d'ailleurs cette perception intuitive qui alimente les appréhensions du formateur débutant : « *Comment vais-je faire face à ce groupe ? Va-t-il être coopératif ou hostile ? Vais-je savoir m'imposer ?* »

L'attention à tous ces phénomènes a inspiré une « psychologie des groupes » qui a contribué à éclairer les caractéristiques de la « dynamique des groupes » (selon le terme de Kurt Lewin) comme le *leadership*, la cohésion, le conformisme, les interactions et la communication, les processus de changement *(voir encadré p. 220)*. Mais ce secteur a aussi inspiré des pratiques pédago-

* Professeur de psychologie à l'université Paris-X-Nanterre.
** *Sciences Humaines*, hors-série n° 12, février/mars 1996.

giques originales comme le jeu de rôles, le *training group* (ou «groupe de formation») ou la non-directivité (1).
On peut situer les principaux apports de la psychologie des groupes à la pédagogie autour de trois thématiques :
– l'impact de la cohésion du groupe sur la productivité dans le travail;
– les diverses manières d'exercer un *leadership*;
– le groupe comme facteur d'apprentissage et de changement.

La cohésion du groupe, facteur d'efficacité

En prenant ses distances par rapport à une approche techniciste qui met l'accent sur l'organisation matérielle et rationnelle d'une tâche, la psychosociologie a mis en lumière l'importance des motivations, des facteurs relationnels et affectifs, du climat et du moral d'une équipe quant à son efficacité et sa productivité.
On peut citer, à cet égard, les recherches pionnières d'Elton Mayo, un des premiers psychologues à s'intéresser au fonctionnement des entreprises. En 1925, intervenant à Philadelphie dans un atelier de filature où la rotation du personnel était de 25 % par an, il démontre que la simple introduction de deux pauses de dix minutes par jour, librement gérées par les ouvriers, fait tomber le *«turn-over»* à 5 % et accroît le rendement.
Par la suite, dans une célèbre expérience à la Western Electric Company, il apporte la preuve que les facteurs psychologiques peuvent influer davantage sur la productivité que les conditions matérielles : dans un atelier où les ouvrières se sont choisies, où elles discutent librement de l'organisation du travail et perçoivent un salaire d'équipe, le rendement augmente considérablement.
D'autres expériences ont confirmé par la suite que le climat positif et la cohésion d'un groupe influent directement sur sa productivité. Elles ont permis aussi de mettre en relief les facteurs qui, outre le système des rôles et le *leadership*, concourent à la cohésion : l'attrait pour un but commun, le goût de l'action collective, le désir d'appartenance au groupe et les relations affinitaires entre les participants.
Ces facteurs socio-affectifs (liés aux émotions, sentiments, relations générés par la situation groupale), combinés aux facteurs socio-opératoires (liés à l'organisation du groupe) interviennent directement dans le degré de cohésion d'un groupe.
D'autres recherches ont confirmé que le sentiment de satisfaction est fortement corrélé avec le degré de cohésion. Dans un groupe cohésif, les participants se sentent en sécurité, participent davantage, ont une meilleure estime d'eux-mêmes, expriment une plus grande satisfaction à l'égard de l'ambiance et du travail que dans un groupe peu cohésif. Tout ceci peut s'appliquer, bien sûr, au groupe de formation.
Le sentiment de satisfaction, joint au niveau élevé des communications, au sentiment de solidarité et à la coopération active, explique la meilleure productivité et efficacité au travail du groupe

1. E. Marc et J. Garcia-Locqueneux (dir.), *Guide des méthodes et pratiques en formation*, Retz, 1995.

cohésif. Mais un autre facteur important dans ce sens est aussi le mode d'animation du groupe.

La conduite du groupe

On a souvent tendance à penser que la conduite du groupe dépend de l'ascendant personnel qu'exerce celui qui en est le leader. En réaction à cette vision réductrice, de nombreuses recherches ont montré que le *leadership* est une fonction complexe ; elle recouvre les capacités d'un individu à mobiliser les ressources d'un groupe pour qu'il puisse effectuer les tâches qui sont les siennes.
Ces recherches sont centrées sur l'aspect socio-opératoire du *leadership*. D'autres en ont éclairé les aspects affectifs, et notamment inconscients. Elles se situent dans le courant psychanalytique. Freud avait posé l'hypothèse (dans *Psychologie collective et analyse du moi)* que ce qui forge la cohésion d'un groupe, c'est une même relation de ses membres au leader ; celui-ci est pris comme idéal du moi par les membres du groupe ; à partir de là, se noue une relation d'identification entre eux. Le leader apparaît comme une image paternelle, suscitant respect et amour. Ce schéma peut être appliqué aux relations d'un groupe à son « bon » animateur : les formés « transfèrent » sur lui une image parentale et recherchent son approbation et son affection.
Prolongeant l'hypothèse de Freud, le psychanalyste Fritz Redl a essayé de l'approfondir à partir de l'observation de classes d'élèves (2). Il propose de remplacer la notion de leader par celle de « personne centrale » qui désigne l'individu autour duquel s'opère le processus de formation du groupe sur une base affective. Cette personne centrale peut prendre plusieurs figures : celle du « souverain patriarche », professeur dont l'autorité ferme et douce n'est guère contestée et qui joue un rôle de « surmoi » (de conscience) pour l'ensemble des élèves. Le « professeur-leader », aimé des enfants qui se sentent compris par lui, et qui joue pour la classe le rôle d'un modèle admiré (sorte d'« idéal du moi »). Le « tyran » qui fait régner une discipline sévère et arbitraire et qui obtient la soumission des élèves par la peur qu'il inspire ; il y a alors chez les élèves « identification à l'agresseur » (identification au surmoi sadique du professeur).
Il y a également l'« objet d'amour » (le jeune et séduisant professeur dont la partie féminine de la classe est amoureuse) ; l'« objet de haine » (qui cristallise les pulsions agressives contre lui et entraîne une forte solidarité des élèves dans leur opposition).
Mais la « personne centrale », autour de laquelle le groupe se constitue, peut également être un élève. F. Redl distingue ainsi l'« organisateur » qui permet la satisfaction de certains besoins (celui par exemple qui distribue des cigarettes à ses copains) ; le « séducteur » (qui, par un acte initiateur, permet au groupe de satisfaire ses pulsions, comme l'élève qui lance un chahut où chacun peut laisser libre cours à ses tendances agressives) ; le « héros » dont

2. F. Redl, « Emotion de groupe et *leadership* », dans A. Lévy (dir.), *Psychologie sociale, textes fondamentaux*, Dunod, 1972.

Les caractéristiques du leader efficace

Le *leadership* est une fonction complexe qui recouvre les capacités d'un individu à mobiliser les ressources d'un groupe pour qu'il puisse effectuer les tâches qui sont les siennes.
Une expérience célèbre de Lewin, Lippitt et White, réalisée en 1939, met en relation le type de *leadership*, le climat et l'efficacité d'un groupe. Elle se déroule dans un club de jeunes où trois groupes sont animés selon trois styles différents, « autoritaire », « démocratique » et « laisser-faire » :
– dans le groupe autoritaire, il y a beaucoup de tensions, une forte frustration et un taux élevé d'agressivité. Les participants sont insatisfaits et oscillent entre l'apathie et la révolte ; la violence se décharge sur le matériel avec de nombreuses dégradations ;
– dans le groupe démocratique, il y a moins de tensions, l'agressivité est plus faible et peut s'exprimer sans excès. Le groupe est productif et la satisfaction élevée ;
– dans le groupe « laisser-faire » où l'animateur laisse les jeunes se débrouiller tout seuls, la tension et l'agressivité sont très fortes, les participants sont frustrés par l'inefficacité du groupe et particulièrement insatisfaits.

le courage permet, par exemple, à la classe d'oser se révolter contre le «tyran»; le «bon exemple» qui sert de modèle aux élèves pour les aider à se conformer aux valeurs morales prônées par l'école; et, à l'inverse, la «mauvaise influence» qui stimule dans la classe toutes les attitudes indésirables (l'élève, par exemple dont les ricanements entraînent les fous rire de la classe chaque fois qu'un mot à connotation sexuelle est prononcé).

Apprentissage coopérant et changements cognitifs

Le groupe apparaît aussi comme un lieu privilégié d'apprentissage. Cela est évident en ce qui concerne la socialisation : le travail collectif, la communication, l'ajustement mutuel permettent à l'individu d'acquérir des compétences sociales. Mais c'est vrai aussi pour les apprentissages cognitifs.
Dans le courant comportementaliste, à la suite des travaux de Skinner sur le «conditionnement opérant», le psychologue Albert Bandura a contribué à réintroduire l'influence du contexte social sur les apprentissages (3). Il a montré que ceux-ci résultent, en partie, de l'imitation de modèles valorisés dans le groupe. Une autre tendance a mis l'accent sur l'importance des interactions sociales dans la construction des processus cognitifs et l'acquisition des connaissances.

3. Voir notamment *L'Apprentissage social*, Mardaga, 1980.

Pour le psychologue russe Lev S. Vygotsky, l'un des pionniers de cette approche, la pensée et l'intelligence résultent d'abord des échanges constants de l'individu avec son entourage. *«Chaque fonction psychique supérieure*, écrit-il, *apparaît deux fois au cours du développement de l'enfant : d'abord comme activité collective, et donc comme fonction interpsychique, puis comme activité individuelle, comme propriété intérieure de la pensée de l'enfant et comme fonction intrapsychique.»* (4) A la suite de Vygotsky, un courant actuel de la psychologie sociale a souligné l'impact des interactions dans un groupe de pairs et notamment du «conflit socio-cognitif» dans l'acquisition et la transformation des connaissances *(voir l'article de Marie-José Remigy p. 109)* (5). Par conflit socio-cognitif, il faut entendre la libre confrontation, à l'intérieur d'un groupe de formation, des solutions apportées par les différents participants à un même problème. Cette confrontation entraîne une meilleure progression que lorsque la solution est apportée par le formateur.

On peut dégager de ces recherches la notion d'«apprentissage coopérant», Elle désigne les capacités d'apprentissage qui résultent des interactions à l'intérieur du groupe des formés. On a pu montrer que ces interactions, faites d'échanges de points de vue, de discussions, de propositions, d'argumentations, de mises en cause, entraînent, à elles seules, un progrès collectif dans la compréhension d'un problème, la recherche de solutions, l'acquisition d'un savoir. Ainsi, Robert Pléty a essayé d'analyser quelles formes d'interactions permettent à un groupe d'élèves travaillant en équipe de résoudre certains problèmes mathématiques alors même que l'enseignant ne réussissait pas toujours à les leur expliquer (6). Dans un registre proche, la résolution collective de problèmes logiques (en dehors de la présence du formateur) au sein d'un groupe d'informaticiens en formation continue amène à un score de 10 sur 10 alors que les scores individuels à la même épreuve se situent entre 1 et 7 sur 10.

On voit donc tout ce que la psychologie des processus groupaux peut apporter à la compréhension du groupe de formation et suggère quant aux conditions de son efficacité. Cependant ce ne sont pas ses seuls apports. Elle a aussi contribué à produire de nouvelles démarches pédagogiques.

Psychologie des groupes et pédagogie

On ne peut pas présenter ici toutes ces démarches (7). Indiquons seulement un point qui leur est commun : au lieu d'envisager l'enseigné comme un simple récepteur d'un savoir transmis par l'enseignant, elles le considèrent comme le sujet actif d'un apprentissage significatif. Donnons-en quelques exemples.

• **Le jeu de rôles.** Dans les années 30, le psychologue roumain Jacob Moreno,

4. L.S. Vygotsky, «Enseignement et développement mental», dans B. Schneuwly et J.-P. Bronckart (dir.), *Vygotsky aujourd'hui*, Delachaux et Niestlé, 1985.
5. Voir notamment A.-N. Perret-Clermont, *La Construction de l'intelligence dans l'interaction sociale*, Peter Lang, 1986.
6. R. Pléty, *L'Apprentissage coopérant*, Presses universitaires de Lyon/ARCI, 1995 ; *Comment apprendre et se former en groupe*, Retz, 1999.
7. La plupart sont présentées dans le *Guide des méthodes et pratiques en formation*, *op. cit.*

Le groupe comme facteur de changement

Pendant la Seconde Guerre mondiale, les autorités américaines font appel à Kurt Lewin pour inciter les ménagères à consommer des abats, étant donné les pénuries alimentaires. Lewin teste alors deux démarches de formation. La première est la technique classique de la conférence qui cherche à persuader les auditeurs de l'utilité de consommer des bas morceaux et leur propose des recettes pour le faire. La seconde réunit les ménagères en petits groupes et les laisse débattre librement du problème. Les résultats sont étonnants : la première méthode n'entraîne un changement de comportement alimentaire que pour 3% des auditrices alors que la seconde en provoque pour 32%. Selon Lewin, la libre participation à la discussion entraîne une plus grande implication et diminue les résistances, ce qui favorise l'adoption de nouvelles normes. Ces conclusions ont été largement validées par d'autres expériences. Elles montrent qu'il est plus facile de modifier des représentations, des attitudes et des comportements en groupe qu'individuellement.

émigré aux Etats-Unis, découvre les vertus évolutives de l'action par le jeu improvisé. En entrant dans les rôles (réels ou imaginaires) et en jouant, dans le cadre du groupe, des situations problématiques, le sujet peut prendre conscience de la façon dont il communique avec autrui et découvrir de nouveaux comportements mieux adaptés au contexte social dans lequel il évolue. Par exemple, dans une formation aux relations professionnelles, Paul se plaint d'être toujours exploité par ses employeurs. L'animateur lui propose de jouer une scène avec son chef de service ; le jeu fait apparaître que Paul est incapable de dire non. Il prend conscience que cette incapacité (motivée par la peur du rejet) est la source du problème. Reprenant la même scène, il s'aperçoit qu'il est possible de dire non sans entraîner d'effets catastrophiques. L'intérêt du jeu de rôles est ainsi, dans un cadre d'apprentissage groupal, d'explorer de façon concrète une diversité de rôles.

• **Le training group ou groupe de formation.** Le *training group* est une démarche de formation élaborée par K. Lewin et ses disciples en 1946. Elle consiste à se servir de la vie plus ou moins spontanée du groupe pour essayer, avec l'aide de l'animateur, de comprendre la communication, les relations interpersonnelles et les processus de groupe (*leadership*, problèmes de cohésion, rapports aux normes, distribution des rôles, influences, rapports majorité/minorité, changement...).

Cette démarche a été appliquée à de multiples domaines : formation des psychologues, des travailleurs sociaux, des

Le groupe Balint

Ce type de groupe de formation doit son nom au psychanalyste Michaël Balint (1896-1970) qui s'est intéressé à la formation des médecins. Le groupe Balint a donc été conçu initialement pour permettre aux médecins de réfléchir collectivement sur leurs relations aux malades et à la maladie (1).

L'hypothèse sous-jacente est que l'acte thérapeutique ne se limite pas au diagnostic et à la prescription mais comporte une dimension relationnelle essentielle. Le groupe Balint réunit une dizaine de praticiens autour d'un animateur. Chaque participant est invité à présenter un cas clinique (le plus souvent difficile) qui lui pose problème. L'animateur s'intéresse surtout au « contre-transfert » du médecin, c'est-à-dire à la façon dont il réagit au malade à un niveau inconscient en fonction de sa propre personnalité et de sa propre histoire.

Ce contre-transfert, de même que les identifications du médecin (les modèles auxquels il s'identifie), sa relation inconsciente à la maladie et à la manière dont il envisage son rôle (sous-tendue par des sentiments de toute puissance ou d'impuissance) influent fortement sur la manière d'aborder le patient.

Les échanges entre membres du groupe sont très importants car ils mettent en lumière les diverses façons d'aborder un même cas. De la sorte, chaque patient est amené à comprendre en quoi sa propre démarche est influencée par sa personnalité et contraste avec celle des autres.

Conçue initialement pour la formation des médecins, la méthode du groupe Balint s'est ensuite largement étendue à d'autres professions concernées par la relation d'aide : psychologues, conseillers, travailleurs sociaux, personnels de santé…

1. M. Balint, *Le Médecin, son malade et la maladie*, Payot, 1968.

enseignants ; formation aux relations humaines dans les entreprises, formation de formateurs…
Concrètement, le groupe de formation réunit dix à quinze personnes et est animé par un spécialiste (psychologue ou pédagogue). Les participants sont invités à exprimer et à discuter librement les aspects saillants de la vie du groupe, la façon dont eux-mêmes s'organisent et communiquent. L'animateur tend à faciliter l'expression, à réguler la

vie du groupe, et l'aide à l'élucidation des phénomènes observés. Son attitude est plus ou moins «non directive» (8). Cette notion, élaborée par le psychologue américain Carl Rogers, signifie que ce n'est pas au formateur mais au formé d'orienter le processus de formation. Elle s'appuie sur l'hypothèse que toute connaissance significative (c'est-à-dire qui modifie les façons de penser et de se comporter d'un sujet) ne peut pas être transmise de l'extérieur mais découle de l'expérience vécue.
Dans ces conditions, le rôle du formateur est moins d'enseigner un savoir que d'accompagner les sujets en formation en s'appuyant sur leurs motivations, leurs intérêts et leurs démarches propres. Il tend à mettre en place un cadre favorable aux processus d'apprentissage. En France, les pédagogies non directives ont eu peu d'influence sur l'enseignement initial mais ont fortement marqué la formation des adultes.
Ces différentes démarches : jeu de rôles, *training group*, non-directivité, groupe Balint *(voir l'encadré page précédente)* – mais on aurait pu parler aussi de la méthode des cas (9), de l'analyse transactionnelle (10), ou de l'approche systémique (11) – ont toutes utilisé le groupe comme cadre mais aussi comme vecteur de l'apprentissage.
Elles se sont imposées de façon privilégiée dans les domaines de la formation aux relations humaines, à la communication, à la relation d'aide, au travail en équipe... Cependant elles pourraient – et ont pu – trouver des applications et des transpositions dans l'enseignement initial.

8. Sur la non-directivité, voir notamment M. Lobrot, *L'Animation non directive des groupes*, Payot, 1974.
9. Méthode de formation fondée sur la réflexion à partir de cas concrets, soit réels, soit reconstruits.
10. Méthode d'analyse des communications interpersonnelles ayant inspiré des pratiques de formation et de thérapie.
11. Appproche d'un phénomène sous l'angle des interactions entre les divers éléments d'un système pris comme totalité (la famille, l'entreprise...).

GILLES LECLERCQ*

LA COMMUNICATION EN PÉDAGOGIE**

Orateur, jardinier, interprète : en s'interrogeant sur la dimension communicationnelle de l'activité éducative, Gilles Leclercq distingue trois figures de l'enseignant. Il s'appuie pour ce faire sur trois théories de la formation : explicative, appropriative et dialogique.

DURANT L'ANNÉE 2000, de curieux propos se sont échangés entre des interlocuteurs dont on n'imaginait pas qu'ils puissent être d'aussi féroces ennemis. Alain Finkielkraut et Philippe Meirieu sont devenus les figures emblématiques d'une étrange diatribe qui opposerait les « républicains », défenseurs du savoir, aux « pédagogues » qui favoriseraient le centrage sur l'apprenant et la relation pédagogique.

Si la critique des pédagogues mérite qu'on lui prête attention, elle semble néanmoins travaillée par une image très statique des métiers d'enseignant et de formateur. Un moyen de dépasser cette querelle et de prendre en compte cette composante dynamique de l'acte d'enseigner consiste à s'interroger sur une de ses dimensions essentielles : la communication.

Qu'est-ce que la communication en pédagogie ? Pour répondre, il faut d'abord renoncer à l'idée selon laquelle être enseignant serait exclusivement une qualité ou un talent personnel. Affirmer cela, c'est ne pas avoir compris ou admis, comme l'explique très bien et avec beaucoup d'autres Jean Donnay (1), que les activités pédagogiques et « andragogiques » sont devenues des activités professionnelles qu'exercent plus ou moins bien des enseignants et

---

* Maître de conférences en sciences de l'éducation, Centre Université Economie Education Permanente, Université de Lille-I, Laboratoire Trigone.

** Texte inédit.

1. J. Donnay et E. Charlier, *Comprendre les situations de formation*, De Boeck, 1991.

des formateurs; des activités que nous pouvons décrire, travailler, enseigner, apprendre et pratiquer de mieux en mieux (2). La communication pédagogique y est une «compétence» professionnelle de toute première importance dont il ne faut toutefois pas surestimer la portée. Commençons donc par insister sur les marges de manœuvre limitées de l'agir pédagogique (3).

Des marges de manœuvre limitées
Traditionnellement, on distingue trois niveaux d'agir exo-éducatif, autrement dit, de l'activité d'éducation prise en charge par des institutions spécialisées (4). Au niveau global, l'éducation est pensée dans une logique d'intégration, d'adaptation et de renouvellement, de production et de reproduction sociale à destination des membres d'une société donnée. Les prescriptions, les incitations, les menées éducatives sont le fait d'associations, de collectivités locales, d'Etats, d'organisations internationales, mais aussi du marché. Il semble bien en effet que l'éducation soit entrée depuis peu dans le monde de la marchandise, comme c'est arrivé autrefois au travail, à la terre et à la monnaie (5). Signe des temps, *Le Monde* du 26 mai 2000 annonce que le premier marché mondial de l'éducation s'est ouvert à Vancouver. Le niveau intermédiaire est celui des institutions spécialisées (écoles, associations, entreprises et parmi elles des *start-up*). Quant au micro-niveau, c'est lui que décrit la figure du triangle pédagogique (6) : «face à face» certes, mais aussi côte à côte, accompagnement, formation distante en temps réel ou différé, intégrant ou non de nouvelles technologies... avec, et c'est important, une frontière parfois ténue entre l'intervention pédagogique, l'intervention sociale et l'intervention thérapeutique.

Le formateur qui conçoit et exerce une «réponse formation» vient donc en bout de chaîne comme le montre une présentation synoptique de l'agir éducatif *(voir l'encadré ci-contre)*.

Dans ce processus, le pédagogue est un fabricant de «réponses formation» qui sont en partie façonnées par une ingénierie sociale pensée au niveau global. Il participe plus ou moins à l'activité d'ingénierie de formation mise en œuvre au niveau intermédiaire. Au micro-niveau, on ne lui demande plus seulement d'être un maître du savoir, mais d'être un professionnel de l'ingénierie pédagogique, des modalités de communication pédagogique et des modes de formation. C'est le sens d'un propos tenu par Christian Janin, secrétaire fédéral du SGEN CFDT : selon lui, les enseignants vont se transformer en *«ingénieurs du savoir, organisateurs du processus d'acquisition des connaissances»* (7). Cette tendance accompagne l'évolution d'un métier qui entre

2. M. Altet, *La Formation professionnelle des enseignants*, Puf, 1993.
3. «L'esprit» de cette contribution est emprunté à un texte paru en 1999 : G. Leclercq, «La communication et la relation pédagogique», dans P. Carré et P. Caspar (dir.), *Traité des sciences et techniques de la formation*, Dunod, 1999.
4. J.-M. Ferry, *Les Puissances de l'expérience, Essai sur l'identité contemporaine*, T. 2 : *Les Ordres de la reconnaissance*, Le Cerf, 1991.
5. K. Polanyi, *La Grande Transformation*, Gallimard, 1983.
6. J. Houssaye, *Le Triangle pédagogique*, Peter Lang, 1988.
7. Voir l'article intitulé «Du maître savant à l'ingénieur du savoir» dans *Le Monde* du 8 décembre 1999.

Les niveaux d'analyse de l'agir éducatif

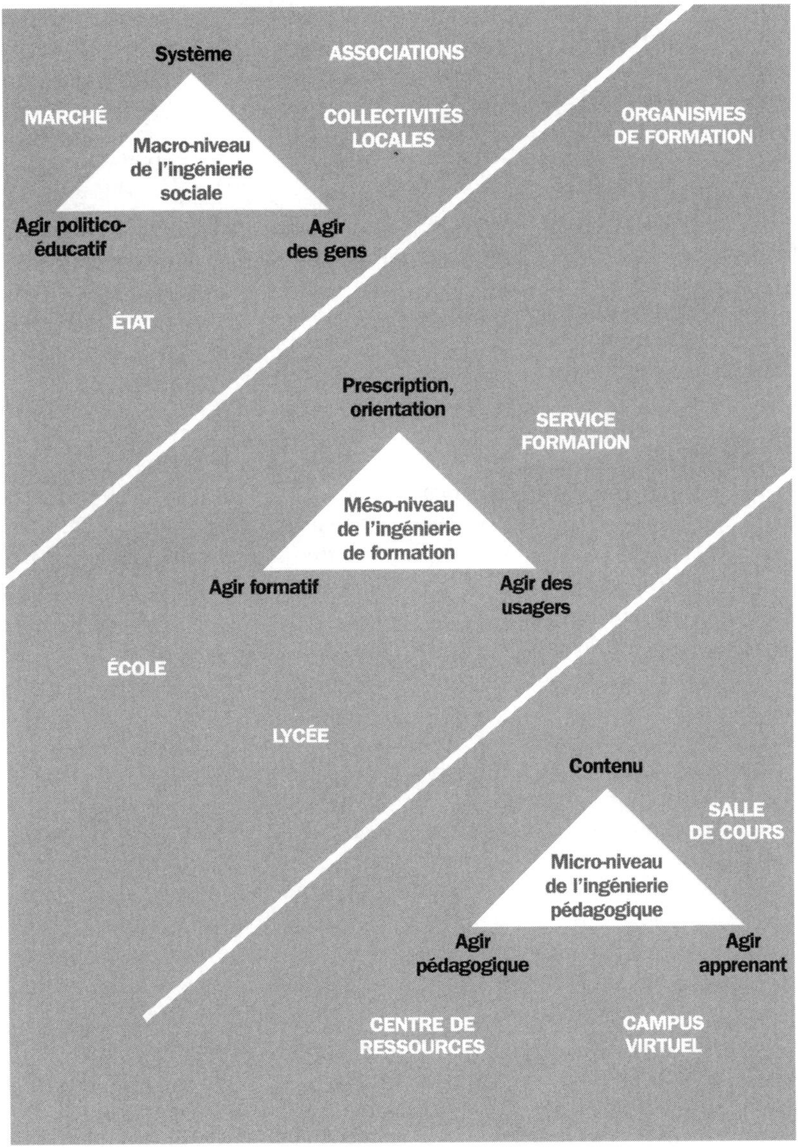

avec beaucoup d'hésitations dans l'économie des services. De fait, il existe une résistance avérée à *«la marchandisation croissante des rapports humains et des enjeux de formation»*.

Ce cadre global étant posé, nous pouvons décrire l'agir pédagogique comme une activité de conception et de mise en œuvre de réponses formation, en identifiant trois modalités de communication pédagogique et en associant à chacune une théorie de la formation.

L'activité de communication pédagogique

Une analyse «minimaliste» de l'agir pédagogique suffit pour énoncer trois modalités de communication pédagogique (MCP). Illustrons chacune de ces formules par une image un peu caricaturale… que nous prendrons soin d'assouplir par la suite.

- Le premier formateur (MCP1) ressemble à un orateur qui souhaite instruire un «élève». Il pense que former c'est *expliquer quelque chose à quelqu'un.*
- Le deuxième (MCP2) ressemble à un jardinier qui souhaite favoriser l'autotransformation d'un «apprenant». Il croit que chacun construit son propre savoir. Il pense que former c'est *mettre quelqu'un en situation de s'expliquer quelque chose à lui-même.*
- Le troisième (MCP3) ressemble à un interprète qui souhaite favoriser l'intertransformation du savoir avec un «autre». Il croit que le savoir se construit et se passe dans l'interaction. Il pense que former c'est *expliquer quelque chose avec quelqu'un.*

Pour développer ces trois modalités de communication pédagogique, nous pouvons exploiter le modèle proposé par Jean Houssaye, à savoir le **triangle pédagogique :**

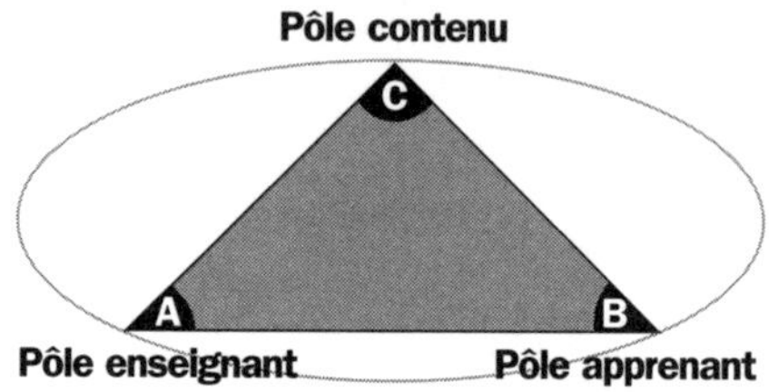

Un des pôles de ce triangle représente le contenu, la matière, le programme, bref ce qu'il y a à savoir, à savoir faire, à savoir être. Un autre pôle représente l'enseignant, le formateur, le tuteur, bref, celui qui transmet ou médiatise la connaissance. Un pôle enfin représente le formé, l'apprenant, l'élève, l'étudiant, le stagiaire, bref l'usager qui fréquente une formation. Le cercle que J. Houssaye trace autour du triangle symbolise ce dans quoi est pris l'agir pédagogique, le macro et le méso-niveau dont nous parlions précédemment : autrement dit la société, les institutions et les acteurs spécialisés qui constituent un environnement contraignant. Mais il marque en même temps une frontière protectrice qui permet aux enseignants de filtrer les enjeux de société et de mener, à l'intérieur même du processus pédagogique, une activité réflexive sur leurs théories de la formation.

Nous allons développer chaque formule (MCP1, MCP2 et MCP3) en proposant pour chacune d'elles une configuration singulière du triangle pédagogique. Cela nous conduira à identifier trois théories de la formation : une théorie de la formation *explicative*; une théorie de la formation *appropriative* et une théorie de la formation *dialogique*.

• La formation explicative ou la pédagogie à responsabilité limitée

Le formateur qui adopte cette posture est partisan d'une théorie de la formation qu'il exprime à peu près de la manière suivante : je travaille de manière intime la matière à enseigner, je cherche à la comprendre, je prépare sérieusement mon cours, j'envisage des enchaînements clairs, des objectifs et des enjeux explicites *(c'est ce qui se passe dans le rectangle)*. Il suffit qu'ensuite, mon message soit clair et cohérent pour être compris et appris par un apprenant normalement constitué *(ce qu'indique la flèche pointée vers B)*.

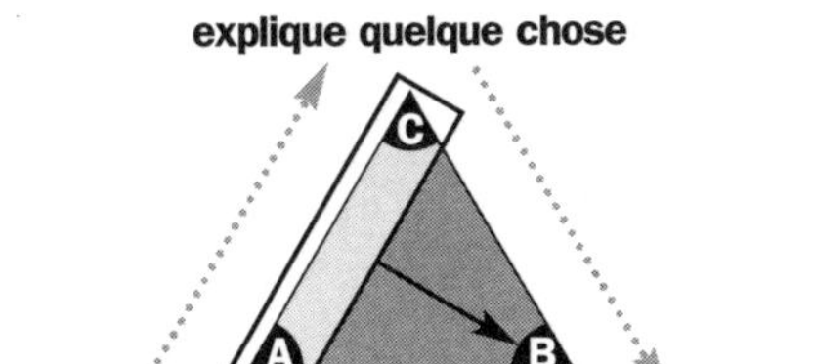

Quant au processus «apprendre», il n'apparaît qu'en creux dans cette configuration, le formateur le conçoit comme l'écho plus ou moins investi par «l'étudiant» du processus «enseigner». *A minima*, «l'élève» sera capable de répéter poliment, mais libre à lui de devenir un apprenant «professionnel», faisant l'effort de comprendre et prenant personnellement en charge le processus «apprendre». Certes, un enseignant peut à la limite imaginer qu'il déverse du savoir dans un «appris», mais la démarche explicative n'exclut pas une perspective constructiviste; les «bons élèves» sauront décoder les règles du jeu et exercer à part entière le métier d'apprenant. Sans doute est-ce, de ce fait, une modalité de formation sensible à la reconnaissance et à la valorisation du «pareil à soi», aux tentations élitistes; mais ces caractéristiques ne sont certainement pas constitutives de l'agir explicatif.

On perçoit, à travers cette conceptualisation, que les pratiques pédagogiques transmissives ou «magistrales» correspondent plutôt à une théorie explicative de la formation. Le formateur, quand il adopte cette posture, estime qu'il existe un langage commun qui lui permet d'exprimer un contenu d'enseignement de manière suffisamment univoque pour transmettre sans ambiguïté la connaissance. Chacun a d'ailleurs pu expérimenter cette modalité de communication dans sa vie d'apprenant. Certes, il est vrai que, dans certains cas, nous ingurgitons un savoir que nous nous empressons d'oublier après l'avoir restitué à son «légitime» propriétaire (par exemple après un examen); mais il arrive aussi que des situations magistrales soient immédiatement appropriatives ou qu'elles soient utilisées à retardement, quand un événement tardif éveille un appris jusque-là endormi. Voilà qui invite à se méfier d'une condamnation trop rapide de la relation magistrale. Toujours est-il que l'agir explicatif invite au partage des tâches entre l'enseignant et l'usager du dispositif et qu'il lui laisse tout compte fait beaucoup d'autonomie. On peut à ce propos parler d'une *pédagogie à responsabilité limitée.*

• La formation appropriative ou la pédagogie à responsabilité illimitée

Tout enseignant qui s'est essayé au cours magistral a fait cette expérience singulière : en contrôlant les acquis, il constate avec un certain désarroi que certains «étudiants» sont apparemment hors jeu. Seuls quelques-uns, assez rares, ont «réinventé» ce qu'il leur a enseigné.

Ce constat nous renvoie à cette étape du processus «former» laissée à la charge de l'étudiant par l'agir explicatif. C'est précisément la connaissance, puis l'exploitation de cette «jachère», que l'agir constructiviste déclare essentielles.

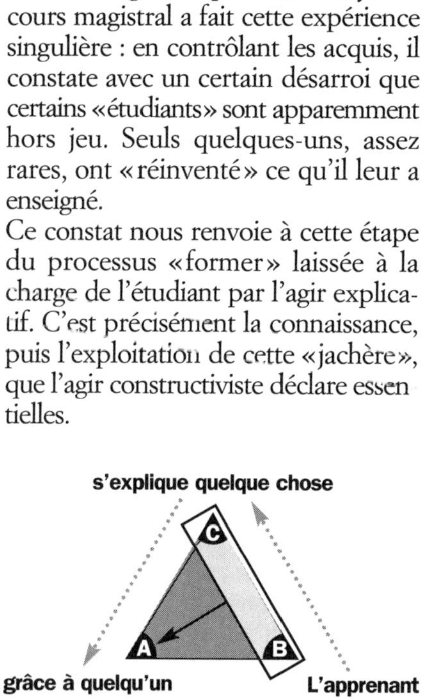

Pour le tenant d'une pédagogie appropriative, connaître cette jachère permettra de mettre chacun en situation d'apprendre et cela présuppose une connaissance de l'apprenant. Il importe alors que le formateur sache ce qu'il en est des processus d'apprentissage pour tenir son rôle, ce qui l'engage dans un *projet pédagogique à responsabilité quasi illimitée.*

En adoptant cette position, le formateur vit le processus «former» comme une soumission raisonnée du processus «enseigner» au processus «apprendre», et c'est ce qui le conduit à se méfier de la démarche explicative. Comparé à la posture précédente, le rôle du formateur s'en trouve sensiblement transformé. Pour l'apprenant, il ne s'agit plus d'apprendre en temps différé après avoir récolté du savoir, mais d'apprendre en temps réel. Pour le formateur, il ne s'agit plus d'expliquer quelque chose à quelqu'un, mais de mettre quelqu'un en situation de s'expliquer quelque chose à lui-même. Dans le rectangle qui entoure les pôles B et C s'exprime toujours une tension entre une personne et un savoir mais, cette fois-ci, l'apprenant est au centre de la scène.

Le formateur, quant à lui, souhaite être perçu comme une personne ressource, un facilitateur, un tuteur méthodologue et non comme un dispensateur de savoir (c'est ce qu'indique la flèche orientée vers A quand on l'associe à l'expression *«l'apprenant s'explique quelque chose avec l'aide de ce qu'a préparé pour lui l'enseignant»*).

De fait, la relation qu'entretient le formateur avec le savoir a désormais une existence en creux, elle est devenue mise en situation, conception d'énigmes, proposition problématique, ressource…

A une didactique du contenu médiatisée par le langage, le formateur constructiviste préfère une didactique de la mise en situation ayant pour objectif l'autoformation et pour moyen des environnements d'apprentissage qui favorisent le travail autonome, le projet d'apprentissage.

• La formation dialogique ou la pédagogie à responsabilité partagée

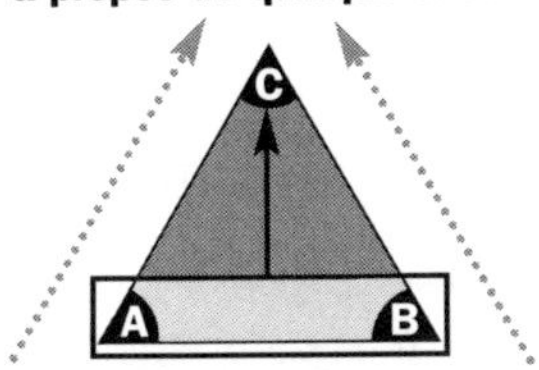

Dans cette configuration, A s'explique avec B à propos de C. Le rectangle trouve cette fois son équilibre dans la tension produite par la relation entre des personnes à propos du savoir et non plus dans la tension existant entre le savoir et une personne, que celle-ci soit l'enseignant ou l'apprenant. On conviendra qu'il s'agit là d'une démarche interconstructiviste. Le dialogue s'instaure jusqu'à ce que les locuteurs aient la certitude de s'être accordés ou éventuellement jusqu'à ce qu'ils sachent ce sur quoi ils ne s'accordent pas. Un exemple de relation dialogique extrait d'un ouvrage dirigé par Pierre Vermersch et Maryse Maurel (8) permettra d'illustrer le propos : S. est une élève de CE2 à qui J. propose une dictée de plusieurs nombres dont quatre-vingt-dix-huit, qu'elle écrit invariablement 88, et quatre-vingt-huit, qu'elle écrit aussi 88. Ce qu'ils vont comprendre ensemble, c'est que S., quand elle écrit 98, pense quatre-vingts (80) puis dix-huit (18) et qu'elle enlève les chiffres du milieu puisqu'on ne peut écrire que deux chiffres. Ce qu'ils vont comprendre aussi, c'est que pour écrire 88, S. pense 80 puis 28, ce qui, dans sa logique à elle, s'écrit aussi 88. On voit ici que le formateur dialoguiste est un spécialiste des jeux de langage, jeux de langage spécialisés certes, mais aussi jeux de langage de tous les jours. Il admet qu'il en existe une grande variété, un peu comme il existe de nombreux jeux de cartes. Il sait qu'un mot peut avoir dans telle ou telle configuration un rôle bien à lui et il est attentif à cette diversité d'usages. Dans sa pratique, il s'emploie à identifier son engagement et celui d'autrui dans la diversité langagière ; ce qui lui permet de repérer les malentendus qui naissent en formation, quand les locuteurs croient jouer au même jeu alors qu'ils jouent à des jeux différents.

Certes, notre formateur ne croit pas que tous les jeux se valent, et savoir notifier par écrit la différence entre 88 et 98 lui semble indispensable ; mais il sait qu'à un « jeu de langage » est associée une « forme de vie » et que cette dernière peut asservir fermement les convictions. Il lui faut en tenir compte dans sa démarche, non pas de manière intrusive en s'efforçant de savoir avant l'autre ce qu'il ne sait pas encore, mais en découvrant avec lui ce qui peut être su. A une pédagogie à responsabilité limitée ou illimitée, le formateur dialoguiste préfère une *pédagogie à responsabilité partagée.*

Orateur, jardinier ou interprète ?

Si nous poussions l'investigation plus loin, nous verrions que les théories de la formation que nous avons identifiées

8. P. Vermersch et M. Maurel, *Pratiques de l'entretien d'explicitation*, ESF, 1997.

renvoient à des théories de la connaissance et à des conceptions de la scientificité elles aussi identifiables : descriptive, constructiviste et pragmatique. Cela nous permettrait de fonder plus encore la distinction entre les trois modalités de communication pédagogique. Cette distinction est utile, mais il faut toutefois la relativiser.

Tout d'abord, l'agir pédagogique vécu mêle inévitablement les trois modalités de communication pédagogique et pratiquement il n'est pas possible de se passer de l'une d'entre elles. Pourtant, agir de manière explicative, appropriative ou dialogique n'est pas seulement une nécessité pratique, c'est aussi une obligation professionnelle qui conduit à tenir des rôles sociaux :

– «on» demande à l'enseignant d'être le vecteur de la tradition, d'être celui qui sait déjà, qui transfère, qui enseigne quelque chose à quelqu'un (MCP1);

– «on» lui demande aussi d'être un catalyseur de redécouverte, de ne pas être celui qui sait déjà et confisque toute possibilité d'invention sous prétexte que cela a déjà été dit. Bref, on lui demande de mettre l'autre en situation de se former lui-même (MCP2);

– «on» lui demande enfin d'être un garant du lien social dans une société démocratique et de mener avec l'apprenant une activité communicationnelle orientée à l'intercompréhension (9) (MCP3).

Communiquer pédagogiquement, c'est avoir la sagesse professionnelle de ne pas occulter ces rôles sociaux. En résumé : si une posture professionnelle invite à décomposer l'activité de communication pédagogique pour comprendre sa spécificité, elle invite aussi à la recomposer pour agir de manière pertinente. C'est ce double processus qui permet de jouer à bon escient, de manière non exclusive et sans aveuglement, les rôles d'orateur, de jardinier et d'interprète. C'est cette activité-là, me semble-t-il, bien plus qu'un centrage partisan sur l'apprenant ou sur le contenu, qui est pédagogique. Que penser alors d'une «morale» antipédagogique, si ce n'est qu'elle n'est pas très au fait de ce que c'est qu'être enseignant ou formateur aujourd'hui?

9. J. Habermas, «Explicitation du concept d'activité communicationnelle», dans *Logique des sciences sociales et autres essais*, Puf, 1987.

Chapitre VI

La construction des compétences

Louis Toupin*

LES FACETTES DE LA COMPÉTENCE**

Qu'est-ce qu'être compétent? Etre qualifié, performant, savoir s'adapter? Donner un sens personnel à son métier? Adhérer à des valeurs communes?... Les différentes conceptions d'une notion très controversée, dans le monde de la formation.

Aujourd'hui, la notion de compétence est devenue un concept clé, présent dans le monde de la formation et dans les démarches de professionnalisation. Pourtant, il est bien difficile d'en trouver une définition consensuelle.

Plus souple que celle de qualification, cette notion est aussi plus vaste et plus versatile. Elle correspond certainement davantage à un nouveau modèle du professionnel, marqué du sceau d'une autonomie certaine et d'un fort investissement identitaire. Les fonctions et les statuts ne sont plus exclusivement au service du développement d'une société moderne dominée par la rationalité instrumentale. De plus en plus de personnes définissent leurs relations avec la société et le travail en terme d'apprentissage à travers les expériences de la vie, en recherchant l'étonnement et le sens. Ce nouveau type de relation aspire à remplacer l'appauvrissement des tâches ou la surspécialisation, qui caractérisent encore la société actuelle, par la mobilisation d'une énergie émotionnelle qui permet la construction d'une identité personnelle et sociale. Dans ce contexte, les notions de rôle, de fonction et de statut demeurent, mais elles sont reconfigurées par un nouveau modèle d'action. Les démarches de professionnalisation correspondent à des parcours, à des itinéraires de plus en plus variés où formation,

* Consultant. A publié De *la formation au métier, savoir transférer ses connaissances dans l'action*, ESF, 1995.
** *Sciences Humaines*, hors-série n° 24, mars/avril 1999.

recherche, action s'entremêlent tout au long de la vie.

Afin d'éclairer ces démarches de professionnalisation, nous proposons d'identifier quatre modes de construction de la notion de compétence. La compétence peut se concevoir sur les modes **objectif, stratégique, subjectif et axiologique**. Cette typologie permet de distinguer différentes configurations de la formation, de l'évaluation et de l'action. Elle permet aussi de comprendre que la compétence est un « savoir agir » doublé d'un « pouvoir agir », et ce, dans un contexte spécifique. A cet égard, chacun des modes de construction apporte sa contribution mais n'épuise pas, à lui seul, la richesse contenue dans une compétence.

Certification et performance

Le mode **objectif** est le plus connu et le plus utilisé. Il pose comme principe que la compétence se définit indépendamment des individus, à partir des exigences auxquelles il faut se conformer pour exercer un métier, une fonction, un rôle social. A partir de cette conception, il est alors possible de produire des référentiels de compétences pour un métier déterminé. Ces référentiels dressent des listes d'objectifs : être capable de conseiller adéquatement la clientèle, de diagnostiquer des pannes, d'utiliser un logiciel de gestion de projet... Des standards de performance permettent éventuellement leur évaluation : « a respecté les normes de qualité », « a utilisé la bonne procédure pour expédier un message électronique », « a utilisé au moins une fois l'évaluation formative ». La compétence, envisagée sur le mode objectif, est donc jugée à partir d'un résultat, d'une performance.

Cette conception convient particulièrement bien aux programmes de formation initiale, notamment ceux de la formation professionnelle et technique. Elle se fonde sur une évaluation standardisée permettant de délivrer des diplômes officiels – bacs professionnels, etc. Elle convient ainsi aux démarches de professionnalisation, qui visent un emploi de départ sur le marché du travail. Dans le mode objectif, la compétence est un état, un outil de sanction, de classification qui sert à des fins de régulation évidente dans un marché du travail souvent très compétitif. Elle fournit l'occasion de se construire une première identité socioprofessionnelle. Mais aussi de consolider la dimension collective du travail, en créant, par exemple dans l'éducation, des niveaux de classes avec des modes de progression objectivés (maîtriser la lecture courante pour passer en 6e...). Ou, dans le monde du travail, des qualifications professionnelles (posséder tel diplôme ou tel certificat pour avoir le droit d'exercer un métier). Bref, ce mode s'intéresse davantage au « savoir agir » et il est, dans ce sens, un grand consommateur de savoirs, c'est-à-dire d'énoncés communicables et socialement validés.

Un problème surgit lorsque ce mode de construction de la compétence, sous prétexte d'une certaine scientificité, en vient à occuper tout l'espace de référence et à occulter d'autres modes de construction de la compétence. On peut, en effet, être très performant dans un domaine sans pour autant être pertinent : un homme d'affaires désireux de nouer rapidement des relations avec des vis-à-vis brésiliens parvient, en deux semaines, à apprendre les bases pour entretenir une conversation familière en espagnol. Est-il efficace ? Oui. Mais ce n'est pas pour autant qu'il sera compétent car, vous l'aurez deviné, la langue d'usage au Brésil est le portugais… Ainsi, la pertinence fait appel à un contexte que souvent le mode objectif ne prend pas ou peu en compte.

De plus, le mode objectif a l'inconvénient de figer les individus dans des métiers, des fonctions, des statuts alors que les itinéraires de professionnalisation font appel à plus de souplesse. Ne dit-on pas que la plupart des individus changeront au moins six fois d'orientation professionnelle au cours de leur vie ? Limiter les démarches de professionnalisation au seul mode objectif de construction de la compétence équivaut pratiquement à mettre une camisole de force sur l'avenir.

Une capacité d'adaptation

Un autre mode de construction de la compétence, que nous appellerons **stratégique**, est, comme le mode objectif, tourné vers l'environnement externe. Il se différencie du premier en ce sens qu'il prend davantage en compte l'activité intentionnelle, soit une composante importante du contexte où l'on cherche à mobiliser une ou des compétences. Ainsi, dans le monde du travail actuel, il est opportun que les ouvriers maîtrisent des compétences autres que leur propre qualification technique : il leur faut appliquer des normes de sécurité, utiliser des méthodes de contrôle de procédé, diagnostiquer des pannes, faire de l'entretien préventif et aussi savoir travailler au sein d'une équipe ou animer une réunion…

La compétence est alors balisée par des choix collectifs et par des intentions stratégiques. Veut-on devenir les meilleurs dans tel domaine ? Aspire-t-on à favoriser le maintien des emplois ? Veut-on accompagner un changement organisationnel, technologique ou culturel ? Le mode stratégique de construction de la compétence est particulièrement à l'aise avec ce genre de question. Il s'agit d'un processus dynamique qui varie selon l'adaptabilité de la personne aux possibilités offertes par l'environnement.

Ces capacités se déploient à travers des réseaux ou des collectifs, et particulièrement dans les stratégies de changement et d'actualisation. L'approche apparaît ici largement fonctionnelle et opérationnelle, bien qu'elle n'exclut pas le recours à des remises en question plus profondes, notamment lorsque les stratégies de changement touchent aux caractéristiques d'un milieu professionnel. Les normes, les relations de pouvoirs ainsi que les contenus de communication sont alors remis en question.

• Cette conception stratégique imprègne les pratiques de formation continue, de même que les pratiques de gestion des ressources humaines. Ainsi, par exemple, la gestion prévisionnelle des compétences est sous-tendue par des interrogations telles que : quelle sera la configuration de notre organisation dans dix ans ? Comment allons-nous faire évoluer notre personnel vers cet objectif ? Comment allons-nous l'accompagner dans ces changements ?…

• Cette conception imprègne aussi les formations dites d'insertion ou de réinsertion socioprofessionnelles, en déterminant des démarches individualisées de formation. Celles-ci tentent de synchroniser les goûts et les aptitudes de la personne avec les compétences qu'elle possède, ainsi qu'avec les possibilités offertes par l'environnement social et économique.

• Ce mode est présent également lorsqu'il s'agit de s'adapter à un poste à partir de son expérience professionnelle. On en profite alors pour élargir les assises de sa profession et profiter des opportunités qui sont offertes par l'environnement.

En posant la compétence comme un processus, le mode stratégique prend davantage en compte la dimension contextuelle du «pouvoir agir». Cependant, voir dans la compétence un processus ne devrait pas faire oublier que celle-ci peut être considérée comme une succession d'états et, dans cette perspective, faire place à des reconnaissances. Or, il s'agit là d'un point faible du mode stratégique qui mène souvent à un déficit de reconnaissance identitaire. Comment valider la capacité à s'adapter ou à communiquer, capacités pourtant essentielles lorsqu'il s'agit de s'adapter à de nouvelles professions ? A ce moment-là, l'absence de titres, de diplômes ou le caractère dévalué de ceux qui ont été émis pénalisent la personne et limitent ses possibilités.

Compétence et réalisation de soi

Un troisième mode de construction de la compétence est le mode **subjectif**. Celui-ci est davantage tourné vers l'expression et la réalisation du potentiel interne de chacun, le «pouvoir agir» dans un contexte. Processus continu, il exprime le caractère singulier de toute démarche de professionnalisation, son caractère motivationnel où prédomine le sens pour soi. Cela ne signifie pas, toutefois, que ce processus soit exempt de rigueur ou d'exigences.

En effet, ce processus fait largement appel au travail réflexif. La compétence devient ici la capacité de juger les actions à travers leurs conséquences. Par exemple, le professeur novice, qui constate qu'il n'arrive pas à se faire écouter de ses élèves, va s'employer à régler son débit de parole, à user d'un vocabulaire accessible, à reformuler les questions posées par la classe... Ainsi, lorsqu'un professionnel constate des conséquences improductives dans ses interventions, des erreurs, des manques, il enclenche un processus de remise en question, plus ou moins important selon le cas, de son modèle d'action. Il crée ou recadre certaines variables de son activité. Toutefois, ce processus doit trouver un écho dans la communauté professionnelle : c'est à ce moment que le «pouvoir agir» se trouve contextualisé et validé. Sinon, il peut correspondre à un enfermement de la personne (qui pense avoir résolu ses problèmes) dans la complaisance ou dans le délire interprétatif : ce serait le cas du jeune professeur, si celui-ci décidait de se faire écouter en utilisant une solution réprouvée par la communauté enseignante qui l'entoure (passer ses cours à crier au-dessus du bruit, exclure systématiquement, etc.).

Mieux que les autres, la compétence

subjective permet de construire l'identité professionnelle de groupe en développant le sentiment d'appartenance, par exemple à une profession reconnue. Au début de ce processus d'adhésion, la personne va adopter les modèles d'action de ceux et celles qui l'ont précédée pour graduellement inventer son propre modèle d'action et acquérir le pouvoir de parole. Notons toutefois que ce mode de construction de la compétence peut se voir limiter par des intérêts sectaires et corporatistes ou encore s'enfermer dans une défense frileuse de la tradition, par exemple lorsque les membres d'un ordre professionnel refusent de considérer de nouvelles approches, de peur d'être dépassés, de perdre leur territoire. Encore aujourd'hui, la profession des ingénieurs intègre difficilement les composantes environnementales ou sociales dans ses projets ; ou encore, les enseignants qui se définissent comme des professionnels de la pédagogie et laissent peu de place à l'expression communautaire (notamment celle des parents) dans leur métier. La société change et évolue, les critères de pertinence se déplacent, mais il est souvent difficile pour les professions de s'adapter à ces nouvelles exigences.

Un choix de valeurs

Le quatrième item de notre typologie est le mode **axiologique** de construction de la compétence. Comme le précédent, il est orienté vers le développement du potentiel de la personne. Mais cette fois, ce potentiel est davantage cognitif, décontextualisé, et dans ce sens, il peut être évalué et donner lieu à des formes de reconnaissances sociales. Il met en œuvre des orientations, des préférences, des valeurs qui vont baliser les discussions quant aux compétences à privilégier pour agir. Il préside à des décisions telles que, par exemple, insister davantage sur l'enseignement des langues, sur le développement des méthodes de travail, sur l'aspect éthique de la formation… C'est à ce type de compétences que font appel les instructions de l'Education nationale lorsqu'il s'agit de formation du citoyen, de respect d'autrui, de fonctionnement démocratique des établissements.

La compétence se définit ici comme un « savoir agir » pour faire face à des problèmes, à une situation donnée. Cette compétence sera alors évaluée par des modèles de comportement ou de résolution de problèmes. En définissant les grandes lignes d'un modèle de comportement (par exemple « travailler en équipe »), ou en établissant, pour un problème, un référentiel de solutions préétablies, il devient alors possible d'évaluer le « savoir agir ».

Les corporations et les organismes qui se penchent sur la formation de futurs professionnels interviennent dans ce genre de débat afin que le système d'enseignement commence, le plus tôt possible, à développer des compétences souhaitables dans le monde du travail. Les révisions des programmes d'enseignement deviennent alors des forums complexes où s'affrontent les multiples intérêts des professionnels. Ainsi, on insistera sur les valeurs d'autonomie et de responsabilité, sur le caractère de plus en plus dématérialisé du travail, sur la hausse des exigences à l'embauche, sur la nécessité de comprendre les enjeux liés à la citoyenneté, etc. – tout cela sans augmenter les ressources ni les temps d'enseignement.

C'est pourquoi les modèles, schèmes ou espaces proposés pour fin d'évaluation et de sanction, ne sont pas, d'eux-mêmes, neutres et exempts de rapports de force. Ils ont en outre un caractère superficiel et statique : c'est souvent la société bien-pensante qui s'incarne en eux afin de former le citoyen capable d'évoluer dans un monde compétitif, hiérarchisé et menaçant d'exclusion.

Au total, si chacun de ces modes de construction de la compétence est investi de sa pertinence et de sa légitimité propre, chacun a aussi ses faiblesses, notamment lorsqu'il se ferme sur lui-même.

Ainsi, le modèle axiologique (qui privilégie les valeurs éthiques) s'oppose souvent au modèle stratégique (qui valorise les capacités d'adaptation), jugé trop fonctionnel et utilitariste. Les tenants du modèle stratégique, en revanche, reprochent aux adeptes du premier d'être trop théoriques, décrochés des véritables enjeux…

Le modèle objectif se drape dans la certitude de programmes et de certifications fortement institutionnalisés. Il a l'inconvénient de mal s'adapter aux démarches plus légères et plus individualisées du modèle subjectif orienté vers la réalisation de soi. Ce dernier bute contre les rigidités du précédent et parvient difficilement à faire prendre en compte des capacités non reconnues par les diplômes de qualification.

Nous faisons l'hypothèse que ces barrières sont largement le fait d'intérêts corporatistes ou institutionnels. Ainsi, les modes de construction de la compétence dominés par le « savoir agir » disposent d'une base professionnelle et institutionnelle développée et pérennisée – programmes officiels, financement d'Etat, personnel permanent, etc. – qui tend à occuper tout l'espace de référence, alors que les modes dominés par le « pouvoir agir » font appel au provisoire, au subjectif, à la singularité et doivent constamment justifier et défendre leur existence. Cependant, dès lors que l'on pose le problème en terme de gestion d'itinéraire pour des professionnels, il n'y a pas de contradiction à utiliser l'un ou l'autre de ces modes, selon le cas. Tel le yin et le yang, ils se complètent. La compétence prend alors sa pleine mesure et nous rappelle que le pèlerin qui grandit est celui qui fait le voyage de lui-même à lui-même.

L'évaluation des compétences et des processus cognitifs

Ce livre (1), produit d'un colloque international, montre la réelle possibilité et le grand intérêt d'une collaboration entre psychologie cognitive et pédagogie. Que peut apporter la psychologie cognitive à l'évaluation?, demande d'entrée Jacques Grégoire. Elle permet, selon lui, une évaluation diagnostique, c'est-à-dire qui décèle le sens d'un blocage de compréhension, ou de la répétition d'erreurs.

Il présente ensuite une théorie de l'architecture cognitive qui a fait ses preuves, car elle est à la fois générale et utilisée expérimentalement dans plus de 50 classes : il s'agit d'une théorie de la représentation des connaissances en mémoire, distinguant les connaissances déclaratives (le savoir) et les connaissances procédurales (le savoir-faire).

Allant plus loin, cette théorie montre la complexité de l'articulation de ces deux types de connaissances. Par exemple, il ne suffit pas à un élève de connaître la formule de la surface du triangle (connaissance déclarative). Encore faut-il qu'il connaisse les règles d'application de cette formule (connaissance procédurale). Un logiciel est conçu sur la base de cette théorie. Il permet d'inférer à partir des erreurs commises par les élèves les règles erronées de production mises en œuvre. Il fournit ensuite les informations nécessaires pour s'autocorriger.

La notion d'autoévaluation est d'ailleurs très présente dans les différentes contributions. Il apparaît en effet que la compréhension des mécanismes d'apprentissage est particulièrement utile si l'élève en prend lui-même conscience. Mais l'autoévaluation nécessite également de tenir compte de la motivation, ou du sentiment d'efficacité personnelle, variables affectives et sociales de l'apprentissage, comme le montrent différents chapitres consacrés à ces questions.

G. C.

1. C. Depover et B. Noël (éds), *L'Evaluation des compétences et des processus cognitifs. Modèles, pratiques et contextes*, De Boeck université, 1999.

Philippe Cabin*

COMPÉTENCES ET ORGANISATIONS**

La notion de compétence s'est répandue en quelques années dans les secteurs de l'éducation, de la formation et du management. Derrière cette progression se profilent de nouveaux modèles de l'organisation, de l'individu et de sa vie professionnelle.

« *Les compétences représentent l'une des ressources essentielles de l'entreprise. Elles constituent le moteur de sa performance et de sa compétitivité. Elles doivent donc être considérées comme un capital, et toute action engagée pour les développer comme un investissement.* » Cette recommandation est tirée d'un document de travail du GARF, syndicat professionnel des responsables de formation des entreprises et des administrations. Il illustre la place qu'occupe aujourd'hui la notion de compétence, au point que celle-ci n'est pas loin de se voir attribuer des vertus magiques. Une émergence qui dépasse le strict champ de l'entreprise : les compétences sont aussi au cœur des pratiques et des outils dans le secteur éducatif (1).

Qu'est-ce qu'une compétence ?

Dans le sens commun, avoir une compétence, c'est posséder un savoir ou un savoir-faire dans un domaine défini (par exemple jouer du piano). Cette définition a connu un élargissement, pour être exprimée en terme de potentiel. Dans cette perspective, la compétence prend une autre dimension :

• Elle est latente, et ne s'exerce que dans une situation donnée : si je parle couramment le danois, je ne serai véritablement compétent que si je

* Journaliste scientifique au magazine *Sciences Humaines*.

** Ce texte est une version actualisée et augmentée d'un article paru dans P. Cabin (dir.), *Les Organisations*, Sciences Humaines Editions, 1999.

1. Voir notamment J.-C. Ruano-Borbalan (dir.), *Savoirs et compétences en éducation, formation et organisation*, Editions Demos, 2000.

dois communiquer avec des Danois.
• Elle n'est pas un état ou une connaissance possédée, mais un processus dynamique. *«Il n'y a de compétence que de compétence en acte»* affirme Guy Le Boterf (2). Ainsi, la compétence désignera tout autant la capacité à réagir à un imprévu, à improviser (face à une panne ou un incident, par exemple), qu'un ensemble figé (par un diplôme notamment).
• Ce processus dynamique et «situé» résulte de l'interaction entre plusieurs types de savoirs : des connaissances et des savoir-faire mais aussi des savoir-être (on parlera alors de «compétence sociale» ou relationnelle), des fonctionnements cognitifs (par exemple la capacité à prendre une décision, ou l'aptitude à s'autoévaluer).
L'emploi fréquent du concept de compétence s'inscrit aussi dans un contexte socio-économique particulier, qui tend à en étendre et à en détourner les significations. C'est afin de rendre compte de cette évolution que Louis Toupin, dans le présent ouvrage, propose de distinguer quatre modes de construction de la compétence : objectif, stratégique, subjectif et axiologique (3).

Pourquoi cette émergence ?

L'explication de cette omniprésence des compétences se trouve au croisement de plusieurs processus. Lucie Tanguy note qu'elle est liée à l'intérêt grandissant accordé, dans notre société, aux phénomènes cognitifs (4). Mais elle souligne que, plus fondamentalement, l'usage élargi de la notion de compétence témoigne de changements profonds dans les conceptions de l'apprentissage et dans l'organisation du travail. Sur le plan de l'éducation, elle se manifeste par des pratiques pédagogiques formulées en termes de «être capable de», qui placent l'individu au point de départ de la réflexion.
Dans le monde des organisations et du travail, la notion de compétence a semblé tomber à point nommé, au début des années 90, pour faire face à toute une série d'évolutions (5), tenant d'une part à la transformation des techniques de production et de leur contenu, et d'autre part à l'émergence d'un modèle managérial nouveau :
• En l'espace de quelques décennies le système industriel s'est trouvé profondément bouleversé. En premier lieu, les mutations technologiques dans certains secteurs (notamment ceux de l'industrie lourde) ont rendu obsolètes les compétences des salariés. Outre les réductions massives d'effectifs, une réponse apportée consiste à mettre en place des dispositifs de renouvellement, d'acquisition et de validation de nouvelles compétences pour les salariés (par exemple en France l'accord A Cap 2000 dans la sidérurgie). Mais plus généralement, nous sommes, pour beaucoup d'observateurs, en train d'entrer dans un nouveau système économique, dans lequel les services et l'immatériel prennent une place prépondérante (au détriment de la production matérielle)

2. G. Le Boterf, *De la compétence*, Editions d'Organisation, 1994.
3. Voir l'article précédent.
4. L. Tanguy, «Les usages sociaux de la notion de compétences», *Sciences Humaines*, hors-hérie n° 12, février-mars 1996.
5. Voir «Les compétences en entreprise», entretien avec Y. Minvielle, *Idem*.

et dans lequel le savoir devient une ressource essentielle (au détriment de la terre, du capital ou du travail) (6). Si l'on y ajoute la mondialisation, la diversification des produits, l'intensification de la concurrence et la révolution induite par les nouvelles technologies de l'information et de la communication (NTIC), la conclusion logique est que les qualités et les formes d'engagement nécessaires pour travailler dans les organisations diffèrent fondamentalement de celles requises dans le système industriel traditionnel.

• Le corollaire de ce mouvement est l'évolution progressive des modèles managériaux. Au modèle canonique, inspiré par le taylorisme, semble se substituer un paradigme fondé sur la flexibilité, la transversalité, la réduction des niveaux hiérarchiques, etc., qui se veut plus adapté au nouveau contexte, et qui induit de nouvelles aptitudes des individus. Ces capacités s'expriment en terme de « potentiel d'action » : les salariés doivent être davantage polyvalents, souples, dynamiques. Les notions d'organisation qualifiante, d'apprentissage organisationnel (7), sont intimement liées à cette problématique. C'est ainsi qu'en France, le discours sur la logique de la qualification, qui a longtemps dominé les approches de la gestion des carrières, est peu à peu supplanté par une volonté de promouvoir une « logique de compétences ». Elle s'inscrit dans une approche « personnalisée » de la situation du salarié. Cette individualisation de la relation salariale satisfait au besoin de souplesse de l'organisation. Mais elle a cette autre vertu de permettre à la personne de construire un « projet individuel » et ainsi de mieux garantir son « employabilité ». On parlera de « portefeuille de compétences ». L'apparition du terme de compétence dans le langage et les pratiques managériales remonte selon G. Le Boterf aux années 70 ; mais ce n'est qu'à partir des années 90 qu'il s'étend véritablement, et que l'on passe d'une gestion des compétences à une gestion par les compétences (8).

Cette vision nouvelle s'appuie aussi, il faut le souligner, sur un renouvellement des approches théoriques de l'organisation. Déjà, au début des années 80, les économistes américains Sidney Winter et Richard Nelson définissent la firme comme un ensemble dynamique de compétences (9). Ce qui différencie alors une firme d'une autre, c'est la nature des savoir-faire qu'elle a su accumuler. Mais c'est au début des années 90 que la notion de compétence va faire une entrée en force dans la théorie organisationnelle. Dans un article resté célèbre, C.K. Prahalad et G. Hamel (10) avancent l'idée que ce sont les « compétences clés » d'une entreprise (autrement dit un ensemble de ressources et d'expériences accumulées difficilement imitables par la concurrence) qui déterminent la réussite, et non pas l'adaptation à l'environnement ou le bon positionnement sur

6. Sur ce point voir *Sciences Humaines*, hors-série n° 32, « La société du savoir et de l'information », février 2001.
7. Voir dans cet ouvrage l'entretien avec Chris Argyris.
8. G. Le Boterf, *Construire les compétences individuelles et collectives*, Editions d'Organisation, 2000.
9. P. Cabin, « Les nouvelles théories économiques de l'entreprise », *Sciences Humaines*, n° 57, janvier 1996.
10. C.K. Prahalad et G. Hamel, « The core competencies of the corporation », *Harvard Business Review*, 1990.

le marché. Ils suggèrent alors de repenser l'organisation autour d'une préoccupation centrale : la valorisation des compétences- lés. Celles-ci deviennent un outil stratégique. La thèse va connaître un succès considérable.

Usages, enjeux et limites

La « démarche-compétence » semble aujourd'hui au cœur des politiques d'éducation, de formation technique et professionnelle, comme de gestion des ressources humaines. Elle s'impose alors non seulement au niveau individuel (gestion du savoir, des ressources humaines, des carrières), mais aussi au niveau structurel : elle marque de son empreinte l'ensemble de la configuration des entreprises à travers de nouvelles formes organisationnelles. Le reengineering, méthode en vogue dans les années 90 consistant à repenser l'organisation en fonction des processus et des activités de base et non plus en fonction de la hiérarchie et de la division du travail existante, en est une illustration.

Dès lors que les compétences sont reconnues comme ressource stratégique, il faut les identifier, les gérer, les évaluer, les cultiver. D'où la mise en place, dans les entreprises et les administrations, de politiques et d'outils visant à rendre visibles et tangibles ces compétences. Des dispositifs de validation, de mesure, de gestion prévisionnelle des compétences, sont testés et mis en place dans les entreprises. Ainsi en 1996 une grand groupe industriel français conçoit et met en œuvre une méthode de gestion stratégique de compétences, qui se manifeste par une redéfinition des rôles des acteurs, un repérage des compétences jugées stratégiques, de nouvelles règles en matière de gestion des ressources humaines (recrutement, formation, mutation), des systèmes d'évaluation, des tableaux de bord (11). Les pouvoirs publics entérinent eux aussi cette évolution : la loi du 31 décembre 1991 a institué le droit de tout salarié à un bilan de compétences lui permettant *« d'analyser ses compétences professionnelles et personnelles ainsi que ses aptitudes et motivations, afin de définir un projet professionnel et, le cas échéant, un projet de formation »* (12).

La logique d'individualisation des rémunérations et des carrières qui sous-tend toutes ces approches alimente les critiques qui ont été formulées à l'encontre de l'hégémonie de la notion de compétence. Derrière celle-ci se profile en effet une figure nouvelle du professionnel, qui relègue au second plan les notions de métier ou de poste et menace l'existence d'identités professionnelles collectives, et qui place la logique de la flexibilité comme principe directeur de la gestion des ressources humaines. La compétence ne serait alors qu'un avatar de nouvelles formes de domination managériale (13).

La transformation de la qualification définie par le diplôme, au profit de processus de validation individuelle des compétences, pose il est vrai des pro-

11. Pour plus de détails sur cet exemple voir G. Trépo et M. Ferrary, « La gestion des compétences : un outil stratégique », *Sciences Humaines*, n° 81, mars 1998.
12. Voir C. Lévy-Leboyer, *Le Bilan de compétences*, Editions d'Organisation, 1993.
13. P. Rozenblatt *et al.*, *Le Mirage de la compétence*, Syllepse, 2000.

blèmes d'équité et de fiabilité des instruments de validation. Plus généralement la mise en œuvre sur le terrain d'une véritable « logique de compétences » se heurte à de nombreux obstacles, et de fait, le nombre d'organisations où elle existe de façon aboutie reste limité. Les difficultés de cette application sont notamment liées à une vision restrictive de la notion : ainsi les compétences restent souvent réduites à leur dimension cognitive (une accumulation de savoirs et de savoir-faire), au détriment de leur aspect social (la capacité à communiquer, à négocier, à établir un rapport de confiance, à interpréter la situation). Des études de terrain montrent par ailleurs que les salariés peuvent être heurtés par des pratiques qui rompent avec les conventions habituelles en matière de relations professionnelles, et qu'ils oscillent entre deux visions de la démarche compétence : celle, positive, du professionnel autonome, et celle, négative, de l'artifice managérial dont l'objectif serait la soumission à une logique de flexibilité et de performance de plus en plus exigeante (14).

Pour en savoir plus

- Dossier « Compétences : de la théorie au terrain », *Revue française de gestion*, n° 127, janvier/février 2000.
- J.-F. Amadieu et L. Cadin, *Compétence et organisation qualifiante*, Economica, 1996.
- J. Aubret, P. Gilbert et F. Pigeyre, *Savoir et pouvoir, les compétences en question*, Puf, 1997.
- G. Le Boterf, *Construire les compétences individuelles et collectives*, Editions d'Organisation, 2000.
- D. Besson et S. Haddadj, *Recruter ou développer les compétences. Les stratégies américaines de gestion des compétences*, L'Harmattan, 1999.
- D. Colardyn, *La Gestion des compétences : perspectives internationales*, Puf, 1996.
- C. Lévy-Leboyer, *La Gestion des compétences*, Editions d'Organisation, 1994.
- B. Quélin et J.-L. Arregle, *Le Management stratégique des compétences*, Ellipses, 1999.
- J.-C. Tarondeau, *Le Management des savoirs*, Puf, 1998.
- P. Zarifian, *Objectif compétence*, Editions Liaisons, 1999.

14. S. Haddadj et D. Besson, « Une étude de cas chez Renault : gestion des compétences et relations sociales », *Revue française de gestion*, n° 127, janvier/février 2000.

RENDRE LES ORGANISATIONS APPRENANTES

ENTRETIEN AVEC CHRIS ARGYRIS*

Les organisations sont comme les individus : elles savent tirer profit des erreurs pour améliorer leur fonctionnement. A condition toutefois, selon Chris Argyris, de savoir aussi remettre en cause les objectifs et les valeurs qui guident l'action de ses membres.

***Sciences Humaines :* Pour de nombreuses personnes, le nom de Chris Argyris, que l'on associe à celui de Donald Schön, évoque l'apprentissage organisationnel. En quoi consiste l'apprentissage pour une organisation ?**

** Professeur à l'université de Harvard, il a mené de nombreuses recherches-actions au sein d'entreprises et de cabinets conseil. Il est l'auteur d'une trentaine d'ouvrages dont* Knowledge for Action, *paru en 1993, et traduit en français en 1995 par* Savoir pour agir *(InterEditions).*

Chris Argyris : On peut considérer qu'une organisation apprend lorsqu'elle parvient à détecter et à corriger une erreur, étant entendu qu'il y a erreur quand un écart apparaît entre une intention et ses conséquences effectives, entre un projet et ses retombées. La découverte d'un écart n'est qu'une première étape dans la voie de l'apprentissage. D'autres étapes doivent intervenir pour corriger l'erreur de telle sorte qu'elle soit durable. L'une consiste à modifier le comportement des individus ; ce mode de correction ne requiert qu'un apprentissage que D. Schön et moi avons appelé « en simple boucle ». L'autre méthode consiste à changer le « programme maître » ; c'est l'apprentissage en double boucle. Le principal obstacle à cet apprentissage est l'existence de routines défensives tant au niveau des individus que de l'organisation.

***SH :* En quoi consistent ces routines défensives ? Comment se développent-elles ?**

C.A. : Les routines défensives sont un phénomène désormais bien connu des managers. Elles désignent toute politique ou toute pratique qui évite aux membres d'une organisation d'éprouver un embarras ou de ressentir une menace et qui les empêchent en même temps d'en découvrir les causes.

Quand vous demandez à un cadre d'entreprise ou un dirigeant : *« Comment se fait-il que vous ayez ces problèmes ? »*, la réponse est généralement du genre : *« C'est la nature humaine »* ou encore *« Les organisations sont par nature pleines de problèmes. »* De telles réponses n'encouragent pas à apprendre. Aussi curieux que cela puisse être, les individus développent des plans pour rester dans l'ignorance, surtout quand les problèmes sont embarrassants ou menaçants, c'est-à-dire au moment précis où il importe de savoir apprendre efficacement. Ce qui est paradoxal, c'est que nous sommes conscients de l'inconséquence des autres et nous sommes conscients qu'ils n'en ont pas conscience. Nous avons rarement conscience de notre propre inconséquence. Ce qui est responsable en partie de nombre de nos difficultés de communication. Les gens focalisent les torts sur les autres et sont toujours en position défensive. Non seulement ils n'ont pas conscience, mais encore ils excellent dans ce comportement.

L'analyse de ce phénomène nous a conduits, mes collègues et moi, à distinguer deux sortes de théories d'action : d'un côté celles qu'affichent les individus et qui englobent leurs croyances, leurs attitudes et leurs valeurs (soit les *théories professées*) ; de l'autre, les théories qu'ils élaborent en réalité pour mettre en œuvre leurs actions (ce que nous appelons les *théories d'usage*). La théorie d'usage se révèle sensiblement différente de la théorie professée sans que les individus en aient conscience. Si les nombreuses recherches ont permis de procurer des conseils, elles ne fournissent pas un savoir actionnable, c'est-à-dire réellement applicable, qui permet de surmonter et de modifier les routines défensives. La plupart des recommandations produisent souvent l'effet opposé ; elles renforcent les routines défensives existantes.

Dans le monde que j'essaie de créer au sein d'organisations, les individus sont guidés par leur désir d'apprendre. Ils peuvent être vulnérables sans pour autant se sentir faibles. Par exemple, un individu peut préconiser une politique en acceptant qu'elle soit soumise à une vérification préalable. Quand bien même cette vérification prouverait qu'il a tort, il ne perdra pas pour autant confiance en lui. Il appréciera, au contraire, cette nouvelle chance qui lui est donnée d'apprendre quelque chose qu'il n'avait pas vu avant.

***SH :* Les routines défensives sont-elles propres à certains individus, à certaines cultures ?**

C.A. : Si les théories professées diffèrent d'un individu à l'autre, nous n'avons pas constaté beaucoup de différences dans les théories d'usage. Concrètement, s'il existe différentes manières de ne pas perdre la face, la règle suivie dans le but de sauver celle-ci est la même : devant une situation embarrassante ou une menace, il s'agit d'esquiver la difficulté en dissimulant l'esquive. Cette théorie d'usage s'observe partout, que cela soit dans des organisations américaines, européennes, asiatiques... On la retrouve aussi bien chez les jeunes que chez les adultes, chez les femmes que chez les hommes, chez les gens instruits ou non, etc.

L'apprentissage organisationnel passe par une meilleure connaissance de la théorie d'usage la plus courante. C'est pourquoi D. Schön et moi avons cherché à caractériser les valeurs directrices qui la sous-tendent ainsi que les stratégies d'actions auxquelles ces valeurs donnent lieu. Les valeurs directrices sont au nombre de quatre. Elles inclinent l'individu à vouloir garder le contrôle de la situation, à maximiser les gains et à minimiser les pertes, à ne pas exprimer de sentiments négatifs, enfin, à apparaître rationnel. Ces valeurs inclinent les individus à effectuer des attributions, des jugements et défendre leur point de vue sans illustrer leurs propos, sans expliciter leur raisonnement, sans vérifier le bien-fondé des attributions émises ou des évaluations qu'elles ont faites. De telles stratégies conduisent à des incompréhensions et donc à des erreurs en cascade.

Ces valeurs et ces stratégies constituent ce que D. Schön et moi avons désigné les théories d'usage de Modèle 1. A l'échelle de l'organisation, ces théories d'usage produisent des stratégies personnelles d'esquive et de dissimulation dont l'ensemble aboutit à une esquive et à une dissimulation généralisées au niveau de l'organisation, ce qui, à son tour, renforce les théories d'usage individuelles. Il en résulte un système organisationnel à apprentissage restreint. Quand un décalage est perçu entre les résultats des actions entreprises et les objectifs fixés, la réponse consiste à envisager une nouvelle action sans questionner la logique sous-jacente, c'est-à-dire sans modifier les valeurs directrices.

Nous avons appelé Modèle 2 la théorie d'usage qui peut aider les organisations à s'affranchir de ces systèmes d'apprentissage restreint, en particulier des routines organisationnelles défensives.

Comme pour le Modèle 1, les trois comportements principaux forment la trilogie « défendre, évaluer, attribuer ». Toutefois, à la différence de ce qui se produit avec le Modèle 1, les comportements de Modèle 2 conduisent à des stratégies d'action qui mettent clairement en lumière la façon dont les acteurs ont établi leurs évaluations ou leurs attributions et comment ils les présentent de façon à encourager autrui à les examiner et à les vérifier. La réduction des routines défensives facilite l'apprentissage en double boucle. Embarras et menaces ne sont ni esquivés ni dissimulés, ils sont affrontés. Cela dit, ce passage du Modèle 1 au Modèle 2 ne va pas de soi : il nécessite une réelle motivation et une forte volonté de changement de la part des membres des organisations.

***SH :* Ces routines défensives concernent-elles toutes les organisations ou seulement les entreprises ?**

C.A. : Les routines défensives se développent dans tout type d'organisations. De nombreuses recherches ont, par exemple, mis en évidence ce type de routines dans le milieu scolaire, chez les enseignants comme chez les élèves (1). A titre d'exemple, un chercheur a montré – à travers une observation du travail en classe – comment les enseignants ont tendance à favoriser les garçons, à reprocher aux élèves ce qui aura mal tourné sans examiner leur propre responsabilité, à exercer un contrôle unilatéral tout en agissant comme s'ils faisaient confiance aux élèves. Ces derniers, de leur côté, produisent leurs propres routines défensives en adoptant un comportement brouillon : ils sèment le désordre par plaisir, ne font pas attention, ne travaillent pas ; ils se servent du chahut pour masquer leur propre impuissance. En réponse, les enseignants adoptent des stratégies de survie où ils jouent tour à tour la carte de la domination, de la fraternisation et de la distanciation.

***SH :* Le processus d'apprentissage suppose une adaptation de chaque organisme à son environnement. Par conséquent, est-ce qu'on ne pourrait pas envisager que l'adaptation vienne de la création de nouvelles organisations plus adaptables ?**

C.A. : La création d'une organisation nouvelle ne résout pas le problème. En témoigne ce cabinet conseil créé par sept directeurs associés qui avaient quitté d'autres organisations à cause justement de l'existence de routines organisationnelles défensives. Leur intention était de fonder un cabinet de conseil où de telles routines n'existeraient pas. Or, l'organisation qu'ils ont mise en place ne faisait que reproduire les particularités qu'ils déploraient ailleurs. Mes collègues et moi sommes parvenus à leur montrer qu'ils obéissaient à des stratégies telles que « évaluer autrui par des procédés qui n'incitent pas à vérifier la validité de l'évaluation ». Nous leur avons fait comprendre que de telles théories de l'action inhibaient l'apprentissage et les surprotégeaient.

***SH :* Concrètement, comment avez-vous procédé ?**

C.A. : Nous avons commencé par diagnostiquer et établir le diagramme des configurations organisationnelles défensives qui inhibaient l'apprentissage et qui aboutissaient aux jeux politiques qui leur déplaisaient. En découvrant ce diagramme, les directeurs ont eu une réaction positive ; ils ont reconnu qu'il rendait compte de la complexité à laquelle ils devaient faire face. J'ai procédé au diagnostic de leurs théories d'usage au moyen d'une méthode de cas. Concrètement, il s'est agi d'aider les directeurs à prendre conscience de la manière dont ils raisonnent, et à constater l'écart existant entre la théorie qu'ils professent et celle qu'ils mettent réellement en œuvre. Pour ce faire, je reviens avec chaque interlocuteur sur des situations (un dialogue avec un collègue par exemple) qui lui ont laissé un sentiment d'incompréhension ou d'injustice en lui demandant de la décrire ; je lui demande d'indiquer ce qu'il éprouvait ou pensait et qu'il n'a pas dit à son interlocuteur.

Propos recueillis par
MARTHA ZUBER et JEAN-CLAUDE RUANO-BORBALAN
(*Sciences Humaines*, hors-série n° 20, mars/avril 1998)

1. P. Woods, *The Divided School*, Routledge & Kegan Paul, 1979.

Philippe Carré*

LA GALAXIE DE L'AUTOFORMATION**

La notion d'autoformation, qui illustre l'idée de « se former par soi-même », s'incarne dans une multitude de notions et de pratiques : autodidaxie, histoires de vie, nouvelles technologies éducatives, organisation apprenante, automotivation à apprendre... Cette diversité en constitue la richesse et en même temps la faiblesse.

L'AUTOFORMATION est une notion passionnante et bizarre. On s'en réclame ou on la décrie, mais on y est rarement indifférent. Pis encore, quand on la défend, c'est d'un bout à l'autre du spectre idéologique, et avec des arguments opposés. Pour les uns, l'autoformation « assistée » est la forme idéale d'une éducation progressiste, voire radicale, des adultes, au service de l'émancipation des sujets sociaux. Pour d'autres, c'est le bras armé du libéralisme éducatif : les dirigeants d'entreprises, particulièrement de PME, ne cachent pas leur sympathie pour cette idée dont leur propre parcours d'autodidacte semble avoir souvent fait la preuve du bien-fondé...
Notion ambiguë en même temps que fédératrice, l'autoformation rassemble, aux risques et périls de ceux qui l'utilisent, plusieurs conceptions différentes, parfois contradictoires : toute une galaxie de concepts et de pratiques évolue autour de l'idée d'autonomie en formation. On peut ainsi en concevoir une version « intégrale », autodidacte, entièrement coupée des institutions éducatives ou, au contraire, en avoir une vision « éducative », liée à l'essor des formations ouvertes ou individualisées ; on peut identifier une autoformation « sociale », qui se déploie à travers les thèmes de « l'organisation apprenante » ou des réseaux d'échange de savoirs ; en observer la déclinaison « existentielle »

---

* Professeur à l'Université Paris-X-Nanterre, Président de l'association Interface Recherche.

** *Sciences Humaines*, hors-série n° 24, mars/avril 1998.

à travers les pratiques d'histoire de vie ou de formation « expériencielle », ou encore en repérer une figure « cognitive », centrée sur les dimensions psychologiques de l'apprentissage autonome (1)... En deçà des nuances qui séparent ou rapprochent ces différentes conceptions, quatre séries de raisons peuvent expliquer la vogue actuelle de l'autoformation, de la plus directement perceptible aujourd'hui à la plus enfouie dans notre culture.

A une époque où les sources de financement de l'effort de formation ont tendance à stagner, face à des besoins de compétences en développement permanent, tous les gestionnaires de la formation, privée comme publique, cherchent à augmenter la productivité de leurs actions (c'est-à-dire à en améliorer les résultats à coût fixe ou à en diminuer les coûts à résultat identique). Les dispositifs pédagogiques nouveaux, qu'on les appelle « ouverts », « flexibles », « individualisés », « d'autoformation », sont en effet d'abord conçus comme des vecteurs d'augmentation de la productivité pédagogique. C'est là, qu'on le veuille ou non, la première raison du succès de ces formules nouvelles basées sur l'idée d'« apprendre par soi-même ». Selon la Délégation à la formation professionnelle, les formations ouvertes, en autoformation ou avec tutorat, à domicile, dans l'entreprise ou en centre de formation, font entrer dans une « nouvelle économie de la formation », cette dernière se révélant progressivement une « dépense à optimiser » (2). Le développement actuel des recherches et des pratiques d'autoformation semble donc être d'origine économique. On sait d'ailleurs à présent que les grandes réformes pédagogiques sont toujours venues de la nécessité : comme si, en matière éducative, depuis toujours, l'« économie menait le bal » (3).

D'autres raisons de l'essor des pratiques d'autoformation sont liées aux bouleversements des processus de travail dans les entreprises depuis le début des années 80. Plusieurs phénomènes convergent vers la valorisation de l'autonomie des acteurs : explosion de la micro-informatique, responsabilisation des équipes et des groupes, raccourcissement des lignes hiérarchiques, modification des identités professionnelles.

Au cœur de ces mutations professionnelles, quelques notions clés forment le noyau dur des nouvelles compétences exigées par les organisations du travail actuelles : autonomie, responsabilité, initiative, sens de la communication et du travail en équipe. Ces capacités recoupent largement celles que réclame « l'aptitude à l'autoformation » (4).

Ces modifications sont contemporaines de l'intégration massive des technologies de l'information et de la communication dans l'ensemble des processus de travail. De plus, à l'informatisation rapide des processus de gestion et de production en milieu professionnel répond de façon plus discrète, mais néanmoins significative, la mise en place

1. P. Carré, A. Moisan et D. Poisson, *L'Autoformation – psychopédagogie, ingénierie, sociologie*, Puf, 1997.
2. A. Bendouba, « Les formations ouvertes, vers une nouvelle économie de la formation », *Etudes et Expérimentations*, n° 16, 1992.
3. J.-M. Albertini, *La Pédagogie n'est plus ce qu'elle sera*, Seuil/CNRS, 1992.
4. B. Nyhan et coll., *Développer l'aptitude à l'autoformation*, Presses européennes interuniversitaires, 1991.

des nouvelles technologies éducatives dans les programmes de formation, ce qui renforce encore la puissance de l'argument technologique dans «l'encouragement» à l'autoformation.

Une culture de l'autonomie

La troisième série de raisons est plus directement pédagogique, et fondée sur la remise en cause du modèle scolaire traditionnel et de ses variantes en formation d'adultes. La recherche de pédagogies «autonomisantes», tournées vers l'activité de l'apprenant, ses projets, ses choix dans les activités à partir de la mise à disposition de ressources variées et adaptées, dans le cadre d'activités individuelles et collectives d'exploration et de recherche, ne date pas d'hier. Elle est étayée sur la longue tradition de l'éducation dite «nouvelle» (travail en petits groupes, liberté d'organisation, démocratie dans la classe, méthodes actives, ouverture sur l'extérieur). Aujourd'hui, tout se passe comme si les idées des précurseurs des pédagogies de l'autonomie (de Rousseau à Freinet) triomphaient à travers les concepts et les outils de l'autoformation des adultes : apprentissage par projet, contrat pédagogique, centres de ressources, formateurs-facilitateurs, environnements d'apprentissage «ouverts», etc. (5).

C'est pourquoi la forme canonique du stage (version modernisée du cours d'adultes) est sérieusement bousculée. La critique de la «formation-catalogue» en entreprise, des «stages-parking» pour demandeurs d'emploi, vient rejoindre les attaques en règle menées en formation initiale contre les errements de la pédagogie «magistrale» et du classique modèle «frontal» de la transmission du savoir. Parallèlement, on assiste à la montée de formes pédagogiques innovantes qui ont recours à des ressources diverses et mettent le sujet apprenant au centre du processus de formation (formations ouvertes, flexibles, individualisées, alternance, formation-action, etc.).

Quatrième série de raisons de cet essor, nous vivons désormais dans une véritable culture de l'autonomie. L'«obéissance à la loi que l'on s'est soi-même fixée», selon la formule de Jean-Jacques Rousseau, devient une véritable norme sociale, à une période de doutes, de turbulences et de questionnements idéologiques. La recherche de l'autonomie réunit les suffrages de l'ensemble du corps social. On en observe les effets depuis la création des parlements d'enfants jusqu'aux politiques de maintien à domicile des anciens, en passant par l'autonomisation des groupes de production dans l'industrie ou les politiques de mobilisation pour l'emploi.

Cette montée des valeurs liées à l'autonomie s'enracine dans une évolution historique analysée, entre autres, par Joffre Dumazedier, pour qui *«l'individu traditionnel, soumis aux pouvoirs discrétionnaires des institutions, est devenu un sujet social participant actif, négociateur du pouvoir institutionnel…»* (6).

Recherche de gains de productivité dans la formation, mutations socio-

5. P. Carré, *L'Autoformation dans la formation professionnelle*, La Documentation française, 1992.
6. J. Dumazedier, «Emergence du sujet social et pratiques d'autoformation permanente», colloque international «Educations, temps, sociétés», Caen, 1993.

techniques et technologiques, évolution de la pensée pédagogique et culture de l'autonomie sont donc les quatre vecteurs qui sous-tendent l'éclosion à grande échelle des pratiques et des théories de l'autoformation des adultes aujourd'hui. L'idée d'« apprendre par soi-même » n'est pas, cependant, totalement originale : nous avons vu qu'elle plongeait ses racines loin dans l'histoire des idées pédagogiques. La nouveauté tient sans doute à la convergence actuelle de forces disparates, économiques, sociales et pédagogiques, dont la synergie favorise l'essor des pratiques d'autonomisation des sujets sociaux dans le champ de la formation.

Pour enthousiasmante qu'elle soit aux yeux des praticiens férus de méthodes actives, des gestionnaires soucieux de productivité, des apprenants indépendants et des hérauts des technologies éducatives, l'idée d'autoformation n'en est pas pour autant indemne de tout soupçon. A une époque d'appel croissant aux ressources personnelles des acteurs de la vie sociale, économique et professionnelle, on peut se montrer circonspect devant le recours systématique à l'autoformation comme formule-panacée du développement des compétences. Le risque en effet est grand que des formules de « soloformation » hâtivement conçues, peu ou mal accompagnées, insuffisamment outillées, en viennent à remplacer les programmes conventionnels de formation, grâce à un argumentaire baroque où se mêleraient rigueur de gestion, artifices pédagogiques et injonctions à l'autonomie. Or, paradoxalement, l'autoformation s'accommode mal de la médiocrité des ressources et de l'indigence de l'accompagnement.

Il s'agit en effet de promouvoir l'autodirection des apprentissages, non l'auto-aliénation par la formation ; de développer des formes d'autoformation « éducatives » et non des pratiques voilées d'abandon pédagogique ; de favoriser l'autonomie de sujets sociaux engagés dans leur propre changement et non de subtiles formes de darwinisme social porteuses d'exclusion (7). C'est sous la « surveillance » de ces risques de dérive éthique que l'on progressera vers le projet formulé par d'illustres pionniers, de Condorcet à Dumazedier, d'une auto-éducation réellement permanente. La pédagogie, enfin devenue « adulte », se concevra alors comme l'articulation optimale des ressources éducatives, humaines et matérielles au service d'un sujet social responsable, lui-même entré en « apprenance », c'est-à-dire en état de projet et en capacité d'apprendre, jamais sans les autres, mais toujours par lui-même.

7. P. Carré, A. Moisan et D. Poisson, *op. cit.*

Les mythes de l'autoformation

Condorcet prônait déjà « l'art de s'instruire par soi-même ». Aujourd'hui, l'autoformation désigne aussi bien l'acte de l'adulte qui se forme seul par différents moyens, que l'action qui consiste à s'approprier le savoir de manière autonome au sein d'un groupe ou dans une classe où l'on pratique les méthodes actives. Cette polysémie génère un certain nombre de représentations plus ou moins erronées. Philippe Carré dresse une liste de quelques-uns de ces « mythes ».

Le mythe de Robinson

« L'autoformation, c'est l'isolement. » Cette image de celui qui se forme seul, isolé comme Robinson sur son île déserte, est contredite par la multiplicité des réseaux d'échange de savoirs, des cercles d'études, des groupes autonomes... qui sont autant de supports de l'autoformation.

Le mythe d'IBM

« L'autoformation est synonyme de technologies de l'information et d'équipements sophistiqués. » Même si les auxiliaires pédagogiques informatisés concourent de plus en plus à la formation autonome, celle-ci s'est développée indépendamment de leur usage (dans les réseaux d'enseignement à distance par exemple).

Le mythe de Crésus

« L'autoformation est réservée aux riches. » A l'inverse, certains la voient comme la formation des pauvres. Quoi qu'il en soit, les études montrent qu'en Europe comme en Amérique, ces pratiques s'observent dans toutes les couches de la société.

Le mythe du comptable

« L'autoformation permet de faire des économies. » L'accompagnement de l'autoformation est au moins aussi coûteux que l'animation de stages de qualité. L'enjeu est de gagner en productivité, c'est-à-dire d'optimiser le rapport entre coûts et résultats.

Le mythe du complot

« L'autoformation, c'est la fin des formateurs. » Retour d'une vieille litanie : celle de la « mort du prof », menacé d'être détrôné tour à tour par les pédagogies actives, les nouvelles technologies... Si les jours de l'enseignant traditionnel sont peut-être comptés, on aura de plus en plus besoin d'accompagnateurs, de tuteurs, de facilitateurs, c'est-à-dire de véritables médiateurs entre celui qui se forme et les savoirs d'une société de plus en plus cognitive.

Le mythe de la sieste
« L'autoformation, c'est pour les profs paresseux. » Les enseignants qui pratiquent les méthodes actives (une des figures de l'autoformation) connaissent les exigences de leur accompagnement pédagogique. Si l'apprentissage lui-même est pris en charge par celui qui se forme, le travail du pédagogue n'en est pas pour autant allégé, mais plutôt déplacé en amont et en aval : préparation du matériel pédagogique et des ressources adéquates, réponses aux multiples demandes individuelles...

Le mythe anarchiste
« L'autoformation, c'est le désordre. » L'autoformation comporte en effet des phases collectives de rencontres et de débats, d'échanges et de collaboration. *« De Freinet à Rogers, les praticiens novateurs ont appris qu'une pédagogie "centrée sur le client" était plus turbulente qu'une pédagogie centrée sur le maître. »*

Le mythe de Mani
« L'autoformation, c'est tout ou rien. » Opposer la figure d'un *« sublime apprenant autodirigé »* à celle d'un *« pitoyable stagiaire passif et contraint »* serait évidemment caricatural. Se former soi-même est un processus qui s'acquiert graduellement, de manière plus ou moins contingente, en fonction des motivations et des enjeux.

Le mythe du couturier
« L'autoformation est une mode qui passera. » Cela n'en prend pas le chemin, si on en juge par les organisations de plus en plus nombreuses qui, dans les pays occidentaux, en font leur principe pédagogique fondamental. Médiathèques, centres de ressources publics et professionnels, etc., auxquels il faut ajouter les 600 000 apprenants à distance... La société cognitive dans laquelle nous entrons laisse présager de beaux jours pour toutes les pratiques d'autoformation.

MARTINE FOURNIER

D'après P. Carré, « Les mythes de l'autoformation », *Cahiers Pédagogiques*, n° 370, janvier 1999.

CLAUDIE SOLAR*

TIC ET FORMATION DES ADULTES**

Une étude des sites de formation au Québec montre la richesse et l'éventail des possibilités qu'apportent ces nouvelles infrastructures. Reste à savoir de quelle manière elles vont être intégrées dans les pratiques des individus, et aussi des entreprises...

LES TECHNOLOGIES de l'information et de la communication (TIC) sont de plus en plus utilisées dans une perspective d'apprentissage tout au long de la vie, et les gouvernements, tant canadien que québécois, ont pris des mesures pour favoriser le développement de ces « technologies d'apprentissage » (TA).

Il existe de fait une multitude de sites relatifs à l'éducation et à la formation, mais l'absence d'outils adéquats pour les répertorier met au défi toute tentative de dénombrement ou de catégorisation. Tel n'est pas le but de ce texte, qui se propose plutôt d'offrir une image de l'utilisation et des limites des TIC en formation (1). Ainsi, seuls quelques sites serviront à illustrer les propos.

Quelles utilisations ?

La convergence des différents réseaux, qui fait de l'ordinateur l'outil par excellence des TIC, permet une utilisation multiple et diversifiée, dépendante en grande partie des compétences et de la créativité des personnes qui sont à la conception. Tant en formation qu'en éducation, les TIC servent à la diffusion d'informations, à la production de documents ; utilisent des instruments et des outils de formation spécifiques ;

---

* Professeur au département de psychopédagogie de l'Université de Montréal. Elle est notamment l'auteur de *Le Groupe en formation des adultes*, De Boeck université, 2001.

** *Sciences Humaines*, hors-série n° 32, Mars-avril-mai 2001.

1. Ce texte est une version abrégée et remaniée d'un chapitre à paraître dans Y. Lenoir et E. Lipianski, *La Formation à l'ère des nouvelles technologies*.

s'intègrent dans le développement de la technologie éducative et celle des communications (2). De plus elles permettent, c'est là une des principales nouveautés de leur utilisation, de créer des communautés virtuelles tant pour les formateurs que pour les apprenants.

Inhérent aux TIC, tout site est en soi un lieu de diffusion de l'information. Certains s'y consacrent toutefois plus que d'autres : par exemple, le Centre de documentation sur l'éducation des adultes et la condition féminine (CDEACF) s'est associé à d'autres sites à travers le monde, tel le Centre Inffo en France, pour construire le réseau Aladin, créant ainsi un centre planétaire de documentation sur l'apprentissage des adultes. Dans une perspective similaire, le Bureau des technologies d'apprentissage (BTA) promeut, au niveau canadien, le développement des technologies pour l'apprentissage des adultes dans tous les milieux et constitue un véritable centre de documentation en ligne sur les expériences en cours.

La diffusion de l'information peut également se réaliser de façon interactive. Dans ce cas, le site devient un carrefour, une plaque tournante, permettant la création d'une communauté virtuelle. C'est le cas de Netfemmes, d'Espace Alpha, ou encore du Centre d'enrichissement en micro-informatique scolaire (Cemisea), spécifiquement dédié à l'éducation des adultes. Dans tous ces sites, des collaborations sont sollicitées afin d'alimenter le site en y inscrivant directement documents, recherches, outils de formation ou toute autre information pertinente au dynamisme du site.

L'information peut aussi structurer des démarches éducatives. Ainsi des sites, tel celui de la Faculté virtuelle des sciences de l'éducation de l'université de Montréal, ou encore les cours conçus dans l'environnement de WebCT *(Web Course Tools)*, diffusent les syllabus des cours en ligne, l'agenda des rencontres et des travaux ; ils donnent accès à des documents ou à des études de cas ; ils permettent de construire des équipes, de donner les résultats d'un test de façon individualisée, favorisant ainsi un encadrement du processus d'apprentissage des adultes en formation.

D'autres sites optent parfois pour des stratégies de construction collective : c'est le cas de l'Institut canadien d'éducation des adultes (Icéa). Il rassemble depuis 1956 les acteurs de la formation des adultes au Québec, qu'ils proviennent des institutions ou du milieu communautaire. Suite à une période d'inscription en ligne, le site activait, à l'automne 2000, un forum de discussion sur les TIC et l'éducation des adultes, construisant ainsi une pensée collective quant à la politique de formation continue que le gouvernement québécois est en voie de proclamer.

L'exemple de l'Icéa est particulièrement intéressant, car il y a à la fois diffusion de l'information et production de documents. D'une façon un peu différente, les sites de Netfemmes, du Cemisea, ou encore de Savie (Société pour l'apprentissage à vie), invitent leurs membres à

2. G.-L. Baron, « Les technologies de l'information et des communications », dans J. Houssaye, *Questions pédagogiques. Encyclopédie historique*, Hachette, 1999.

Les méthodes d'apprentissage les plus utilisées en formation des employés

Méthodes pédagogiques	au Québec	aux États-Unis
Présentations et exposés	84,3 %	90 %
Travail d'équipe	68,6 %	n.d.
Vidéocassettes	49,3 %	92 %
Etudes de cas	47,6 %	57 %
Coaching individuel et parrainage	46,3 %	82 %
Jeux de rôles	38,0 %	49 %
Simulations et jeux	31,9 %	63 %
Formation assistée par ordinateur	31,4 %	48 %
Outils d'autoévaluation	21,8 %	49 %
Diapositives	18,1 %	49 %
Films	14,8 %	n.d.
Cassettes audio	10,5 %	50 %
Programmes d'auto-apprentissage non informatisés	10,5 %	33 %
Conférences téléphoniques	5,2 %	16 %
Vidéos interactives	2,6 %	n.d.
Multimédia	2,6 %	27 %
CD-Rom	2,6 %	n.d.
Conférences par ordinateur	1,7 %	n.d.

Association des entreprises privées de formation, dans Groupe Comunicom, « Portrait et positionnement des Intervenants en nouvelles technologies et nouveaux médias d'apprentissage au Québec », 1998. Rapport disponible sur le site Internet : *http://olt-bta.hrdc-drhc.gc.ca*

Obstacles, défis et dangers

Si les TIC favorisent le passage vers une société du savoir, elles peuvent être aussi une menace sur la démocratie et l'identité culturelle (8). L'Icéa (9), dans son forum de discussion sur les TIC et les politiques d'éducation des adultes, identifie un certain nombre d'obstacles, de défis et de dangers, concernant notamment l'accès, l'investissement, la formation, le développement d'outils informatiques et la création de contenus.

L'accès inégal aux TIC est lié aux différences de revenus, de niveau d'éducation, de statut et de type d'emploi au sein de la population. Ainsi, les données recueillies par les Associés de recherche

8. Unesco, 1993, cité par le CSE (Conseil supérieur de l'éducation), *Les Nouvelles Technologies de l'information et de la communication : des engagements pressants*, Gouvernement du Québec, 1994.
9. Icéa (Institut canadien d'éducation des adultes), « Les TIC et la politique d'éducation des adultes », 2000, site Internet : *http://www.communautique.qc.ca/icea/technologies/2.htm*

Ekos Inc. et Lyndsay Green & Associates dans les entreprises qui offrent de la formation montrent que 69 % des employés ont accès à des micro-ordinateurs ; 50 % à des CD-Roms ; 47 % à Internet (avec une variation selon la taille de l'entreprise : petite 44 % ; moyenne 66 % ; grande 72 %) ; et 12 % à des centres d'apprentissage. Or, les employés qui y ont accès sont *« hautement spécialisés, incluant le personnel de gestion (82 %), le personnel technique (64 %), les ouvriers qualifiés (61 %) et le personnel professionnel (46 %) »*.

Par ailleurs, l'accès ne peut se faire sans les machines, et il exige un branchement de qualité. Le deuxième obstacle est celui de l'investissement, bien réel pour les personnes à faible revenu, mais également, quoique dans une moindre mesure, pour les entreprises.

La formation, indispensable à l'utilisation des nouvelles technologies, constitue le troisième obstacle, tandis que le quatrième obstacle est celui de la conception des outils informatiques nécessaires au développement des contenus. D'où l'importance des logiciels, prologiciels, didacticiels, systèmes d'exploitation ou pilotes qui permettent l'utilisation et l'exploitation des ordinateurs ainsi que l'intégration des réseaux.

En outre, la création de contenus est nécessaire pour assurer une réponse adéquate aux besoins de formation. L'outil ne sert à rien s'il n'est pas utilisé. D'après une étude du BTA, seulement 10 % des investissements en 1998 étaient orientés vers les contenus (10) et les efforts de développement devraient maintenant porter sur cet aspect.

S'ils ne sont pas impossibles à surmonter, ces obstacles ont toutefois la particularité de s'emboîter l'un dans l'autre comme des poupées russes.

Par-delà ces défis qui consistent à surmonter des obstacles, il en existe d'autres qui relèvent des formateurs et des adultes eux-mêmes. Il s'agit, d'une part, pour chacune de ces personnes de s'inscrire dans un processus de formation permanente pour acquérir et développer les compétences requises à la maîtrise des technologies et, d'autre part, de développer une capacité de traitement critique de l'information. Il s'agit enfin de produire des contenus pédagogiques en français.

Les dangers sont ceux de l'exclusion de certaines couches de la population ; du remplacement possible des formateurs par des outils informatiques au détriment de l'encadrement personnalisé et du développement de la fonction de formation ; la substitution des institutions éducatives par des entreprises de formation et, à échéance, une perte possible d'identité nationale (11).

Mais, en contrepartie de ces obstacles, défis et dangers, les TIC offrent un vaste potentiel et une grande diversité de possibles pour autant qu'ils soient créés, car les TIC ne sont que des outils, et c'est la façon dont les personnes s'en servent qui définit leur utilité. Nous savons déjà que les TIC modifient les

10. Groupe Comunicom, « Portrait et positionnement des Intervenants en nouvelles technologies et nouveaux médias d'apprentissage au Québec. Développement des ressources humaines Canada », 1998. Site Internet : *http://www.olt-bta.hrdc-rhdc.gc.ca*

11. *Le Courrier de l'Unesco*, novembre 2000. Site Internet : *http://www.unesco.org/courier/2000_11/fr/doss0.htm*

modes d'interaction entre individus et communautés d'intérêt. Forum, email et bavardage peuvent favoriser le collectif et la collaboration. Selon l'Icéa, *« les technologies aident à mieux mettre en réseau les institutions, les groupes, les personnes, à rapprocher davantage les adultes d'avec les professeurs, les experts, les chercheurs et aussi à rapprocher le milieu éducatif du milieu du travail et des foyers »*.

Si les construits innovants de formation sont, pour le moment, encore rares, il ne tient qu'à nous de faire de la technologie un support à des formations et autoformations créatives et créatrices, exploitant ainsi adéquatement les trois flexibilités que procurent les formations ouvertes : temps modulables, espaces variables et modes d'action différenciés (12). Le gain des TIC se situe au niveau de la qualité, car elles permettent de penser des dispositifs dans le respect du temps et du rythme de l'adulte, du respect de sa façon d'apprendre, offrant notamment la possibilité de répétition, de simulation et de virtualité libérant l'adulte de certaines contraintes, telles que le sentiment d'incompétence quand il ne comprend pas la prise de risque sans conséquence, ou la pratique sans le risque des coûts associés à un exercice réel.

Vers un parcours de formation sur mesure ?

Il n'a été question ici que des TIC *via* Internet. Les dimensions multimédias que l'on y trouve sont aussi utilisées dans d'autres produits. C'est le cas de Sami, Systèmes d'aide multimédias interactifs. Mis sur CD-Rom, ils permettent la formation des personnes sans branchement au réseau Internet, en milieu de travail par exemple. Il en existe ainsi un pour les infirmières afin d'améliorer la structuration de la prise de notes dans les dossiers des patients. Un autre concerne le perfectionnement du corps policier dans la mise à jour des arrestations à domicile.

Dans ce dernier cas, le CD-Rom peut être inséré dans les ordinateurs dont sont équipés les auto-patrouilles policières qui peuvent, sur place, revoir leurs connaissances ou vérifier le respect des contraintes lors d'une arrestation. Conçu sous forme modulaire, il inclut des sections vidéo où un expert traite d'une dimension particulière ; les textes de loi et la réglementation ; des photos illustrant les situations d'arrêt ; des enregistrements audio donnant des informations ; des *quiz* pour vérifier le degré de compréhension des nouvelles contraintes en vigueur ; des tests ; des rétroactions et des commentaires liés au niveau de réponse des policiers.

Les TIC offrent une infrastructure extraordinaire pour la formation des adultes, mais tout dépend de l'utilisation que l'on en fait. On peut y reproduire le modèle vertical et hiérarchique encore dominant dans les professions, les fonctions de l'entreprise et les connaissances elles-mêmes. L'information, dans ce cas, n'est que transposée sur l'inforoute, mais bénéficie toutefois de son effet multiplicateur et automatisé. La démarche d'apprentissage est

12. P. Carré, J. Clénet, C. d'Halluin et D. Poisson, « Ingénierie pédagogique et formations ouvertes », dans P. Carré et P. Caspar (dir.), *Traité des sciences et des techniques de la formation*, Dunod, 1999.

alors marquée par sa linéarité et ses passages obligés, laissant l'adulte sans réelle maîtrise sur son cheminement.
On peut aussi opter pour une approche plus globale et horizontale exploitant les possibilités de mise en réseau et d'interactivité des systèmes inforoutiers. Dans ce cas, l'adulte a la possibilité de construire son parcours au gré de son apprentissage.

L'ENFANT ET LA LECTURE

Entretien avec Gérard Chauveau*

L'apprentissage de la lecture implique que l'enfant comprenne ce qu'est le sens et la finalité de cette activité.

***Sciences Humaines :* Vous affirmez que devenir lecteur consiste à être à la fois chercheur de sens et chercheur de code. Que signifient ces expressions ?**

Gérard Chauveau : Avec les membres de mon équipe, nous avons observé de nombreux enfants en train de lire et leur avons demandé comment ils s'y prenaient. Par exemple, en travaillant auprès d'enfants de 7 à 12 ans, mauvais lecteurs, nous avons constaté que pratiquement tous ont deux points communs : ce sont de mauvais décodeurs de mots et de mauvais explorateurs de texte.

Mauvais décodeurs signifie qu'ils ont des difficultés à traiter les éléments grapho-phoniques des mots ; par exemple ils peinent à établir le rapport entre les lettres et les sons correspondants, ou encore à découper les mots en syllabes. Ce sont également de mauvais explorateurs de texte, en ce sens qu'ils restent prisonniers des mots et ont du mal à chercher le sens d'une phrase. Ils ont du mal à traiter les aspects sémantiques et syntaxiques de la phrase écrite ou du texte : ils utilisent peu la ponctuation, la structure du texte, le contexte linguistique. Ils «piochent» mais balaient mal ou parcourent peu l'énoncé écrit. Dans une phrase comme «les deux oursons jouent dans la neige», ils vont lire successivement les mots «dans», «la» et «neige», sans les relier entre eux.

Ces enfants ne sont donc pas des chercheurs de sens. C'est la conception même de l'activité de lecture qui est défaillante ou insuffisante chez eux. Nous avons par exemple demandé à des mauvais lecteurs de 6e ce que signifiait la lecture pour eux, et comment ils s'y prenaient pour lire. Nous avons ainsi constaté que, pour eux, lire signifie simplement trouver les mots et bien les prononcer. D'autres pratiquent la «pêche aux mots» et devinent approximativement le contenu des textes.

* *Chercheur à l'Institut national de recherche pédagogique. Auteur de* Comment l'enfant devient lecteur, *Retz, 1997 ;* Les Chemins de la lecture, *Magnard, 1994 et* L'Enfant apprenti lecteur *(en collaboration), INRP, L'Harmattan, 1993.*

***SH :* Si des enfants de 6e ont des conceptions erronées de la lecture, cela doit être à plus forte raison le cas de certains enfants plus jeunes.**

G.C. : C'est exact, certains enfants abordent le cours préparatoire avec des idées très fausses sur la lecture. Même s'ils affirment que lire, c'est comprendre, ils font des contresens à ce sujet. Par exemple, l'expérimentateur prend un livre de littérature enfantine et lit de temps en temps la dernière ligne, puis l'avant-dernière, etc. 10 à 15 % des enfants ne repèrent pas la bizarrerie. Et si on leur demande s'ils ont bien compris, ils répondent : *« Oui, j'ai compris, c'est Martine au cirque. »* Pour eux, comprendre, c'est seulement identifier le personnage et le lieu.

A d'autres reprises, nous demandons à l'enfant ce qu'il fait pendant la leçon de lecture, ce que veut dire pour lui apprendre à lire. Une petite fille nous a répondu : *« Je regarde la maîtresse. »* En l'interrogeant, nous avons compris qu'elle observait les mouvements de la bouche de la maîtresse, car pour elle, apprendre à lire, c'était prononcer les mots comme la maîtresse. Une autre explique : *« Je ferme les yeux, je pense plus à rien. »*

***SH :* Vous avez fait allusion aux idées sur la lecture qu'ont les enfants avant même d'entrer au cours préparatoire. Cette phase vous semble donc importante ?**

G.C. : Effectivement, cette étape est essentielle, puisqu'elle concerne la compréhension de ce qu'est la lecture. Elle se déroule de 2 ou 3 ans jusqu'à 6 ans. Ceux qui ont été familiarisés avec l'écrit avant d'entrer en cours préparatoire deviennent presque tous de bons lecteurs ensuite. Or, nous avons constaté que, dès l'âge de 2 ans, pratiquement tous les enfants manifestent de l'intérêt lorsqu'on leur présente des livres d'histoires. Je pense donc qu'il serait utile de mener de pair dans les crèches des activités centrées sur le langage parlé et sur les textes de littérature enfantine.

Cette première phase se conclut par deux grandes compétences qui sont présentes chez la plupart des enfants qui entrent en CP. Il y a d'une part une compétence culturelle, qui est la volonté de lire : l'enfant a compris les bénéfices qu'il peut retirer de la lecture, il s'est approprié les principales fonctions du lire-écrire.

Il y a également une compétence cognitive qui est d'avoir compris le principe essentiel de l'écriture. Nous utilisons diverses procédures pour tester cette compétence. Par exemple, l'expérimentateur écrit les mots « wagon », « train » et « locomotive », puis demande à l'enfant où se trouve le mot « train ». La majorité des enfants de 4-5 ans désigne le mot « locomotive» en expliquant qu'un train c'est long et donc que c'est le mot le plus long. En revanche, certains enfants comprennent que le mot «train» est court à l'écrit puisqu'il est court à l'oral. Autre situation, avec le petit William qui sait écrire correctement son prénom. Je lui dis : *«J'ai un ami qui s'appelle William, comme toi; tu peux écrire son prénom ?»* L'enfant répond qu'il ne peut pas l'écrire, puis me demande : *«Mais quel âge il a, ton ami ?» «Oh, à peu près 40-45 ans.»* Alors, le petit William, un peu impressionné, dit que là, il ne peut vraiment pas l'écrire.

***SH :* Peut-on tirer des applications pédagogiques de vos travaux de recherche ?**

G.C. : Je préfère le terme d'implications pédagogiques, c'est-à-dire de directions de travail et de réflexion, plutôt que celui d'applications directes. Par exemple, nous avons fait une recherche dans un quartier défavorisé présentant deux caractéristiques importantes : un taux très important d'échec scolaire en lecture et la non-participation des parents.
Nous sommes partis du postulat qu'un enfant, à partir de 6 ans, apprend à lire dans un espace d'apprentissage qui comprend non seulement l'école, mais aussi la famille et l'environnement périscolaire. Dès lors, cette recherche sur le terrain consistait à essayer de construire ou de reconstruire le lien «cognitif» entre l'école et la famille.
Dans une première phase, nous avons fait avec chaque enfant de CP, et en présence de l'institutrice, une séance d'aide méthodologique et métacognitive consistant à demander à l'enfant : *«Ça veut dire quoi, lire ?»*, *«Comment tu fais ?»*, etc. Par la suite, on refaisait une séance du même type en présence des parents, qui se terminait par une discussion avec eux sur ce qu'ils avaient pu observer. Puis on les incitait à prendre le relais, en faisant des choses simples comme aider l'enfant à relire ce qu'il avait lu en classe, l'inscrire à la bibliothèque municipale. Résultat : à la fin de l'année, le taux d'échec en lecture en fin de CP est passé à moins de 20 % alors qu'il était habituellement de 50 %, et en fin de CE1, il est passé de 30 % à 5 %. En nous inspirant de cette recherche, nous avons ensuite créé les clubs «Coup de pouce», avec certaines communes de la région parisienne, dans lesquels des animateurs et des instituteurs de CP mènent des actions communes en lecture-écriture avec la participation des familles. Autre exemple, deux institutrices et moi-même avons mis au point

une méthode d'apprentissage de la lecture. Cette méthode reprend quelques principes issus des recherches de mon équipe, comme l'explicitation, c'est-à-dire le fait de demander à l'enfant comment il s'y prend pour lire, et la coopération, c'est-à-dire la découverte et le travail collectifs sur le texte, avant de passer à l'étude individuelle, ou encore l'association constante entre comprendre et décoder (1).

Propos recueillis par JACQUES LECOMTE
(*Sciences Humaines*, n° 82, avril 1998)

1. Méthode Mika, diffusée par les éditions Retz.

Chapitre VII

Les savoirs et leur transmission

Gérard Vergnaud*

À QUOI SERT LA DIDACTIQUE ?**

La didactique étudie chacune des étapes de l'acte d'apprentissage et met en évidence l'importance du rôle de l'enseignant, comme médiateur entre l'élève et le savoir... De l'épistémologie des disciplines aux avancées de la psychologie cognitive, c'est l'ensemble du processus construisant le rapport au savoir qui est analysé.

La question du rapport au savoir ne peut pas être bien analysée si n'est pas posée la question de la valeur opératoire de ce savoir. Les savoir-faire sociaux, la maîtrise du langage écrit, les connaissances mathématiques peuvent et doivent trouver leur fonctionnalité en situation ; la forme verbale et discursive de la connaissance n'est pas suffisante. C'est donc à la lumière de la pédagogie et de la didactique des situations qu'il faut aborder le rapport au savoir, qui est effectivement au centre du rapport à l'école, du rapport à la formation, à l'apprentissage, y compris dans l'apprentissage sur le tas. On oppose trop rapidement l'école à l'apprentissage sur le tas. Il y a de bonnes raisons à cela. Mais il y en a de mauvaises : d'une part, l'école offre des opportunités d'apprentissage, y compris des situations, que n'offre pas la vie quotidienne extra-scolaire ; d'autre part, l'analyse des activités de travail montre que les hommes et les femmes ne tirent pas un égal profit de l'expérience. Cette inégalité résulte pour une part non négligeable des différences entre individus dans leur rapport au savoir. Agir pour transformer l'école, c'est aussi appeler à terme la transformation du travail et de la vie.

Avec l'élévation du niveau de compétence et de culture exigé dans la société actuelle, la fonction de transmission de la culture assignée à l'école est devenue

* Directeur de recherche au CNRS. Auteur de : *Apprentissages et Didactiques. Où en est-on ?*, Hachette, 1994.

** *Sciences Humaines*, hors-série n° 24, mars/avril 1999.

capitale. Dans les processus traditionnels de transmission des pratiques, par accompagnement de l'activité des enfants dans la famille, ou par compagnonnage dans les entreprises, la question de la didactique ne se pose guère, sinon à travers la complexité plus ou moins grande des tâches confiées à l'apprenant : plus simples au début et progressivement plus délicates.
Mais, à l'intérieur de l'institution scolaire, comment transposer les situations et problèmes qui ont donné ou qui donnent leur sens aux connaissances scientifiques, techniques, sociales, artistiques, constitutives de la culture aujourd'hui ? Comment favoriser l'accès à ces savoirs et savoir-faire organisés que sont les disciplines et les professions ? A l'école, il faut des mises en scène particulières pour que le jeune enfant aperçoive la fonctionnalité de la lecture et de la compréhension de texte, de l'arithmétique et de la géométrie, de la biologie et de l'histoire, de l'éducation physique et de la musique. La didactique est née du souci de répondre à ces problèmes, en s'attachant aux contenus des savoirs et savoir-faire, et aux difficultés spécifiques que ces contenus peuvent soulever : différentes d'une discipline à l'autre, d'un domaine d'activité à un autre à l'intérieur de la même discipline. La didactique ne s'oppose pas à la pédagogie, elle va simplement audelà, par un souci plus grand d'analyse du contenu des activités mises en jeu dans l'apprentissage, notamment des opérations de pensée que ces activités impliquent. C'est pourquoi cette discipline s'appuie d'une part sur la psychologie du développement cognitif, et d'autre part sur l'épistémologie des disciplines, indispensable à l'analyse du contenu des connaissances.
La psychologie du développement est convoquée par la didactique, parce que les compétences progressivement formées par l'enfant au cours de ses apprentissages sont partiellement ordonnées, partiellement indépendantes, partiellement complémentaires. Il est donc indispensable de disposer d'une description analytique des cheminements de l'enfant dans la diversité des situations et des opérations de pensée nécessaires pour les traiter.
Les premières situations d'addition comprises par les enfants correspondent à l'accroissement connu d'une quantité initiale connue (j'avais 12 billes, j'en gagne 5, combien en ai-je maintenant ?), ou à la réunion en un tout de deux parties dont le cardinal est connu (6 filles, 7 garçons, combien d'enfants en tout ?). Mais il existe de nombreuses autres occasions de devoir choisir une opération d'addition :
– retrouver un état initial inconnu lorsqu'on a dépensé 7 F pour acheter un gâteau, et qu'on a maintenant 6 F en poche ;
– retrouver l'âge du cousin, si l'on sait qu'on a 5 ans de moins que lui et qu'on a 8 ans ;
– calculer le montant du versement à effectuer sur le compte d'un ami pour lui permettre d'honorer une facture de 1 640 F, alors que son compte indique un débit de 470 F.
Les relations qui appellent le choix d'une addition, d'une soustraction, ou d'une combinaison d'additions et de soustractions sont très nombreuses.

Elles sont maintenant assez bien connues : certains cas sont maîtrisés par la quasi-totalité des enfants à la fin du cours préparatoire, d'autres donnent encore lieu à des échecs durables à la fin du collège et chez les adultes.
Prenons un autre exemple, celui de l'Histoire. Se représenter les temps préhistoriques, le monde romain ou la Révolution française n'est pas chose évidente. Il n'est pas non plus aisé, pour un élève de cours moyen, de se figurer les durées, les périodes historiques et leurs caractéristiques.

Epistémologie et pédagogie

Quelles sont les raisons des choix des auteurs de manuels et des enseignants lorsque ceux-ci présentent la Renaissance tantôt comme une révolution scientifique et artistique touchant principalement l'Italie et la France, tantôt comme une période historique comportant de sombres aspects comme les guerres de Religion ? La Renaissance est-elle d'ailleurs une vraie période historique ? Ou bien simplement le début des Temps modernes ? Sur quels critères les historiens fondent-ils leurs choix ? Et sur quels critères les enseignants vont-ils fonder le leur, pour retenir les interprétations de tel courant historiographique ?
On le voit, la didactique est aussi étroitement liée à l'epistémologie des disciplines qu'à la psychologie du développement cognitif. On entend ici par épistémologie la relation entre les questions que se pose un scientifique (ou un professionnel) et les connaissances qui répondent à ces questions. C'est un sens relativement limité du terme épistémologie, mais il est opératoire, en ce sens qu'il permet justement de se demander comment transposer, à l'intérieur de l'école, les questions que se sont posées les hommes au cours de l'Histoire.
Ces questions sont à la fois pratiques et théoriques, et les mises en scène que les enseignants peuvent imaginer pour intéresser les enfants à apprendre concernent tout aussi bien les savoir-faire comme l'utilisation des instruments en géométrie ou la manière de réunir une documentation en histoire, que les savoirs mis en forme dans des énoncés et des textes comme le théorème de Pythagore ou la connaissance des principales idées nouvelles de la Révolution française. On peut même dire que l'orientation principale des didactiques aujourd'hui, dans la mesure précisément où leur but principal est d'entraîner le mieux possible les élèves dans des activités productives de connaissances, consiste à leur proposer des situations calculées dans ce but, et à leur offrir ainsi l'occasion d'un questionnement correspondant à leurs possibilités : observer par exemple les étapes de la croissance et de la reproduction végétale ; ou encore faire un montage électrique miniature. Cette mise en scène calculée est souvent désignée sous le terme de « transposition ».
Dans le processus d'appropriation et de maîtrise des connaissances, les savoir-faire ont une importance essentielle. L'accent mis sur les compétences aujourd'hui, dans les entreprises et dans le système d'éducation et de formation, signifie que la forme opératoire de la connaissance, celle qui est mise en

œuvre en situation de travail, en situation de résolution de problème, ou face à un événement imprévu, est le critère véritable de la connaissance. La forme discursive et prédicative que prend la connaissance dans des énoncés et des textes (textes scientifiques, modes d'emploi ou recettes de cuisine) ne peut pas véritablement entrer en compétition avec la forme opératoire. On peut connaître par cœur certains théorèmes de mathématiques et être incapable de les mettre en œuvre dans les situations où ils sont pertinents; on peut connaître par cœur d'excellentes recettes de cuisine et être un piètre cuisinier. Cela ne signifie nullement que les théorèmes et les recettes sont des aspects négligeables de la connaissance et de la culture, mais ils sont radicalement insuffisants pour comprendre ce qu'est la culture et ce qu'est la connaissance.

Le concept de «rapport au savoir» doit donc être largement examiné et analysé à la lumière des différences, des convergences et des complémentarités entre la forme opératoire de la connaissance, qui permet d'agir en situation, et la forme prédicative qui permet de mettre en mots, en énoncés et en textes, les objets du monde, leurs propriétés, leurs relations et leurs transformations.

Ces objets et relations sont parfois directement accessibles par la perception; mais le plus souvent, dans une culture élaborée comme celle des sociétés contemporaines, ils résultent d'une construction patiente et laborieuse dans l'histoire. Pour l'enfant, la difficulté est de refaire, avec l'aide d'autrui et notamment de l'enseignant, une partie de cette construction. L'apprentissage des sciences et des techniques ne passe pas par toutes les étapes de la construction historique, heureusement ! Mais les principales difficultés conceptuelles rencontrées au cours de l'histoire sont presque inévitablement au rendez-vous dans l'apprentissage. Il a fallu plusieurs siècles aux mathématiciens pour considérer les nombres négatifs comme des nombres et pas seulement comme des artifices algébriques. On ne peut pas s'attendre à ce que les élèves évitent totalement cette difficulté. Il a fallu plusieurs millénaires aux astronomes et aux physiciens du mouvement pour concevoir la force comme une grandeur indépendante de la vitesse; il a fallu des siècles aux historiens et aux sociologues pour identifier des acteurs sociaux autres que les individus dans un processus historique, et aux biologistes pour découvrir la sexualité végétale. Comment les élèves pourraient-ils entrer de plain-pied dans les conceptualisations sous-jacentes à ces phénomènes ?

Déconstruire pour construire

La didactique est d'une certaine manière une provocation, puisqu'il faut souvent déstabiliser les croyances des élèves qui reposent sur l'intuition, c'est-à-dire sur une lecture et une interprétation insuffisamment critiques de l'expérience. Provoquer l'enfant dans ses conceptions, c'est l'obliger à s'adapter à des phénomènes imprévus et même imprévisibles. «*La connaissance est adaptation*», nous a enseigné Piaget. Mais s'adapter, c'est rencontrer le nouveau; et c'est l'un des actes principaux de médiation de l'enseignant que d'aménager cette rencontre des élèves avec le nouveau. Surgit alors une question théorique capitale. A quoi s'adapte-t-on ? Et qu'est-ce qui s'adapte ?

La meilleure réponse aujourd'hui, à la lumière des recherches en didactique et des recherches sur le développement des compétences dans le travail, est que nous nous adaptons à des situations et que ce sont les formes d'organisation de notre activité qui sont l'instrument et le résultat de cette adaptation.

Ces formes d'organisation, appelées schèmes par les psychologues et notamment par Piaget, concernent en fait tous les registres de l'activité :

– les gestes ordinaires, les gestes du sportif, les gestes de la danseuse, les gestes de l'artisan ou de l'ouvrier d'élite ;
– les formes de raisonnement et de prise d'information impliquées dans la résolution de problèmes scientifiques et techniques, comme le diagnostic et le dépannage d'une voiture ou d'une machine à laver, la conception d'un nouvel objet, l'élaboration d'une nouvelle pratique ;
– les formes d'énonciation orale qui interviennent dans un exposé en classe, dans une conférence scientifique, dans un discours politique ; et dans les dialogues par lesquels une maman gère la communication avec son jeune enfant, un enseignant avec sa classe, un chef de service avec ses collaborateurs ;
– les formes d'interaction sociale et affective avec lesquelles nous développons le tissu indispensable de nos émotions et de nos sentiments : à l'égard des autres et à l'égard des activités dans lesquelles nous sommes engagés (travail, conversation, vie associative, etc.).

A l'école, quand une situation est aménagée par un enseignant dans un but d'apprentissage relativement délimité (le traitement d'une situation mathématique, une petite enquête sur la visite d'un musée ou sur l'histoire locale), les élèves apprennent des choses non seulement en mathématiques ou en histoire, mais aussi dans le domaine de l'interaction langagière et sociale, et dans le domaine de la production écrite. L'école ne fait pas qu'instruire, elle éduque et c'est bien qu'il en soit ainsi !

Mais si l'on veut progresser dans l'aide apportée aux élèves, notamment lorsque l'apprentissage se heurte à des difficultés durables, il faut analyser un peu plus en profondeur les caractéristiques de l'activité demandée aux élèves, et les caractéristiques des situations qui leur sont proposées. On a besoin alors de décomposer, par l'analyse, cette totalité fonctionnelle dynamique qu'est le schème : comme un entraîneur sportif dissèque les composantes d'un geste ou d'une phase de jeu pour aider le champion à améliorer sa compétence et sa performance, comme un professeur d'art dramatique aide la candidate actrice à jouer une scène et à rendre plus distincte son élocution, ou encore comme un ingénieur expert aide un jeune ingénieur à concevoir un dispositif nouveau et à surmonter les pièges techniques dans lesquels il pourrait tomber.

On peut identifier quatre catégories d'éléments dans un schème :

– le but, qui se décline en sous-buts et en anticipations au fur et à mesure que l'activité se déroule, ou doit se dérouler. Pour résumer un récit (but), identifier les différentes parties (sous-buts) ; au foot-

ball, faire en sorte que l'équipe marque un but entraîne plusieurs progressions possibles des joueurs et du ballon;
– les règles d'action, de prise d'information et de contrôle qui engendrent le décours temporel de l'activité au fur et à mesure. Dans la lecture d'un texte, il faut repérer les informations importantes et relier entre elles les parties retenues; au football, il faut analyser très vite les positions des joueurs, agir en conséquence, contrôler les évolutions;
– les invariants opératoires : c'est-à-dire les concepts-en-acte qui permettent de prélever l'information et de sélectionner celle qui est pertinente; et les théorèmes-en-acte, ou propositions tenues pour vraies dans l'activité, sur lesquels repose en dernier ressort l'organisation de l'action, de la prise d'information, de l'anticipation et du contrôle. La compréhension de texte fait intervenir beaucoup de connaissances : structure d'un récit, moyens linguistiques et rhétoriques permettant d'assurer à la fois la continuité et la surprise; au football, la connaissance des phases de jeu classiques, l'anticipation des possibles;
– les possibilités d'inférence, qui sont justement la clé des adaptations en situation, et sans lesquelles les schèmes ne seraient que des stéréotypes, incapables de s'adapter au nouveau. Le résumé n'est jamais la même tâche d'un texte à l'autre, il faut donc des inférences pour traiter les différents textes avec les mêmes schèmes de compréhension et de résumé; au football, une phase de jeu ne se répète jamais à l'identique, il faut, et cela très rapidement, faire des inférences en situation.
Si l'école veut offrir aux élèves des situations qui leur permettent d'exercer des schèmes déjà formés, d'en élargir la portée et d'en préciser les limites, et en même temps de développer des schèmes nouveaux, alors la première qualité professionnelle de l'enseignant consiste à choisir à bon escient les situations d'enseignement, au regard de l'épistémologie de la discipline concernée et de la psychologie de l'apprentissage et du développement. C'est aussi un premier acte de médiation entre la culture et l'enfant.

La nécessaire médiation

Mais les actes de médiation des enseignants ne s'arrêtent évidemment pas là. C'est sur chacune des composantes du schème que l'enseignant intervient en fait : pour aider les élèves ou un élève particulier qui serait en difficulté. Lorsqu'on analyse les activités de l'enseignant dans le quotidien de la classe, on observe de multiples exemples d'actes de médiation et de tutelle, qui portent sur le but et les sous-buts (que les élèves n'aperçoivent pas toujours bien); sur les informations qu'il est pertinent de sélectionner et d'utiliser; sur l'organisation dans le temps des étapes de l'activité, notamment des prises d'information, des opérations de transformation de la réalité matérielle et sociale, des contrôles, de l'évaluation de la situation et du résultat obtenu.
Dans la saisie et l'utilisation des informations, l'élève peut ne pas disposer des concepts et catégories les plus opératoires. Les actes de médiation de l'enseignant concernent donc aussi, et au premier chef, les formes de conceptualisation sous-jacentes à l'activité atten-

due de l'élève. Parfois, les conceptualisations de l'élève ne correspondent pas à celles de l'enseignant, soit parce qu'elles sont erronées, soit parce qu'elles reflètent un autre point de vue que celui de l'enseignant, tout en étant opératoires également. L'enseignant ne doit évidemment pas confondre les deux cas. Les actes de médiation sont différents s'il faut partir d'une démarche erronée ou d'une démarche acceptable.

Il existe en effet souvent plusieurs démarches correctes alternatives. C'est là encore un acte de médiation essentiel que de faire comprendre aux élèves ces alternatives, éventuellement d'expliquer pourquoi telle manière de faire est meilleure que telle autre, ou bien que plusieurs manières sont équivalentes, ou encore que telle manière est meilleure dans certains cas, moins bonne dans d'autres.

En dernier ressort, un élève accroît sa compétence lorsqu'il dispose d'un éventail de ressources, toutes disponibles et acceptables, pour faire face à la plus grande variété possible des situations qu'il sera amené à rencontrer.

Jean-Claude Ruano-Borbalan*

DES SOCIÉTÉS ORALES AUX SOCIÉTÉS SCOLAIRES**

L'histoire de la connaissance et de la transmission des savoirs a été marquée par deux innovations majeures : l'invention de l'écriture et la généralisation de la forme scolaire de type européen née aux XVIe et XVIIe siècles. Aujourd'hui, cette forme scolaire de généralise dans l'ensemble du monde et conditionne très fortement les formes sociales et culturelles contemporaines.

Depuis plus d'un siècle, l'anthropologie débat de la réalité des différences entre les modes de pensée des sociétés orales et ceux des sociétés lettrées. L'idée que l'invention de l'écriture, comme plus tard celle de l'imprimerie, aurait conditionné de nouveaux modes de pensée est devenue une vulgate souvent reprise. Au début des années 90, des sociologues de l'éducation comme Guy Vincent, Bernard Lahire et Daniel Thin, reprenant les réflexions de Pierre Bourdieu, estimaient par exemple que la production des savoirs dans les sociétés sans écritures doit être pensée comme radicalement différente de celle des sociétés lettrées. Ils rappelaient le point de vue le plus courant, selon lequel, dans les formes sociales orales : «*L'apprentissage s'opère dans et par la pratique, de situation en situation, de génération en génération. Apprentissage par le faire, le voir faire qui ne nécessite pas d'explications et qui ne passe pas nécessairement par le langage verbal.*» (1)

L'écriture : une révolution ?

Si l'on suit cette conception, qui dans la réalité n'existe plus depuis l'invention de l'écriture, l'idée même de savoir et de culture n'a guère de sens. Tous les actes de la vie quotidienne, toutes les formes de communication participent de la socialisation et de la formation des

*Directeur de publication du magazine *Sciences Humaines*.

** *Sciences Humaines*, hors-série n° 24, mars/avril 1999.

1. G. Vincent (dir.), *L'Education prisonnière de la forme scolaire ?*, PUL, 1994.

individus. Depuis près de 6 000 ans, l'invention de l'écriture dans les sociétés de Mésopotamie et de Chine a singulièrement modifié les choses. Pour l'anthropologue Jack Goody, l'écriture, surtout l'écriture alphabétique, aurait permis aux hommes d'analyser leur propre discours grâce à la forme semi-permanente qu'elle donnait au message oral. Cette capacité d'inspection du discours a singulièrement développé le champ de l'activité critique. Elle a également favorisé la rationalité, l'attitude sceptique, la pensée logique (2). Cette conception est aujourd'hui fort discutée. Dans un ouvrage récapitulatif, le psychologue David Olson déclare : *« Affirmer qu'il existe un lien entre l'apparition de l'alphabet ou de la presse à imprimer et les changements dans les modes de parole ou de pensée est au mieux une supposition, au pire une erreur. »* (3) Cette critique s'est développée chez les anthropologues et les psychologues cognitivistes qui nient aujourd'hui les oppositions entre les modes de pensée des sociétés orales et ceux des sociétés lettrées : *« Tous les peuples sont bien entendu rationnels : cela fait partie de la définition du genre humain. L'un des acquis les plus évidents d'un siècle de recherches anthropologiques est d'avoir découvert que les peuples sont remarquablement semblables dans leur forme de pensée et de discours, et qu'il existe des similitudes profondes dans la manière dont ils accordent des privilèges, rendent la justice, vénèrent leurs dieux, enterrent leurs morts, etc. »* (4)

Cependant, l'histoire des formes sociales et des modes de connaissance montre que toutes les sociétés ne sont pas identiques. On peut ainsi supposer que l'ensemble des mutations de la connaissance en Occident, depuis la Mésopotamie et la Grèce antique, doit être attribué à une configuration historique très particulière. Celle-ci allie des techniques (l'écriture et la lecture) et des formes institutionnelles de transmission et d'accumulation des savoirs (l'école, la classe, la pédagogie et la culture scolaire). On peut également admettre que les grandes civilisations de l'Ancien Monde (Moyen-Orient, Inde, Chine), elles aussi, développent une configuration particulière de la transmission de la connaissance, des savoirs sociaux et des valeurs. Dans tous les cas, les formes écrites et la transmission orale se sont interpénétrées. Elles se sont incarnées au sein de systèmes politiques et religieux, dans lesquels apparut une forme d'enseignement séparé. C'est par exemple le cas dans la civilisation de l'Empire romain tardif et du Moyen Age. L'Eglise chrétienne était l'héritière directe de la philosophie grecque (5) et du système d'enseignement hellénistique ou romain. Ces derniers s'étaient plutôt fondés sur l'écrit. Ils valorisaient, pour les couches urbaines supérieures, une capacité individuelle d'atteindre la sagesse par la connaissance abstraite. L'Eglise permit cependant la cohabitation entre des formes diverses de transmission des

2. J. Goody, *La Raison graphique. La domestication de la pensée sauvage*, Editions de Miniuit, 1986.
3. D. Olson, *L'Univers de l'écrit. Comment la culture écrite donne forme à la pensée*, Retz, 1998.
4. D. Olson, *op. cit.*
5. H.I. Marrou, *Le Monde romain. Histoire de l'éducation dans l'Antiquité*, Tome II, Seuil, 1981.

savoirs et des connaissances, qu'elles aient été de forme écrite ou relevant de la transmission orale. Elle utilisa par exemple toutes les possibilités de la transmission non écrite des valeurs et des connaissances connues par les communautés locales : les rituels, l'iconographie, l'architecture et même l'exemple, si l'on songe au modèle que les ermites ou les moines offraient aux populations (6).

L'Eglise chrétienne rompait donc avec la forme scolaire antique, qui ne cherchait pas à transmettre les valeurs, apanage des familles ou de la cité. En effet, dans un souci de promouvoir l'éducation morale, l'Eglise, au Moyen Age, inventa véritablement l'école, dans la double fonction d'instruction et d'éducation que nous lui connaissons toujours aujourd'hui. Cependant, ces écoles de cathédrales ou de monastères, au demeurant fort peu nombreuses, restaient, comme les écoles de l'Antiquité, peu efficaces en terme d'apprentissage. Aucun souci d'adaptation aux élèves n'existait, ce qui allongeait d'autant le temps d'apprentissage : *« L'enseignement élémentaire consiste à lire, à écrire, à compter et à chanter. Cet enseignement n'est pas donné à tous les élèves, ni simultanément comme dans nos écoles actuelles. »* (7)

Finalement, si les sociétés orales peuvent être caractérisées par le fait qu'elles ne possèdent pas d'institutions d'enseignement séparées et si les sociétés antiques sont celles où l'institution scolaire reste très faible et relativement marginale pour la transmission des connaissances, la grande nouveauté de la Renaissance sera d'inaugurer un processus de généralisation de la forme scolaire à toute la société.

L'invention de l'école moderne

Le système institutionnel mis en place dans le cadre de l'Eglise pendant le haut Moyen Age s'est vu bouleversé par les mutations intellectuelles du XIIe siècle. Du milieu du XIVe siècle à la fin du XVIe siècle ont été bâtis les fondements d'une culture séculière ou chrétienne rénovée où désormais l'homme et la nature tiennent une place centrale. La Réforme protestante, le mouvement humaniste et l'innovation scientifique, mais aussi la Contre-Réforme catholique vont entraîner la mutation de toutes les représentations sociales et des savoirs. La Réforme protestante se fonda sur la lecture individuelle de la *Bible*. Pour lire, il faut en effet savoir lire, et chaque communauté créera une école. Cette exigence entraîna un mouvement déterminant de scolarisation. La Contre-Réforme utilisa, elle aussi, l'alphabétisation comme moyen d'évangélisation, pour combattre les protestants sur leur terrain.

Inscrite dans ce mouvement de lutte religieuse et d'émergence conjointe d'une pensée séculière, une invention majeure allait accroître singulièrement l'efficacité de l'école. Il s'agit de l'alliance d'une forme de regroupement scolaire (la classe et l'établissement) et de véritables méthodes pédagogiques : *« Il a fallu attendre jusqu'au XVIIe siècle pour qu'apparaisse enfin la pédagogie [...], c'est-à-dire une méthode pour enseigner,*

6. L. Harias (dir.), *Histoire générale de l'enseignement et de l'éducation en France*, Nouvelle Librairie de France, 1981.

7. C. Gauthier et M. Tardif (dir.), *La Pédagogie, théories et pratiques de l'Antiquité à nos jours*, Gaëtan Morin éditeur, 1996.

un discours d'ordre qui organise la façon de faire la classe sous tous ses aspects.» (8) Le nouvel ordre pédagogique, rapidement commun à l'ensemble de l'espace chrétien, a été formalisé en pays catholiques par Jean-Baptiste de La Salle pour les petites écoles chrétiennes et par les Jésuites pour les collèges d'Ancien Régime. La radicale nouveauté de la méthode lasallienne consistait, par exemple, à universaliser une forme scolaire pour un enseignement élémentaire, désormais destiné au plus grand nombre, en édictant des règles strictes s'appliquant autant aux élèves qu'aux maîtres : *«Des savoirs enseignés aux méthodes d'enseignement en passant par les moindres aspects de l'organisation de l'espace et du temps scolaire, rien n'est laissé au hasard, tout est objet d'écriture, de décomposition, de fixation des mouvements, des séquences, permettant ainsi une systématisation accrue et un enseignement simultané.»* (9) Cette forme pédagogique occidentale est née de la volonté de gouverner les esprits et d'éviter les errements de l'enfance ou de l'adolescence. Elle s'est avérée redoutablement performante pour la transmission des connaissances, mais surtout pour la canalisation des différences individuelles ou collectives. Au début du XVIIe siècle, on assiste d'ailleurs à un mouvement de généralisation des écoles.

Production des connaissances et culture scolaire

Les Etats-nations, nés au XVIIe siècle en Europe, se sont progressivement emparés de l'organisation scolaire, au détriment des Eglises ou des communautés. Le but de maintenir tranquille la jeunesse urbaine et rurale et de lui inculquer les normes morales et sociales en vigueur resta essentiel. L'Etat, particulièrement au cours du XIXe siècle, vit dans les écoles le moyen d'unifier la culture et les savoirs communs de la population, mais aussi d'orienter la production des connaissances pour des raisons de puissance nationale. En France, on le vit précisément pendant la Révolution française, lorsque l'on tenta de rationaliser et d'organiser la sélection des élites scientifiques ou gouvernementales en détectant les meilleurs élèves grâce à des écoles départementales et nationales. Depuis lors, cet objectif de sélection des élites scientifiques et des élites gouvernementales est devenu l'un des fondements de la pratique des enseignants de l'institution scolaire dans tous les pays européens, comme d'ailleurs aux Etats-Unis ou au Japon. En France, il s'est heurté à la volonté, également assignée à l'instruction scolaire, de maintenir les couches populaires dans un strict état de dépendance, grâce à l'existence de deux formes d'enseignement : l'un primaire, pour le peuple, et l'autre secondaire, pour les élites sociales (10).

Ainsi, en observant la généralisation de l'enseignement sur une longue durée, on constate que la forme scolaire née aux XVIe et XVIIe siècles a permis jusqu'à notre époque, sur une échelle jamais atteinte, d'inculquer aux populations les normes et les règles sociales, de fournir

8. C. Gauthier et M. Tardif (dir.), *La Pédagogie, op. cit.*
9. G. Vincent, *L'Education prisonnière de la forme scolaire ?, op. cit.*
10. P. Albertini, *L'Ecole en France, XIXe-XXe siècles. De la maternelle à l'université*, Hachette supérieur, 1992.

les producteurs de connaissance scientifique dont l'importance pour la marche des sociétés modernes fut si cruciale. Elle a aussi permis, à partir de la fin du XIXe siècle, de participer de plus en plus nettement à la définition des hiérarchies sociales, grâce aux formations professionnelles. Le niveau d'éducation scolaire des élèves, leurs connaissances évaluées par des procédures purement académiques sont devenues la clé d'une insertion sociale réussie.

L'empire scolaire a, de plus, fortement induit les formes culturelles globales de la société durant les deux derniers siècles. L'historien André Chervel, qui en fait l'analyse en France (11), montre par exemple que le goût immodéré des Français pour l'orthographe est en fait une pure création scolaire, destinée avant tout à l'enseignement primaire. C'est dans le cadre de la généralisation des écoles normales d'instituteurs des années 1830-1850 que cette discipline est devenue un moyen de sélectionner les instituteurs, qui en ont eux-mêmes généralisé ensuite la pratique. Cette opération purement scolaire a entraîné la fixation définitive de l'orthographe, la création d'une grammaire tout à fait spécifique et uniquement destinée à l'enseignement. Cet exemple de l'orthographe est illustratif du fait que la culture des sociétés, particulièrement les sociétés actuelles, est entièrement soumise au filtre et à la création scolaire. A. Chervel prend l'exemple encore plus significatif de la composition française à référence littéraire, détrônant le discours de l'ancienne rhétorique à la fin du XIXe siècle. Il constate que l'affirmation des disciplines et des exercices scolaires influe directement sur les cadres de la pensée. Ainsi, la mise en place de la dissertation et de son fameux plan en trois parties, cadre de toute la pensée contemporaine, est, elle aussi, une pure création scolaire.

Plus rien n'échappe à la forme scolaire

L'omniprésence de la forme scolaire s'est singulièrement accrue depuis un demi-siècle. En effet, on trouve aujourd'hui des écoles pratiquement dans chaque village et dans chaque quartier des villes de la Terre. Il y a des écoles secondaires dans chaque chef-lieu des pays développés de l'Europe, de l'Amérique et de l'Asie de l'Est. Ce mouvement de généralisation de l'école secondaire s'est étendu depuis 1980 de manière spectaculaire en Asie, principalement en Asie du Sud (Chine, Inde, Pakistan, etc.) comme le soulignent les récents annuaires statistiques de l'Unesco. Dans ces pays, le taux de scolarisation secondaire voisine désormais avec 50 à 60 % des 12/17 ans. Dans les principaux pays développés de l'OCDE, le niveau d'instruction de la population s'est élevé rapidement au cours des cinquante dernières années et la fréquentation du deuxième cycle secondaire n'est plus désormais le privilège d'une petite élite, mais devient normale pour la plupart des jeunes : de l'ordre de 70 à 90 % selon les pays. L'enseignement supérieur lui-même devient massif dans les pays occidentaux. Dans le même

11. A. Chervel, *La Culture scolaire, une approche historique*, Belin, 1998.

temps, on sait que non seulement toute la jeunesse des sociétés, mais également les sociétés elles-mêmes vivent au rythme et en fonction des préoccupations des institutions scolaires. Tout récemment par exemple, est apparue, à l'échelle de l'OCDE et de l'Europe communautaire, la volonté explicite de faire de l'acquisition des connaissances une activité qui dure toute la vie, au lieu de se limiter aux années d'enseignement initial (12).

L'exemple français atteste de cet approfondissement du mouvement pluri-séculaire de généralisation de la forme et de la culture scolaire. Depuis la Seconde Guerre mondiale, par exemple, le système d'enseignement et de formation a connu deux grandes phases de croissance. La première s'est incarnée dans la généralisation des collèges, pendant les années 50-60 et la seconde, dans les années 1985-95, a vu la généralisation de la scolarisation en lycée (13).

Ainsi, indépendamment de tous les problèmes de qualité et d'efficacité économiques, le fait est qu'en France aujourd'hui, – et c'est absolument vrai dans l'Europe communautaire, aux Etats-Unis, en Russie ou au Japon – tout individu qui naît doit passer en moyenne une bonne quinzaine d'années dans une scolarité qui possède un ensemble de caractéristiques communes dans trois directions majeures : une conception de la connaissance humaine identifiée aux savoirs scientifiques, une culture conditionnée par la forme scolaire et une socialisation basée sur l'intériorisation des normes sociales, la compétition et la sélection scolaire.

L'ensemble de la transmission des valeurs et des connaissances se trouve donc désormais enserré dans la « forme scolaire ». Celle-ci ne doit pas être vue uniquement comme un système ou un ensemble structurel, ce qu'elle est évidemment, mais plus globalement comme une partie toujours plus généralisée et toujours plus prégnante du système social des sociétés modernes.

12. Centre pour la recherche et l'innovation dans l'enseignement, *Regards sur l'éducation*, OCDE, 1996.

13. A. Prost, « L'Education nationale depuis la libération », *Cahier Français*, n° 285, La Documentation Française, mars/avril 1998.

MARTINE FOURNIER*

INTERNET VA-T-IL BOULEVERSER LA PÉDAGOGIE ?**

Les technologies éducatives ont pendant longtemps été des supports pour les diverses méthodes pédagogiques. Pourtant les potentiels d'Internet, des CD-Roms, avec l'hypertexte, la communication ultra-rapide à distance... ne vont-ils pas, à terme, introduire des changements radicaux dans les manières de « faire la classe » ?

L'INTRUSION des TIC dans le système éducatif va-t-elle révolutionner nos vieilles méthodes, dépoussiérer l'enseignement secondaire de sa morne succession de cours magistraux, de son rigide découpage disciplinaire (une heure de mathématiques, une heure d'anglais, une heure de français…), et donner aux élèves la possibilité de se passionner pour des projets interactifs tout en devenant plus intelligents ?

Bien sûr, la réalité n'est pas aussi manichéenne. Pour la comprendre, il faut différencier l'outil technique et la méthode pédagogique. Or les techniques éducatives sont au service des pédagogues et donc de leur propre conception de l'apprentissage. *« Il serait difficile*, affirme Serge Pouts-Lajus, chercheur à l'Observatoire des technologies pour l'éducation en Europe, *d'admettre que ce sont les machines qui imposent la pédagogie qui va avec.* » (1)

On trouve actuellement sur le marché parascolaire de la e-éducation toutes sortes d'usages des nouvelles technologies. A côté de logiciels d'inspiration très constructiviste et interactifs, d'autres ne sont que des exercices de bachotage destinés à préparer un diplôme, des cours en ligne qui utilisent les démarches les plus traditionnelles

* Journaliste scientifique au magazine *Sciences Humaines*.

** *Sciences Humaines*, hors-série n° 3, mars/avril/mai 2001.

1. S. Pouts-Lajus, « Des enseignants face à Internet… », dans S. Alava (dir.), *Cyberespace et formations ouvertes. Vers une mutation des pratiques de formation ?*, De Boeck, 2000.

Vers la e-éducation ?

L'usage d'Internet à l'école

Les enseignants

- 91 % des enseignants déclarent aujourd'hui utiliser Internet dans leur établissement pour des raisons pédagogiques (78 % en 99, 71 % en 1998).
- 89 % y recherchent des informations ou préparent un cours.
- 21 % repèrent des sites pour le travail en classe.
- 12 % échangent avec des collègues en France.

Les élèves

Dans les collèges et les lycées, les élèves utilisent Internet pour :

- la recherche d'information et la production de documents pour la préparation d'exposés et de dossiers : 86 % ;
- les échanges par e-mails : 6 % ;
- la construction des sites d'écoles : 3 % ;
- le travail coopératif : 4 %.

Internet pendant les cours

Pourcentage d'élèves ayant utilisé Internet en cours :

- Technologie : 30 % ;
- Histoire et géographie : 26 % ;
- Français : 24 % ;
- Biologie : 10 %.

Sources : ministère de l'Education nationale (Direction de la programmation et du développement). Baromètre France Télécom, 2000.

Taux de connexion des établissements à Internet

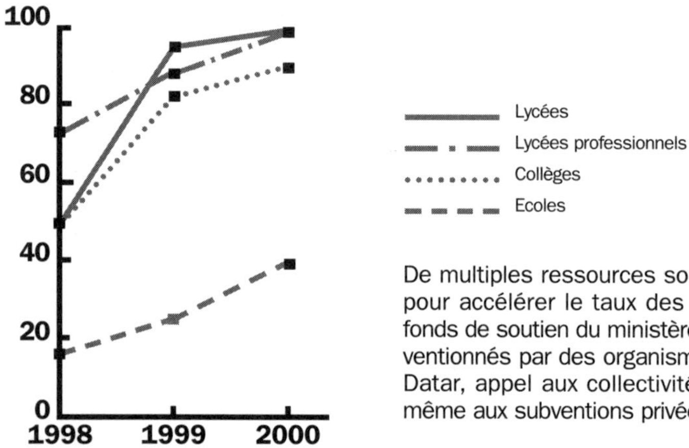

De multiples ressources sont mobilisées pour accélérer le taux des connexions : fonds de soutien du ministère, projets subventionnés par des organismes comme la Datar, appel aux collectivités locales ou même aux subventions privées...

Des données biaisées ?

A propos de l'usage des NTIC, à quels chiffres peut-on se fier? Les statistiques françaises, issues d'institutions comme le ministère de l'Education nationale et France Télécom, paraissent très encourageantes. Il semble pourtant qu'il faille en relativiser certaines.

- Le taux de connexions à Internet dans les établissements scolaires, par exemple, ne signifie pas que tous les élèves, ou même une partie d'entre eux, y aient accès : la connexion peut être réservée à un poste au CDI, ou encore simplement à l'administration.
- Si, depuis janvier 2001, tous les élèves disposent d'une adresse électronique gratuite (prénom.nom@laposte.net) celle-ci reste bel et bien virtuelle pour la plupart d'entre eux : rares sont les établissements où les messages peuvent arriver...
- Par ailleurs, des enquêtes internationales, publiées sur le Net, relativisent les résultats brillants, annoncés pour la France par les chiffres officiels.

Ainsi l'enquête internationale Ipsos Reid, sur l'usage des écoliers et étudiants dans 16 pays, montre que seulement un quart des élèves français ont accès à Internet dans leur établissement scolaire, contre 78 % des jeunes Suédois et 74 % des jeunes Canadiens.

(*Internet à l'école : la France mauvaise élève*, http://www.canalipsos.com/articles_fr/0009/net_ecole. htm)

Nombre d'élèves par micro selon les établissements

Ecoles	Collèges	Lycées professionnels	Lycées généraux	Lycées technologiques
25 élèves par micro	15 élèves par micro	5 élèves par micro	5 élèves par micro	13 élèves par micro

Il est à noter que les petits établissements (à faible effectifs d'élèves) sont souvent – proportionnellement – les mieux équipés. Ainsi le nombre d'élèves par micro-ordinateur passe de 4,5 dans les lycées de moins de 400 élèves à 8 dans ceux de plus de 1200 élèves. Pour la même raison, les collèges ruraux sont également beaucoup mieux dotés que ceux de la région parisienne (de 11 à 19 élèves).

(leçon-exercice d'application : *« Tu n'as pas compris : relis le théorème. »* Il pourra bien le relire dix fois le théorème si, justement, il ne le comprend pas !) Qu'en est-il dans les établissements scolaires ? Au printemps 2000, le ministère de l'Education a publié une vaste enquête sur les usages des TIC rebaptisées TICE pour l'enseignement (2). Dans une période que l'on peut encore considérer comme transitoire, dans la mesure où les équipements et les pratiques sont encore très inégales selon les établissements ou les enseignants, il apparaît que les usages sont aussi très diversifiés. Selon Catherine Reigner (de la Direction de la programmation et du développement du ministère de l'Education nationale (DPD)) qui a dirigé le bilan de ces études, chaque niveau de l'enseignement utilise les TICE avec des objectifs différents. Les pratiques les plus créatives sont plutôt réservées à l'école élémentaire ; dans le secondaire, plus on s'élève dans le niveau des classes, plus on trouve des usages qui s'apparentent aux pratiques de l'enseignement traditionnel.

« Les théories de l'apprentissage courantes ne disent rien de précis sur la manière de concevoir des environnements informatiques « constructivistes », ni d'ailleurs sur les types d'apprentissages qui peuvent être efficacement organisés. Il existe même souvent une sorte de hiatus entre ces théories et les modèles sous-jacents aux différents outils existants : les modèles béhavioristes des années 60, longuement éprouvés en enseignement assisté par ordinateur quand il s'agit de guider les apprentissages, restent relativement très présents », constate Georges-Louis Baron qui dirige le groupe TECNE de l'INRP (3). Plusieurs spécialistes s'érigent contre les réticences de beaucoup d'enseignants à se servir des nouvelles technologies éducatives. Hormis le cours de technologie dans lequel elles sont l'objet de l'enseignement, les TIC restent perçues dans les autres disciplines comme des usages accessoires (seuls quelques maîtres mordus d'informatique les utilisent), c'est-à-dire, en marge du cours scolaire « normal ».

« Au vu des progrès techniques actuels, il n'est plus justifié d'imputer aux seules machines la responsabilité de l'échec des TIC en éducation, affirme pourtant Monique Linard, chercheuse du CNRS et professeur émérite à Paris-X, *[…] Il devient évident que ce sont plutôt les conceptions de la connaissance et de l'apprentissage qui font problème ainsi que les pratiques qu'elles déterminent sur le terrain. »* (4) M. Linard fait l'hypothèse que l'une des causes de la faible intégration des TIC dans l'enseignement s'explique par une domination toujours très prégnante du discours abstrait, en particulier dans le second degré : *« Fondé pour l'essentiel sur la définition des champs et des concepts disciplinaires, le cours repose sur le discours expert du*

2. *Education et formations*, n° 56, avril/juin 2000 ; « Les enseignants et les TICE » (revue publiée par la Direction de la programmation et du développement, ministère de l'Education nationale).

3. G.-L. Baron, « Ordinateur et pratiques privée des jeunes. L'informatique dans l'enseignement : quelle intégration ? », dans G. Langouët (dir.), *Les Jeunes et les médias*, Hachette, 2001

4. M. Linard, « Les technologies de l'information et de la communication en éducation : un pont possible entre faire et dire », dans *Les Jeunes et les médias, op. cit.* Voir également : « Nouvelles technologies et formation », *Sciences Humaines*, hors-série n° 12, février/mars 1996.

maître [...] Il continue quoi qu'on en dise à être la seule voie d'accès à la forme savante de connaissance propre à l'école.» Dans le même temps, ajoute cette chercheuse, l'incapacité de beaucoup d'élèves à accéder à cette «pensée conceptuelle formalisée» est l'objet de constats répétés : *«Pourtant le système continue de rejeter à ses marges tous les modèles alternatifs...»*

De plus en plus de travaux tentent de montrer tous les profits que les méthodes actives, fondées sur les théories constructivistes, pourraient tirer des nouvelles technologies. Pour le psychologue québécois Jacques Tardif, les TIC *«offrent des possibilités exceptionnelles d'introduire en classe des situations authentiques d'apprentissage»*.

Il cite, entre autres exemples, l'expérience *National Geographic Kids Network* à laquelle se sont connectés les élèves de 44 pays, invités à poursuivre des recherches scientifiques selon des protocoles généralement réservés aux chercheurs. Les recherches tournaient autour de questions comme : qu'est-ce que l'on retrouve dans l'eau potable ? Qu'est-ce qui provoque les catastrophes naturelles ? Comment réutiliser les déchets ?

J. Tardif affirme que les nouvelles technologies entrent en parfaite adéquation avec ce qu'il nomme un *«apprentissage signifiant»* dont les principes s'appuient sur les théories constructivistes : ils augmentent la capacité de résolution de problème des élèves qui peuvent choisir les stratégies qui leur conviennent dans leur démarche, en fonction de leurs connaissances antérieures. Ils permettent de relier les savoirs et de leur donner du sens, grâce à la construction de projets transdisciplinaires. Ils permettent aussi de développer les compétences métacognitives, dans la mesure où ils doivent sans cesse évaluer «le degré de pertinence de leurs choix» et donc, pour cela, évaluer ce qu'ils savent et ce qu'ils ne savent pas.

Une nouvelle conception de l'enseignement ?

Les nouvelles technologies ne constitueraient-elles rien d'autre qu'un accessoire de plus dans la boîte à outils des pédagogues ? Là est bien la question sensible... Les recherches sont encore trop éparses pour que l'on puisse avancer des certitudes. Il semble cependant que les possibilités offertes par la dernière génération des TIC soient aptes à remettre en question le contenu même de certains enseignements aussi bien que les démarches d'apprentissage.

Comme l'explique G.-L. Baron, *«un certain nombre d'instruments de traitement de l'information sont explicitement dédiés aux disciplines scolaires : calculatrices scientifiques en mathématiques, dispositifs d'expérimentation assistée par ordinateur en sciences, machines à commande numérique en génie mécanique... Ces instruments remettent souvent en question les activités traditionnelles de la discipline dans laquelle ils sont utilisés...»* En géographie par exemple, l'utilisation d'images satellite, de systèmes d'information issus de la Météorologie nationale ou de bases de données économiques change complètement la démarche didactique et, à terme, les objectifs du cours : il ne s'agira plus, par exemple, de «savoir réaliser une carte»

Les TIC comme remèdes ?

Quelle place à l'école pour les nouvelles technologies de l'information ? Selon les expériences québécoises relatées, les nouveaux outils (Internet, disques optiques) facilitent l'accès à une multitude d'informations. Ils peuvent aussi servir à produire des données, lorsque les élèves utilisent un logiciel de traitement de texte ou réalisent un montage vidéo. Ils permettent également la communication et la diffusion des informations grâce au courrier électronique et aux sites Web...
Jacques Tardif se livre à un véritable travail d'expertise pédagogique. Il explicite rigoureusement (tableaux à l'appui) les différentes étapes du processus d'apprentissage, en montrant, à chacune d'elles, tout l'intérêt de l'utilisation des nouvelles technologies de l'information. La perspective constructiviste qu'il adopte (comment l'élève construit lui-même ses savoirs) apparaît alors entrer en parfaite adéquation avec l'utilisation des ces nouveaux outils. Ils augmentent pour les élèves leur capacité de résolution de problèmes, permettent de relier les savoirs et de leur donner sens, confèrent à l'enseignant le rôle de médiateur et de collaborateur à la réussite des élèves, etc.
L'auteur déplore le peu d'initiatives et la confusion qui ont régné dans les différentes directives officielles pour encourager l'implantation en milieu scolaire de ces technologies. Pour lui, leur utilisation est devenue indispensable et elle serait un moyen efficace de lutter contre l'échec et les inégalités.

M. F.

J. Tardif, *Quel cadre pédagogique ?*, ESF, 1998.

(puisqu'elles sont toutes à disposition) mais de savoir sélectionner et croiser les informations dans la diversité des bases de données en fonction de la question que l'on se pose.
Jacques Perriault, professeur en sciences de l'information et de la communication à Paris-X et spécialiste de l'enseignement à distance, montre que la maîtrise des TIC requiert des compétences particulières (5). Ainsi, lorsque l'on se retrouve devant l'écran, on est amené progressivement à en découvrir les règles de fonctionnement. « *Ce qui intéresse les jeunes dans un jeu vidéo, c'est de découvrir la loi qui les régit et pour cela, ils font une série d'inductions pour la construire. Une fois qu'ils l'ont fait, le jeu ne les intéresse plus.* » Le Web per-

5. J. Perriault, « Il faudra toujours une médiation humaine... », *Axiales* n° 37, 4e trimestre 2000, (« www.asts.asso.fr »). Voir également « L'école joue un rôle dominant dans l'aggravation du fossé numérique », *Le Monde*, 9 janvier 2001.

mettrait donc à chacun de construire son propre système d'explication, selon la lecture personnelle qu'il en fait avec les éléments dont il dispose. Cette démarche inductive – si elle est utilisée par les pédagogies actives – n'est effectivement pas le fait de l'enseignement traditionnel dans lequel on apprend d'abord la loi pour ensuite appliquer les règles.

Ce type de démarche, poursuit J. Perriault, induit des évolutions dans la nature même des connaissances. Les jeunes se plaisent à construire des procédures de téléchargement de logiciels, de programmation d'écran : *« Cette connaissance de type procédural diffère de celle de ma génération qui a plutôt appris des propositions : la Terre est ronde, etc. »*

D'autres compétences, toujours citées par J. Perriault, sont elles aussi, propres à la pratique des TIC, tels le traitement parallèle des informations, la compétence langagière (savoir communiquer son expérience), la mémorisation humaine *(« car le Web est tout le contraire d'une prothèse mémorielle »).*

Dangers et difficultés

Au total, on perçoit bien que la généralisation de l'usage des TIC à l'école entraînerait des modifications sensibles dans les manières de « faire la classe », et même dans le contenu des programmes d'enseignement. Dans son laboratoire de recherche (CRIS-Paris-X), J. Perriault suit le développement de 250 universités virtuelles. Les échanges de savoirs ne se font plus de manière unidirectionnelle, du tuteur aux étudiants : on note *« une sorte d'appétence pour le travail horizontal, les gens cherchant à construire ensemble des connaissances »*. En outre, Internet provoque un accroissement considérable de la recherche documentaire. Or, l'univers scolaire est réticent à privilégier le document comme source de savoir. *« Internet est un élément qui brise le monde clos de l'école… »*

Cependant les travaux cités mettent aussi en garde contre les dangers potentiels de la pratique des TIC dans l'enseignement. Très attractives pour les élèves, qui sont d'ailleurs familiarisés avec ces nouvelles techniques ne serait-ce que par l'usage des consoles de jeux et autres game-boy, les TIC peuvent privilégier la recherche impatiente du résultat immédiat : *« L'hyper-sollicitation plaisante et l'activisme zappeur associés aux interfaces ultrarapides tendent à noyer l'attention, à saturer l'intention et à détourner de l'effort de compréhension »*, explique encore M. Linard.

Sans compter que, sur Internet ou même dans les CD-Roms, l'afflux des informations, démultiplié par l'hypertexte, nécessite une solide motivation pour aller au bout de sa recherche et de sérieuses capacités à trier ces informations. *« Certains élèves nous rendent des devoirs composés de liasses de pages tirées sur Internet, dans une présentation impeccable mais dont ils n'ont pas lu le contenu. Qu'est-ce que cela leur a apporté ? Comment évaluer de tels travaux ? »*, s'inquiète un professeur (6) qui évoque aussi la nécessité d'éduquer les élèves à une lecture critique des docu-

6. Merci à P. Grosset, professeur d'histoire-géographie au lycée Fourier, Auxerre.

ments fournis. Selon J. Tardif, la difficulté réside dans leur intégration en connaissances et compétences.
On voit bien toute l'importance que confère la pratique des TIC à l'enseignant qui devra aider l'élève à atteindre les objectifs fixés, l'aider à construire sa démarche et à surmonter les obstacles… Tout compte fait, à devenir un médiateur pour l'élève, rôle qui lui est attribué aussi dans les pédagogies constructivistes. Pour J. Perriault, c'est justement le rôle de l'école de former les élèves aux compétences nécessaires à la maîtrise des TIC. En ne le faisant pas, elle laisserait se creuser les inégalités et risquerait de jouer *« un rôle dominant dans l'aggravation du fossé numérique »* entre les plus favorisés (qui surfent avec aisance sur le Web à l'extérieur de l'école) et ceux qui n'ont une chance d'y avoir accès que par l'école.

QUELLE PLACE POUR LES NOUVELLES TECHNOLOGIES ?

Entretien avec Serge Pouts-Lajus*

Selon Serge Pouts-Lajus, Internet contribue à rénover les méthodes éducatives, même si les pratiques sont très disparates.

***Sciences Humaines :* En 1985, le plan « Informatique pour tous » a été considéré comme un échec. En 1997, Lionel Jospin et Claude Allègre faisaient de la généralisation de l'usage des nouvelles technologies de l'information et de la communication (NTIC) dans l'enseignement leur objectif principal. Quelle est la différence entre ces deux initiatives ?**

** Chercheur à l'Observatoire des technologies de l'éducation en Europe. A publié récemment, avec Marielle Riché-Magnier, « Les nouvelles technologies dans l'enseignement. Ruptures et continuité », dans A. Van Zanten (dir.),* L'Ecole, l'état des savoirs, *La Découverte, 2000.*

Serge Pouts-Lajus : On est très sévère avec le plan de 1985 et c'est en partie injuste. Le programme actuel bénéficie du même enthousiasme que lui en son temps. Il faut donc rester prudent. Ce qui est vrai, c'est qu'il existe une différence fondamentale entre les deux plans : en 1985, il s'agissait d'une opération volontariste, imposée d'en haut, à une époque où les ordinateurs étaient très peu répandus. L'objectif était de se préparer à la diffusion massive de l'informatique dans la société. Maintenant, une grande partie de la dynamique du mouvement remonte de la base, des petites écoles rurales par exemple, vers le haut, et s'étend à l'ensemble des établissements scolaires. Le réseau de communication Internet est évidemment un moteur puissant pour cette diffusion horizontale.

***SH :* Quelle est l'utilisation que font les enseignants des NTIC, tant en quantité qu'en qualité ?**

S.P.-L. : Les enseignants sont trois fois plus équipés et connectés que la moyenne des Français. Un enseignant sur deux est connecté à son domicile. Beaucoup utilisent Internet pour échanger avec d'autres enseignants, dans leur champ disciplinaire, par affinités ou sur des thèmes généraux. Il existe par exemple un groupe de professeurs d'histoire-géographie, les Clionautes, qui échangent des idées sur Internet ; ce club informel compte plus de 1 000 membres ! Le dialogue entre enseignants qui se noue dans ces communautés est très différent de celui qui existe dans les établissements où l'on ne peut rencontrer que 2 ou 3 collègues de sa discipline. Internet sort les enseignants de leur isolement professionnel ; c'est quelque chose de très nouveau et de très prometteur (1).

***SH* : Au niveau même des pratiques pédagogiques, quel est l'impact des NTIC ?**

S.P.-L. : Les usages pédagogiques d'Internet que l'on peut observer concernent tous les niveaux et toutes les disciplines. Cela va de la construction d'un site Web à des exercices d'entraînement en mathématiques, en passant par des recherches documentaires sur le Web ou la correspondance scolaire par courrier électronique. Beaucoup de ces usages paraissent très intéressants. Il est encore difficile d'estimer leur valeur réelle en terme d'apprentissage, mais on voit bien que l'apport des technologies se situe du côté des pédagogies qui mettent l'accent sur l'activité productive de l'élève.

On peut dire que les NTIC sont le cheval de Troie des pédagogies actives. Elles favorisent l'apprentissage actif, mais aussi la coopération entre les élèves. Dans les salles de travail informatique, chacun travaille devant son écran, mais en même temps, des élèves discutent, posent des questions, coopèrent. Partout dans le monde, Internet favorise la rénovation des méthodes éducatives, mais cela ne se fait pas de façon uniforme. Les cultures éducatives ne sont pas les mêmes partout. Il est par exemple normal que dans l'enseignement secondaire français, cette question se traite en priorité à l'intérieur des disciplines auxquelles les enseignants sont très attachés, car c'est sur elles qu'ils fondent leur légitimité de « passeurs de savoir ».

Propos recueillis par
GAËTANE CHAPELLE
(*Sciences Humaines*, n° 111, décembre 2000)

1. Le Centre national de documentation pédagogique (CNDP) a ouvert cette année Educlic, « portail de l'éducation » qui offre une riche documentation (pédagogique et administrative) aux professionnels de l'éducation : www.educlic.education.fr

Vincent Troger*

LES CRITIQUES DE LA FORME SCOLAIRE**

Pour quelles raisons l'école est-elle régulièrement accusée des mêmes maux : abstraction, cloisonnement des disciplines, coupure avec le monde extérieur ? Il existe de grandes familles critiques à propos de ce processus.

Depuis la seconde moitié du XIXe siècle, les savoirs délivrés par les lycées et collèges ont fait l'objet de critiques souvent sévères. Ces critiques ont évolué au fur et à mesure des transformations de la société française. Néanmoins, de Victor Duruy à Claude Allègre, les experts régulièrement sollicités par les ministres ont utilisé certaines thématiques de manière remarquablement répétitive. Historiens et sociologues apportent des explications à cette permanence : ils analysent les savoirs scolaires comme des constructions sociales et des enjeux de pouvoir entre différents groupes de pression. On peut aussi se demander si ces critiques répétées ne sont pas parfois mises en scène dans une rhétorique qui vise moins à agir sur le réel qu'à produire des discours politiques à vocation purement stratégique.

Des thématiques récurrentes

«Notre France est si profondément pénétrée de l'esprit latin qu'il existe un préjugé contre l'enseignement pratique. Ce préjugé ne pousse pas à mieux faire des études classiques, mais il empêche de bien faire des études usuelles.» (1) (Victor Duruy, 1863) ; *«L'organisation actuelle de notre enseignement entretient dans notre société le préjugé antique*

* Maître de conférences à l'IUFM de Versailles et à l'Université de Paris-X Nanterre. A publié *Idées reçues sur l'école*, Editions le Cavalier bleu, mars 2001.

** *Sciences Humaines*, hors-série n° 24, mars/avril 1999.

1. Instruction du ministre de l'Instruction publique aux recteurs, relative à l'établissement d'un enseignement secondaire dit professionnel dans les lycées, octobre 1863.

d'une hiérarchie entre les tâches et les travailleurs. Le travail manuel, l'intelligence pratique sont encore trop souvent considérés comme de médiocre valeur. » (2) (Commission Langevin-Wallon, 1947) ; « *On ne rompra pas du jour au lendemain avec cette représentation de la hiérarchie des aptitudes, qui place au pinacle la production des théorèmes et la spéculation abstraite, et à la base l'ingéniosité du bricoleur.* » (3) (Commission Fauroux, 1996). Ces quelques morceaux choisis illustrent le thème qui a sans doute le plus régulièrement nourri un siècle et demi de critiques des savoirs délivrés par l'enseignement secondaire : celui d'une hiérarchisation arbitraire qui, au nom d'une culture prétendant à l'universalisme, privilégie excessivement les savoirs les plus abstraits au détriment de savoirs plus contextualisés (les sciences appliquées, la technologie, les arts…).

De ce premier thème a découlé de manière tout aussi récurrente un deuxième : la critique d'une conception intransigeante de l'autonomie des savoirs scolaires, qui conduirait l'école à se constituer en monde clos, imperméable aux évolutions de la société : « *Conservons précieusement ces nobles études qui ont fait la France moderne et son glorieux génie ; mais suivons aussi le monde du côté où il marche.* » (V. Duruy) ; « *Les études primaires, secondaires, supérieures sont trop souvent en marge du réel.* » (Commission Langevin-Wallon) ; « *L'école doit être à la fois un sanctuaire, à l'abri des querelles d'adultes, et un portique grand ouvert sur le monde.* » (Commission Fauroux). Logiquement, cette dernière critique a souvent eu pour corollaire celle de l'inadaptation de l'école aux exigences sociales, économiques et scientifiques de la modernité : « *Les besoins nouveaux de l'économie moderne posent la nécessité d'une refonte de notre enseignement qui, dans sa structure actuelle, n'est plus adapté aux conditions économiques et sociales.* » (Commission Langevin-Wallon) ; « *Cette fonction de vigilance, d'alerte, attentive à confronter la définition scolaire des disciplines à la fois aux réalités des classes, aux attentes de la société, aux débouchés qui en découlent et à l'évolution scientifique des disciplines elles-mêmes, est une fonction essentielle d'un système scolaire soucieux de s'adapter en permanence.* » (4) (Rapport Prost, 1983).

Une troisième thématique est elle aussi récurrente, même si elle s'est constituée plus tardivement. Elle s'articule autour d'une double critique. D'une part, celle du caractère encyclopédique des programmes, analysés comme des accumulations indigestes de connaissances. D'autre part, celle du cloisonnement étanche des disciplines, qui interdirait de saisir le sens global de la culture générale que l'enseignement secondaire prétend délivrer. Cette critique devient explicite dans les travaux de la Commission Langevin-Wallon : « *Les pro-*

2. Constituée en 1944, la Commission de réforme de l'enseignement présidée par le physicien Paul Langevin, puis, après le décès de ce dernier, par le psychologue Henri Wallon, a publié ses travaux en 1947. Ce plan n'a jamais été appliqué mais a servi ensuite de référence à de multiple projets.

3. *Pour l'école*. Rapport de la commission présidée par Roger Fauroux, Calman-Lévy et La Documentation française, 1996.

4. Rapport à la direction des lycées et collèges d'une commission dirigée par Antoine Prost, « Les lycéens et leurs études au seuil du XXIe siècle », novembre 1983.

grammes doivent indiquer ce qui sera enseigné par cycle et par année, mais de façon large et souple [...] afin de ne pas contrarier, par un compartimentage excessif, l'élan de curiosité qu'il faut chercher à susciter chez les enfants. [...] Pour la bonne formation de l'esprit, il n'est pas besoin de connaissances encyclopédiques, mais de connaissances en profondeur.»
Elle est ensuite devenue un passage obligé de tous les travaux des experts contemporains : *«On continue de diviser le savoir en tranches purement formelles, artificielles, qui sont la négation de la culture et s'opposent à la compréhension du monde moderne.»* (5) (Jean Tricart, Colloque d'Amiens, 1968); *«L'accroissement de la connaissance rend vaine l'ambition de l'encyclopédisme [...] Le souci de la cohérence des enseignements devrait conduire à favoriser les enseignements donnés en commun par des professeurs de différentes spécialités et même à repenser les divisions en disciplines.»* (6) (Commission Bourdieu-Gros, 1989); *«La juxtaposition des programmes des diverses disciplines représentées au collège ne constitue pas en elle-même un projet éducatif clairement identifiable.»* (7) (Conseil national des programmes, 1994).

Pourtant, la permanence de ces arguments critiques ne peut pas être interprétée comme le signe de l'immobilisme du système éducatif. En un siècle et demi, l'école, et particulièrement l'enseignement secondaire, a connu de profondes mutations de ses structures et de ses finalités. Tout se passe donc comme si, après chaque étape de cette transformation, les conceptions incriminées des savoirs persistaient dans la nouvelle forme de l'organisation scolaire, justifiant le retour des mêmes critiques. Les approches des sociologues et des historiens expliquent pour partie ce processus. On peut y distinguer quatre familles d'analyses.

Quatre critiques de la forme scolaire

1. Socialiser l'individu. Une première famille établit une relation directe entre la généralisation de la scolarisation et les évolutions de la civilisation occidentale : sécularisation, démocratisation et industrialisation. Ces processus ont provoqué une rupture avec les sociétés traditionnelles où la référence au divin et l'omniprésence de la religion donnaient sens à la totalité des activités humaines et imposaient des normes sociales rigides. Au contraire, dans la société moderne, la division du travail, l'urbanisation, le transfert de l'autorité à l'Etat et l'autonomisation de la vie privée obligent les individus à se livrer à un travail difficile de construction de ces normes. La société démocratique, industrielle et libérale suppose des individus autocontrôlés. L'école est donc d'abord une institution spécialisée dans ce douloureux processus de socialisation. Elle le fait notamment en privilégiant le travail écrit et en exigeant un effort d'abstrac-

5. Jean Tricart, professeur à la faculté de lettres de Strasbourg, «Des programmes inadaptés», dans *L'Education nationale*, 18 avril 1968. Organisé par l'Association d'étude pour l'expansion de la recherche scientifique, le Colloque d'Amiens avait réuni, en mars 1968, 700 participants.
6. «Principes pour une réflexion sur les contenus de l'enseignement», commission présidée par Pierre Bourdieu et François Gros, mars 1989.
7. Conseil national des programmes présidé par Luc Ferry, rapport sur les programmes de collèges.

tion et de décontextualisation des savoirs, ce qui induit un processus de distanciation et de contrôle de soi indispensable à la constitution du citoyen et du travailleur modernes. La priorité donnée aux savoirs abstraits et à l'isolement de l'école serait donc l'essence même de ce que Guy Vincent appelle la *«forme scolaire»* (8), ce qui expliquerait son éternel retour.

Les trois autres familles d'analyse sont centrées sur la manière dont l'école élabore les savoirs qu'elle transmet. A partir du constat qu'ils sont d'abord le résultat d'un tri opéré dans l'ensemble des connaissances disponibles, les savoirs scolaires sont examinés comme une construction sociale. Ces analyses s'interrogent donc sur les modalités de cette construction.

2. Maintenir la hiérarchie sociale. La deuxième, la plus connue en France, est associée à une approche globale de la société en termes de rapports de forces. De ce point de vue, l'élaboration des savoirs scolaires est d'abord déterminée par les intérêts des classes sociales dominantes. Ainsi la vigilance obsessionnelle de l'école française en matière de règles orthographiques, ou l'importance exceptionnelle qu'elle accorde à l'histoire et la géographie nationales, sont la conséquence de la volonté de la bourgeoisie moderniste du XIXe siècle d'imposer une identité commune à une population culturellement hétérogène. De même, le caractère abstrait des savoirs délivrés par l'enseignement secondaire a-t-il été explicitement voulu pour des lycées dont l'objectif initial était la formation des élites politiques du Premier Empire. La valeur éducative du latin pour les futurs élites était ainsi attribuée à «son inutilité même», pour reprendre l'expression d'un universitaire de la fin du XIXe siècle (9). Selon une telle analyse, la position subalterne des savoirs appliqués n'a donc rien de surprenant. Elle ne fait que reproduire la position subalterne ou marginale des ouvriers, des techniciens et des artistes dans la hiérarchie sociale.

3. Le lobby des disciplines. Une troisième famille d'analyse se place dans l'optique de la sociologie des organisations. Elle observe qu'au sein de l'enseignement secondaire, les disciplines constituent des corporations autonomes. Les acteurs ont donc intérêt à maintenir ou à étendre l'influence de leur discipline pour défendre leur pouvoir dans l'institution. Ainsi, l'argumentaire de l'ouverture de l'école et de son adaptation à la modernité sert-il à défendre des disciplines dominées (technologie, arts plastiques, musique...) ou à soutenir des stratégies de conquête (sciences économiques, sciences expérimentales). Quant à celui de la sanctuarisation, il peut servir à maintenir des positions dominantes (lettres) ou à défendre des territoires menacés (philosophie). En outre, la relation directe entre les programmes du secondaire et les disciplines universitaires fait que ces enjeux de pouvoir se calquent souvent sur ceux qui se jouent à l'université. Françoise Ropé a ainsi montré que la

8. G. Vincent, *L'Education prisonnière de la forme scolaire*, Pul, 1994.

9. F. Brunetière, professeur à l'Ecole normale supérieure, «Brochure pour la défense de l'enseignement du latin», 1896, cité par C. Lelièvre, dans *Histoire des institutions scolaires*, Nathan, 1992.

réforme de l'enseignement de la grammaire a favorisé la stratégie de conquête des linguistes au sein des départements de littérature (10).

4. La prégnance du cours magistral. Une dernière famille d'analyse souligne enfin le poids des contraintes pédagogiques et budgétaires dans la construction des savoirs scolaires. La nécessité de rendre intelligibles les savoirs à des enfants ou à des adolescents, dans un temps limité, oblige à opérer ce que les sciences de l'éducation appellent une transposition didactique. Celle-ci passe par des découpages en leçons et des élaborations d'exercices qui comportent nécessairement une part d'arbitraire. De plus, ces arbitrages sont souvent déterminés par des contraintes budgétaires. La marginalisation des savoirs expérimentaux, technologiques ou artistiques pourrait donc tenir, d'une part, à la difficulté à concevoir une transposition didactique satisfaisante et, d'autre part, au coût élevé des moyens à mobiliser. On comprend alors la priorité souvent donnée aux disciplines qui peuvent se contenter de cours magistraux. On mesure aussi la difficulté à mettre en œuvre la transposition didactique dans une optique interdisciplinaire.

Historiens et sociologues montrent donc que critiquer l'abstraction, le découpage et l'autonomie des savoirs scolaires, c'est en définitive remettre en cause à la fois la nature même de la «forme scolaire», l'équilibre des rapports sociaux qu'elle reproduit et les rapports de force qui se jouent au sein de l'institution. Il y a ainsi dans cette entreprise une dimension utopique dont on peut penser qu'elle a toujours été connue, au moins intuitivement, par les politiques qui ont commandé, et commandent plus que jamais, les expertises porteuses de ces critiques.

Une rhétorique de circonstance ?

Sans mettre en doute la sincérité des experts, il paraît donc plausible de supposer que l'utilisation de leurs travaux peut s'inscrire dans des stratégies politiques dont la finalité n'est pas nécessairement réformatrice.

Une étude de François Grezes-Rueff montre ainsi que le thème de la revalorisation de l'enseignement technique, corollaire obligé de l'argumentaire sur la marginalisation des savoirs technologiques, peut s'analyser comme un discours politique convenu et nécessairement consensuel (11). Comment, en effet, s'y opposer publiquement sans prendre le risque de paraître justifier les inégalités sociales que cette marginalisation reproduit si visiblement ? C'est donc un discours toujours gênant pour les adversaires de ceux qui le prononcent. De fait, cet argumentaire est développé, selon les circonstances, aussi bien par la droite que par la gauche. Utilisé par la Commission Langevin-Wallon, dirigée par des intellectuels communistes, il est repris presque mot pour mot par la Commission Fauroux, dirigée par un chef d'entreprise libéral. Le même constat peut être fait pour la

10. F. Ropé, *Savoirs universitaires*, L'Harmattan, 1995.
11. F. Grezes-Rueff, «Les discours politiques sur l'enseignement technique et professionnel», dans *L'Histoire et la Géographie dans l'enseignement professionnel*, Groupe de recherche en histoire immédiate, IUFM de Toulouse, 1998.

défense de l'enseignement des arts plastiques, qui, depuis le colloque d'Amiens en 1968, a mobilisé les plus hautes autorités, jusqu'à l'actuel président de la République.

F. Grezes-Rueff peut ainsi écrire : *« Rien d'étonnant dès lors à ce que [...] on assiste au retour régulier du même argumentaire, comme pour une cérémonie rituelle dans laquelle on se soucie finalement assez peu des raisons de l'échec de la réforme précédente. »* C'est sans doute pourquoi les experts qui se risquent à avancer des propositions qui vont à l'encontre des opinions consensuelles du moment s'exposent à un enterrement discret de leurs travaux. C'est l'expérience qu'a notamment faite Lucie Tanguy en proposant, dans un rapport sur l'enseignement professionnel commandé par un gouvernement de gauche, le maintien des filières préparant au CAP (12) : le dogme des 80 % d'une classe d'âge au baccalauréat était alors trop consensuel pour qu'une telle proposition puisse être entendue.

Cette dernière approche ne contredit pas les analyses socio-historiques. Elle les conforte, au contraire, puisqu'elle montre combien l'élaboration des savoirs scolaires est un processus politique qui n'obéit pas uniquement à des exigences intellectuelles. Les savoirs scolaires sont en quelque sorte le produit d'une négociation plus ou moins explicite entre les acteurs sociaux concernés, universitaires, politiques, pédagogues, employeurs, parents.

Or l'enjeu de cette négociation est devenu vital puisque l'école est désormais, hors de la famille, la seule institution véritablement responsable de l'éducation et de la formation des jeunes. Seule en charge de la reproduction de la société, elle tend donc à en focaliser toutes les tensions, les contradictions, les ambitions ou les utopies. On lui demande sans doute plus qu'elle ne peut faire. Elle évolue pourtant, et en profondeur : les enseignements scientifiques ont depuis longtemps détrôné les humanités classiques dans la hiérarchie des savoirs scolaires, et l'accès aux enseignements secondaires et techniques que la Troisième République a offert aux jeunes filles a incontestablement accéléré le mouvement d'émancipation des femmes. Mais elle ne peut probablement pas évoluer aussi vite qu'évolue la société depuis un demi-siècle. *« Nous sommes confrontés à éduquer et former dans l'incertitude. C'est nouveau dans l'histoire humaine »*, écrit Jacky Beillerot (13). Sans doute les critiques répétées des savoirs scolaires expriment-elles aussi une angoisse collective devant l'accélération de l'histoire.

12. L. Tanguy, *Quelle formation pour les ouvriers et les employés en France ?*, La Documentation Française, 1991.

13. J. Beillerot, « Le rapport au savoir dans les démarches d'apprentissage », dans *Savoir former*, Sciences Humaines-Demos, 1996.

Roger Girod*

QUE RESTE-T-IL DE NOS CONNAISSANCES ?**

De la connaissance en politique à celle des langues étrangères, de la capacité à lire à celle de compter... L'examen des connaissances de la population adulte révèle un écart important entre connaissances apprises et connaissances réelles.

LES CONNAISSANCES de la population adulte dépendent avant tout de leur utilité. Celle-ci est le plus souvent d'ordre pratique, mais aussi d'ordre intellectuel, comme dans le cas d'un amateur d'art roman, multipliant les visites d'églises médiévales, de musées, les lectures sur le sujet. La valeur sociale d'un savoir contribue également à son attrait. En règle générale, n'est guère appris que ce qui intéresse vraiment. Et ne sont conservées et éventuellement perfectionnées que les connaissances souvent utilisées, autrement dit dont l'utilité est durable. Trois domaines de connaissances, les langues étrangères, la politique et l'instruction de base, permettent d'illustrer ces propos. Selon les critères, l'anglais serait pratiqué à titre de langue étrangère par quelque cent millions à deux milliards de personnes dans le monde, selon que l'on compte ceux connaissant bien cette langue, ou ceux qui la connaissent assez bien ou juste assez pour se débrouiller un peu. L'expansion croissante de l'anglais comme langue étrangère est évidemment un effet de l'augmentation continue de la puissance économique et politique, du dynamisme scientifique et technique des pays anglo-saxons, plus particulièrement des Etats-Unis. Des sondages menés dans l'Union européenne ont permis d'évaluer la connais-

* Professeur honoraire de sociologie à l'université de Genève, professeur invité à la Columbia University de New York et l'UCLA (University of California, Los Angeles). Il a publié récemment *L'Illetrisme*, Puf, « Que sais-je ? », 1997, 2e éd. 1998.

** *Sciences Humaines*, hors-série n° 24, mars/avril 1999.

sance des langues étrangères dans les différents pays membres (1). Comme on pouvait s'y attendre, l'anglais est la première langue étrangère parlée, mais avec une nette différence selon la classe d'âge : 15 % des Européens de plus de 55 ans disent pouvoir participer à une conversation en anglais, contre 54 % des jeunes entre 15 et 24 ans. Le français est en deuxième place, avec un score de 10 % pour les plus de 55 ans et de 22 % pour les jeunes. Un sondage qui compare la connaissance de l'anglais et du français comme langue étrangère en 1987 et 1995 montre que leur connaissance progresse dans tous les pays européens. Et que la connaissance de l'anglais est d'autant plus fréquente qu'un pays est plus ouvert sur le monde – à commencer par le monde anglo-saxon –, tant économiquement que culturellement. C'est le cas des Pays-Bas et des pays scandinaves (en 1995, 79 % des Néerlandais et 72 % des Suédois disaient pouvoir participer à une conversation en anglais). La connaissance des langues étrangères est donc largement déterminée par l'avantage que le public retire à les apprendre.

Voter sans savoir pour qui ou pour quoi

« Le peu de compétence politique du grand public était tenu depuis toujours pour une évidence. Dès que des études empiriques par sondage ont commencé – vers 1940 aux Etats-Unis – d'être réalisées à propos du comportement électoral des citoyens, elles ont confirmé ce fait. Elles ont même montré que le degré d'information de la plupart des électeurs était au-dessous de ce que l'on avait supposé jusque-là. » (2) Depuis lors, les études de ce genre, de plus en plus nombreuses, n'ont cessé de conduire au même constat.

Bien sûr, certains événements hors du commun sont connus très rapidement par presque tout le public d'un pays ou, pour les plus retentissants, de vastes régions du monde. Le meilleur exemple reste sans doute le cas de l'assassinat du président Kennedy, en 1963, en direct à la télévision, ou plus récemment, le décès de la princesse Diana. Les plus grandes vedettes de la politique sont largement connues dans leur pays et, pour certaines, ailleurs aussi. Mais ces cas sont extrêmement rares.

En revanche, les ministres « de format courant » restent inconnus pour la grande majorité du public, ainsi que de nombreuses informations plus ordinaires. Par exemple, le slogan « La force tranquille » adopté en France par les partisans de François Mitterrand, lors de l'élection présidentielle de 1981, affiché partout et beaucoup commenté par les médias, n'a été qu'assez peu remarqué. A l'époque, un sondage a montré que moins du cinquième des électeurs étaient capables de dire pour quel candidat ce slogan était utilisé.

En France, en décembre 1996, 15 % des personnes interrogées lors d'un sondage savaient en quelle année les pièces et les billets en euros seraient introduits dans les divers pays (il s'agit de l'année 2002). Cette proportion de 15 % est plutôt honorable. En Suède, au Dane-

1. Sources : Eurobaromètre n° 44, Commission européenne, 1996 et R. Girod, *Le Savoir réel de l'homme moderne*, Puf, 1991.
2. R. Girod, *op. cit.*

mark, elle était inférieure de moitié. En revanche, elle était de 26 % en Allemagne, pays où les débats sur l'euro étaient spécialement vifs en raison de la valeur du mark comme symbole de la puissance de l'économie nationale. Mais même dans ce pays, la proportion des personnes au courant restait malgré tout modeste.

Ce peu de connaissances du public sur les faits politiques peut conduire à se demander comment accepter que des décisions importantes soient prises par un corps électoral si peu compétent. Pourtant, le XXe siècle l'a abondamment montré : plus, dans un pays, le pouvoir tend à être monopolisé par un petit noyau d'idéologues, de politiciens professionnels et de technocrates, moins ce pays a de chances d'échapper à la misère, ou d'être épargné par l'oppression.

Si la démocratie se montre capable, en définitive, de produire de meilleurs résultats sans sacrifier les libertés, c'est parce que lors des consultations au suffrage universel, les électeurs – y compris les moins informés, les moins intéressés, les moins capables d'analyses et de réflexions d'ordre politique – peuvent s'orienter d'après des signaux clairs pour se prononcer, dans l'ensemble, avec un certain discernement.

En politique, le rôle clé est joué d'abord par la « classe politique ». Elle est formée des professionnels et semi-professionnels de la politique, à savoir des gouvernants et de leur entourage, des députés, des élus régionaux et des principaux élus locaux, des états-majors des partis, des dirigeants et cadres des mouvements sociaux de premier plan et des syndicats, des journalistes politiques, de politologues, des vedettes des débats politiques médiatisés. A ce noyau peuvent être ajoutés un certain nombre de militants de choc et d'autres personnes spécialement actives en politique. Ces citoyens très engagés influencent la classe politique en intervenant par des lettres dans les journaux ou à la télévision, en organisant des manifestations, etc. Ensemble, la classe politique et ces citoyens particulièrement remuants représentent, d'après certaines estimations, environ 5 % du corps électoral des démocraties évoluées.

Les autres citoyens peuvent être classés en deux catégories : les citoyens ordinaires (environ les trois quarts du corps électoral) et les citoyens hors jeu (autour du cinquième). Ces derniers ont tendance à tout ignorer de la politique, à se tenir à l'écart de toute activité militante, à ne jamais voter ou seulement exceptionnellement. Le cas des citoyens ordinaires est plus intéressant. Habituellement, ils s'intéressent peu à la politique, mais ils peuvent se réveiller en certaines circonstances, ce qui a conduit à plus d'un changement spectaculaire de majorité et de régime. Pour voter, ils se fient à l'image des partis, à la réputation personnelle des candidats connus, à l'étiquette partisane des autres, aux positions des syndicats, d'autres organisations, ou de personnalités. Il s'agit là des « signaux clairs » mentionnés plus haut.

Bref, même peu ou pas du tout au courant du programme des partis en cas d'élection, ou de la nature des projets en cas de référendum, les électeurs ne sont pas fatalement condamnés à se prononcer à l'aveuglette. Au contraire, la division du travail politique leur donne la possibilité d'être logiques avec eux-mêmes au moment de voter.

L'école obligatoire n'empêche pas l'illettrisme

Des constatations objectives montrent que, dans des pays parmi les plus développés du monde, les capacités de lecture, de rédaction et de calcul élémentaire de la majorité des adultes sont médiocres ou au-dessous du médiocre. Seule, une minorité se situe dans ces domaines à un niveau correspondant au moins à celui des objectifs des classes obligatoires, voire seulement primaires du système d'enseignement.

Une enquête a été menée par l'OCDE afin d'évaluer l'instruction de base de la population de différents pays (Allemagne, Australie, Etats-Unis, Grande-Bretagne, Pologne, Suède, Suisse en particulier) (3). Les personnes interrogées étaient testées sur différents exercices simples, que chacun doit, en principe, accomplir souvent au travail, à la maison et ailleurs : lire un article de journal, écrire une courte lettre, remplir des documents administratifs, utiliser un horaire de train ou de bus, calculer le montant de quelques achats, etc. Malgré le faible degré de difficulté de ces exercices, la majorité des adultes obtient des scores allant de très bas à médiocre : 64 % en Suède (pays au niveau d'instruction moyen le plus élevé), 77 % aux Etats-Unis, 81 % en Allemagne ou 73 % en Suisse. En France, des estimations donnent de 6 % à environ 20 % d'adultes affectés par l'illettrisme.

Dans les divers pays, la tendance des officiels de l'enseignement est de détourner les yeux de ces réalités dérangeantes. Ils préfèrent s'en tenir à des promesses relatives à la lutte contre l'échec scolaire, accompagnées de pleurs sur le sort des enfants de familles vivant dans la grande pauvreté, souvent renforcée par des discriminations racistes. De tels cas méritent, bien entendu, une attention spéciale. Le problème est que les milieux politiques et pédagogiques, ainsi que l'opinion publique, sont persuadés que depuis qu'elle bénéficie de la scolarité obligatoire, toute la population possède, pour le moins, une instruction de base normale. *«C'était confondre recevoir un enseignement et en assimiler le contenu.»* (4) De toute évidence, même chez des élèves qui ne sont pas en échec grave, la maîtrise des branches de base n'est pas acquise de façon suffisamment profonde pour durer. Si tel n'était pas le cas, la majorité des adultes ne seraient pas au-dessous des degrés normaux de capacité de lecture, d'écriture et de calcul.

Mais comment expliquer un tel niveau d'illettrisme ? Le taux d'illettrisme varie, comme on peut s'y attendre, en fonction du niveau formel d'instruction (plus haute classe atteinte dans le système d'enseignement ou plus haut diplôme) et du niveau social. Dans le quart-monde et les autres catégories sociales cumulant les désavantages, l'illettrisme est presque fatal. Mais il déborde de beaucoup ces milieux.

Une enquête menée à Genève montre

3. *Literacy Skills for the Knowledge Society*, OCDE, 1997.

4. R. Girod, *L'Illettrisme*, Puf, «Que Sais-Je ?», 1997, 2e éd. 1998.

que plus de la moitié (59 %) des plus désavantagés sont affectés par l'illettrisme (5). Bien sûr, ce taux chute dès que les niveaux social et d'instruction augmentent. Mais il ne faut pas croire pour autant que les classes sociales intermédiaires ou favorisées sont épargnées. La proportion des cas d'illettrés est de 17 % dans la catégorie intermédiaire basse, de 11 % dans la catégorie intermédiaire haute et de 4 % dans les milieux avantagés. De plus, comme les désavantagés ne constituent que 11 % de la population totale, la majorité (les deux tiers) des cas d'illettrisme est fournie par le reste de la population et principalement par les classes intermédiaires basses.

Sans méconnaître l'importance des effets du niveau d'instruction formel et de la situation sociale, il faut donc admettre que ces facteurs n'expliquent pas tout. Les meilleures hypothèses sont sans aucun doute celles qui procèdent d'observations et de réflexions sur la fonction réelle des connaissances de base (lire, écrire, calculer) dans les activités professionnelles et autres de la population. Les comportements des semi-illettrés sont particulièrement éclairants sur ce point.

Il convient de rappeler tout d'abord que l'illettrisme n'est pas l'analphabétisme complet. Les semi-illettrés ne sont pas complètement incapables de lire, d'écrire et de saisir le sens d'indications chiffrées. Ils peuvent le faire, mais seulement dans certaines limites. *« La nature de leur travail, leur genre de vie font qu'habituellement, ils n'ont pas à tenter de les dépasser. Ainsi, ils sont très peu poussés à se rendre compte de l'étroitesse de ces limites. »* (6) Leurs activités professionnelles sont, en règle générale, de celles qui ne comportent à peu près jamais l'obligation de lire, ou d'écrire, du moins plus que des mots isolés, des phrases courtes, faisant partie de la routine. Ces activités ne font pas davantage appel au calcul.

En outre, dans beaucoup de situations qui exigeraient normalement de lire, d'écrire ou de calculer, d'autres solutions sont possibles. Elles consistent à se renseigner oralement, à se faire aider par un collègue, un proche, ou encore à ne rien faire du tout quand cela est sans grande conséquence. Dans les magasins, les administrations, les transports, l'une des tâches du personnel est de répondre aux questions du public. Les personnes ne souffrant aucunement d'illettrisme recourent souvent à de telles solutions. C'est ainsi qu'à Genève, sur l'ensemble des adultes auxquels il arrive de prendre le train, près de la moitié ne consulte jamais un horaire. Ils se renseignent au guichet, téléphonent, demandent les renseignements nécessaires à des membres de leur famille, etc.

---

5. A Genève, nous avons réparti un échantillon de la population adulte entre quatre types de conditions sociales. L'enquête a porté sur un échantillon (1410 cas) de la population de 20 ans et plus. Le premier type de condition sociale distingué (condition avantagée) est celui des interrogés ayant à la fois le baccalauréat ou un diplôme plus élevé, une situation de cadre, un pouvoir d'achat très élevé ou moyen-supérieur : 21 % de la population. A l'autre extrême (condition désavantagée) ont été rangés les interrogés cumulant le manque de tout diplôme avec un emploi de manœuvre, d'ouvrier semi-qualifié ou une occupation analogue et un pouvoir d'achat apparent faible ou moyen-inférieur : 11 % de la population. Les autres interrogés sont divisés en deux catégories, l'une (condition intermédiaire I, 25 % de la population) mieux lotie que l'autre (condition intermédiaire II, 43 % de la population) au point de vue du pouvoir d'achat apparent.
6. R. Girod, *op. cit.*

Ces pratiques sont simplement plus fréquentes parmi les semi-illettrés. En agissant ainsi, ils ne se font pas remarquer, puisque ces manières de faire sont courantes. Ainsi, la société moderne n'impose pas de façon impérative à tous ses membres une pratique intense et de bon niveau des éléments de l'instruction de base.

Il est assez vraisemblable aussi que la valeur symbolique de l'instruction de base a baissé. Elle était grande jadis aux yeux de la population, particulièrement des classes populaires. Savoir lire, écrire et calculer était hautement apprécié comme signe de dignité et gage d'indépendance d'esprit. Ces savoirs ne retiennent plus beaucoup l'attention. Les connaissances de base passent pour un outillage mental élémentaire et comme, par illusion collective, toute la population est censée les avoir assimilées convenablement, elles ne sont plus regardées comme des attributs distinctifs. L'attention des familles et de l'école se concentre sur l'accès aux filières conduisant au baccalauréat et aux études supérieures. Le contrôle d'une réelle assimilation en profondeur de la lecture, de l'écriture et du calcul n'est sans doute plus une préoccupation aussi forte que par le passé.

Tout comme celui des langues étrangères et des connaissances politiques, le niveau général des connaissances de base paraît donc bien dépendre avant tout de la demande dont elles sont l'objet. Si des nécessités pratiques et des valeurs symboliques puissantes les rendaient plus indispensables à toute la population, et plus désirables, le nombre des semi-illettrés serait certainement moins grand. La quasi-totalité des adultes serait amenée à entretenir ces connaissances, sans même s'en apercevoir.

L'action des multiples facteurs influant sur le savoir des adultes paraît, en somme, être dominée par une tendance à l'établissement d'un équilibre avec les exigences effectives de leurs activités. Ces dernières sont déterminées avant tout par les fonctions professionnelles, familiales et autres de chacun, c'est-à-dire par des obligations inhérentes à la place occupée dans le système des rapports sociaux. A cela s'ajoute une part variable d'activités plus personnelles. Pour équilibrer activités et savoirs, les adultes sont conduits, le cas échéant, à acquérir des connaissances nouvelles ou à compléter certaines connaissances acquises au jeune âge. Mais, à l'inverse, l'équilibration du savoir des adultes par rapport à leurs activités est de toute évidence souvent cause de baisses de niveau après l'époque des études dans certains domaines ou, dans d'autres, de stagnation dans l'ignorance ou la quasi-ignorance.

Le rapport activités-connaissances n'est certes pas à sens unique. Dans des circonstances favorables, il peut arriver qu'un potentiel de compétences supérieur aux nécessités d'activités données facilite une hausse du niveau, par exemple une promotion professionnelle.

Vincent Troger*

ENQUÊTES SUR LA LECTURE : UN BILAN PLUTÔT POSITIF**

Plus le regard des chercheurs s'est dégagé des préjugés sociaux et culturels, et plus les pratiques de lecture sont apparues dans leur diversité. Aujourd'hui, la lecture est une pratique plurielle et largement répandue, mais le livre n'est plus son support privilégié.

Depuis un peu plus d'un siècle, les élites intellectuelles des nations industrialisées se sont préoccupées des pratiques de lecture de la population et en ont fait un enjeu de politique sociale et culturelle. A la demande des militants, des éditeurs ou des politiques, les chercheurs ont donc mené des enquêtes sur la proportion de lecteurs et de non-lecteurs dans la population, leurs goûts, leurs pratiques ou leurs motivations.

Dans la première moitié de ce siècle, ces enquêtes sont demeurées rares, notamment en raison de l'absence des fondements méthodologiques qu'établira plus tard la sociologie. Par ailleurs, elles ont souvent été marquées par les préjugés et les préoccupations normatives et prescriptives de leurs auteurs ou de leurs commanditaires. Dans un ouvrage qui vient de paraître, Nicole Robine (1) souligne toutefois le caractère précurseur de certains travaux : ceux du Russe Nicolas Roubakine qui, dès 1911, distingue différents types de lectures populaires (divertissante, pratique et éducative), ou ceux de l'Américain Douglas Waple, proche de la célèbre école sociologique de Chicago, qui, pendant la crise économique des années 30, s'interroge sur les pratiques des lecteurs en fonction de leurs niveaux de revenu et de scolarité.

* Maître de conférences à l'IUFM de Versailles et à l'Université de Paris-X Nanterre. A publié *Idées reçues sur l'école*, Editions le Cavalier bleu, mars 2001.

** *Sciences Humaines*, n° 107, juillet 2000.

1. N. Robine, *Lire des livres en France*, Editions du Cercle de la librairie, 2000.

Mais jusqu'aux lendemains de la Seconde Guerre mondiale, ces travaux, et d'autres comme ceux de Paul Lazarsfeld, sont encore peu connus en France. Ce n'est qu'à partir du milieu des années 50 que de véritables enquêtes sociologiques sur les lecteurs sont mises en œuvre. Ce développement de la sociologie de la lecture s'explique d'abord par le renouveau intellectuel de l'après-guerre : l'essor des sciences humaines et l'influence du marxisme conduisent notamment de nombreux chercheurs à s'intéresser aux pratiques culturelles des classes populaires et moyennes, et à transformer leurs approches de la littérature. C'est par exemple le cas de l'universitaire et journaliste Robert Escarpit, qui publie en 1958 une *Sociologie de la littérature* dans la collection « Que sais-je ? ».

Mais cette nouvelle forme d'intérêt pour le livre et ses lecteurs est aussi dynamisée par une double demande militante et politique. Militante d'abord : les mouvements d'éducation populaire, très influents dans les années 40-60, veulent faciliter l'accès des classes populaires à la culture. Ainsi, le sociologue Joffre Dumazedier, spécialiste de la sociologie des loisirs et inventeur de la formule du « développement culturel », est aussi le dirigeant de la plus représentative des associations d'éducation populaire, le mouvement Peuple et Culture. Politique ensuite : les gouvernants vont, dans leur grande majorité, se persuader de la nécessité d'élever le niveau scolaire et culturel de la population. Ils encouragent donc la recherche publique en ce sens : l'Institut pédagogique national, par exemple, notamment sous l'impulsion de Jean Hassenforder, finance de nombreuses enquêtes sur la lecture dès le début des années 60.

Des années 70 à aujourd'hui, cette dynamique d'enquêtes s'est évidemment accélérée. Le développement de la recherche en sciences sociales et des instituts de sondages, l'affirmation d'une politique culturelle de l'Etat qui y consacre un ministère, le développement de la culture de masse et de ses éditions bon marché, la généralisation de la scolarisation secondaire et la concurrence des médias audiovisuels ont constitué autant de bonnes raisons d'étudier lectures et lecteurs. Les problématiques des chercheurs se sont alors logiquement transformées et précisées. La mise en évidence du rôle de distinction sociale et de domination symbolique que joue la maîtrise de la culture lettrée a permis de critiquer la référence implicite à cette culture comme unique critère de qualité, et donc de mieux comprendre les autres pratiques de lecture. On a par exemple appris à reconnaître les lectures non livresques comme des pratiques de lecture à part entière.

Par ailleurs, l'extension de la scolarisation secondaire, l'élévation du niveau de connaissances exigées dans la plupart des activités sociales ou professionnelles, le chômage ont fait émerger des problématiques nouvelles : celle de l'illettrisme par exemple, ou celle du rôle des médiations (familiale, sociale, scolaire, militante !) dans l'accès à la lecture. Les pratiques de lecture, ou de non-lecture, sont donc désormais envisagées comme l'aboutissement d'itinéraires d'acteurs qui ne sont jamais réductibles aux seuls déterminismes macrosociologiques, qui ne doivent pas être mesurées à l'aune exclusive de la lecture lettrée, et qui sont toujours susceptibles d'évoluer.

Plus de lecteurs, mais moins de lecture

On dispose donc aujourd'hui d'un tableau nuancé des pratiques de lecture en France. Sur la longue durée, le constat global de l'évolution peu paraître paradoxal. D'une part, la population des lecteurs a augmenté depuis trente ans : quand 73 % des foyers possédaient des livres en 1973, ils sont 91 % aujourd'hui. Mais d'autre part, les lecteurs lisent moins : ceux qui lisaient moins de dix livres par an en 1973 représentaient 23 % des lecteurs, ils en représentent 34 % aujourd'hui ; le pourcentage de gros lecteurs (plus de 25 livres par an) a diminué dans des proportions symétriques.

On devrait d'ailleurs écrire « lectrices », puisque la lecture s'est aussi féminisée. En fait, comme le souligne N. Robine, la lecture a changé de statut : de pratique élitiste, elle est devenue pratique courante. Mais en tant que pratique de loisir, elle a été fortement concurrencée par l'augmentation du temps libre et la multiplication des loisirs accessibles à tous.

Plusieurs remarques doivent cependant nuancer le constat global d'un affaiblissement de la proportion de gros lecteurs. La première est qu'il s'agit ici de la lecture de livres, alors qu'au cours de la même période, la lecture des magazines a considérablement augmenté. La seconde est que certaines pratiques de lecture sont difficilement quantifiables, ou bien non citées par les enquêtés : le photocopillage, les lectures à visées utilitaires, fragmentées ou en diagonale, dans les bibliothèques notamment, voire même les emprunts et les prêts au sein du réseau de sociabilité, très fréquents chez les adolescents.

La dernière remarque porte sur la concurrence supposée de la télévision. Les enquêtes conduites auprès des jeunes plaideraient plutôt en faveur d'une certaine complémentarité : la télé pour la distraction, la lecture pour la documentation ou la culture.

En résumé, les conséquences simultanées des prescriptions scolaires, de la culture de masse et des nouvelles technologies de communication ont à la fois démocratisé la lecture et désacralisé le livre. N. Robine peut donc conclure que, si les interrogations sur la survivance du livre sont légitimes, il n'y pas de raison objective de s'inquiéter sur l'avenir de la lecture en tant que pratique d'information, de documentation, de culture ou de loisir.

AFFRONTER L'INCERTITUDE

ENTRETIEN AVEC EDGAR MORIN*

Explosion des savoirs, complexité du réel, incertitude, telles sont, selon Edgar Morin, les caractéristiques de la connaissance dans le monde actuel. D'où la nécessaire mise en place d'une nouvelle « organisation de la pensée » qui commencerait dès l'école.

***Sciences Humaines :* Vous menez depuis longtemps déjà une réflexion sur la connaissance et le rapport que l'homme entretient avec les sciences. Comment, selon vous, peut-on caractériser le savoir aujourd'hui ?**

Edgar Morin : Répondre à votre question suppose un détour historique, en remontant au moins à l'époque des Lumières. En effet, on peut raisonnablement estimer que, jusqu'au XVIIIe siècle en Europe, le stock de connaissances était limité... Même si les sciences avaient déjà commencé à se développer depuis le début du XVIIe, il est correct de supposer que, de Montaigne à Pascal et à Diderot, un esprit cultivé aurait pu appréhender l'essentiel du savoir de son époque et réfléchir dessus. Cependant, la croissance du savoir faisait problème, dès la seconde partie du XVIIIe siècle. A ce moment, le projet d'*Encyclopédie* de d'Alembert et de Diderot a constitué un véritable tournant, en ce sens qu'elle fut organisée de façon alphabétique et non pas logique. Ainsi, les connaissances ont alors été amassées et mises bout à bout. Rappelons que c'est encore le cas dans nos encyclopédies et dictionnaires actuels. Nous sommes plus que jamais dans cette formidable expansion de l'univers du savoir. Cependant, l'organisation encyclopédique, pour nécessaire qu'elle ait été et soit encore, pose aujourd'hui un énorme problème. La révolution encyclopédique permettait l'accroissement des connaissances grâce au fractionnement et à la réduction en unités simples.

Ceci permet une mise en place collective, et donc infiniment plus vaste, du savoir humain. Mais ce morcellement, accrû aujourd'hui par un nombre toujours croissant de spécialistes défendant des micro-territoires, interdit de penser les liens et les interactions entre les différentes sphères de la connaissance humaine, comme de la réalité des sociétés ou de la nature. J'ai, comme on le sait, développé toutes mes recherches dans une direction opposée au morcellement et au fractionnement des

* *Philosophe et sociologue. Dernière publication :* Les Sept Savoirs nécessaires à l'éducation du futur, *Seuil, 2000.*

savoirs. Je plaide pour la possibilité de réunifier les connaissances en mettant en rapport les sciences physico-mathématiques et les sciences humaines et en intégrant l'homme comme sujet de la connaissance et membre du système de la nature et de l'Univers.

***SH :* Comment peut-on permettre aux individus de s'approprier un savoir scientifique toujours plus vaste et toujours plus disséminé ?**

E.M. : Le grand problème moderne est celui de l'organisation des savoirs. Prenons l'exemple de la biosphère, qui dépend à la fois des sciences de la Terre, des sciences physiques, biologiques, etc. Pour mieux comprendre la biosphère, une science nouvelle a dû émerger : l'écologie. Cette science a produit la notion d'écosystème, c'est-à-dire une organisation spontanée entre les êtres vivants (la biocénose) et les conditions physiques du milieu (le biotope).

Sans être sommé de tout connaître sur tout, l'écologue se concentre sur un savoir organisateur : savoir comment les éléments de cet ensemble entrent en interaction, comment l'écosystème se régule et se dérégule... Même si le savoir des écologues est encore imprécis (en ce qui concerne par exemple le réchauffement de la planète), il s'organise. De même, les sciences de la Terre, sismologie, vulcanologie, géologie, météorologie, etc., se sont articulées les unes aux autres pour étudier la Terre en tant que système complexe.

***SH :* Articuler les savoirs venus d'horizons divers : est-ce possible, compte tenu de l'organisation disciplinaire et institutionnelle actuelle ?**

E.M. : L'organisation des savoirs est actuellement aux prises avec un conflit fondamental entre la fermeture disciplinaire et la réorganisation polydisciplinaire. Les disciplines, instituées au XIXe siècle, morcellent la connaissance selon des frontières arbitraires mais tenaces. Cependant, depuis les années 60, un regroupement de disciplines tend à s'opérer pour rendre compte des réalités complexes. C'est par exemple le cas en cosmologie, dans les sciences de la Terre, en écologie comme je viens de le dire, mais aussi pour l'étude de la préhistoire. Parfois, un même champ scientifique est l'objet d'un conflit entre des compartimentations et des unifications réductrices : par exemple, la biologie est partagée entre un courant réductionniste, celui de la biologie génétique qui veut tout expliquer par les molécules et les gènes, et d'autres secteurs comme

l'éthologie et la parasitologie qui ne peuvent se satisfaire de cette explication unique par le jeu des molécules. Pour les sciences humaines, on observe très peu de communication entre l'économie, la psychologie, la sociologie...
De manière générale, que l'on se place dans les sciences sociales, les sciences humaines, la biologie, les sciences de la nature ou les sciences physico-mathématiques, on constate que la machine institutionnelle, elle, reste essentiellement organisée en universités disciplinaires ; il n'existe pas de faculté d'écologie ou du cosmos, et aucune « faculté de l'être humain » : l'homme biologique est étudié en biologie et l'homme psychique en psychologie...
L'homme social est lui-même morcelé selon ses activités et croyances, économiques, politiques, culturelles ; selon son espace ou son histoire, etc.
Les savoirs spécialisés ne communiquent que très insuffisamment entre eux, chacun restant enfermé dans son propre langage. Il existe fort heureusement des esprits indisciplinés qui évoluent d'une discipline à l'autre. Mais ces transgressions restent individuelles. Hubert Curien disait d'ailleurs que, de manière générale, les scientifiques sont comme les loups : ils urinent pour marquer leur territoire et mordent tout intrus qui y pénètre.

***SH :* S'il est une institution qui joue un rôle dans la formation de la culture, c'est bien l'école. Vous avez conduit une réflexion sur les savoirs au lycée. Quelles sont vos propositions pour réformer le système éducatif sur le plan des connaissances ?**

E.M. : Je pense que le système devrait être réformé en fonction de cinq principes :
– le premier nous vient de Montaigne : *« Mieux vaut une tête bien faite qu'une tête bien pleine. »* Donc, une tête qui sait organiser la connaissance et, comme je l'ai montré dans mes livres sur *La Méthode* (1), je pense que c'est possible ;
– le deuxième est de Rousseau qui disait dans l'*Emile* : *« Je vais lui enseigner la condition humaine. »* Donc, faire converger les différentes connaissances scientifiques, humanistes, artistiques pour éclairer la condition humaine ;
– le troisième principe est également de Rousseau qui disait aussi : *« Il faut lui apprendre à vivre. »*. Les arts, la poésie, le roman sont de merveilleuses écoles de la vie. Le roman du XIXe a été l'école de la complexité humaine, alors que toutes les

sciences, à cette époque, éliminaient l'individu, le sujet et tout ce qui était concret ;
– le quatrième, c'est d'apprendre à être citoyen, ce qui entre autres doit passer par la connaissance de l'Histoire, de la philosophie politique ou des sciences juridiques. L'Histoire, discipline très prisée en France quoique beaucoup moins invoquée dans d'autres pays comme les Etats-Unis par exemple, doit enseigner à nous sentir citoyens de notre pays, mais aussi de l'Europe et de la Terre. Il est utile qu'un adolescent construise une représentation et des savoirs concernant l'histoire nationale, mais aussi l'histoire de l'humanité où l'on découvre l'existence d'autres identités collectives, d'autres points de vue ;
– le cinquième principe est peut-être celui qui manque le plus à notre enseignement : apprendre à affronter l'incertitude. La cosmologie nous montre que l'aventure du cosmos n'est pas écrite d'avance ; la paléo-biologie, ainsi que l'histoire des empires nous enseignent qu'il y a eu des destructions massives dans les espèces vivantes. Le déterminisme s'est effondré et toute l'aventure du cosmos et l'aventure de l'humanité doivent être conçues comme un affrontement avec l'incertitude. C'est à cela qu'il faut préparer les esprits. A la fin de notre siècle, deux grandes conceptions du monde ont disparu : celle des civilisations traditionnelles comme les Aztèques ou les Egyptiens qui croyaient en un temps cyclique et en un recommencement permanent du monde ; celle du XIXe siècle, où l'on s'est mis à penser que le monde avait un sens : celui de la marche du progrès comme loi inéluctable.
Aujourd'hui, nous ne pouvons pas dire si le progrès continuera, nous sommes affrontés à l'incertitude et cela doit être une des finalités de l'éducation que de préparer les individus à s'attendre à l'inattendu. Ce message était déjà celui des Bacchantes d'Euripide, il y a 2500 ans !

***SH :* Il est certainement crucial de faire communiquer les différents ordres du savoir, d'apprendre la citoyenneté universelle, d'enseigner l'incertitude… Mais que valent les savoirs s'ils ne permettent à l'homme de définir son action et ses valeurs ? Comment l'homme peut-il se comporter, s'il ne se réfère qu'à des savoirs scientifiques, même s'ils sont complexes et acceptent l'incertitude ?**

E.M. : C'est en effet une question clé, car aujourd'hui, il y a une coupure entre jugement de fait et jugement de valeur ;

entre la culture scientifique qui, en outre, est morcelée et celle des humanités, qui pouvait nourrir la vie, les existences et les comportements. La science n'a qu'une seule valeur : la recherche de la connaissance pour la connaissance. On en connaît aujourd'hui les limites : les nazis ont décidé que, puisqu'il fallait connaître, on pouvait expérimenter sur les humains. L'utilisation de l'énergie nucléaire, les manipulations génétiques ont montré aussi des limites que seule la morale peut percevoir. La science ne secrète pas de morale. Les anciens prêtres étaient conjointement maîtres de la connaissance et de la morale. Ce n'est plus le cas pour les scientifiques aujourd'hui.

Il faut donc connecter les deux cultures : la culture des humanités se dessèche si elle n'est pas alimentée par la culture scientifique. C'est à mon sens le cas de la philosophie aujourd'hui qui, depuis Bergson, s'est coupée des apports de la science, y compris des sciences humaines. La culture scientifique en revanche n'a pas le pouvoir de réflexion de la culture philosophique et humaniste.

En outre, la culture des humanités devrait elle aussi être régénérée par la littérature dont on fait un usage très appauvri : on abreuve les étudiants et les lycéens de théories sémiotiques, syntaxiques, psychanalytiques, etc., qui dégoûtent de la lecture, alors que la littérature introduit à la connaissance de la condition humaine et à l'apprentissage de la vie.

L'honnête homme d'aujourd'hui ne doit donc pas se nourrir uniquement de sciences, mais aussi de romans et poésies. La qualité poétique de l'existence est fondamentale et la littérature nous aide à mieux réfléchir sur le destin humain.

Propos recueillis par
MARTINE FOURNIER
et JEAN-CLAUDE RUANO-BORBALAN
(*Sciences Humaines*, hors-série n° 24, mars/avril 1999)

1. E. Morin, *La Méthode*, Seuil ; tome I : *La Nature de la nature*, 1977 ; tome II : *La Vie de la vie*, 1980 ; tome III : *La Connaissance de la connaissance*, 1986 ; tome IV : *Les Idées*, 1991.

JEAN-CLAUDE RUANO-BORBALAN*

QUELS SAVOIRS ENSEIGNER ?**

Comment bâtir une culture commune ? Comment transmettre des savoirs et des connaissances qui forment les futurs citoyens ? Deux livres récents se penchent sur cette interrogation aussi vieille que l'éducation.

LA QUESTION d'une culture ou de savoirs communs a émergé fortement dans la réflexion éducative de ces dernières années. Dans la plupart des pays anglo-saxons ou du nord de l'Europe, elle porte sur la définition d'un socle minimum de connaissances à acquérir au cours de la scolarité. En France, la question de la culture commune porte depuis fort longtemps sur les programmes disciplinaires, particulièrement au collège et au lycée. Elle porte en même temps sur les voies de la constitution d'une communauté politique nationale et républicaine. Deux livres récents, d'un volume inégal, s'interrogent sur ces savoirs qu'il convient d'enseigner : un livre d'Edgar Morin, fruit d'une réflexion initiée dans le cadre de l'Unesco et intitulé *Les Sept savoirs nécessaires à l'éducation du futur*, et un livre de l'Institut de recherche de la Fédération syndicale unitaire de l'éducation (FSU), intitulé *Pour une culture commune. De la maternelle à l'Université*. Les deux ouvrages s'inscrivent dans un ensemble vaste de débats menés depuis une vingtaine d'années, qui ont donné lieu à des rapports aux ministres, à des consultations et autres journées de réflexion : rapports du Collège de France en 1985, rapport Bourdieu-Gros en 1989, commission Fouroux en 1996, consultation nationale

---

* Directeur de publication du magazine *Sciences Humaines*.

** Compte rendu des ouvrages : H. Romian (dir.), *Pour une culture commune, de la maternelle à l'Université*, Hachette Education, 2000 ; E. Morin, *Les Sept Savoirs nécessaires à l'éducation du futur*, Seuil, 2000. *Sciences Humaines*, n° 113, février 2001.

organisée par Philippe Meirieu et commission de savants sous la présidence de E. Morin en 1998. Cette dernière a été chargée par le ministre de l'Education de faire des suggestions pour l'enseignement en lycées afin, dit E. Morin, dans les actes *« de favoriser l'émergence de nouvelles humanités à partir de deux polarités complémentaires et antagonistes, la culture scientifique et la culture humaniste »* (1). Dans son récent livre sur *Les Sept Savoirs*, où l'on reconnaît tous les thèmes et réflexions de son œuvre, E. Morin veut expliciter les thématiques qui devraient devenir fondamentales dans l'enseignement. Il faut d'abord éduquer à la connaissance, à ses processus, ses obstacles et surtout attirer l'attention sur les illusions et les erreurs que le psychisme et la société entraînent. En deuxième lieu il faut, pour chaque citoyen, définir les *« problèmes clés du monde »*. *« Pour articuler et organiser la connaissance, il faut,* dit E. Morin, *une réforme de pensée »* qui se départisse du morcellement disciplinaire. L'éducation ne rendra pertinentes les connaissances qu'en promouvant une *« intelligence générale »*. Cette capacité de penser *« la globalité, la multidimensionalité et la complexité permet d'autant mieux le développement des compétences particulières ou spécialisées »*. L'éducation doit, en troisième lieu, enseigner l'unité de la condition humaine, à la fois physique, biologique, psychique, culturel, sociale, et historique, alors que le découpage disciplinaire la désintègre. Elle doit en quatrième lieu enseigner le destin planétaire du genre humain, son histoire récente, l'interdépendance croissante entre toutes les sociétés et le fait que depuis le XXe siècle *« tous les humains, désormais confrontés aux mêmes problèmes de vie et de mort, vivent une même communauté de destin »*. L'éducation doit enfin se départir des visions du positivisme scientifique, des conceptions déterministes. On devrait enseigner, dit E. Morin, les océans d'incertitudes tout autant que les archipels de certitudes. Au-delà de la formule, c'est à comprendre les bifurcations, à se préparer aux changements inopinés et brusques dont les sociétés et l'histoire humaine sont le théâtre qu'invite le philosophe. Il prône également un humanisme altruiste, car souligne-t-il, la compréhension mutuelle, comme d'ailleurs les fondements de la conflictualité et de l'incompréhension entre les hommes ne sont guère enseignés. C'est en dernier lieu à une *« anthropo-éthique »* que doit conduire l'enseignement. Il convient d'espérer dans *« l'accomplissement de l'humanité comme conscience et citoyenneté planétaire »*.

La réflexion de E. Morin sur la réforme de la pensée dénonce donc le cloisonnement disciplinaire, le rejet par nombre de scientifiques d'une pensée du général au profit de recherches partielles et non reliées. Elle défend la mise en place d'une éthique de la responsabilité de chaque homme vis-à-vis de la société et de l'espèce humaine. Cette vision suppose que chaque être humain peut atteindre à la connaissance et à l'humanisme, dans le cadre d'un exercice libre de son raisonnement. Une telle posture (mais pas les conclusions

1. E. Morin, *Relier les connaissances*, Seuil, 1999.

contre le réductionnisme des disciplines scientifiques) est partagée par de nombreux contributeurs du livre de l'Institut de la FSU, notamment la conclusion longue de la directrice de l'ouvrage, Hélène Romian. Cependant, comme le soulignent d'autres auteurs, les réflexions de E. Morin n'ont guère été reprises dans la réflexion des acteurs de l'éducation, parce qu'il s'agit *« d'une réforme de la pensée et non d'une réforme de l'éducation »*, dit le secrétaire général du SNES Denis Paget. Peut-on reprocher à E. Morin de ne pas se prononcer sur la réforme éducative ? On n'attend guère le philosophe de « la méthode » et de la complexité sur ce terrain, et l'intérêt majeur de la réflexion d'E. Morin demeure sans conteste d'inviter à penser la globalité et de s'interroger sur les valeurs à pratiquer dans l'éducation comme dans la vie sociale.

Pour une culture commune aborde en revanche la question du « comment » définir les savoirs, dans le cadre des contraintes existantes. L'un de ses notables intérêts est alors de pointer la tension permanente pour les enseignants entre ces deux approches de la culture scolaire (les savoirs prescrits par l'école et les savoirs construits par les élèves), ces deux nécessités auxquelles ces derniers sont toujours confrontés. Mais c'est pourtant bien sur le registre, identique à celui de l'ouvrage de E. Morin, d'une réflexion sur la nature de la connaissance et des savoirs académiques que se situent nombre de contributions du recueil de l'Institut FSU. Cependant, dans cet ouvrage, la critique ne porte pas sur l'épistémologie et les méthodes scientifiques comme chez E. Morin, mais bien, en général, sur l'organisation du savoir et les priorités éducatives des disciplines scientifiques telles qu'elles sont.

Au-delà du propos normatif de certains contributeurs, une réflexion majeure traverse l'ouvrage : la culture scolaire est une construction historique, individuelle et sociale. Historiquement par exemple, l'idée que l'école doit transmettre une culture commune à l'ensemble des membres de la communauté nationale n'est pas évidente. Même en France, où l'on croit souvent qu'elle est un corollaire de la mise en place de l'école républicaine, il n'en est rien, comme le montre l'historien de l'éducation Claude Lelièvre. La culture scolaire légitime a été et demeure la culture académique de l'enseignement supérieur et de l'enseignement secondaire, élaborée pour l'essentiel il y a près d'un siècle.

Individuellement et socialement, on s'interroge sur le rapport au savoir des élèves eux-mêmes, notamment en milieux populaires. C'est le cas de l'équipe Escol, de l'université Paris-VIII. Elizabeth Bautier et ses collègues, Bernard Charlot et Jean-Yves Rochex, soulignent que dans les milieux populaires l'idée que le savoir est une construction progressive, indépendante du professeur ou de l'institution, est étrangère. Parallèlement, ils affirment avec force que toute réduction des exigences scolaires, particulièrement en ce qui concerne la culture écrite, est en fait préjudiciable aux élèves. Ce propos illustre l'assentiment commun des auteurs du recueil. Nombreux sont les auteurs qui rappellent le rôle essentiel de la transmission du

savoir intellectuel et des modes de raisonnement scientifiques.
Une autre grande dimension du livre est la question du choix des connaissances à transmettre, dans la vastitude des productions scientifiques et au sein même de chaque discipline. A ce propos, on constate l'actualité d'un débat vieux de plus de cinquante ans entre tenants d'un humanisme classique et tenants d'une culture moderne. D. Paget, secrétaire du SNES, souligne par exemple la tension que vit chaque enseignant entre la transmission de la culture classique, héritage des grands auteurs, et la nécessité de prendre en compte de nouvelles approches scientifiques, qui prônent la pluralité des méthodes, les formes d'appropriations diverses, le comparatisme, etc. En effet, le savoir évolue en permanence, et là où E. Morin invoque une réforme radicale de la pensée, la position plus courante dans le recueil de l'Institut FSU est de défendre l'introduction de nouveaux savoirs, de nouvelles compétences, plus en rapport avec l'avancée de la science contemporaine. C'est ce que propose le sociologue Bernard Lahire. Ce dernier souhaite introduire dès l'école primaire l'enseignement des sciences sociales, sous forme de méthodes et de savoirs sur la société ou sur le comportement des individus entre eux.
Si la question des savoirs scientifiques est la plus commentée, les deux ouvrages, comme d'ailleurs toute la réflexion sur la culture commune (2), s'interrogent tout aussi fortement sur les moyens de former des citoyens. Comment renforcer la démocratie et contribuer à éviter les dérives totalitaires, les génocides et la violence collective dont le XXe siècle nous a fourni l'illustration ? Comme on l'a vu, E. Morin penche pour une citoyenneté mondiale et défend une conception complexe de la démocratie. Pour les contributeurs du recueil de l'Institut FSU, l'acquisition de valeurs et d'un comportement démocratique passe par l'instruction civique. Ces valeurs se réfèrent aux institutions républicaines, qui ont forgé l'éducation, comme le souligne la contribution de la sociologue Dominique Schnapper.
Au total, on le voit, la définition de savoirs communs qui se dégage des deux livres présentés semble indépendante (ou relativement indépendante pour l'ouvrage de l'Institut FSU) des conditions de leur acquisition ou de leur construction par les élèves. Mais, peut-on penser la « culture commune » ou la réforme de la pensée indépendamment des pratiques scolaires et des pratiques sociales ? Une telle question est au cœur de la réflexion éducative depuis fort longtemps. Elle mérite l'examen lorsque l'on parle de culture commune. Ne serait-ce que pour indiquer au lecteur l'existence d'un volet pédagogique ou d'un volet politique à la réflexion scientifique ou didactique.

2. On citera pour simple exemple l'ouvrage du GFEN intitulé *Construire ses savoirs, construire sa citoyenneté : de l'école à la cité*, réédité aux Editions Chronique sociale, 2000.

CHAPITRE VIII

L'expérience scolaire

FORMATEU

Quinze millions d'élèves et étudiants, plus d'un million d'enseignants et de formateurs, des milliers d'organismes de formation continue...
Le monde de la formation constitue un véritable « empire

Les enseignants

Instituteurs ou professeurs d'école, professeurs de lycées professionnels, professeurs certifiés et agrégés des collèges et lycées
Au 1er janvier 1999, l'Education nationale rémunère 1 220 000 personnes, dont 912 000 enseignants des secteurs public et privé sous contrat. 76 % sont instituteurs et professeurs dans des établissements publics des premier et second degrés, soit au total 695 000 (ils étaient 659 000 en 1987).
La féminisation continue de progresser : 63 % de femmes parmi les enseignants, 78 % dans le primaire et 93 % dans les dernières promotions de professeurs des écoles.

Le nouvel enseignant face à sa classe
Selon une enquête de la Direction de l'évaluation et de la prospective réalisée entre 1991 et 1993 auprès d'un échantillon d'enseignants de collèges, de lycées et de lycées professionnels qui débutaient dans leur carrière, la difficulté majeure perçue par les jeunes enseignants dans le secondaire est de *« faire travailler ensemble des élèves de niveau hétérogène »* ; vient ensuite le fait d'*« intéresser les élèves les moins motivés »*, puis d'*« atteindre les objectifs de travail dans la séquence de temps prévu »*. Après deux années d'enseignement, *« intéresser les élèves les moins motivés »* apparaît le point le plus important, et il est très fortement ressenti dans les disciplines scientifiques (75 %), des langues vivantes (74,5 %), et pour les enseignants des lycées professionnels.
Dans l'ensemble, cependant, ces jeunes professeurs considèrent leurs élèves comme plutôt actifs, disciplinés et intéressés, mais d'un niveau faible et hétérogène ; ce jugement se renforce après deux ou trois années d'exercice. Pour plus des deux tiers de ce panel, la conception du métier d'enseignant correspond plutôt à une transmission des connaissances et des savoirs qu'à un rôle d'éducateur.
Mais si cette représentation perdure pour les agrégés et les titulaires du CAPET (enseignement technologique), les enseignants affectés en collège, et plus particulièrement en ZEP, estiment alors que *« enseigner, c'est d'abord avoir un rôle d'éducateur »*.

Comment devient-on enseignant aujourd'hui ?
Jusqu'en 1989, la plupart des instituteurs étaient formés dans les Ecoles normales ; les professeurs du second degré préparaient, à l'issue de leurs études universitaires, un CAPES (Certificat d'aptitude pédagogique de l'enseignement secondaire).
C'est le rapport Bancel qui a inspiré la mise en place des IUFM (Instituts universitaires de formation des maîtres), où sont formés désormais tous les enseignants. Ceux du premier degré y passent le diplôme de professeur d'école (ex-instituteur) ; ceux du second degré, le CAPES et le CAPET.
Les IUFM qui recrutent les candidats au niveau de la licence (bac + 3) ont pour objectif de doter tous les enseignants d'une « professionnalité globale », faite de connaissances disciplinaires, de gestion des apprentissages (pédagogie et didactique) et du système éducatif. C'est une conception professionnelle, plus porteuse d'efficacité et de rationalité, que doivent favoriser les IUFM.
D'ores et déjà, la formation des enseignants est en train de connaître un énorme changement...

Les formateurs

Multiplicité et hétérogénéité
Entre 1970 et 1994, on est passé en France de 3 600 organismes de formation continue à environ 45 000 prestataires déclarés (publics, privés et associatifs) pour un chiffre d'affaires total de 140 milliards de francs en 1998.
Les premières structures de formation des adultes se sont constituées sous l'égide des pouvoirs publics : CNAM (Conservatoire national des arts et métiers) ; AFPA (Association pour la formation professionnelle des adultes), GRETA (Groupement d'établissements de l'Education nationale)...
Avec les transformations économiques et sociales des deux dernières décennies, le rôle des entreprises, qui financent et prescrivent de plus en plus de formations, s'est renforcé. En 1998, plus de 3 500 000 salariés ont bénéficié d'une formation financée par leur entreprise, 600 000 chômeurs sont entrés en formation, 500 000 adultes ont suivi une formation en vue d'une promotion sociale, et 350 000 jeunes ont participé à une formation post-scolaire pour une meilleure insertion dans l'emploi.

Les agents de la formation professionnelle continue
On compte environ 380 000 intervenants dont 130 000 pour qui la formation est le métier principal.
Le monde des formateurs est une « nébuleuse » mal définie, en grande évolution, avec un *turn-over* encore important.
La première convention collective qui leur attribue un statut date de 1988.
Cependant, les études diverses et encore partielles permettent de dégager une série de représentations et de pratiques

pédagogique». Qui sont ces formateurs et ces élèves? Comment devient-on enseignant ou formateur? Comment entre-t-on dans ces professions? Et qu'est-ce que le «métier d'élève»?

communes qui esquissent les contours d'une identité professionnelle en cours de constitution : s'ils admettent leur proximité professionnelle avec les enseignants, ils marquent leur volonté de démarcation avec l'institution scolaire. Plutôt que des savoirs disciplinaires, ils revendiquent un certain nombre de savoirs transversaux liés à la transmission des compétences et à leur application dans les activités productives. Leur cursus professionnel est caractérisé par une grande mobilité entre école, entreprises, et un fort usage de la formation continue. Dans l'activité des formateurs, la question de l'emploi occupe une place centrale. La transmission s'oriente autour des savoirs sociaux et des «savoir-être»; les qualités comportementales sont privilégiées : autonomie, relation aux autres, communication; mais aussi présentation, respect des règles et des horaires, soumission aux contraintes productives et sociales.

Elèves et adultes en formation

Un actif sur trois

En 1999, 9 millions de personnes (plus d'un actif sur trois) ont suivi une formation continue : jeunes en formation de première insertion, demandeurs d'emploi, actifs occupant un emploi salarié ou non. Ces formations concernent tous les niveaux, des ouvriers aux cadres, en passant par les professions intermédiaires.

Le «métier d'élève»

Face aux contraintes scolaires, les élèves élaborent des stratégies. Bien loin de faire tout ce qu'on leur demande, beaucoup tentent avec un succès inégal de négocier ou de contourner les règles pour protéger leurs intérêts, leur tranquillité, leur liberté. Il y a ceux qui adoptent une conformité totale mais ne s'impliquent pas réellement («je fais mes heures» disent certains collégiens), ceux qui bâclent leur travail pour «s'en débarrasser» au plus vite, ceux qui retardent au contraire par tous les procédés possibles l'entrée en matière, ceux qui proclament leur incompréhension pour obtenir l'aide du maître, ceux qui critiquent la moindre contradiction des injonctions magistrales (1). Mais toutes ces stratégies révèlent que pour beaucoup d'élèves, il est difficile de «donner du sens» au travail scolaire. Dans une enquête sur le travail des lycéens, la sociologue Anne Barrère (2) a ainsi élaboré une typologie des élèves. Elle distingue cinq figures de lycéens : le «bosseur», le «fumiste», le «touriste», «l'élève moyen» et le «forçat». Les deux premières renvoient aux images traditionnelles du «potache» : le bon élève dont le travail assidu assure la réussite scolaire, et le cancre qui revendique sa paresse et assume sereinement ses résultats médiocres. En revanche, les trois autres correspondent à ce que l'auteur appelle les «figures de la désadéquation» entre le travail fourni et les résultats obtenus. L'«élève moyen» et le «touriste» tentent de gérer leur scolarité en essayant de doser leur effort. Mais ils vivent une incertitude permanente parce qu'ils n'ont jamais vraiment percé le mystère des attentes implicites des enseignants (que faut-il vraiment retenir du cours? doit-on vraiment donner un avis personnel dans une dissertation? etc.). Ils ont de ce fait le sentiment de ne pas maîtriser leur parcours scolaire et la note reste souvent pour eux une bonne ou une mauvaise surprise. La figure du forçat fait quant à elle mesurer ce qu'il peut y avoir de tragique dans l'échec scolaire : tentant de compenser sa difficulté à saisir les attentes des enseignants par un travail acharné (le forçat peut aller jusqu'à recopier entièrement tous ses cours pour les apprendre par cœur), il n'en est que rarement récompensé et se voit même souvent sommé de «travailler plus». Ces stratégies révèlent l'écart entre les pratiques pédagogiques dominantes de l'institution, héritées de son passé élitiste, et les besoins du public dans un système éducatif massifié.

V.T.

Note

1. Voir Ph. Perrenoud «Nouvelles didactiques et stratégies d'élèves face au travail scolaire», colloque «Les transformations de l'école, politiques d'institutions et pratiques des acteurs», juin 1986.
2. A. Barrère, *Les Lycéens au travail, Puf, 1997.*

François Dubet*

École : la question du sens**

L'école de Jules Ferry a vécu ; et avec elle, une organisation et une légitimité qui lui donnaient son sens. Aujourd'hui, le public de l'institution scolaire est nombreux et divers : élèves, collégiens, lycéens, étudiants de toutes origines sociales se construisent une expérience scolaire individuelle, à partir des significations qu'ils donnent à leur scolarité.

A l'école comme ailleurs, la question du sens, c'est-à-dire de la signification subjective des activités scolaires, ne se pose que si ce sens paraît en crise. On ne s'interroge guère sur le sens des choses quand il va de soi. Le sentiment de crise, qui domine depuis plusieurs années les acteurs de l'école, se manifeste de plusieurs façons. L'une d'elles est la crise des motivations que l'on observe parfois chez les élèves : pourquoi étudier, à quoi sert l'école ? Il faut cependant se méfier de cette impression de crise dans la mesure où elle conduit à postuler qu'il a existé un ordre scolaire stable et naturel, une légitimité scolaire indiscutable, et souvent il s'agit là d'une simple reconstruction d'un âge d'or, celui d'une l'école républicaine figée dans son idéal. En réalité, la question du sens relève bien plus d'une mutation que d'une crise de l'école, car elle ne concerne pas seulement l'école, mais aussi d'autres institutions comme l'Eglise ou la famille. Nous entrons dans une société où le sens de l'action et des identités est moins donné aux acteurs comme allant de soi, qu'il n'est construit par eux.

L'école républicaine

L'école républicaine a su construire un ordre des choses, une hiérarchie des valeurs reconnues comme légitimes et s'imposant à tous, y compris à ceux qui ne pouvaient y accéder pleinement. Il

* Sociologue. Auteur avec D. Martuccelli de *A l'école. Sociologie de l'expérience scolaire*, Seuil, 1996. Avec M. Duru-Bellat, *L'Hypocrisie scolaire*, Seuil, 2000.
** *Sciences Humaines*, n° 76, octobre 1997.

suffit de lire les textes des «pères fondateurs» et les témoignages des instituteurs de la IIIe République pour voir combien pouvait être forte la confiance dans l'instruction. Celle-ci devait arracher les enfants aux particularismes et aux vieilles croyances pour en faire des citoyens éclairés. L'instruction était un des vecteurs essentiels de la construction d'une identité nationale. La légitimité scolaire était d'autant plus forte que l'école était au cœur d'un projet de société. Comme le montrait Emile Durkheim dans *Education et Sociologie* (1), elle se situait au même «niveau» que l'Eglise qu'elle combattait, et les maîtres pouvaient avoir une part de légitimité «sacrée».

Comment un sens culturel et politique aussi fort avait-il pu s'imposer et se transformer en motivations, en significations partagées? Cela tient fondamentalement à la forme du modèle scolaire et aux conditions sociales de sa réalisation.

D'abord, l'universalisme des principes ne fait pas de l'école le lieu de l'égalité des chances, mais celui de l'élitisme républicain. Cela signifie que la naissance détermine d'emblée le type d'école auquel les enfants sont voués : les enfants du peuple vont à l'école élémentaire, ceux de la bourgeoisie au petit lycée. Seuls les meilleurs des enfants du peuple deviendront des boursiers et pourront accéder au collège, parfois au lycée. Ainsi, le principe de l'injustice n'est pas situé dans l'école, mais dans les inégalités sociales qui fixent les chances d'entrer dans telle ou telle école. L'école est juste quand elle autorise quelques parcours exceptionnels. En outre, cette école est fortement distincte de la société. Rappelons que les sexes y sont séparés, que les familles en sont tenues à l'écart, et que la vie juvénile autonome n'y est guère tolérée. La culture scolaire ne vise nullement l'adaptation aux besoins de l'économie puisque l'essentiel de la formation professionnelle se fait sur le tas, à l'exception, notable, des concours de la fonction publique et des grandes écoles qui ont le monopole de la formation des élites. Au fond, l'école est moins un facteur d'intégration sociale qu'un agent essentiel de l'intégration culturelle et civique. Ajoutons que cette école, encore très malthusienne, distribue relativement peu de diplômes et qu'elle en garantit ainsi l'utilité sociale.

L'affirmation et l'homogénéité des finalités scolaires, le poids des sélections et la coupure avec la société entraînent la formation d'un système fortement régulé dans lequel le sens des études va de soi. L'école élémentaire est celle des apprentissages de base qui forment le socle de la participation citoyenne et de l'appartenance nationale. A quelques exceptions près, elle ne prépare pas aux études longues et repose sur les convergences des attentes entre les maîtres et les familles. Le lycée est réservé à deux types d'élèves nettement définis. Les «héritiers», d'origine bourgeoise, ont été socialement «programmés» pour des études longues et l'apprentissage des humanités; le sens des études tient tout entier dans la connivence et l'ordre des choses. Les boursiers, d'origine populaire, au collège et au lycée, sont

1. E. Durkheim, *Education et Sociologie* (1922), Puf, 1993.

de bons élèves qui attendent tout d'une école qui leur garantit, s'ils jouent le jeu, une certaine promotion sociale.
L'école est une institution d'autant plus sûre d'elle-même que si son emprise est forte, elle est limitée. Les problèmes sociaux n'entrent guère dans ses murs. Les élèves peu « motivés » y étaient soit réduits au statut de cancre, soit précocement abandonnés à la vie active. Aussi, la question du sens des études pour les élèves ne se posait guère.

Les mutations de l'école

Le problème du sens de l'école surgit peu à peu quand, à partir des années 60, l'ancien modèle se défait. Il se défait d'abord en raison du succès même de l'école dont l'emprise ne cesse de se développer avec l'augmentation des effectifs scolaires. Ce long processus de massification, conséquence (depuis les années 20) d'une volonté réformatrice de démocratisation, introduit un changement fondamental de nature de l'école. Les élèves ne sont plus sélectionnés directement en amont du système par leur naissance, mais tout au long de leur scolarité en fonction de leurs performances, même si celles-là ne sont pas sans lien avec leurs conditions sociales. Ainsi, l'école devient le principal appareil de distribution sociale par le travail de classement qu'elle opère tout au long d'une scolarisation de plus en plus longue. Du point de vue des élèves, elle se présente comme un espace de concurrence continue, organisant les parcours au sein de hiérarchies multiples, implicites ou explicites, entre les diverses filières et disciplines, entre les établissements plus ou moins prestigieux. Alors s'impose un registre de sens nouveau, lié à cet état de concurrence continue, appelant à la fois la mobilisation des familles et leur expertise afin de conduire les enfants de la façon la plus efficace possible. Les parents ne peuvent plus être étrangers à l'école, et même beaucoup d'entre eux deviennent des « consommateurs avertis ».
La massification a une seconde conséquence : elle fait entrer au collège, au lycée et dans l'enseignement supérieur des publics nouveaux. Ceux-là ne correspondent ni au portrait des « héritiers » sélectionnés par la naissance, ni à celui des boursiers sélectionnés par leur excellence. Pour ces élèves, le sens des études ne va plus de soi. Il ne repose plus sur la connivence de l'école et des familles. Pour les enseignants, il arrive souvent que ces élèves soient « inadaptés » aux études secondaires puisqu'ils en ignorent tous les codes culturels sous-jacents. En même temps, ces élèves font entrer dans l'école des cultures et des attitudes qui en étaient jusqu'alors exclues. Ils importent une culture juvénile, une vie adolescente, des cultures populaires et immigrées dont l'école était largement protégée quand tous ces jeunes n'étaient pas scolarisés au-delà du certificat d'étude. Tous les accords latents, toutes les connivences entre les enseignants et leurs élèves se sont brisés.

Le sens de l'école ne va plus de soi...

Mais après tout, si l'école ne peut plus jouer sur des finalités culturelles largement partagées, elle peut toujours en appeler à l'utilité des études puisque les diplômes sont de plus en plus nécessaires à l'entrée dans la vie active. En effet, plus la population est diplômée, plus la qualification scolaire est un critère discriminant : l'absence de diplôme est un handicap social. Cependant, les effets conjugués du chômage des jeunes et de la massification scolaire entraînent une élévation des niveaux de formation, voire une inflation des diplômes. Les diplômes les plus utiles sont les plus difficiles et surtout les plus longs à obtenir. Ainsi, pour un très grand nombre d'élèves, les utilités attendues des diplômes s'éloignent dans un futur incertain, quand elles ne deviennent pas imperceptibles et improbables.

A ces deux types de changement du système scolaire, il convient d'en ajouter un troisième tenant aux transformations culturelles. Les trente dernières années ont été caractérisées par la montée du souci de l'individu et de sa personnalité. La séparation traditionnelle et tranchée entre l'élève et l'enfant, entre l'élève et l'adolescent, n'est plus aussi ferme qu'autrefois. L'école doit apprendre à compter avec la diversité des élèves, de leur niveau et de leur personnalité, et les méthodes pédagogiques appellent de plus en plus souvent la participation des élèves. Culturellement, la question des motivations devient essentielle dans une société attachée à un certain individualisme moral.

Cet ensemble de mutations est souvent vécu comme une crise, comme une décomposition de l'ordre ancien. Il faut pourtant aller au-delà de cette impression parfois envahissante. Il est vrai que l'école n'est plus aussi fortement régulée qu'autrefois. Les aspirations et les codes des professeurs, des élèves et des familles ne sont plus aussi accordés que dans l'école traditionnelle. Les motivations des individus et le sens de l'école s'imposent d'autant moins à tous que les finalités de l'école se sont diversifiées. A côté d'une fonction traditionnelle d'intégration sociale, apparaît une fonction d'utilité sociale dans laquelle la formation apparaît comme un bien économique et un investissement. Enfin, on attend de l'école qu'elle soit un lieu d'éducation, de formation de la personnalité. Toutes ces finalités sont perçues comme légitimes, mais elles sont aussi largement contradictoires : on ne fait pas précisément la même chose quand on veut faire entrer les élèves dans une culture commune, quand on veut permettre à chacun d'être lui-même, et quand on souhaite que les formations débouchent sur des activités professionnelles. La guerre scolaire entre l'école républicaine et l'école catholique a été progressivement remplacée par la «guerre des dieux» à l'intérieur de l'ensemble du monde scolaire.

Utilité ? Intégration ? Vocation ?

Du point de vue des élèves, le problème du sens de l'école est une question pratique. Quel sens donner au travail scolaire, pourquoi travailler ? On peut distinguer trois registres de motivations correspondant aux trois grandes finalités de l'école, sans qu'il soit possible de les hiérarchiser.

Il est clair que de l'école élémentaire à l'enseignement supérieur, s'impose une dimension de l'utilité. L'école distribue des diplômes plus ou moins prestigieux et utiles. Parfois même quand leur utilité n'est pas précise, leur absence bloque toute perspective. La montée du thème du projet dans le monde scolaire est la manifestation la plus directe de cette dimension. Il est demandé aux élèves, souvent les plus faibles, de se motiver en construisant des projets, c'est-à-dire en associant leur formation scolaire à des perspectives professionnelles. Mais cette exigence de motivation n'est pas sans paradoxes. Plus les élèves sont dépourvus de ressources scolaires, plus on attend d'eux qu'ils construisent des projets professionnels, alors que c'est pour ceux-là que c'est le plus difficile. En revanche, les élèves des filières prestigieuses ne sont pas réellement tenus de construire des projets. Il leur suffit d'être de bons élèves et de poursuivre leurs études.

Le deuxième type de motivations tient au degré d'intégration des élèves dans la culture scolaire. C'est cette intégration qui entraîne une motivation routinière dans la mesure où, plus la distance culturelle entre l'école et la famille est faible, plus il est naturel de travailler à l'école. L'école républicaine reposait largement sur ce principe. Evidemment, il n'est plus aussi efficace avec les nouveaux publics scolarisés au collège et au lycée.

Les études sociologiques montrent que la réussite des enfants issus des milieux populaires suppose une véritable mobilisation des familles afin de soutenir les motivations de ces élèves. La motivation «naturelle», c'est-à-dire culturelle, au travail scolaire est d'autant plus incertaine pour de nombreux publics que la vie juvénile acquiert une autonomie croissante par rapport à l'école et à la famille. Dans bien des cas, la culture juvénile peut même se définir contre la culture scolaire. Enfin, les élèves peuvent travailler par intérêt intellectuel, par vocation… Ils étudient parce que les connaissances scolaires participent de la formation de soi, parce qu'elles rendent plus autonome et plus «grand». Ce registre de motivation ne doit pas être sous-estimé, même s'il est distribué souvent de manière aléatoire. Il faut cependant reconnaître que son épanouissement se heurte à quelques difficultés. L'une d'elles vient de ce que la culture scolaire n'est plus aujourd'hui la seule culture disponible. Quels que soient les jugements que l'on porte sur la culture de masse et les médias, il est certain qu'ils ouvrent aussi au monde et qu'ils sont les concurrents sérieux d'une culture scolaire encore largement fermée sur sa propre logique de progression qui est, à terme, celle des concours de recrutement. Un élève peut alors se demander en quoi ce qu'il apprend à l'école lui est utile pour ce qu'il perçoit de la vie. L'invective banale contre les médias soulage parfois, mais elle ne répond pas à ce problème.

Une autre difficulté tient à la hiérarchie du monde scolaire elle-même qui, en valorisant certaines disciplines (les mathématiques, par exemple), exige la mobilisation de compétences précises au détriment de celles pour lesquelles certains élèves auraient plus de goût. Autrement dit, la vocation peut se heurter au privilège de certaines disciplines, notamment scientifiques. Et bien des élèves, parfois brillants, s'ennuient dans les filières utiles.

En définitive, c'est l'élève lui-même qui doit construire ses motivations et qui doit agencer le sens qu'il accorde à ses études. Et cette exigence est de plus en plus forte au fur et à mesure qu'il avance dans ses études. Le sens des études n'est plus donné, il est construit par chaque élève. Bien sûr, cette construction est d'autant plus facile que les élèves sont bien situés dans le système, qu'ils perçoivent l'utilité des études, que la culture scolaire leur est familière et qu'ils possèdent la liberté d'agencer leurs goûts, de choisir leur formation. Au contraire, quand les élèves sont mal placés, quand leurs études ne semblent guère utiles, quand une barrière sépare leur monde social et le monde scolaire, quand ils n'ont pas véritablement choisi leur formation, il devient très difficile de construire des motivations et, parfois, l'école n'est qu'une obligation ou un pis-aller, une manière d'éviter le chômage et «la galère».

Une redéfinition du rôle des acteurs

Quoi qu'il en soit, le sens de l'école est devenu un problème banal, un problème pratique. Les élèves ne doivent pas seulement apprendre un «métier d'élève», ils doivent aussi apprendre à donner du sens à leur expérience. Quand ils y parviennent, ils se socialisent à l'école et se subjectivisent aussi, ils sont les auteurs de leurs études. Quand ils n'y parviennent pas, ils peuvent subir l'école d'une façon strictement ritualiste. Enfin, des élèves peuvent percevoir cette obligation de construire du sens comme une violence dans la mesure où leur échec les invalide à leurs propres yeux. Ils peuvent alors se retourner contre l'école de manière plus ou moins violente. Ainsi, le problème essentiel est devenu celui de la motivation des élèves. De ce fait, les enseignants, quelles que soient leurs convictions, sont tenus de conquérir des élèves qui ne jouent plus naturellement le jeu. Leur métier s'est profondément transformé, car chacun doit s'engager dans une relation pédagogique, à la fois cognitive et affective. Le métier est de plus en plus subjectif, il mobilise la personnalité autant que les compétences. Au fond, les enseignants se heurtent au même problème que les élèves, ils doivent aussi se «motiver» pour produire des motivations scolaires. Ils doivent fixer des objectifs, être attentifs à la progression de chacun, «séduire» des élèves, leur permettre de donner du sens à leur travail... De nombreux enseignants s'adaptent de bon gré à ces exigences qui mêlent les compétences du maître à celles de l'éducateur et parfois, du psychologue. En même temps, ils peuvent regretter la «paix» et la clarté des ordres anciens. Les capacités d'adaptation et d'innovation ne sont pas indépendantes d'un fort sentiment de nostalgie et, parfois, d'un certain conservatisme idéologique... Une des conséquences de la crise des motivations des maîtres et des élèves est la montée des politiques d'établissement. Celles-ci restent relativement modestes en France, mais la tendance est nette, surtout dans les établissements populaires. Il ne s'agit pas seulement d'adapter l'offre scolaire aux publics concernés, mais aussi de mobiliser les acteurs autour de projets autonomes : projets de lutte contre l'échec, projets éducatifs, projets de liaisons avec le

quartier, travail en équipe, projets des classes, projets individuels des élèves... Tout se passe comme si les finalités du système devaient être redéfinies «à la base», transformées directement en motivations et en pratiques.
Du temps des «héritiers» et des «boursiers», tout se jouant «naturellement», les parents n'étaient pas mis à contribution et n'intervenaient guère à l'école. Avec le durcissement de la compétition scolaire, avec la montée du souci de la personnalité de l'enfant, les parents sont de plus en plus actifs et présents. Même si les enseignants déplorent généralement cette présence, ils sollicitent de plus en plus les familles qui doivent se mobiliser pour construire une scolarité efficace en aidant les enfants, en suivant de près les orientations, en organisant des loisirs «intelligents». Le jeu à deux – maîtres et élèves – est devenu un jeu à trois, dans lequel les parents jouent un rôle particulièrement actif. Même si les parents sont partagés entre une demande d'épanouissement et une demande d'efficacité et de réussite pour leurs enfants, il est clair que cette dernière l'emporte, surtout dans les classes moyennes qui considèrent l'école comme un service bien plus que comme une institution.
L'école, en fait, est prise dans un processus de « désinstitutionnalisation ». Les élèves ne sont plus directement confrontés à des grandes valeurs et à des «grands récits» organisant des systèmes de sens. Les fonctions de l'école se sont diversifiées, la construction du sens n'est plus transcendante, mais immanente : elle est produite par les sujets eux-mêmes. L'école formait des acteurs, elle forme des individus. Cela entraîne un sentiment irrépressible de fragilité et de nostalgie. Le risque encouru est de se laisser dominer par ce sentiment et de ne pas voir qu'il s'agit là d'une mutation profonde, tout en se laissant envahir par une simple volonté d'adaptation au nouvel ordre économique, social et culturel.
Il importe alors de redéfinir le sens des études, de savoir à quoi sert l'école : quelle doit être sa culture et son utilité, quelle doit être la place de l'élève ? Comment doit-elle arbitrer entre la pluralité des dieux qu'elle adore et qui, en fait, s'opposent ? Ces choix ne dépendent pas seulement des individus, des élèves, des maîtres et des parents, car on verrait alors croître indéfiniment les écarts et les différences. Ils appellent aussi une volonté politique, celle qui fut justement aux sources de notre système scolaire.

Maurice Tardif et Claude Lessard*

L'ÉCOLE CHANGE, LA CLASSE RESTE**

Sur la base de larges enquêtes empiriques, les chercheurs en sciences de l'éducation révèlent le paradoxe dans lequel est pris l'enseignement : sommé de changer et de s'adapter, alors que les pratiques quotidiennes sont restées quasi identiques.

À PREMIÈRE VUE, que ce soit en France ou dans les autres sociétés européennes et nord-américaines, le métier d'enseignant semble s'être transformé de manière rapide, profonde et durable depuis la fin de la Seconde Guerre mondiale. D'aucuns parlent même d'une profession en pleine mutation, qui se cherche et qui oscille, incertaine d'elle-même, de son rôle et de sa valeur, entre le changement et la tradition. Cette mutation résulterait non seulement des changements du métier d'enseignant, mais aussi de l'école elle-même et de la société tout entière.

Ces changements sont bien connus et il suffit d'en rappeler quelques-uns pour en comprendre l'ampleur. L'école s'est massifiée, modernisée et partiellement démocratisée; la scolarisation s'est considérablement allongée et la population scolaire a connu une croissance substantielle, tout en se diversifiant, ce qui a entraîné une multiplication et une différenciation des besoins liés à l'apprentissage scolaire. Ce que certains appellent la «forme scolaire» – c'est-à-dire le passage par l'école de chaque génération – a triomphé malgré les critiques. De plus en plus de jeunes y «apprennent à apprendre» de plus en plus longtemps, notre société et le marché du travail n'ayant pas de place ou

* M. Tardif est professeur à l'université de Montréal et directeur du Centre national de recherche sur la formation et la profession enseignante. C. Lessard est professeur à l'université de Montréal et directeur du Laboratoire d'étude des professionnalités en éducation.

** *Sciences Humaines*, n° 111, décembre 2000.

d'utilité pour des jeunes sans scolarité. Dans ce nouveau contexte, les enseignants doivent souvent agir avec leurs élèves en caméléons professionnels et devenir tout à la fois psychologues, travailleurs sociaux, parents, pédagogues, surveillants, policiers, confidents et sexologues. Ils se trouvent alors aux limites de leur action et de leur identité. Est-il encore possible d'« enseigner » dans ces conditions ? Si oui, comment et à quel prix ? Situation d'autant plus difficile que les enseignants ne trouvent ni dans l'institution scolaire, ni dans la société, des normes et des repères stables et évidents qui viendraient légitimer leurs actes et décisions. Ils sont donc bien souvent renvoyés à eux-mêmes et doivent inventer sur le tas des identités et des projets composites à partir de leurs propres ressources et expérience. Pour survivre, certains se rabattent sur les recettes et routines éprouvées, tandis que d'autres, désireux d'innover, sont confrontés à l'inertie de leurs collègues ou des établissements, sans parler des blocages du système : administration, syndicats, etc.

L'école : une construction de plus en plus collective

De plus, l'école elle-même, en tant qu'organisation, s'est beaucoup complexifiée et alourdie. Autour des enseignants sont apparus de nombreux et nouveaux acteurs (psychologues, conseillers d'orientation, administrateurs, documentalistes, personnels d'inspection, etc.), qui représentent aujourd'hui, en France et ailleurs, plus du tiers du personnel scolaire. Les enseignants doivent donc négocier et partager une partie de leur mission traditionnelle non seulement avec ces autres professionnels, mais aussi de plus en plus avec les parents et les communautés locales. La présence de l'ensemble de ces acteurs induit une dialectique complexe et parfois lourde du contrôle, de la collaboration et de l'innovation : une énergie considérable est souvent mise à définir mais aussi à négocier les rôles de chacun, à construire collectivement un cadre d'action. Ce qui parfois peut sembler éloigner chacun de l'apprentissage des élèves.

L'école est perpétuellement confrontée à des transformations : d'une part, des changements au niveau structurel comme nous venons de l'évoquer, couplés en plus aujourd'hui à des politiques de décentralisation. Mais aussi au niveau des programmes scolaires, de la formation des maîtres et des pratiques scolaires, sous la pression des nouvelles idéologies scolaires, curriculaires et pédagogiques, et des tentatives répétées de rénovation de l'enseignement. Ces réformes témoignent que les fondements de la culture scolaire sont aujourd'hui fragilisés : entre une étroite culture d'élite et une culture-cafétéria, entre la nostalgie des classiques et les encyclopédies sur CD-Rom, les choix abondent mais aucun ne fait l'affaire. Chaque enseignant finit pas se rabattre sur sa culture personnelle et par la confronter à celles des élèves. Par ailleurs, la culture de masse et les technologies de la communication, de la télévision à Internet, ont passablement sapé le monopole du savoir scolaire : les élèves apprennent et savent aujourd'hui autre chose que ce que leur enseigne l'école et beaucoup s'y ennuient, répondant parfois par la violence à ce spleen institué. Beaucoup d'enseignants le disent : *« On a un enfant nouveau dans une ancienne école. »*

Enfin, depuis la dernière décennie, à peu près tous les systèmes d'enseignement occidentaux sont entrés dans une phase de transformation, afin de s'adapter, dit-on, à la nouvelle économie du savoir, aux changements technologiques, aux mutations du marché du travail et des formations. A bien des égards, les savoirs et compétences scolaires ainsi que les diplômes deviennent des marchandises appelant, tant chez les élèves, les parents que les enseignants, des conduites stratégiques et utilitaires. Et ce au moment où nos sociétés connaissent une inflation des diplômes. Bref, avec toutes ces transformations, l'école apparaît bien depuis une cinquantaine d'années comme une institution ouverte sur le changement, et une organisation bouillonnante. Or, puisque les enseignants en sont les principaux agents et qu'ils travaillent quotidiennement sur la ligne de front, on devrait s'attendre à les voir eux-mêmes engagés – voire s'engager – dans une série de transformations de leurs pratiques pédagogiques. Ne serait-ce que pour les adapter et tenter de survivre, professionnellement parlant, à la pression continue du changement qui affecte l'école, leur métier et la société.

Des résistances au changement

Pourtant, les études montrent que l'enseignement, qui relève ultimement, rappelons-le, des enseignants dans les classes, est loin d'évoluer au rythme que cherchent à imposer les réformes scolaires. Il représente plutôt, au sein de l'école, un puissant espace de résistance aux transformations de l'école et des pratiques pédagogiques quotidiennes. Par exemple, dans une remarquable étude sur l'évolution de l'enseignement de 1890 à 1990 aux Etats-Unis, David Tyack et Larry Cuban, historiens américains de l'éducation, ont montré que la très grande majorité des professeurs enseignent aujourd'hui à peu près comme leurs prédécesseurs il y a un siècle. Or, lorsqu'on connaît la somme de changements et de réformes qui a marqué l'école américaine au XXe siècle, ce constat est pour le moins étonnant. Dans un sens analogue, pour Andy Hargreaves, sociologue de l'éducation canadien, l'enseignement actuel – et notamment au secondaire – semble un véritable dinosaure. Implanté à l'époque de la société industrielle, il continue sa course comme si de rien n'était et les enseignants semblent avoir beaucoup de peine à intégrer les changements en cours. Bref, l'enseignement scolaire apparaît comme une structure figée, un système largement fossilisé.

Ces points de vue recoupent les conclusions de nombreuses recherches menées en France et ailleurs (Etats-Unis, Canada, Grande-Bretagne, etc.) sur les pratiques pédagogiques des enseignants de métier : loin d'adhérer massivement aux changements et d'épouser spontanément les nombreuses réformes, les enseignants apparaissent volontiers « traditionalistes » et souvent méfiants envers les tentatives de transformation de leur métier. Certes, ils ne rejettent pas automatiquement les efforts pour «améliorer» leurs pratiques et les adapter aux dernières innovations pédagogiques; cependant, s'ils changent, c'est toujours en intégrant le nouveau à l'ancien et en incorporant l'innovation aux traditions établies. Autrement dit, si les enseignants transforment leurs pratiques pédagogiques et les adaptent, ce n'est jamais que lentement et comme à reculons.

Mais alors, comment concilier cette image d'une école ballottée par les changements, d'une profession en mutation, d'une société en transformation de plus en plus rapide avec cette autre image d'un métier traditionaliste et presque routinier qui semble évoluer avec lenteur et nostalgie? Si on veut éviter de culpabiliser les enseignants en leur reprochant, comme cela se fait trop souvent, de ne pas suivre le mouvement, de retarder les réformes et de rester accrochés à leurs routines, il est nécessaire de pénétrer au cœur même du travail scolaire quotidien, afin de voir comment, dans les classes avec leurs élèves, les enseignants concilient tant bien que mal cette tension entre mutation et tradition.

La classe et les relations aux élèves au cœur du métier

L'enseignement scolaire tel qu'on le connaît existe depuis près de quatre siècles. Autrefois comme aujourd'hui, il repose sur un même dispositif de base: la classe, c'est-à-dire un espace relativement fermé, dans lequel les enseignants travaillent séparément les uns des autres en y accomplissant l'essentiel de leur tâche. Encore aujourd'hui, la collaboration entre la plupart des enseignants s'arrête à l'entrée de la classe.

L'école a beau grossir sans arrêt depuis un siècle, cette croissance s'opère essentiellement par l'ajout d'un nombre croissant de classes, provoquant ainsi l'engagement de nouveaux enseignants, contrairement à ce qui se passe dans la plupart des autres organisations sociales, et notamment économiques, où les changements technologiques et les nouveaux modes de gestion du travail ont entraîné une croissance de la production mais aussi une réduction du personnel, et une réorganisation régulière des unités de travail.

Nous avons donc affaire, avec la classe, à un dispositif vraiment stable. Ainsi, des phénomènes aussi importants que la scolarisation massive de l'enfance au XXe siècle, la bureaucratisation de l'école, l'étatisation, l'allongement de la scolarisation, etc., ne l'ont pas entamée ni sérieusement modifiée. Même les nouveautés introduites par l'éducation nouvelle et par divers courants contemporains (le constructivisme, le cognitivisme, l'enseignement stratégique, l'enseignement différencié, etc.) n'ont réellement pu transformer la classe. Si certaines autres formes d'organisation ont été et sont encore tentées (école à aires ouvertes, tutorat, etc.), elles n'ont jamais véritablement menacé l'hégémonie de la classe traditionnelle. L'enseignant actuel est et se perçoit toujours comme le principal – sinon l'unique – responsable du fonctionnement de la classe. C'est d'ailleurs cette même structure qui est reprise dans les sociétés non occidentales lorsque commence à s'y répandre l'école. Mais que se passe-t-il dans une classe?

La classe est l'un des espaces sociaux parmi les plus contrôlés : les élèves sont triés et surveillés avant d'entrer en classe ; ils sont divisés par groupes et sous-groupes, en fonction de diverses variables (âge, sexe, résultats antérieurs, difficultés, etc.) ; dans la classe, les déplacements, les façons de s'exprimer, les postures, attitudes, gestes, prises de parole, sont réglementés ; le temps et les contenus d'apprentissage sont programmés. Mais en même temps, en dépit de tous ces contrôles, le travail en classe exige une action constante de l'enseignant. Tout enseignant le sait : une classe ne marche pas toute seule, il faut faire travailler les élèves, les occuper, les faire progresser, les observer, les surveiller, les relancer, etc.

Autrement dit, l'action en classe dépend fondamentalement de l'initiative de l'enseignant et de sa capacité à engager et à maintenir les élèves dans le travail scolaire. Cette situation est renforcée à la fois par la plupart des directions d'école qui exigent des enseignants la capacité de contrôler leurs groupes d'élèves en classe, et par les pairs, qui vivent exactement la même situation, sans demander aux autres d'intervenir : il faut donc en général faire comme les autres, c'est-à-dire se passer d'eux.

En substance, le travail enseignant en classe relève donc à la fois d'un ordre social relativement stable imposé par des normes et des contrôles institutionnels et d'un ordre social construit et mouvant, dépendant des interactions entre l'enseignant et les élèves. Cette double nature du travail en classe – donné et construit, réglementé et improvisé, imposé par l'institution et façonné par les acteurs – est l'invariant constitutif de la situation pédagogique en milieu scolaire. Par conséquent, une dimension centrale du système d'enseignement est l'autonomie « garantie » ou « obligée » des enseignants, prenant seuls des décisions quant aux procédures à utiliser en classe avec les élèves. Les enseignants ont une large juridiction sur ce qui se passe dans la classe. Telle est la première réalité de ce travail.

Un métier de relations humaines

La seconde en est l'élément humain et collectif : un enseignant ne travaille pas sur de la matière inerte, des marchandises, des objets techniques, mais avec des personnes. Il s'agit donc d'un métier de relations humaines. Il s'agit aussi d'un travail interactif, puisque toute action d'un enseignant en classe se fait envers un collectif d'élèves : l'action d'un enseignant en direction d'un élève en particulier est visible par tout le groupe et a des conséquences directes sur lui. En ce sens, si le travail en classe assure l'autonomie de l'enseignant, celle-ci constitue aussi une contrainte importante, car l'enseignant est isolé et ne peut compter habituellement que sur lui-même. Travaillant en solitaire et de façon parfaitement visible devant un collectif d'élèves, il ne peut jamais se soustraire à leur regard, ce qui peut entraîner une certaine vulnérabilité, puisqu'on *« ne peut rien cacher devant les élèves »*, y compris ses difficultés ou ses émotions.

De plus, parce qu'il est un adulte seul face à des enfants et à des jeunes, il est responsable d'eux jusqu'à un certain

Des causes inattendues du stress des enseignants

Une étude venue de Grande-Bretagne s'emploie à analyser, d'une part, les facteurs de stress, et, d'autre part, l'efficacité des stratégies adoptées par les enseignants pour y faire face. Les auteurs ont évalué le niveau de stress chez 704 enseignants professant dans des écoles publiques, primaires ou secondaires, du sud de l'Angleterre. On ne donnera ici que les principaux résultats :
– le stress est plus élevé chez les jeunes enseignants et chez les femmes ;
– le stress vient d'abord des autorités scolaires (travail administratif, pressions exercées par le directeur et par la hiérarchie). Le comportement des élèves ne vient qu'en second ;
– le principal facteur de protection contre le stress est la bonne qualité des relations avec les collègues de travail. Les auteurs remarquent qu'on trouve dans un même établissement scolaire des enseignants qui estiment que l'ambiance est bonne et se disent peu stressés ; et des enseignants qui jugent l'ambiance mauvaise et se plaignent du stress. Donc, les mêmes conditions de travail sont ressenties ou non comme stressantes selon que l'on s'entend mal ou bien avec ses collègues.

Parmi les stratégies employées pour lutter contre le stress, deux apparaissent comme contre-productives : le désengagement (renoncer à faire des efforts, regarder la télé, rêver...) et la suppression d'activités concurrentes (hobbies, tâches domestiques...). Les auteurs font l'hypothèse que le désengagement engendre un sentiment de dévalorisation, et que la réduction des autres activités crée un cercle vicieux : elle met encore plus l'accent sur les tâches d'enseignement, les faisant paraître d'autant plus lourdes et donc plus stressantes, ce qui pousse l'enseignant à réduire encore davantage ses autres occupations.
La stratégie la plus efficace est la recherche active de solutions : changer de stratégie, élaborer un plan d'action, etc. En revanche, l'appel à l'aide n'a guère d'effet, ni positif, ni négatif – ce qui peut sembler curieux. Les auteurs pensent qu'en lançant un appel tous azimuts, l'enseignant en détresse recueille à la fois bons et mauvais conseils, dont les effets s'annuleraient.
Cette étude a été effectuée sur des enseignants anglais, et elle ne doit pas être extrapolée sans précaution à leurs collègues français.

CLAUDIE BERT

J. Griffith, A. Steptoe et M. Cropley, « An investigation of coping strategies associated with job stress in teachers », *British Journal of Educational Psychology*, n° 69, décembre 1999.

point. Cette responsabilité est au cœur de sa tâche et tout enseignant doit lui donner sens. Par exemple, où s'arrête sa tâche ? Que peut-il faire pour aider et soutenir ses élèves ? Jusqu'où peut-il aller ? Doit-il lutter contre l'inertie de certains parents ? Peut-il s'opposer aux croyances religieuses de certaines familles ? Comment doit-il réagir face à l'usage de la drogue chez les adolescents, à leurs relations sexuelles, à la surconsommation, etc. ? Les enseignants que nous avons rencontrés au fil des ans vivent et se posent ces questions qui peuvent déboucher, par exemple, sur de la souffrance, de la culpabilité ou sur la constitution d'une cuirasse d'indifférence et de rationalisation devant l'impossibilité d'aider certains élèves.

Par ailleurs, ayant affaire à un groupe, la relation aux élèves est également dominée par le problème de l'équité du traitement. Chaque élève compte en principe autant que tous les autres ; l'enseignant doit par conséquent s'occuper également de chacun d'eux ; mais chaque élève est différent et a des attentesdes et des besoins particulièrs. Comment alors concilier ces composantes relationnelles individuelles et collectives ? Par exemple, combien de temps un enseignant doit-il consacrer à un élève qui éprouve certaines difficultés d'apprentissage ? Enseigner, c'est donc être quotidiennement confronté à de tels enjeux et dilemmes.

Finalement, en comparaison avec la plupart des autres métiers et professions, l'enseignement a très peu changé sur le plan de ses techniques et procédures. Enseigner aujourd'hui, c'est toujours comme autrefois entrer dans une classe, en utilisant dans l'interaction concrète avec les élèves ces techniques à la fois rudimentaires et éprouvées que sont l'autorité, la persuasion, la séduction, la contrainte, etc. Ces techniques sont d'autant plus nécessaires que les élèves actuels sont, selon l'expression de Drebeen, des « clients conscrits » : ils sont forcés d'aller à l'école, le travail des enseignants consistant largement à faire en sorte que l'obligation scolaire soit intériorisée par les élèves ou, du moins, supportée par eux. C'est ce que les psychologues appellent la « motivation », qui est aujourd'hui un véritable enjeu du travail enseignant.

En résumé, ces éléments d'analyse (isolement, autonomie à la fois « garantie » et « obligée », visibilité et vulnérabilité, action et interaction avec un collectif, responsabilité et objectif d'équité, techniques relationnelles, « motivation » à construire) montrent que les enseignants actuels, s'ils vivent dans une société et travaillent dans une école fort différentes d'autrefois, retrouvent dans la classe sensiblement les mêmes contraintes et les mêmes tâches centrales que les enseignants de générations précédentes. A bien des égards, le travail en classe avec les élèves n'a guère évolué : faut-il alors se surprendre que la pédagogie scolaire demeure par bien des côtés traditionnelle ?

Une pratique qui change tout de même

Dans le bilan qu'il brosse des dernières quinze années de réforme de la formation des maîtres en Amérique du Nord, réforme partiellement reprise en France avec les IUFM et un peu partout dans le monde, le chercheur américain T. Donahoe montre que toutes les tentatives de transformation du métier d'enseignant et de la pédagogie scolaire se heurtent justement à l'existence de la classe traditionnelle. On peut dire à la limite que ce ne sont pas les enseignants qui sont routiniers et traditionalistes, mais bien leurs conditions quotidiennes de travail. Il est normal qu'au bout de vingt ans de travail dans les mêmes conditions, les enseignants finissent par les maîtriser et par s'y reconnaître ! On aura beau changer les programmes scolaires, prôner la professionnalisation de l'enseignement, exiger des innovations pédagogiques et une approche collégiale de l'enseignement, ouvrir l'école sur la communauté locale, tant et aussi longtemps que les enseignants seront enfermés seuls dans leurs classes, devant faire en solitaire leurs preuves avec leurs élèves avec les mêmes moyens et dans les mêmes conditions qu'autrefois, nous aurons un métier à évolution lente, une sorte d'artisanat survivant au sein de la grande industrie scolaire.

Pour beaucoup d'enseignants, la classe apparaît aujourd'hui comme un refuge où ils peuvent mettre en jeu leur autonomie, se soustraire aux changements qu'ils perçoivent téléguidés d'en haut et échapper au moins partiellement aux pressions multiples qui s'exercent sur eux. Mais en même temps, la classe est aussi la limite de leurs actions et pouvoirs : ils sont les rois et maîtres d'un royaume bien étroit, et dont parfois les turbulences apparaissent difficiles à contenir.

Est-ce à dire que la situation est bloquée ? S'il est vrai que les conditions de base du travail en classe n'ont guère varié, il n'en demeure pas moins que bon nombre d'enseignants s'efforcent, à l'intérieur de ces mêmes conditions, de transformer leurs pratiques pédagogiques et de mettre en place des démarches innovatrices. Sur ce plan, il faut dire que l'école primaire a été jusqu'à maintenant un terrain plus favorable que l'école secondaire trop souvent bloquée par les clivages disciplinaires et une organisation du travail tout à fait taylorienne ou fordiste.

De plus en plus d'enseignants reconnaissent qu'ils doivent élargir leur champ de responsabilité afin d'accomplir leur mission et « tenir » sur la ligne de front, et qu'ils doivent réorganiser leur travail collectif d'instruction et d'éducation sur des bases plus « collégiales ». Mais les réformateurs, du moins dans les pays anglo-saxons où cela choque moins dans une culture pragmatique, vont plus loin. Ils s'inspirent explicitement des courants actuels en management et suggèrent que l'école se restructure selon ce nouveau credo. Ces références managériales ne sont pas nouvelles, quoique la culture de l'entreprise valorisée n'est plus celle du XXe siècle. En effet, déjà l'école de masse du XXe siècle s'est inspirée du monde du travail, en se coulant dans le moule de l'industrie triomphante, suivant les principes du taylorisme. Sur le même principe, les réformateurs actuels proposent que l'école se modernise sur le modèle du travail du XXIe siècle. Elle devrait adopter les principes de la « nouvelle entreprise », souple, peu bureaucratisée, « apprenante », décentralisée, fonctionnant par équipes de projets, par ailleurs

Des pratiques qui changent doucement

« Les pratiques pédagogiques doivent changer! Comment voulez-vous que l'enfant apprenne selon ces vieilles méthodes ? Il faut adopter de nouvelles pratiques pédagogiques ! » Ce discours est fréquent, et loin d'être nouveau. Déjà, au début du siècle, le mouvement de l'école nouvelle proposait de toutes nouvelles pratiques pédagogiques, dont le but principal était de rendre l'enfant acteur de son apprentissage, et non plus passif, écoutant sagement l'enseignant.

Mais voilà, justement, le nœud du problème : l'enseignant. Il ne suffit pas de développer de nouvelles pratiques pédagogiques. Encore faut-il savoir si l'enseignant est prêt à les appliquer. Une enquête menée par Jacques Lagarrigue, auprès de 43 enseignants, se penche entre autres sur ces questions (1) : quelle est la conception des apprentissages que les enseignants retiennent, quels sont les contenus qu'ils privilégient et les pratiques qu'ils mettent en œuvre ?

Les réponses des enseignants révèlent deux courants : l'un traditionnel et l'autre rénovateur. La pédagogie traditionnelle se caractérise par la nécessité d'obliger l'enfant à s'instruire, en exerçant une contrainte sur lui. Grâce au travail, l'élève développe l'usage de la raison et accède ainsi à son humanité et à sa liberté. A l'inverse, le courant rénovateur insiste sur l'appropriation des savoirs par l'enfant : celui-ci doit agir pour apprendre, et l'essentiel réside dans les capacités d'apprentissage qu'il développe, plutôt que dans le contenu des savoirs.

Le courant traditionnel est le plus important, puisque 36 enseignants (sur 43) s'y retrouvent. Mais il ne faudrait pas en conclure trop vite que les professeurs n'évoluent pas. Il apparaît en effet que la moitié des traditionnels intègrent en fait des pratiques pédagogiques de l'éducation nouvelle. Ils rejoignent les propos de M. Develay, selon lequel *« tout ne peut être enseigné sous forme de situations-problèmes. Tout ne peut pas être enseigné sous forme de leçons magistrales. C'est l'équilibre des deux qui est à penser. »*

Les pratiques pédagogiques se transforment donc dans le sens d'une plus grande prise en compte de l'élève comme acteur de son développement, d'un intérêt pour la coopération, qui aboutit à la solidarité, mais qui doit être conciliée à une obligation d'apprendre.

GAËTANE CHAPELLE

1. J. Lagarrigue, *L'Ecole, le retour des valeurs ? Des enseignants témoignent*, De Boeck université/Belin, 2001.

imputables de leurs résultats/objectifs. Cette réorganisation du travail serait d'ailleurs tout à fait compatible avec des approches curriculaires plus multi, inter ou transdisciplinaires.

Dans la plupart des pays occidentaux, les politiques éducatives participent de cet esprit et la nouvelle recette du changement – recette unique, disent ses critiques, comme dans la « pensée unique » – combine la décentralisation, l'établissement comme pivot du système, une reddition de comptes (des contrats de performance avec des indicateurs quantitatifs) qui ne soit pas que symbolique, une formation des maîtres plus professionnelle, et une réorganisation pédagogique plus complexe prônant le cycle d'apprentissage comme cadre de base, au lieu de l'année-degré, diverses formes de pédagogie différenciée et de pédagogie du projet, et des curriculums construits suivant l'approche par compétence.

Il y a ici en devenir une cohérence d'éléments « dans l'air du temps » depuis un bon moment et qui, couplée à une forte pression de l'environnement, pourrait se fixer. La forme scolaire du XXe siècle, fondée sur la juxtaposition de classes fermées et des savoirs découpés en tranches disciplinaires, pourrait alors dans les décennies qui viennent se transformer. La transition que l'on sent – souhaite ou craint – entre un monde scolaire dépassé et celui à naître pourrait s'accomplir grâce à cette importante mutation institutionnelle.

Vincent Troger*

LES ÉLÈVES, LES ÉTUDIANTS ET LEURS FAMILLES**

Cohésion et stabilité du monde des écoliers, hétérogénéité des collégiens et lycéens, stratégies et attentes différenciées des parents, dualité du système universitaire : telles sont, selon Vincent Troger, les principales caractéristiques des attitudes des « utilisateurs » du système scolaire.

En devenant une institution de masse, le système scolaire a intégré les contradictions de notre société. Si ces contradictions ne déstabilisent que marginalement l'univers enfantin de l'école primaire, elles deviennent très sensibles dès le collège. Inégalités sociales, écarts d'âge et pratiques culturelles divisent les élèves, les étudiants et leurs familles en une variété de publics. L'hétérogénéité est devenue une caractéristique déterminante des publics scolaires et universitaires.

L'univers stable des écoliers

L'école primaire n'est pas à l'abri des inégalités sociales. Comme l'indique l'évaluation nationale pratiquée à l'entrée en CE2 (*voir tableau 1 page suivante*), les résultats scolaires sont précocement liés à l'origine sociale des enfants. Le constat établi par Pierre Bourdieu et Jean-Claude Passeron (1) il y a trente ans demeure donc valide : les enfants des milieux sociaux les plus modestes, dont le « capital culturel » est le plus faible, ont plus de mal que les autres à réussir à l'école. D'autres déterminismes sociaux agissent également sur la réussite scolaire des enfants. Les filles réussissent, par exemple, mieux que les garçons. Elles redoublent moins, et, à l'évaluation à l'entrée en 6e, elles sont à égalité en mathématiques,

---

* Maître de conférences à l'IUFM de Versailles et à l'université Paris-X-Nanterre. A paraître : *Idées reçues sur l'école*, Editions Le Cavalier Bleu.

** Texte paru dans la 1re édition d'*Eduquer et Former*. Revu et actualisé par l'auteur, décembre 2000.

1. *Les Héritiers*, Editions de Minuit, 1964.

	Cadres et prof. libérales	Professions intermédiaires	Employés	Ouvriers	Moyenne nationale
Français	74,2%	70,5%	68,4%	61,6%	66,6%
Mathématiques	72,9%	69,3%	67,1%	62,0%	66,0%

Tableau 1 : pourcentage de bonnes réponses aux tests d'évaluation à l'entrée en CE2 selon le statut socioprofessionnel des parents (source : DPD, 1999).

mais nettement meilleures en français. Or on explique généralement cette différence par un facteur social : les valeurs dominantes dans l'éducation des filles (altruisme, non-violence, affectivité) favoriseraient leur plus grande soumission aux règles scolaires (2). La structure familiale influe aussi sur les résultats scolaires : les enfants de familles nombreuses ou monoparentales réussissent plutôt moins bien que les autres. Mais cette corrélation entre clivage social et réussite scolaire n'affecte que marginalement les publics de l'école primaire. D'une part, en effet, les enfants d'origine modeste obtiennent des résultats d'ensemble proches de la moyenne. Or, comme ces catégories comprennent les échecs les plus graves, il y faut aussi de nombreuses réussites pour obtenir un résultat d'ensemble moyen. Autrement dit, une majorité d'enfants des milieux populaires termine sa scolarité primaire avec des résultats satisfaisants. C'est plutôt par la distinction précoce d'une élite que l'école primaire exerce la plus nette discrimination : avec 73,5 % de bonnes réponses, les enfants de cadres supérieurs sont bien plus au-dessus de la moyenne nationale que les enfants d'ouvriers ne sont en dessous.

D'autre part, les clivages sociaux sont faiblement ressentis par la communauté enfantine. Certes, les plus mauvais élèves, et donc souvent les plus pauvres, font parfois l'objet de moqueries. Mais les « trop bons » aussi, et les jeux collectifs de la récréation offrent toujours des occasions de réintégrer ces « exclus ». Car ce qui domine fondamentalement la société enfantine à l'école primaire, c'est la recherche de la cohésion et de la conformité. *« Les enfants veulent être ce que l'on attend d'eux »*, résument François Dubet et Danilo Martuccelli (3). Et comme c'est presque toujours par rapport à la maîtresse, perçue comme toute-puissante, que le groupe définit ses propres normes, la cohésion l'emporte. Ce qui

2. Voir notamment C. Baudelot et R. Establet, *Allez les filles !*, Le Seuil, 1992, et C. Marry, « Filles et garçons à l'école », dans *L'Ecole, état des savoirs*, A. Van Zanten (dir.), La Découverte, 2000. L'explication par l'éducation s'appuie notamment sur le fait que les filles distancent beaucoup plus les garçons dans les exercices de respect des normes orthographiques ou de restitution des savoirs que dans les exercices de compréhension du sens. D'autres explications complémentaires peuvent être suggérées : la féminisation du corps enseignant (76 % de femmes), qui peut favoriser l'identification des petites filles à la maîtresse et donc certains chercheurs pensent qu'elle provoque vis à vis de garçons un « déficit d'autorité symbolique », ou encore la plus grande agressivité des garçons, qui se traduit notamment par leur sur-représentation dans l'enseignement spécial (60 %) théoriquement réservé à l'accueil des enfants handicapés.

3. F. Dubet et D. Martuccelli, *A l'école, sociologie de l'expérience scolaire*, Le Seuil, 1996.

Vacances studieuses pour collégiens

Les acquis scolaires se perdent-ils pendant les vacances d'été ? Pour répondre à cette question, un collège de la Côte-d'Or (Marsannay-la-Côte) a mis en place, depuis 1994, un important dispositif d'évaluation des connaissances des élèves en juin et en septembre. Il apparaît que, toutes disciplines confondues, les élèves maintiennent leurs connaissances pendant l'été, la tendance étant même à une légère amélioration du niveau à la rentrée suivante (surtout pour les élèves faibles qui ont travaillé pendant les vacances). A partir de ce constat global, les chercheurs en sciences de l'éducation qui ont mené l'enquête notent une grande variété de situations.

Si les parents sont plus nombreux que les enfants à souhaiter le travail d'été, 78 % des élèves s'y livrent tout de même. Encore une fois, les inégalités socioculturelles pointent leur nez, puisque les enfants des milieux les plus favorisés sont ceux qui améliorent le plus leurs performances à la rentrée suivante.

Mais la recherche se penche aussi sur les modalités des devoirs de vacances. Leur effet n'est positif que lorsque les élèves les conçoivent comme une révision, à l'aide de leurs cours et leurs livres de l'année précédente (ils sont d'ailleurs 68 % à utiliser cette stratégie). La pratique des cours particuliers (10 % des cas), des cahiers de vacances (61 %), des logiciels éducatifs (15 %) s'avère pratiquement sans effet. L'intervention des parents n'est pas non plus un facteur d'efficacité du travail réalisé. Ces derniers résultats montrent que cette évaluation porte surtout sur les apprentissages visés par les enseignants. Quoi qu'il en soit, cette étude va à l'encontre d'une opinion courante selon laquelle les vacances d'été seraient trop longues et entraîneraient une perte des acquis scolaires.

M.F.

J.-P. Jaroussse, C. Leroy-Audoin et B. Suchaut, « Premier juillet : l'école est-elle réellement finie ? », *Notes de l'Irédu*, mai 1998.

est « bien » ou « mal » dans le groupe d'enfants est souvent ce que la maîtresse a établi comme étant « bien » ou « mal ». Même si, à partir du CM1, on voit apparaître la critique des punitions « injustes », signe de l'émergence des individualités et d'une capacité nouvelle à critiquer les normes scolaires, les enfants recherchent la plupart du temps l'intégration collective à l'institution.

Collégiens et lycéens : un public hétérogène

L'entrée au collège marque une rupture significative. Après six années de relation quasi fusionnelle avec leurs maîtresses, les élèves de 6e se retrouvent devant neuf professeurs différents. La comparaison possible entre chaque «prof» accélère le processus de relativisation des normes scolaires, déjà entamé à la fin du primaire. Simultanément, la compétition scolaire s'accentue. A la relation affective qui unissait chaque écolier, même le moins bon, à sa maîtresse, succède une relation plus «professionnelle» dont la qualité dépend essentiellement des résultats scolaires. Il y a donc à la fois distanciation et individualisation de la relation aux enseignants. Les collégiens disposent ainsi d'une liberté nouvelle. Mais ils sont simultanément confrontés à un éclatement des contraintes. L'irrégularité de l'emploi du temps, les exigences très variables des enseignants, tant en matière de matériel scolaire que de présentation des devoirs ou de comportement en classe, l'imprécision des critères d'évaluation, l'inégale périodicité des contrôles constituent un ensemble complexe de situations auxquelles les collégiens doivent s'adapter. On parle ainsi du «métier d'élève». Les réformes récentes tentent d'atténuer cette rupture : la 6e est désormais un cycle à part entière dans lequel sont organisées des heures de soutien méthodologique, tandis qu'école et collèges d'un même secteur sont incités à collaborer pour faciliter la transition CM2/6e.

Mais malgré ces efforts, les inégalités sociales deviennent très discriminantes au collège. A niveau égal en fin de scolarité primaire, les enfants qui sont préparés par leur famille à l'exercice autonome du «métier d'élève» ont un net avantage sur les autres. Or, ces familles sont d'abord celles dont les parents ont eux-mêmes fait des études. Rien d'étonnant donc à ce que les enfants d'enseignants aient cinquante fois plus de chances d'entrer à l'Ecole polytechnique que les enfants des milieux populaires (4).

Aux inégalités sociales face à la complexité de l'institution, s'ajoutent les écarts de maturation psychobiologiques, notamment entre filles et garçons. Ecarts d'autant plus sensibles qu'en raison de l'accumulation des redoublements, il peut y avoir des différences d'âge importantes. Actuellement, dans l'ensemble des classes de 5e, 2,9 % des élèves ont 11 ans ou moins, 65,9 % ont 12 ans, 25,1 % ont 13 ans et 6 % ont 14 ans et plus.

Toutes ces différences, enfin, s'exhibent fortement depuis qu'a émergé une culture de masse. L'accès aux produits de cette culture (musique, cinéma, vêtements, jeux, sports) permet aux jeunes d'afficher une identité spécifique qui les distingue collectivement des adultes et sur laquelle ils fondent une sociabilité intense et autonome. «*C'est surtout au collège que se consolide une culture adolescente opposée ou parallèle à la culture scolaire*» écrivent Anne Barrère et Danilo Martuccelli (5). Mais simultanément, la diversité des produits de la culture de masse leur permet aussi de se distinguer les uns des autres : rock, pop,

4. M. Euriat et C. Thélot, «Le recrutement social de l'élite scolaire depuis quarante ans», *Education et Formations*, juin 1995. Le meilleur «ticket familial» pour entrer dans une grande école est d'avoir un père cadre supérieur et une mère enseignante.

5. «La fabrication des individus à l'école», dans A. Van Zanten (dir.), *L'Ecole, état des savoirs*, La Découverte, 2000.

jazz, punk, rap ou techno offrent aux collégiens et aux lycéens un stock de références culturelles dans lequel ils puisent pour se constituer en «tribus» (6) très différentes et parfois antagonistes. Dans les quartiers les plus pauvres, cette diversité de pratiques culturelles peut redoubler des différences ethniques et faciliter des replis identitaires peu propices à l'intégration scolaire.

Au lycée, cette hétérogénéité tend à s'accentuer en raison de l'accroissement des écarts d'âge : 20 % des élèves de lycées généraux et technologiques et 40 % des élèves de lycées professionnels sont majeurs. Le respect d'une discipline collective devient dès lors difficile à imposer. L'une des conséquences de cette situation a fait l'objet d'une enquête de l'Inserm en 1994 : à 18 ans, 21 % des lycéens et 13 % des lycéennes «sèchent» régulièrement les cours. Une étude de Robert Ballion (7) a montré que cet absentéisme s'expliquait parfois par une activité professionnelle pratiquée simultanément aux études. Dans un département populaire de la région parisienne, il a recensé 17,6 % de lycéens exerçant une activité de ce type, cette proportion atteignant 37,6 % dans les classes de terminales des filières technologiques tertiaires.

Origine sociale, âge, sexe et pratiques culturelles déterminent donc une grande variété de comportements qui ne sont jamais réductibles à une seule de ces variables. Selon la topographie sociale des quartiers, des différences significatives peuvent opposer un établissement à l'autre, des classes à d'autres classes, des groupes d'élèves à l'intérieur de chaque classe.

Mais ces différences puisent aussi leurs sources dans les pratiques éducatives des familles.

Les parents et l'école : entre épanouissement et compétition

Les pratiques éducatives dominantes dans les familles françaises sont aujourd'hui en contradiction avec l'intensité de la compétition scolaire. Antoine Prost (8) a montré comment, au cours de ce siècle, le lien conjugal s'est recentré sur l'amour réciproque (dont l'échec conduit au divorce), à l'exclusion des considérations économiques ou de convenances sociales. L'enfant est ainsi devenu le produit exclusif de cet amour, alors qu'il constituait auparavant un enjeu plus global (transmission d'un patrimoine, future force de travail, agent de la survie d'une communauté, etc.). Cette évolution a été soutenue par la vulgarisation d'une culture psychologique, assurée notamment par la presse féminine, qui a recentré l'éducation sur sa dimension affective. Les conceptions dominantes de l'éducation sont donc passées d'une logique du dressage à une logique de l'épanouissement psychoaffectif : «*les parents voient leur rôle comme étant davantage celui de révéler les qualités de leurs enfants que comme celui de modeler leur personnalité*», écrivent Marie Duru-Bellat et Agnès Van Zanten (9). Mais en même temps, la massification

6. Voir M. Maffesoli, *Le Temps des tribus*, Livre de poche, 1991.
7. *Les Lycéens et leurs petits boulots*, Hachette, 1994.
8. *L'Enseignement et l'éducation en France*, tome IV, *L'Ecole et la famille dans une société en mutation*, Nouvelle Librairie de France, 1982.
9. *Sociologie de l'école*, Armand Colin, 1999.

Privé ou public ?

Quelles sont les raisons du choix des familles entre enseignement public et privé ? Si ce choix demeure assez mystérieux, une enquête de Gabriel Langouët et Alain Léger (1) – menée sur un vaste échantillon à Paris et en province – réfute certaines « idées fausses » sur le privé.

• Les préoccupations religieuses sont très minoritaires dans les choix ; le privé est surtout « un recours en cas d'échec scolaire », d'où les pratiques de plus en plus fréquentes qui consistent à utiliser alternativement les deux systèmes.

• Ce sont les agriculteurs, artisans et commerçants qui choisissent majoritairement l'enseignement privé pour leurs enfants alors que les cadres supérieurs optent plus souvent pour le public.

• Les enfants d'ouvriers ont une meilleure réussite dans le privé que dans le public : constat paradoxal au vu des ambitions démocratiques si souvent proclamées par l'école publique...

M.F.

1. G. Langouët et A. Léger, *Ecole publique ou école privée ?*, Fabert, 1997.

du système éducatif, l'allongement de la durée des études et l'accroissement du chômage des jeunes ont fait de la compétition scolaire un enjeu primordial. Alors que leur projet éducatif est centré sur l'épanouissement de leurs enfants, les parents se voient donc obligés de les soumettre précocement à cette compétition pour les préparer à affronter une société qui demeure durement concurrentielle. Philippe Perrenoud (10) a montré à quel point l'école envahissait ainsi la vie des familles et pouvait perturber le couple : soirées de travail scolaire, choix de l'habitation en fonction de l'implantation des établissements, réaction en cas d'échec de l'enfant sont autant de sources de perturbation de la vie conjugale. Ces tensions perturbent aussi la relation des parents aux enseignants (11). Les familles des classes moyennes et supérieures sont particulièrement sensibles à cette tension. Elles sont *« les plus tendues entre leur désir d'améliorer les performances des enfants (...) et la peur de compromettre ainsi, par le biais du stress et de la limitation de l'autonomie, leur épanouissement personnel »* écrivent M. Duru-Bellat et A. Van Zanten. Tous les parents ressentent donc la contradiction, mais ils ne la résolvent pas tous de la même manière. D'abord parce que, pour chaque

10. C. Montandon et P. Perrenoud (dir.), *Ce que l'école fait aux familles, Entre parents et enseignants, un dialogue impossible ?*, P. Lang, 1987.
11. Voir B. Charlot, F. Dubet, F. de Singly et P. Meirieu, *Ecole, familles, le malentendu*, Textuel, 1997.

Les formations sélectives	
• Classes préparatoires aux grandes écoles	76 500
• Grandes écoles, écoles de commerce et d'ingénieurs	106 000
• Facultés de médecine, d'odontologie et de pharmacie	134 000
L'enseignement supérieur de masse	
• Universités et IUT	1 369 000
• Sections de techniciens supérieurs (BTS)	237 000

Tableau 2 : répartition des effectifs de l'enseignement supérieur (source : DPD, 1999).

famille, il existe ce que certains sociologues appellent un « style éducatif ». En étant très schématique, on peut identifier deux pôles autour desquels s'articulent les styles éducatifs. D'un côté, le pôle autoritaire, où la prescription prime sur le dialogue, où les rôles parentaux sont strictement répartis (l'autorité au père, l'affectivité à la mère), et où la famille, très fusionnelle, est peu perméable aux interventions éducatives extérieures. De l'autre, le pôle contractuel, où le dialogue et l'explication sont privilégiés, où les parents partagent les rôles et sont ouverts aux interventions éducatives extra-familiales. Tous les chercheurs s'accordent pour observer que les modèles autoritaires sont plutôt moins efficaces pour la réussite scolaire.

Or si les modèles autoritaires perdent de plus en plus de terrain, ils demeurent encore fréquents dans les milieux modestes. Ainsi, F. Dubet et D. Martuccelli notent que *« la bonne volonté scolaire des familles* (populaires) *ne se transforme pas en attitude éducative efficace du point de vue de l'école »*. A l'inverse de nombreuses études montrent que les classes moyennes ou supérieures savent mieux dépasser la contradiction entre projet éducatif et contrainte scolaire : elles développent chez leurs enfants le goût du dépassement de soi à travers la pratique des loisirs organisés (sports, musique, théâtre, scoutisme, etc.). Elles sont également mieux informées sur les fonctionnements scolaires implicites. Elles peuvent donc élaborer des stratégies plus efficaces : contacts fréquents avec les enseignants, contestation des orientations proposées, recours à l'enseignement privé (12), leçons particulières.

La capacité des familles à se mobiliser sur la scolarité de leurs enfants dépend donc d'abord des pratiques éducatives de chaque famille, mais ces pratiques sont en relation avec les statuts sociaux.

Les étudiants

Comme l'indique le tableau 2 *(ci-dessus)*, le monde étudiant est divisé en deux groupes distincts : la micro-élite des écoles supérieures et le reste.

D'un côté, 316 500 élus sur-sélectionnés, accueillis dans des structures de petites dimensions, aux identités

12. Comme l'ont montré les travaux de G. Langouet et d'A. Léger, *Le Choix des familles, écoles publiques ou écoles privées*, Faber, 1997.

fortement établies, et qui offrent des parcours bien balisés et des débouchés pratiquement assurés. De l'autre, 1 740 000 étudiants lâchés dans de lourdes institutions bureaucratisées, sans identité affirmée, et offrant des diplômes dont la valeur marchande est incertaine. Deux chiffres illustrent ce qui sépare ces deux mondes : lorsque l'Etat dépense annuellement 68 900 F pour un élève de classe préparatoire, il ne dépense que 41 200 F pour un étudiant d'université.

Principale conséquence de ce clivage, les taux d'échec à l'université sont élevés : de 30 à 40 % au cours des deux premières années, souvent par abandon d'études. C'est que, dans l'univers anonyme de l'université, il faut savoir travailler seul. F. Dubet a identifié trois facteurs de motivation des étudiants : l'existence ou non d'un projet professionnel cohérent, le degré d'intégration dans la vie universitaire et l'intérêt intellectuel pour les études. L'intégration à la vie de l'université dépend essentiellement de la taille de l'établissement : les petites unités du type IUT y sont plus favorables, tandis que les grandes universités sont des lieux « désinvestis », pour reprendre l'expression d'Olivier Galland (13), dans lesquels les étudiants ne se sentent pas « impliqués ». Quant aux deux autres facteurs, le projet professionnel et l'intérêt pour les études, ils sont très liés à l'origine sociale. La capacité à se construire un projet professionnel dépend beaucoup des capacités de la famille à connaître les différents champs professionnels, et l'intérêt pour la culture universitaire est favorisé par l'environnement familial. Sans ôter toute chance aux étudiants d'origine modeste, l'université poursuit donc un lent travail de sélection sociale. Deux indicateurs illustrent cette tendance : les enfants d'ouvriers et d'employés ne représentent qu'environ 13 % des effectifs des premiers cycles universitaires et ils ne sont plus que 5 % en troisième cycle (14).

Mais comme à l'école primaire, c'est plus l'écart qui existe entre l'élite et la moyenne qui est frappant que celui que l'on constate entre la moyenne et les recalés. En effet, la majorité des étudiants des universités, quelles que soient leurs origines sociales, sont désormais confrontés à des modalités complexes et parfois difficiles d'insertion professionnelle, caractérisées par ce qu'on appelle un « chômage de transition » : il n'y a plus d'automaticité entre la possession d'un diplôme et l'obtention d'un emploi, même si le diplôme constitue en même temps une bonne garantie contre le chômage. C'est ce qui explique la tendance à allonger la durée des études pour obtenir plusieurs diplômes ou réussir un concours d'entrée dans la fonction publique. A l'inverse de la petite élite qui bénéficie de parcours balisés et d'une bonne insertion professionnelle, les étudiants sont donc souvent contraints de multiplier les « petits boulots » pour s'assurer un minimum d'indépendance, le temps d'un parcours qui s'apparente parfois à un marathon. La figure du jeune étu-

13. *Sociologie de la jeunesse*, Armand Colin, 1997.
14. Cette tendance peut aussi s'expliquer par un choix rationnel : se contenter d'un résultat intermédiaire, moins coûteux et suffisamment gratifiant compte tenu de la situation sociale de départ. C'est ici souvent le cas en raison de l'accès au concours de la fonction publique qu'assure l'obtention d'une licence.

diant bourgeois confortablement installé dans une posture contestataire provisoire et plus ou moins romantique n'est donc plus dominante. Dans l'université de masse contemporaine, l'étudiant est en quelque sorte devenu un professionnel des études, qui recherche le parcours le plus rentable en fonction de ses résultats et de ses moyens financiers, tout en poursuivant la vie désormais traditionnelle de la jeunesse, faite de sociabilité intense et de consommation de loisirs.

La conception républicaine de l'égalité et la nécessité de rationaliser la gestion d'une institution centralisée ont longtemps constitué les fondements des politiques éducatives françaises. Elles supposaient que les familles adhèrent au principe d'une culture scolaire imposée par l'Etat, et qu'elles obligent leurs enfants à s'y soumettre. Cette conception est aujourd'hui confrontée à trois mutations qui la rendent, au-delà de l'école primaire, obsolète : les pratiques éducatives des familles privilégient désormais l'épanouissement individuel de leurs enfants, la jeunesse s'est vue reconnaître la possibilité d'affirmer des pratiques socioculturelles autonomes, et la réussite scolaire conditionne beaucoup plus étroitement qu'avant la réussite sociale. Le contrat qui liait depuis un siècle les familles et l'école est donc à réinventer. Le processus sera nécessairement douloureux. En attendant, l'école française continue de sélectionner impitoyablement son élite.

JEAN-LOUIS DEROUET*

L'ÉTABLISSEMENT SCOLAIRE, DES PRINCIPES AUX RÉALITÉS**

L'autonomie croissante des établissements scolaires s'inscrit dans le mouvement de décentralisation. De multiples logiques de décisions s'y développent, en fonction de négociations entre enseignants, élèves, parents, collectivités locales...

L'AUTONOMIE des établissements est aujourd'hui au centre de nombreuses polémiques. Ses promoteurs la situent dans le prolongement d'une vaste réforme qui vise à lutter contre les rigidités du service public et à le rapprocher de ses usagers. Mais d'autres y voient une dérégulation où l'Etat recule devant les forces du marché. Ces deux interprétations sont légitimes et peuvent s'appuyer sur des données empiriques. D'autres le pourraient aussi : il n'a jamais été aussi clair que le système éducatif est un système à décideurs multiples et que les décisions du sommet valent ce qu'en font les acteurs. C'est donc là le point essentiel : de quel sens les personnes investissent-elles l'autonomie des établissements ? Tous les observateurs constatent depuis vingt-cinq ans une « crise du politique » : les personnes ne voient plus le lien entre leur vie quotidienne et les questions qui se débattent au sommet de l'Etat. Est-ce que l'autonomie des établissements parachève ce mouvement en légitimant des formes de coordination locales fondées sur un équilibre entre les intérêts particuliers ? Ou est-ce qu'elle crée des lieux où les personnes peuvent rétablir le lien entre leurs enjeux personnels et les missions générales de l'Education nationale ?

Autonomie et ajustements

De 1982 à 1989, une série de mesures de décentralisation du système éducatif

* Institut national de la recherche pédagogique. A dirigé récemment *L'Ecole dans plusieurs mondes*, De Boeck université/INRP, 2000.

** *Sciences Humaines*, n° 111, décembre 2000.

a renforcé l'autonomie des établissements scolaires. Cette décision a résulté de la convergence de plusieurs rationalités. L'une est de nature économique : l'Etat avait de plus en plus de mal à assurer seul la dépense d'éducation. Pour faire face aux dépenses de la seconde explosion scolaire *(voir l'encadré page suivante)*, il avait besoin de faire appel aux collectivités territoriales et, pour cela, devait leur accorder un droit de regard sur le fonctionnement des établissements. Une autre est technique : les services centraux n'arrivent plus à traiter la masse d'informations qui leur remonte et doivent déléguer une partie de la gestion à l'échelon local. Le ministre Alain Savary voyait en outre dans l'autonomie des établissements un moyen *« d'aller chercher les élèves là où ils sont »*. Le ministre Jean-Pierre Chevènement y voyait plutôt une modernisation qui rapprochait le management de l'éducation de celui des entreprises ; d'autres, un moyen d'accorder une certaine liberté de choix aux familles, etc. Toutes ces interprétations se retrouvent aujourd'hui chez les acteurs et, chez la même personne, à des moments différents (1).

Un bilan global devrait dégager une résultante entre les effets de ces différentes logiques. Il va de soi que cela est pour le moment impossible, mais un point apparaît difficilement contestable : les inégalités entre les établissements s'accroissent. Il ne s'agit pas d'une nouveauté totale. Celles-ci ont toujours existé et la centralisation ne faisait que les dissimuler. Il y a depuis longtemps des quartiers chics et des quartiers pauvres, et des établissements correspondant à leur clientèle. La nouveauté est l'apparition de différences entre les établissements dans un même environnement. Il est évidemment tentant de voir dans ce phénomène une conséquence de la décentralisation. Une analyse plus poussée amène à nuancer cette impression. Il y a certes des évolutions qui sont liées à la volonté de séduire la « bonne clientèle » : des collèges de banlieue qui garantissent aux classes moyennes une filière sélectionnée pour leurs enfants. Mais la plupart sont les résultats de mille et un petits ajustements quotidiens qui se seraient produits, qu'il y ait ou non décentralisation. Même si l'école de la République a elle aussi connu des dérives dont témoignent de nombreux volumes de mémoires d'enseignants ou d'anciens élèves, l'immense majorité de ces négociations était jusqu'à une date récente gouvernée par la référence à des principes politiques : transmission d'une culture commune, sélection des meilleurs dans le respect de l'égalité des chances, épanouissement de l'individu... Or, il semble que cet impératif de justification s'affaiblisse, voire même disparaisse dans certaines situations.

Des grands principes au bricolage

Dans ces conditions, la principale nouveauté de l'époque actuelle ne serait pas l'autonomie des établissements – qui reste très relative – ni la pression des parents devenus des « consommateurs

1. J.-L. Derouet, *Ecole et justice. De l'égalité des chances aux compromis locaux ?*, Métailié, 1992.

Collèges : de l'unification à la discrimination positive

L'école « massifiée » accueille aujourd'hui des publics très hétérogènes. Jusqu'en 1975 (réforme Haby), la volonté des législateurs avait été de supprimer les filières (enseignement court, long, technique à partir de la classe de 5e), outil de la reproduction sociale. Mais on s'est aperçu que le « collège unique », qui prétendait délivrer le même enseignement à tous les élèves, générait de forts taux d'échec scolaire.

En 1982, le plan de rénovation des collèges, lancé par Alain Savary, invite les collèges à diversifier les actions pédagogiques, grâce à des classes à effectifs allégés, un allongement des cycles pour les élèves en difficulté, la mise en place de tutorats et d'actions de soutien... Le rapport Legrand (1982) reconnaît la nécessité d'une discrimination positive entre les élèves.

Pour *« corriger l'inégalité sociale par le renforcement sélectif de l'action éducative »*, des zones d'éducation prioritaires (Zep) sont créées, disposant de moyens accrus. Il s'agit, dans un principe d'équité inspiré des pays anglo-saxons, de *« donner plus à ceux qui ont moins »*.

La politique des Zep a été relancée et étendue par Lionel Jospin aux écoles et à certains lycées. En 1997, le rapport Moisan et Simon sur *« les déterminants de la réussite scolaire en zone d'éducation prioritaire »* présente un bilan mitigé quant aux résultats, en soulignant de fortes inégalités entre les moyens alloués au titre Zep, selon les régions ou les établissements.

MARTINE FOURNIER

d'école» (2), pas plus que la montée du pouvoir des collectivités territoriales, mais un glissement qui amène progressivement l'école, et les conduites de ses acteurs, à sortir de cet espace de justification politique.

C'est sans doute dans l'évolution récente des collèges que ce phénomène est le plus perceptible. Ce niveau de la scolarité a fait l'objet d'un travail très complet qui liait un objectif politique – la mobilité sociale –, un dispositif – le collège unique jusqu'à 16 ans – et une pédagogie : méthodes actives, interdisciplinarité, relations tutorales entre les enseignants et les élèves, etc. Ce lien a été sanctifié par des textes devenus des références mythiques, comme le Plan Langevin-Wallon (1947) ou le rapport Legrand (1992), mais il s'est défait dans l'épreuve. Nous voyons aujourd'hui des enseignants qui restent attachés à l'objectif

2. R. Ballion, *Les Consommateurs d'école*, Stock, 1982.

d'égalité mais se sentent dépourvus de tout moyen de l'atteindre. S'ils maintiennent le niveau d'exigence qui permet aux meilleurs d'accéder aux études longues, ils marginalisent d'emblée une partie de la classe. S'ils prennent en compte les difficultés des élèves les plus faibles ou les plus éloignés de l'école, ils risquent d'enfermer toute la classe dans des perspectives très limitées.

Cette impasse a plusieurs conséquences. Dans certains cas, elle conduit à ce que l'on appelle crûment des stratégies de survie, c'est-à-dire l'abandon conscient des principes au profit de la recherche de son confort, ou du moins de la limitation de l'inconfort. C'est par exemple adopter des dispositifs que l'on sait peu féconds sur le plan pédagogique mais qui domestiquent la classe : faire copier des résumés, faire colorier des cartes ou des figures, etc. Ou surnoter consciemment les élèves. Le brevet révèle ainsi des écarts significatifs entre les moyennes du contrôle continu et les résultats des épreuves nationales. Ce ne sont toutefois pas les solutions les plus fréquentes : dans la plupart des cas les ajustements qui cherchent à limiter les risques dans les interactions prennent des libertés avec les programmes et les règlements nationaux mais n'abdiquent pas pour autant toute exigence. Simplement, celles-ci sont reformulées à l'échelle d'une classe ou d'un établissement, sans se préoccuper du sens que leurs effets peuvent prendre dans une totalisation nationale. Souvent même, ces initiatives reprennent des éléments de la pédagogie qui avait été proposée dans les années 60 pour accompagner la démocratisation de l'enseignement : large place accordée à l'autodocumentation, pluridisciplinarité, assouplissement des emplois du temps, etc. Mais les enseignants qui les mettent en œuvre semblent avoir oublié leurs sources. La plupart refusent même toute montée en généralité qui donnerait à leur action un sens plus large (3).

Le mouvement qui est décrit ici ne constitue qu'une tendance, qui est très loin d'être aboutie. La culture des enseignants, le fonctionnement du système éducatif ne basculent pas en un jour. Les situations sont très variables selon les établissements ; les personnes sont traversées par des orientations contradictoires et peuvent, à quelques minutes de distance, se référer à des valeurs différentes. Du côté de la recherche, l'importance de cette évolution est difficile à évaluer avec les indicateurs dont nous disposons : nous devons suivre l'évolution d'un système à décideurs multiples avec des instruments construits pour orienter le pilotage d'un décideur central. Un suivi ethnographique d'un nombre significatif d'établissements montre cependant la réalité du phénomène et le risque est suffisamment considérable pour que l'on y prête attention.

Le système éducatif ne peut pas rester dans cette situation de rupture entre l'action quotidienne et les principes qui doivent la piloter. La première urgence est de renouer le lien politique qui permet d'encadrer l'action des personnes et des établissements. Cela passe à la fois par une réflexion fondamentale

3. J.-L. Derouet (dir.), *L'Ecole dans plusieurs mondes*, De Boeck université/INRP, 2000.

et l'invention de dispositifs concrets. Il faut sans doute proposer un nouveau référentiel qui permette de réguler aussi bien la décision politique que l'action pédagogique. L'école est très touchée par le mouvement de la philosophie politique qui attire l'attention sur la pluralité des principes de justice dans les sociétés démocratiques et la distinction que ce mouvement introduit entre l'égalité et la justice (4). La tradition se réfère toujours à un système qui a été conçu dans une période où les deux termes paraissaient synonymes, alors que la pratique, et même la pratique ministérielle, s'oriente à partir d'une référence différente : la poursuite de la recherche de l'égalité des chances ne consiste plus à donner la même chose à tout le monde, mais à « donner plus à ceux qui ont moins ». Les Zep en particulier ont introduit l'idée d'inégalités justes et donc, le principe de discrimination positive. Un travail de clarification est nécessaire sur ce point, comme sur la tension entre la démocratisation de l'enseignement et la qualité des contenus.

Si la polémique entre les « pédagogues » et les « philosophes » est bloquée, elle a en même temps créé un tabou qui fait que les rapports officiels n'osent aborder le problème que de façon très convenue : la critique de l'encyclopédisme, le vœu d'un rééquilibrage entre les disciplines intellectuelles, les disciplines artistiques et l'éducation du corps… Une réflexion beaucoup plus large est nécessaire, qui récupère l'expérience enseignante sur les recompositions de champ entre disciplines qui sont en cours, comme sur les interprétations locales des programmes nationaux. Beaucoup de collèges ont créé des commissions d'accueil pour les nouveaux enseignants, où des collègues leur expliquent les règles implicites de la vie de l'établissement et surtout les erreurs à ne pas commettre. Beaucoup de recommandations concernent les choix des contenus : « ici, il faut insister sur les méthodes », « ici, il faut insister sur l'orthographe », voire même « ici, il est impossible de faire telle partie du programme », ou inutile, etc. Mais d'autres aussi proposent des coopérations, cherchent à intégrer les nouveaux aux équipes qui existent… Il serait important que ce travail soit plus public et mieux connu.

Pour être efficace, ce travail doit être accompagné de la création de dispositifs qui permettent aux acteurs de mettre en œuvre leurs compétences politiques et de reconstruire le lien qui doit exister entre l'action quotidienne et les principes. Cette dynamique passe par un approfondissement de la notion de projet d'établissement. L'établissement est le lieu où les acteurs vivent et travaillent ; c'est le lieu où ils peuvent renouer le lien entre les missions générales du système éducatif et les enjeux qui leur sont propres.

Il est normal que chacun soit préoccupé de ses intérêts personnels : avoir de bonnes classes et un bon emploi du temps pour les enseignants, inscrire leurs enfants dans un bon établissement et une bonne classe pour les parents,

4. M. Crahay, *L'école peut-elle être juste et efficace ? De l'égalité des chances à l'égalité des acquis*, De Boeck université, 2000 ; D. Meuret (dir.), *La Justice du système éducatif*, De Boeck université, 1999.

avoir de bonnes notes tout en négociant la quantité de travail au plus juste pour les élèves, etc. Mais il faut que ces intérêts se rencontrent dans des lieux de débat où ils soient obligés de se mesurer à des valeurs. Pour cela il faut que le débat aborde les problèmes de fond, c'est-à-dire le problème des contenus enseignés. Non pour remettre en cause le principe des programmes nationaux mais pour rendre public le débat sur les adaptations locales qui sont nécessaires et qui s'accomplissent déjà de façon individuelle et clandestine.

Cette relance du projet d'établissement doit se faire en articulation avec le développement de projets de zone ou de territoire. En effet, la question de fond est la gestion d'une cohorte depuis l'âge de 2 ans – âge de plus en plus fréquent de l'entrée à l'école maternelle – à 18 ans – âge de plus en plus théorique du baccalauréat. Cette question ne relève pas d'un établissement mais de l'ensemble des établissements d'un territoire. Il n'est pas toujours facile de tracer les limites de ce territoire, mais l'essentiel n'est pas là : c'est la définition de la perspective qui va organiser le débat.

Tous les spécialistes de l'action publique préconisent une régulation fondée sur un système de gouvernance, c'est-à-dire une circulation des savoirs et des pouvoirs au sein d'un réseau rassemblant les personnes ou les groupes intéressés par cette action. Pour les établissements scolaires, ce serait à la fois l'administration de l'Education nationale, les enseignants, les parents, les élèves, les collectivités territoriales, parfois les entreprises. Tous ces partenaires ont des intérêts et des principes de référence différents. Naturellement, des compromis s'élaborent. Tout le problème est le choix de l'orientation qui doit présider à la conclusion de ces compromis. La gouvernance peut en effet aboutir à la constitution de lieux de régulation technocratiques, qui confondent la justice de l'action avec la justesse des dispositifs et évacuent le politique. Il est clair que ces dispositifs ne rempliront leur office que s'ils sont pensés comme des lieux de débat profondément politiques.

Pour une reformulation des devoirs de l'Etat

Si l'on adhère à cet objectif de reconstruction du lien politique, la décentralisation ne diminue en rien les devoirs de l'Etat, mais elle les modifie. Les experts évoquent souvent la nécessité d'une péréquation nationale des ressources pour éviter que les écarts se creusent entre les régions riches et les régions pauvres. C'est sans doute un point important, mais cette mesure n'aura qu'un effet limité si elle ne s'accompagne pas d'une réflexion sur la manière dont les acteurs la mettent en œuvre. Le problème n'est pas seulement la quantité d'argent, c'est aussi les secteurs où cet argent est investi et le sens que les acteurs accordent aux nouveaux dispositifs qu'il permet de créer.

Dans la conjoncture actuelle, on peut penser que l'Etat a deux devoirs principaux. Le premier est, pour parler le langage de la technocratie européenne, « d'injecter de la matière grise dans le système », c'est-à-dire de diffuser une information qui soutienne le progrès du débat : faire connaître les initiatives qui montrent ce qu'il est possible de faire, diffuser les résultats de la recherche nationale et internationale, surtout proposer aux acteurs des instruments d'auto-évaluation. C'est le but des centres de ressources qui se développent à différentes échelles et sur différentes questions : les Zep, l'innovation ou l'enseignement scientifique. Mais ceux-ci ont parfois du mal à intégrer l'exigence de pluralisme. En poussant le raisonnement à la limite, ces centres pourraient reconstituer un système de pilotage centralisé : les instructions ne passeraient plus par des circulaires mais par une sélection de l'information qui guiderait les décisions locales en favorisant certaines orientations et en en occultant d'autres. Pour réellement remplir leur mission, les centres de ressources doivent diffuser une information réellement pluraliste, susceptible de nourrir différentes argumentations.

Le second de ces nouveaux devoirs de l'Etat concerne l'évaluation. Le système actuel a été conçu en fonction des besoins du pilotage national. Cette perspective est tout à fait légitime, mais elle doit se doubler d'un outil de régulation pour le travail des acteurs. Celui-ci doit d'abord tenir compte de la pluralité des logiques qui les inspirent. Les systèmes d'évaluation en place tendent à rabattre cette variété sur la seule logique de l'efficacité (réussite aux examens, taux de passage, taux d'orientation), éventuellement combinée à celle de l'égalité lorsqu'ils croisent ces résultats avec l'origine sociale des élèves.

Mais bien d'autres principes peuvent inspirer la coordination de l'action entre les personnes : la recherche d'une certaine paix civile à l'intérieur de l'établissement dans un contexte déchiré par des luttes entre clans ; une dynamique d'intégration culturelle correspondant à une communauté, la satisfaction des consommateurs, etc. Même si l'évaluateur n'adhère pas à toutes ces logiques, il doit en reconnaître l'existence et en mesurer les effets, ne serait-ce que pour attirer l'attention des acteurs sur un déficit dans les autres dimensions.

La décentralisation, l'autonomie des établissements constituent sans doute des mouvements irréversibles. Toute critique qui tend à revenir en arrière est d'autant plus vaine que l'ancien système présentait des défauts qui le rendaient peu défendable. La question qui se pose aujourd'hui est donc celle de la reconstruction d'un point de vue critique qui accompagne cette évolution du social (5) et cherche à donner au plus grand nombre d'acteurs possible les moyens de le maîtriser.

5. L. Boltanski et E. Chiapello, *Le Nouvel Esprit du capitalisme*, Gallimard, 1999.

Le collège pris dans des contradictions multiples

Entretien avec François Dubet, sociologue à l'université de Bordeaux-II. Coauteur avec Alain Bergounioux, Marie Duru-Bellat et Roger-François Gauthier, du rapport Le Collège de l'an 2000, *La Documentation française, 1999.*

***Sciences Humaines* : Depuis qu'il est devenu « collège unique » avec la réforme Haby de 1975, le collège a connu beaucoup de réformes ; il semble cependant que ce niveau du système scolaire connaisse encore beaucoup de difficultés.**

François Dubet : Depuis trente ans bientôt, le collège accueille tous les élèves qui sortent de l'école élémentaire, ou presque tous. Celai a provoqué un choc considérable, en rendant visible l'hétérogénéité des élèves dans un même cadre. Avec la sélection en fin de 5e et la création de diverses filières de dérivation, ce choc a été atténué. Depuis quelques années, ces solutions ont progressivement disparu et, de mon point de vue, c'est une bonne chose. Car souvent, ces dérivations ont été des voies de relégation destinées aux élèves les plus faibles, qui sont aussi les plus défavorisés.

Face à ce choc, il s'est développé plusieurs types de réponse. D'abord, le sentiment de crise et de chute s'est renforcé avec les dénonciations récurrentes de la baisse du niveau, que les études ne confirment d'ailleurs guère. Mais le nombre d'élèves décrocheurs s'est accru avec les problèmes de discipline et de violence qui leur sont associés. Dans bien des cas, de nombreuses stratégies se sont développées, comme les classes de niveau avec les options de langue, et surtout par le renforcement des stratégies de fuite des établissements les moins favorisés et la formation progressive de collèges ghettos et de collèges chics, au sein même de l'école publique.

Mais en même temps, les professeurs se sont adaptés. Bon gré mal gré, ils ont su diversifier les pédagogies, mettre en place des systèmes de soutien et admettre qu'il fallait consacrer plus de temps et d'attention aux élèves les plus faibles. Les politiques de Zep ont instauré ce principe d'équité, à côté d'un principe plus traditionnel d'égalité.

Il reste que le système apparaît fortement dérégulé. Les écarts se creusent entre les établissements, bien des élèves éprouvent de grandes difficultés ou s'ennuient à l'école plus qu'il n'est raisonnable. Il s'est créé une tension entre l'instruction et les fonctions d'intégration de l'école. Bref, le collège éprouve de grandes difficultés, même si les résultats objectifs, ceux que l'on peut mesurer en tout cas, ne sont pas aussi catastrophiques qu'on le dit.

***SH :* Le collège est-il devenu le lieu de pratiques pédagogiques novatrices ?**

F.D. : On accuse souvent l'école d'être un monde immobile et conservateur. C'est à la fois fondé, car en général les enseignants et leurs organisations syndicales n'aiment pas le changement, et ce n'est pas justifié parce que, sur une période de quelques années, bien des choses ont changé à l'école. Les programmes ont été transformés, bien des routines ont été bousculées, le travail en équipe et le soutien se sont installés dans bien des établissements, de nouvelles technologies ont été intégrées...

Il a fallu s'adapter aux demandes et aux capacités des élèves. Les enseignants ne sont pas figés. Mais il faut reconnaître aussi que cette adaptation continue est difficile et, surtout, peu contrôlée. En dépit de la centralisation du système, elle va dans tous les sens, elle ne réduit pas les écarts et n'atténue pas les contradictions du collège. Le problème qui se pose est celui de la réforme, de la définition de nouveaux objectifs et de nouvelles règles du jeu.

C'est un choix indispensable si l'on ne veut pas voir la distance se creuser entre les principes affichés et les pratiques réelles, au point que ni les élèves ni les professeurs ne savent ce qu'ils font et pourquoi. C'est là un enjeu politique considérable, et je dis bien politique, car il concerne l'ensemble de la nation et des processus démocratiques, et pas seulement le monde de l'école.

Propos recueillis par MARTINE FOURNIER

Marie Duru-Bellat*

École : l'inégalité des parcours**

Depuis trente ans, l'accès aux études s'est généralisé : les deux tiers d'une classe d'âge sont bacheliers et accèdent aux études supérieures. Pourtant, les parcours scolaires traduisent encore fortement les différences sociales par le jeu des orientations, par le choix des options et par la valeur du diplôme obtenu…

Aujourd'hui, malgré la forte hausse du niveau d'instruction et les slogans consensuels – 80 % au baccalauréat… – qui pourraient laisser entendre que tout le monde est diplômé, la variété des carrières scolaires reste considérable. En 1997, 8 % des jeunes ont quitté l'école sans aucun diplôme tandis que 22 % avaient atteint au moins le niveau bac + 3. Y a-t-il, derrière cette variété, des « gagnants » et des « perdants » systématiques ? Même si l'on soutient que l'éducation est un bien accessible à tous, on s'aperçoit qu'il existe en fait une hiérarchie entre les divers parcours scolaires.

Chez les jeunes entrés en 6e en 1989, dont la scolarité complète est aujourd'hui connue, l'obtention du baccalauréat varie très largement en fonction de l'origine sociale. Les chiffres varient de 52 % chez les enfants d'ouvriers à près de 85 % chez ceux de cadres ou d'enseignants. Pour tenter d'expliquer ces inégalités, certes connues mais qui frappent par leur ampleur, nous suivrons chronologiquement le déroulement des scolarités, du primaire à l'université.

La différenciation des carrières scolaires

A l'école primaire comme au collège, les élèves réussissent plus ou moins bien selon leur milieu social. Si en moyenne

* Professeur à l'Université de Bourgogne ; sociologue IREDU/CNRS. Auteur, avec A. Henriot-Van Zanten, de *Sociologie de l'école*, Armand Colin, 1999 (2e éd. rev.).

** *Sciences Humaines*, n° 72, mai 1997. Texte revu et actualisé par l'auteur, décembre 2000.

70 % des élèves effectuent leur scolarité primaire sans redoubler, c'est le cas de plus de neuf enfants de cadres supérieurs sur dix et de seulement un enfant d'ouvriers non qualifiés sur deux. A l'entrée en 6e, les épreuves d'évaluation font apparaître des écarts sensibles de connaissances en fonction du milieu social, en mathématiques comme en français. Les différences de réussite entre enfants de cadres supérieurs et d'ouvriers observées en fin de 5e s'expliquent pour moitié par des différences de progression en 6e/5e, l'autre moitié provenant des inégalités de niveau à l'entrée au collège.

La réforme Haby (1975) avait supprimé les filières en voulant instituer le « collège unique » pour tous. Pourtant, si les différences s'accentuent à ce niveau, c'est que de nouvelles formes de différenciations sociales sont apparues par le biais de certains choix ; par exemple celui de la première langue, en 6e, n'est pas sans lien avec le milieu social. En outre, depuis 1984, une certaine « désectorisation », c'est-à-dire le retour à la liberté de choix des familles en matière d'établissement scolaire, accentue la polarisation des établissements entre collèges « chics » et collèges « ghettos ». La liberté de choisir un établissement autre que celui de son secteur géographique est en effet plus souvent utilisée par les familles de cadres et notamment par celles d'enseignants. Par ailleurs, ces élèves se retrouvent en plus grand nombre dans les classes dites bilingues, ou plus classiquement les classes de germanistes.

En 4e, ils sont plus nombreux à apprendre une langue ancienne (plus de 55 % chez les enfants d'enseignants contre 9 % chez les élèves de familles ouvrières). Dans les classes où ils se trouvent ainsi regroupés, qui sont de fait des classes de bon niveau, les élèves de milieu favorisé connaissent des progressions plus fortes, alors qu'à l'inverse les progressions seront plus faibles dans les classes de niveau faible qui accueillent plus souvent des enfants de milieux populaires.

Le « choix social » des orientations

Les principaux paliers d'orientation, en fin de 5e et de 3e, vont contribuer à creuser les différenciations sociales. Ces dernières années, l'orientation vers les 4e/3e technologiques (au sortir d'une 5e) concernait 2 % des enfants de cadres contre 20 % des enfants d'ouvriers non qualifiés. Ces différences de parcours au niveau du collège ne sont pas sans conséquences pour la suite de la scolarité. Parmi les élèves entrés en 6e en 1989 et qui n'ont pas redoublé au collège, 77 % des enfants de cadres supérieurs accèdent à une classe de seconde, générale ou technologique, contre 32 % des enfants d'ouvriers.

Certes, les enfants de milieux défavorisés abordent les « paliers d'orientation » en moyenne plus âgés et avec de moins bons résultats, mais on a pu estimer que ces inégalités de réussite n'expliquaient qu'une part minoritaire des inégalités de passage 5e/4e ou 3e/seconde. Celles-là reflètent en fait largement les différences sociales qui marquent les demandes formulées par les jeunes et leurs familles. On observe qu'à résultats équivalents, les demandes des jeunes de

L'échec du redoublement précoce

« Le redoublement est une chance que l'on te donne » : combien de redoublants ont entendu cette phrase ! Pourtant, voilà des années que les chercheurs émettent des réserves. Ils ont fini par se faire entendre, puisque, en France, le redoublement n'est plus permis qu'en fin de cycle – ce qui veut dire, à l'école élémentaire : en CE1 ou en CM2.

C'est encore trop, à en croire l'étude de Shane Jimerson de l'université de Californie. Elle évalue les conséquences à long terme d'un redoublement précoce, en prenant pour sujets les 190 enfants suivis dans le cadre du Minnesota Mother-Child Interaction Project : cette vaste étude a suivi les enfants depuis leur naissance jusqu'à leurs 21 ans. L'auteur a constitué un groupe de 29 enfants de cette cohorte qui ont redoublé la grande section de maternelle, ou le CP, ou le CE1, ou le CE2 ; elle les compare à un groupe de 50 enfants qui, dans les mêmes classes, avaient un niveau aussi bas que les précédents, mais n'ont pas redoublé (le groupe des non-redoublants), et un groupe témoin de 100 enfants de la même cohorte qui, au départ, ont de bons résultats scolaires.

Les résultats sont sans appel. En fin de première, l'adaptation au lycée – évaluée à partir de la moyenne des notes, mais aussi de l'assiduité et du comportement à l'école – est beaucoup moins bonne chez les redoublants que chez les non-redoublants, lesquels font presque aussi bien que le groupe témoin. A 19 ans, 69 % des redoublants ont abandonné le lycée en cours d'études, contre 46 % des non-redoublants et 29 % des témoins. A 20 ans, 42 % des redoublants ont obtenu leur certificat de fin d'études secondaires (qui, aux Etats-Unis, tient lieu de baccalauréat), contre 72 % des non-redoublants et 88 % des témoins. Pour ceux qui travaillent, la différence est encore plus marquée : l'auteur évalue la qualité de l'insertion professionnelle – stabilité dans l'emploi, niveau de cet emploi, salaire – et constate que le groupe des redoublants est inférieur sur tous les points aux deux autres, alors que les non-redoublants réussissent aussi bien que les témoins. En conclusion, l'auteur estime que le redoublement à l'école primaire est nuisible et devrait être abandonné, au profit de mesures de remédiation telles que le tutorat, un entraînement spécifique à la lecture, etc.

CLAUDIE BERT

S.R. Jimerson, « On the failure of failure : Examining the association between early grade retention and education and employment outcomes during late adolescence », *Journal of School Psychology*, automne 1999.

milieu défavorisé restent beaucoup plus prudentes : quand l'élève est moyen ou faible, il se « rabat » sur des choix moins exigeants (par exemple BEP plutôt que seconde), tandis que les élèves de milieu aisé ont tendance à maintenir des choix plus ambitieux. Dans notre système éducatif où les textes encouragent les conseils de classe à tenir compte des vœux des familles, ces inégalités inscrites dans les demandes sont le plus souvent entérinées dans les décisions d'orientation.

Plus on avance dans le cursus scolaire, plus ces différenciations dans les choix deviennent décisives, les inégalités sociales de réussite voyant quant à elles leur poids relatif s'estomper. Au niveau de la seconde, on retrouve des choix d'options différents en fonction de l'origine sociale. Davantage d'enfants de catégories aisées choisissent les langues anciennes ou les sections TSA (technologie des systèmes automatisés) au détriment d'une troisième langue vivante ou de la section gestion. Bien que la classe de seconde soit en principe « indifférenciée » et ne doive fermer aucune porte, une réelle « pré-orientation » s'y opère par le biais des options ; celles de langue vivante ou de gestion, par exemple, « détournent » d'un bac scientifique.

En outre, si les enfants de cadres vont plus souvent en 1re S, ce n'est pas seulement parce qu'ils sont bons élèves et latinistes (ou qu'ils ont suivi l'option TSA), mais aussi parce qu'à notes et options comparables, ils demandent plus souvent et plus fermement cette orientation que leurs condisciples de milieu plus modeste. Rien d'étonnant donc si la série du baccalauréat obtenu varie très nettement selon les groupes sociaux. En 1993/94, on compte deux fois plus d'enfants de cadres et de professions intermédiaires dans la série scientifique S que dans les séries technologiques tertiaires.

Ce survol des carrières scolaires illustre clairement l'ampleur des inégalités sociales, appréhendées dans la plupart des enquêtes par la profession du responsable de l'enfant. En fait, il semble que le déroulement de la scolarité soit plus sensible au niveau d'instruction des parents (et notamment de la mère) qu'à leur profession. On sait également que, parmi les autres caractéristiques du milieu social de l'enfant, l'activité professionnelle de la mère apparaît liée favorablement à la réussite de l'enfant, tandis que sa nationalité n'aurait aucun effet spécifique : à milieu social comparable, le fait d'être d'origine étrangère serait même plutôt associé à un cursus scolaire plus long dans le secondaire. C'est pourquoi l'appartenance sociale de l'élève mériterait d'être appréhendée à l'aune de plusieurs paramètres, même si la profession du responsable de l'enfant reste très discriminante.

Soulignons qu'au-delà de ce poids très fort du milieu social de l'élève, les inégalités sociales de carrière scolaire renvoient également au contexte dans lequel celle-là se déroule, selon les maîtres qui vous forment ou l'établissement que l'on fréquente. Ainsi, les pratiques d'orientation varient sensiblement selon les établissements. On passe par exemple plus en seconde dans les collèges « chics », comme si les collèges adaptaient leurs pratiques à leur clien-

Les lycéens au travail

Anne Barrère a choisi d'observer les lycéens au travail comme on observe les travailleurs en situation professionnelle, sans préoccupation pédagogique et sans s'inscrire *a priori* dans les problématiques d'inégalités sociales et d'échec scolaire (1).

Elle souligne d'abord que « l'appel au travail scolaire » demeure, pour les professeurs comme pour les lycéens, le seul recours face aux difficultés ou au manque de motivation. La moitié des lycéens travaille entre 8 et 15 heures par semaine en plus de leurs cours, et 20 % plus de 15 heures. Mais ce recours à l'effort est souvent problématique, car « *dans un système devenu à la fois permissif et absurde* », les prescriptions de travail délivrées aux lycéens ressemblent parfois aux injonctions paradoxales repérées par les psychologues dans les familles pathologiques. Les attentes de nombreux professeurs en matière de travail scolaire, qu'il s'agisse des prises de notes en cours, de la structure des devoirs ou du travail à la maison, peuvent être à la fois extrêmement exigeantes et fort peu explicites. Beaucoup d'élèves ont notamment du mal à saisir l'articulation attendue entre les exigences méthodologiques et les exigences de contenu (le « plan » et les « idées » en dissertation). En témoigne « la mystérieuse fluctuation des notes ». Ainsi cet élève, qui accepte mal une note exécrable en mathématiques alors que tous ses résultats sont justes : il n'a pas suivi les procédures de démonstration jugées pertinentes par le professeur.

La reproduction des inégalités sociales à l'école apparaît sous un jour nouveau. Les parents diplômés apportent à leurs enfants une expérience qui leur permet de bricoler face à chaque professeur les procédures de travail les plus rentables. L'auteur brosse ainsi les portraits pathétiques de lycéens de familles modestes qui échouent malgré l'énorme masse de travail qu'ils fournissent. Elle invoque donc la nécessité pour l'institution de réfléchir à « *l'absence de diagnostic sur le fossé qui sépare les efforts des élèves de leurs résultats* » et qui aboutit pour ceux, nombreux et souvent d'origine modeste, qui échouent à une « *entreprise insupportable de dévalorisation personnelle* ».

VINCENT TROGER

1. A. Barrère, *Les Lycéens au travail*, Puf, 1997.

tèle dominante, et à la représentation qu'ils se font de leur devenir scolaire et social *(«Les élèves que l'on a ici n'iront jamais bien loin.»)*. Ces normes implicites valent tout autant pour les élèves dont les représentations de l'avenir et les projets d'orientation varient selon la tonalité sociale du collège. A niveau égal, les projets d'orientation sont plus ambitieux dans les collèges chics que dans les collèges populaires.

La « démocratisation » du baccalauréat

Toutefois, il semble que chez les jeunes entrés en 6e au début des années 90, la tendance soit à l'uniformisation des scolarités au collège, ce qui permet d'escompter une certaine démocratisation de l'accès au baccalauréat. Celui-là s'est fortement développé dans la période récente : on en est à 62,7 % d'une génération en 1998.

Les enfants de milieux populaires accèdent nettement plus souvent à ce niveau; quant aux enfants des catégories moyennes et aisées, ils ont eux aussi profité de l'expansion générale des scolarités, jusqu'à atteindre ces dernières années des niveaux plafond qui ne peuvent plus guère augmenter. Mais, même si l'accès au bac est amené à s'élargir socialement, ne va-t-on pas assister à un déplacement des inégalités, ou à une modification de leurs formes?

Déjà, à la fin des années 80, on avait constaté une certaine «prolétarisation» des sections G/STT (séries technologiques et tertiaires). Dans les séries mathématiques et scientifiques (C et S), on pouvait davantage parler d'une démocratisation relative : certes, la part des enfants d'ouvriers était en forte hausse, ne serait-ce que parce qu'ils partaient de très bas, mais, dans le même temps, la probabilité d'accès des enfants de cadres supérieurs s'était encore accrue. En outre, ces élèves-ci réussissent mieux au bac que les enfants d'origine modeste, obtiennent des mentions plus élevées, et ont été les premiers à profiter du développement des classes préparatoires scientifiques et commerciales. La démocratisation de l'accès à la terminale ne serait donc pas antinomique avec une hiérarchisation sociale croissante des différentes sections. Car l'essentiel pour les parents, c'est que leur enfant parvienne à acquérir, sur la base de l'éducation reçue, une position sociale jugée acceptable, au vu de celle occupée par la famille. L'éducation a alors une fonction avant tout instrumentale : l'essentiel est de se classer au mieux, plutôt que d'acquérir une formation de tel ou tel type. Les choix d'options illustrent ces stratégies qui amènent à faire du latin pour être dans les «meilleures» classes de seconde, puis à l'abandonner ensuite dès lors qu'on a obtenu la «meilleure» première (scientifique).

Cela n'est pas sans incidence sur les filières suivies dans l'enseignement supérieur, puisque la spécialité du baccalauréat conditionne le choix qu'il est réaliste d'envisager. Mais, là encore, à baccalauréat identique, les orientations sont loin d'être les mêmes, selon le milieu social.

Avec un baccalauréat scientifique, par exemple, très peu d'étudiants de milieu aisé s'orientent en IUT, alors que très peu d'étudiants de milieu modeste s'orientent en médecine. Au total, le « paysage » des études supérieures reste donc très contrasté sur le plan sociologique.

Ainsi, les enfants de cadres supérieurs et de professeurs représentent 16 % des 20/24 ans : leur poids est de 13,5 % dans les sections de techniciens supérieurs ; 32,5 % dans les premiers cycles universitaires ; 48,5 % dans les classes préparatoires aux grandes écoles et… 81,3 % dans les quatre plus grandes écoles que sont l'Ecole polytechnique, l'Ecole nationale d'administration, les Hautes Etudes commerciales et les Ecoles normales supérieures… Dans un contexte où c'est donc la valeur marchande du diplôme qui est mise en avant, l'examen des relations entre diplômes et insertion devient crucial. En particulier, on peut se demander si la multiplication du nombre des diplômés ne s'accompagne pas (à l'instar de l'inflation monétaire) d'une dévaluation des diplômes.

Diplôme et destin social

Lorsqu'ils sont bacheliers ou diplômés du supérieur, les jeunes ont 6,3 fois plus de chances que les autres de devenir cadre. Cet avantage s'est légèrement affaibli au cours des années 80 : il y a huit ans, on avait 7 fois plus de chances d'accéder à une position de cadre. Ces chiffres traduisent une légère dévalorisation des études.

En revanche, depuis une vingtaine d'années, l'écart entre le taux de chômage des non-diplômés et des diplômés du supérieur s'est élargi, passant de 3 à 27 points. Le diplôme protège donc davantage du chômage aujourd'hui qu'hier (bien que la montée du chômage des diplômés du supérieur, ces toutes dernières années, réduise quelque peu cette protection relative).

Si l'on est donc bien en présence d'une logique inflationniste en matière de diplôme (il en faut plus pour avoir la même chose), celui-là garde une forte valeur relative. Il est probable que dans cette course à un diplôme toujours nécessaire et de moins en moins suffisant, les stratégies sociales n'ont pas fini de s'exprimer, puisque les jeunes abordent cette compétition avec des atouts inégaux. L'accès à l'éducation reste donc toujours un vecteur puissant de reproduction des inégalités sociales au quotidien, par des voies multiples.

Tout d'abord parce que l'éducation permet toujours de se placer dans l'échelle sociale. Les chances d'accéder à un emploi de cadre suivent fidèlement la hiérarchie scolaire : obtiennent directement un emploi de cadre supérieur 72 % des jeunes dotés d'un diplôme d'ingénieur, 54 % de ceux titulaires d'un titre universitaire de 2e ou 3e cycle, 8 % des jeunes dotés d'un DUT ou d'un BTS.

L'accès à tel ou tel emploi a bien sûr, et pour toute la vie, des conséquences multiples en termes de revenus, de constitution d'un patrimoine, de probabilité de connaître un jour le chômage, de consommation, d'habitat…

Mais aussi parce que l'éducation appelle l'éducation : c'est chez les plus diplômés que la formation permanente est la plus répandue, non sans incidences en termes de mobilité professionnelle. Ou encore parce que l'éducation semble dotée d'une « valeur d'usage » spécifique sur le marché du mariage et de la sociabilité (on choisit son conjoint ou ses amis parmi les personnes dotées d'un niveau de formation proche du sien). Enfin, au-delà de ces effets en termes de position sociale, l'éducation marque la vie quotidienne, puisque chez les adultes des comportements aussi divers que la pratique sportive, la lecture, l'exercice d'une activité artistique, l'aide au travail scolaire des enfants ou la participation électorale sont d'autant plus répandus que l'on est plus instruit. Comme si le diplôme forgeait toute une vision du monde, des critères d'appréciation de la réalité qui lieraient entre eux les gens « formés à la même école ». Peut-être aussi parce qu'on tend dans nos sociétés à assimiler valeur du diplôme et valeur du diplômé.

La « fabrication » de la réussite scolaire

La réussite scolaire se « fabrique » via des processus sociaux issus à la fois du milieu familial et du contexte scolaire lui-même. Quels sont les mécanismes sociologiques sous-jacents à ces inégalités de réussite ?

Le déterminisme socioculturel. Une première piste, appelée culturaliste, explore les pratiques éducatives parentales, ou le langage utilisé dans la famille (1), ou encore, de manière plus récente, les modalités, elles aussi socialement différenciées, de l'accompagnement scolaire, c'est-à-dire, par exemple, l'aide des familles pour les devoirs, etc. (2) Ces travaux ont alimenté la notion de « handicap socioculturel », que l'on a accusé de fonctionner comme un substitut à l'idéologie du don : en expliquant les échecs scolaires par des facteurs extérieurs à l'institution, on remplaçait simplement le fatalisme génétique par un fatalisme sociologique. Toutefois, ces différences entre milieux sociaux ne se transmuent en inégalités que par rapport au mode de fonctionnement de l'école. Pierre Bourdieu et Jean-Claude Passeron (3) ont mis en évidence la fonction reproductrice et légitimatrice de l'institution scolaire face aux inégalités sociales. C'est, paradoxalement, en traitant tous les enseignés en égaux que l'école avantage les « héritiers » (ceux qui trouvent dans leur milieu familial certains prérequis implicites de l'institution). En leur décernant des titres scolaires, l'école fait apparaître comme légitime (fondé sur le mérite personnel) ce qui n'est en fait que le privilège de certains milieux sociaux. Ces approches « macrosociologiques » ont été contestées, notamment pour leur déterminisme et le peu de place laissée à l'autonomie des individus.

Le « retour de l'acteur ». Avec les analyses fondatrices de Raymond Boudon (4), les explications des inégalités sociales face à l'école par l'agrégation de comportements individuels ont repris de l'influence. Sans pour autant « disculper » l'école, on se centre sur l'acteur (élève ou famille) qui y développe des stratégies, au travers des choix d'options, d'orientation, ou d'établissement... Plusieurs logiques apparaissent alors. Tout d'abord, il y a le désir de voir son enfant acquérir une position sociale jugée acceptable, vue celle occupée par la famille. Les parents ont donc en tête des objectifs éducatifs plus ou moins élevés, et vont chercher à positionner leur enfant le mieux possible dans ce qui est perçu comme une compétition. Dans cette recherche d'efficacité, les familles disposent de ressources inégales, et s'opposent ainsi « stratégies de spéculateur » et « stratégies de rentier » (l'expression est de P. Bourdieu, mais R. Boudon ne la renierait pas !).

A côté de cette logique de classement, il y a sans doute aussi à l'œuvre une visée socialisante, rarement explicitée par les familles : à travers les choix scolaires, on chercherait à faire évoluer ses enfants dans un certain milieu où l'on serait « entre soi ». Le fonctionnement du système, surtout au niveau du collège, s'avère alors très dur pour certains élèves qui vont avoir du mal à s'y bâtir une « expérience scolaire » positive, comme l'a montré François Dubet (5).

Le fonctionnement de l'institution. Notons enfin que, depuis une quinzaine d'années, des analyses microsociologiques se penchent sur le fonctionnement concret et quotidien de l'institution scolaire, qu'il s'agisse des relations maîtres-élèves, des phénomènes d'évaluation, ou encore des contenus de formation. La carrière scolaire prend place dans un contexte qui n'est pas neutre en termes d'inégalités sociales. On pense bien sûr aux « effets maîtres » : certains élèves réussissent mieux avec certains enseignants. Ou encore, aux « effets établissements » (6) : certains établissements, à niveau égal des élèves, font redoubler plus que d'autres, etc.
Dans le domaine de l'orientation, le souci des conseils de classe (et des textes) de suivre les demandes parentales amène à entériner les inégalités sociales inscrites dans ces demandes. On peut également s'interroger, mais les recherches manquent sur ce point, sur les effets des politiques de décentralisation qui encouragent le local à se mettre à l'écoute (ou sous la pression) des usagers.

M.F.

---

1. Les travaux du linguiste anglais Basil Bernstein ont montré que les « codes sociolinguistiques » utilisés dans les différents groupes sociaux correspondaient à une véritable identité de groupe. Ainsi, les milieux populaires utilisent un code linguistique restreint (phrases courtes, grammaticalement simples, usage important de l'implicite...) qui correspondrait à la définition stricte des rôles et des statuts des familles ouvrières. Pour les enfants de ces milieux, cet usage du code restreint se transforme à l'école en handicap, car l'institution scolaire utilise un « code élaboré », en usage dans les classes moyennes (B. Bernstein, *Langage et Classes sociales*, Editions de Minuit, 1975).
2. D. Glasman, *Cours particuliers et construction sociale*, CNDP, 1994.
3. P. Bourdieu et J.-C. Passeron, *Les Héritiers, les étudiants et la culture*, Edition de Minuit, 1964. *Voir l'encadré suivant.*
4. R. Boudon, *L'Inégalité des chances, la mobilité sociale dans les sociétés industrielles*, A. Colin, 1974.
5. F. Dubet, et D. Martuccelli, *A l'école, sociologie de l'expérience scolaire*, Le Seuil, 1996.
6. Voir les travaux de l'IREDU (CNRS/Dijon), par exemple : M. Duru-Bellat et A. Mingat, « Le déroulement de la scolarité au collège : le contexte fait les différences », *Revue française de sociologie*, n° XXIX, 1988.

Les Héritiers : les étudiants et la culture

En 1964, Pierre Bourdieu et Jean-Claude Passeron publient une étude qui fera date (1). Comment l'Ecole transforme-t-elle un privilège social en mérite personnel ?

Le constat de départ des *Héritiers* fait état de l'inégale représentation des différentes classes sociales dans l'enseignement supérieur : *« Le système scolaire opère, objectivement, une élimination d'autant plus totale que l'on va vers les classes les plus défavorisées. »*
Pour mettre au jour les mécanismes par lesquels se produit cette élimination, les auteurs s'appuient sur un corpus détaillé d'enquêtes, de statistiques et d'études monographiques. Selon Pierre Bourdieu et Jean-Claude Passeron, l'origine sociale des étudiants est le plus important facteur de différenciation (plus que le sexe, l'âge, l'affiliation religieuse...) et c'est davantage aux facteurs culturels qu'aux facteurs économiques qu'il faut en imputer les raisons.

Héritage culturel et idéologie du don. Chez les enfants des professions libérales et des cadres supérieurs, la culture est acquise naturellement et « comme par osmose » grâce à l'environnement familial : bibliothèques, fréquentation des musées, théâtres, concerts... Mais, pour les enfants des classes sociales défavorisées, l'Ecole reste la seule voie d'accès à cette culture, que précisément, elle véhicule et valorise dans la réussite des études. La culture « légitime », validée par les examens et les diplômes, est donc celle des classes privilégiées, et l'enseignement, même scientifique, *« présuppose implicitement un corps de savoirs, de savoir-faire et surtout de savoir-dire, qui constitue le patrimoine des classes cultivées »*. Dès lors, ce que l'on qualifie de don naturel n'est le plus souvent que la manifestation d'une affinité, liée à des valeurs sociales et aux exigences du système scolaire ; le privilège social est transformé en mérite individuel. En conséquence, *« pour les fils de paysans, d'ouvriers, d'employés ou de petits commerçants, la culture scolaire est acculturation »*. Les apprentissages sont vécus comme des artifices, d'autant plus difficiles à assimiler qu'ils sont éloignés de toute réalité concrète.

La violence symbolique du privilège culturel. Il faut cependant distinguer entre la facilité à assimiler la culture imposée par l'Ecole et la propension à l'acquérir : dans la mesure où la conquête des savoirs, hautement valorisés dans la société, peut laisser espérer l'accession à l'élite, ce sont les élèves des

classes moyennes qui placent le plus d'attentes dans la réussite scolaire. Là encore, les étudiants originaires des plus basses classes sociales sont désavantagés, car ils ne trouvent pas dans leur milieu familial les aspirations qui, à l'instar de la petite bourgeoisie, pourraient les inciter à franchir les obstacles.
C'est donc par le jeu de l'expérience subjective de leur milieu et des probabilités objectives du système qu'ils s'en excluent eux-mêmes ; *« Ainsi l'autorité légitimatrice de l'Ecole peut redoubler les inégalités sociales parce que les classes les plus défavorisées trop conscientes de leur destin et trop inconscientes des voies par lequel il se réalise, contribuent par là à sa réalisation. »*
Ainsi, pour P. Bourdieu et J.-C. Passeron, c'est par les voies les plus secrètes que le système éducatif contribue à fabriquer une véritable aristocratie sociale. Et c'est à l'atmosphère intellectuelle du milieu familial, à la langue que l'on y parle et à l'attitude à l'égard de l'Ecole que l'on peut imputer l'échec scolaire.

Critiques et prolongements. Les auteurs se sont vu reprocher d'avoir substitué à un fatalisme génétique (induit par l'idéologie du don) un fatalisme sociologique. L'invocation des handicaps socioculturels, devenue en vogue dans les milieux pédagogiques, a contribué à de nouvelles formes de résignation : certains enfants seraient voués à l'échec du fait de leur appartenance sociale. Effets pervers dus à une large diffusion de la théorie ? Pourtant, la conclusion du livre soulignait bien la possibilité de remédier aux inégalités par un enseignement réellement « démocratique ».
Dans *L'Inégalité des chances*, Raymond Boudon récuse ce qu'il considère comme une explication déterministe qui nie la liberté des individus. Pour lui, le choix des parents pour les études de leurs enfants résulte des représentations qu'ils se font des coûts et des avantages des études longues. C'est l'agrégation de ces choix et de ces comportements qui conduit aux régulations observées.

MARTINE FOURNIER

1. P. Bourdieu et J.-C. Passeron, *Les Héritiers, les étudiants et la culture*, Editions de Minuit, 1964.

L'ÉDUCATION À LA CITOYENNETÉ : UNE NOUVELLE MISSION POUR L'ÉCOLE

ENTRETIEN AVEC ROBERT BALLION*

Sciences Humaines : **Depuis une dizaine d'années, on constate un retour en force de l'éducation civique à l'école. Comment l'expliquez-vous ?**

Robert Ballion : Ce phénomène tient à la conjonction de deux exigences. La première prend la forme d'une commande explicite de la société. Au cours des années 90, la montée du chômage, la violence dans les banlieues... ont rendu plus difficile l'intégration des jeunes. La société se tourne vers l'école car celle-ci apparaît comme la seule institution socialisante apte à régler ces problèmes, en particulier dans les quartiers en difficulté.

La seconde raison tient à la crise de légitimité que connaît actuellement l'institution scolaire. Les actes de violence réelle ne concernent que 20 % des collèges et 10 % des lycées, mais il se développe dans l'ensemble des établissements un climat d'incivilité. Pour beaucoup d'élèves, l'école n'est plus en droit d'imposer des exigences dès lors qu'elle ne semble plus préparer à l'emploi. Ces conditions de fonctionnement lui imposent de socialiser les jeunes en même temps que de les instruire, de leur faire accepter leur condition d'élève et les règles de la vie scolaire, ce qui constitue en fait un apprentissage de la citoyenneté.

SH : **Comment l'école peut-elle mettre en œuvre cet apprentissage de la citoyenneté ?**

R.B. : Je vois trois directions pour mener à bien cette mission. Tout d'abord par les programmes et les contenus d'enseignement. L'instruction civique ou plus largement le traitement de sujets permettent de mieux comprendre les exigences de la société à l'égard des individus. Mais ces enseignements sont souvent artificiels et plus ou moins efficaces. Dans mes recherches sur les élèves déviants, il apparaît que les jeunes qui consomment le plus de drogues sont ceux qui sont le mieux informés sur ces problèmes ! La deuxième voie est celle de l'apprentissage d'un fonctionnement démocratique de l'établissement scolaire par le biais de la fonction de délégué. Selon notre enquête (sur dix mille lycéens), 50 % des élèves ont été

** Sociologue au Cadis/CNRS. Auteur de* La Démocratie au lycée, *ESF, 1998;* Les Conduites déviantes des lycéens, *Hachette, 2000.*

La citoyenneté à l'école

Face à l'insécurité dans les villes et les banlieues, l'éducation à la citoyenneté à l'école est devenue une réclamation en forme de slogan. Colette Crémieux (1) s'interroge sur le sens d'un tel projet pédagogique et les enjeux qu'il implique. Une telle éducation peut revêtir deux formes différentes.

La première, la plus « autoritaire », revient à réintroduire davantage de disciplines, de règles et de punitions dans les établissements scolaires. Cela équivaut un peu à augmenter le nombre de policiers dans les rues.

Une autre façon d'éduquer à la citoyenneté consiste à rendre l'élève plus responsable et conscient des enjeux de la vie en société. Si cette seconde possibilité est sans doute plus efficace pour une évolution en profondeur, elle est aussi celle qui nécessite le plus de changements dans l'institution scolaire, dans les relations entre professeurs et élèves, et même dans les méthodes pédagogiques. Par exemple, rendre l'élève responsable peut passer par une augmentation des travaux dirigés, ou des travaux de groupe dans lesquels l'élève pourra davantage exprimer son rapport au savoir, échanger avec ses pairs, et s'impliquer personnellement. Cela ne signifie pas que les exposés magistraux doivent être bannis. Mais ceux-ci deviendraient alors l'occasion pour l'enseignant de faire le point sur les connaissances acquises.

Dans ce plaidoyer en faveur d'une certaine forme d'éducation à la citoyenneté, C. Crémieux lance donc un défi d'importance : elle demande aux adultes, enseignants et gouvernants de remettre en question leurs propres relations aux élèves, plutôt que de simplement leur remplir le crâne de nouveaux contenus, comme la Déclaration des droits de l'homme ou la structure des institutions de la République. Sera-t-elle entendue ?

GAËTANE CHAPELLE

1. C. Crémieux, *La Citoyenneté à l'école*, Syros, 1998.

délégués au moins une fois dans leur scolarité. Cette fonction permet, directement pour une moitié des élèves qui ont été intégrés à ce dispositif de représentation, indirectement pour les autres, de connaître leurs droits et leurs devoirs dans l'établissement.

La troisième dimension est peut-être la plus intéressante. Elle consiste à faire fonctionner les établissements scolaires comme de véritables micro-sociétés. Non plus simplement des lieux d'apprentissage mais des lieux de vie et de travail où l'individu partage avec les autres son appartenance à une collectivité.

***SH :* Est-ce un constat ou bien un souhait ? Peu d'établissements font participer les élèves aux décisions pédagogiques…**

R.B. : Certes, il persiste une sorte de relation schizoïde entre le cours et la cour… On note encore comme on notait il y a 50 ans. Le caractère conservateur de la situation pédagogique – dans laquelle le professeur demeure un technicien tout-puissant – peut freiner cette mise en place d'une école où l'élève est traité comme un citoyen. Mais elle ne l'invalide pas. On constate que les pratiques démocratiques s'insinuent progressivement dans les classes et que les enseignants deviennent plus accessibles.

Les indicateurs sur l'opinion des différents acteurs (élèves, proviseurs, enseignants, etc.) montrent une évolution positive des relations jeunes-adultes. Même s'il reste beaucoup à faire, pour moi, on va dans le sens d'un progrès : de plus en plus, l'élève est traité comme un sujet responsable.

Propos recueillis par
Martine Fournier
(*Sciences Humaines*, n° 88, novembre 1998)

CHAPITRE IX

La dynamique des systèmes d'éducation et de formation

JEAN-CLAUDE RUANO-BORBALAN*

ENSEIGNEMENT : LA GRANDE TRANSFORMATION**

Depuis plus d'un siècle, l'école ne cesse de se transformer. Après deux vagues de massification, l'autonomie des établissements, les stratégies scolaires des familles et les difficultés de l'intégration citoyenne caractérisent aujourd'hui le système éducatif.

C'EST LE MINISTRE François Guizot qui, en 1833, fonda l'école primaire en France, en imposant à toutes les communes d'en posséder une. La loi Guizot s'inscrivait en fait dans un processus d'instruction du peuple, inauguré par la Réforme protestante à la Renaissance. Les lois scolaires de Jules Ferry à la fin du XIXe siècle fondèrent quant à elles l'école républicaine d'Etat. La République ne modifiera cependant rien à la ségrégation scolaire des couches populaires. Elle maintiendra et institutionnalisera l'existence de deux ordres séparés d'enseignement : le primaire et le secondaire supérieur.

Les écoles primaires, destinées au peuple, étaient présentes dans chaque commune rurale. A la fin de la scolarité obligatoire (12 ans selon les lois Ferry), une partie des Français pouvaient alors passer le fameux certificat d'études, pour ensuite devenir ouvriers et surtout paysans. Seule une infime fraction obtenait une « promotion », et pouvait accéder aux classes spéciales du primaire supérieur, dont le couronnement était les écoles normales d'instituteurs. L'enseignement secondaire recrutait au contraire parmi les couches aisées (l'enseignement secondaire était payant) dès le plus jeune âge, grâce à des petites classes. Il destinait ensuite les élèves à l'enseignement supérieur, formant les professions libérales et la haute administration.

---

* Directeur de publication du magazine *Sciences Humaines*.
** *Sciences Humaines*, hors-série n° 28, mars/avril/mai 2000.

Ce système dualiste, fortement ségrégatif, a paradoxalement été assimilé à une forme de justice. Ce n'était pas l'école, mais la société que l'on pouvait incriminer pour les injustices. L'enseignement fournissait, quant à lui, surtout des exemples de mobilité sociale ascendante, en raison de l'expansion économique et de la modernisation. Le dualisme fut pourtant dénoncé dès le XIXe siècle comme une faute au regard des principes d'universalité, et surtout comme un frein au développement économique. Initié au sortir de la Première Guerre mondiale, le thème de la fusion des deux écoles s'incarna dans un combat pour l'école unique. Le débat se poursuivit après la Seconde Guerre mondiale autour de l'école moyenne, destinée à distribuer les élèves entre les différentes filières.

La célèbre commission Langevin-Wallon élabora, par exemple, un plan qui devint l'objectif idéal de la réforme structurelle de l'éducation jusqu'à la mise en place du collège unique à la fin des années 70. Celui-ci prônait la mise en place d'un premier degré de scolarité obligatoire jusqu'à 18 ans, en trois cycles successifs. Il fallut attendre la Ve République pour, en quelque sorte, le voir aboutir, sous la contrainte de la massification de l'enseignement et des politiques d'accroissement de la qualité de la main-d'œuvre.

Deux vagues de massification

Depuis la Seconde Guerre mondiale, le système d'enseignement et de formation a connu en France deux grandes phases de croissance. La première, au début des années 60, s'est incarnée dans la généralisation des collèges (école moyenne pour les enfants de 11 à 16 ans). La seconde, à partir de 1985, a vu la massification de l'enseignement secondaire puis supérieur.

En 1958, les taux de scolarisation des élèves de 14 à 16 ans avoisinaient les 50 %. A partir de 1960, ces taux enregistrent une croissance spectaculaire qui s'accélère en 1966 et se stabilise en 1973 : 92 % pour les 15-16 ans. Cette première vague fut la conséquence d'une offre accrue de scolarité de la part de l'Etat. L'administration de l'éducation mit en place, de manière volontariste durant cette période, les cadres réglementaires et institutionnels d'accueil des nouvelles couches d'élèves : ordonnance de 1959 portant l'allongement de la scolarité à 16 ans (celle-ci ne sera réalisée que dix ans plus tard) ; la réforme des collèges en 1963 fusionnant tous les types antérieurs d'établissements.

Cette volonté étatique fut relayée par des acteurs internes de l'enseignement (les instituteurs et leurs organisations), mais aussi par une demande de plus en plus forte des familles. Les parents, ayant plus de moyens, pouvaient désormais consacrer plus d'argent à la scolarisation de leurs enfants, dont le revenu potentiel n'était plus indispensable. La demande de scolarité fut également stimulée par l'espérance d'une ascension sociale des générations suivantes. Ainsi, l'une des caractéristiques de ce mouvement de généralisation scolaire fut l'augmentation du secteur de l'enseignement technique, débouché de l'ascension sociale des couches populaires. La première vague de scolarisation a sonné le glas du dualisme scolaire entre école primaire et enseignement secondaire. L'école primaire de Jules Ferry est morte dans les années 70-80. Les collèges ont progressivement concentré toute la contradiction d'une école de masse et d'une sélection de plus en plus forte. Ils demeuraient intégrés à un système secondaire supérieur malthusien et restaient fondés sur une culture académique étrangère aux couches populaires qui, pourtant, accédaient désormais aux classes de la sixième à la troisième.

De 1976 à 1985, on assiste à une stagnation de la croissance de la scolarisation. La demande sociale baisse et la mise en place des procédures d'orientation en collège aboutit à une limitation des flux vers les lycées. La sélectivité accrue du secondaire public a modifié le rôle joué par l'enseignement privé, devenant dès lors un moyen d'échapper aux contraintes de l'orientation (37 % des élèves passent à l'époque d'un système à l'autre durant leur scolarité). Un nombre de plus en plus grand de familles découvre une nouvelle compétence, destinée à devenir stratégique : l'art du parcours scolaire, dont la complexification et la subtilité constituent l'un des traits majeurs de la seconde vague de massification.

La fin du secondaire traditionnel

L'accroissement de la scolarité a de nouveau été spectaculaire à partir de 1985. Encore une fois en raison d'une politique volontariste d'offre d'enseignement de l'Etat rencontrant une puissante demande de scolarité. La volonté politique répondait à des réflexions économiques : la généralisation des nouvelles technologies et d'une économie de service supposait la formation d'une main-d'œuvre qualifiée. Ces considérations s'accompagnaient d'un changement de perception à l'égard de la formation en alternance, longtemps honnie par les acteurs principaux de l'éducation. La croissance de la scolarisation et l'élévation des niveaux de formation passaient désormais aux yeux des dirigeants de l'éducation par un nouveau type de qualification, reposant sur une forme d'alternance : le baccalauréat professionnel.

A partir de la loi de programmation de l'enseignement technique de 1985, cette volonté prend la forme d'un slogan bien connu : *« 80 % d'une classe d'âge au niveau du baccalauréat »*. Le succès, en termes quantitatifs, est immédiat : les effectifs des lycées passent de 1,2 million d'élèves en 1986 à près de 1,6 million en 1990-1991. La croissance porte sur toutes les formes de baccalauréat : en 1980, alors que les baccalauréats professionnels n'existent pas, on compte 22 % de bacheliers généraux et 11 % de bacheliers techniques. En 1998, après une légère décrue depuis 1994, on compte 33,6 % de bacheliers généraux, 21,2 % de bacheliers techniques et 13,2 % de bacheliers professionnels, soit un total de 68 % de bacheliers. Il y a désormais beaucoup plus de bacheliers qu'il n'y avait de titulaires du certificat d'études à la veille de 1940 ! Cette seconde massification s'est tout naturellement répercutée sur l'enseignement supérieur, qui s'est lui aussi modifié profondément. Il avait connu un premier accroissement dans les années 60 : de

309 000 étudiants (essentiellement en université) à 850 000 en 1970.
Après un ralentissement net de la progression, 1 174 000 en 1980, ses effectifs passent en 1990 à 1 690 000 et progressent jusqu'en 2000 à 2 126 000 étudiants. L'accroissement des années 1980-95 est principalement le fait des universités (790 000 étudiants en 1980 ; 1 080 000 en 1990 ; 1 338 000 en 1995. Le nombre d'étudiants décroît un peu pour atteindre 1 262 000 en 1998-1999). Les sections de techniciens supérieurs voient leurs effectifs passer de 99 000 en 1980, à 199 000 en 1980, puis 234 000 en 1990.
Les années 90 sont à la fois celles de la fin de l'enseignement professionnel traditionnel (CAP/BEP) et celles de l'apparition d'un enseignement supérieur de masse qui concerne plus de 50 % de jeunes de 20 ans. Cependant, les sections prestigieuses – classes préparatoires aux grandes écoles, IUT, écoles de commerce, écoles médicales, etc. – sont proportionnellement plus sélectives, puisque leurs effectifs sont restés plus stables.
La seconde massification a profondément modifié les enseignements secondaires, technologiques et supérieurs. Elle a mis en évidence plusieurs réalités contradictoires. Tout d'abord, l'amélioration des performances moyennes des élèves. En second lieu, une démocratisation sensible, bien que l'on n'assiste pas à une atténuation des inégalités, mais à leur déplacement vers le haut (1).
La première caractéristique de la période contemporaine est, depuis plus de vingt ans, que l'on n'a cessé de penser le changement éducatif à l'aide de grandes réformes de structures. La très vieille exigence de justice sociale et de démocratisation, que portaient durant tout le siècle les tentatives de réforme, s'est désormais incarnée dans la mise en place de politiques de discrimination positive. Celles-ci furent initiées en premier lieu en Angleterre à la fin des années 60, avec la mise en place d'*Educational Priority Areas*, puis avec la politique des Zones d'éducation prioritaires françaises (Zep) à partir de 1981, ou encore la mise en place des *Charters Schools* américaines dans les années 90.

Nouvelles politiques, nouvelles pratiques

Ces politiques de discrimination positive ont eu un résultat contrasté. La grande nouveauté provient du renforcement du rôle des établissements scolaires, principalement collèges, lycées et dans une moindre mesure universités. La situation française, pour être particulière, n'est en rien exceptionnelle.
On constate par ailleurs une convergence nette des idéologies, des pratiques et des politiques éducatives dans de nombreux pays, notamment les pays riches : « *Un paradigme commun néolibéral délimite la nature et les modalités de changement qui peuvent être proposées. Ce cadre prend corps dans des réformes visant à réduire l'intervention et le dirigisme politique (mais non point le contrôle indirect) de l'Etat central en matière de scolarisation, à accroître l'autonomie de fonctionnement des établissements scolaires tout en limitant les prérogatives des enseignants, et à étendre la*

1. J. Bourdon et C. Thélot (dir.), *Education et Formation. L'apport de la recherche aux politiques éducatives*, CNRS Editions, 1999.

liberté de choix des établissements par les parents.» (2)
En France, on a assisté à des changements fondamentaux dans le fonctionnement des lycées et des collèges. La décentralisation du système scolaire, la création des zones d'éducation prioritaires, la définition d'un statut d'établissement public local d'enseignement, la désectorisation dans les zones urbaines et la loi d'orientation de 1989 ont modifié les relations entre les établissements, les collectivités locales, l'Etat et les usagers que sont les parents ou les élèves (3). L'assouplissement de la sectorisation en 1992 a eu, par exemple, un impact tout à fait considérable en favorisant *«la course des familles vers les lycées les mieux cotés, qui apparaissent comme des établissements à part»* (4).
Les familles ont élaboré des stratégies pour que leurs enfants accèdent aux meilleurs établissements, aux sections les plus prestigieuses et échappent aux filières ayant mauvaise réputation, particulièrement celles qui sont dispensées dans les établissements secondaires drainant les populations des Zep : le choix des langues, des options, du redoublement est un «jeu» subtil auquel s'adonnent pratiquement tous les parents d'élèves des classes moyennes et supérieures.

Entre intégration citoyenne et prestation de services

L'école républicaine et son système dual permettaient globalement une triple intégration des individus : une intégration culturelle à la nation, comme unité politique ; une intégration sociale, en assignant une place, notamment professionnelle, à chacun ; mais aussi une intégration subjective, c'est-à-dire définissant des valeurs morales permettant à chaque individu de se concevoir comme un être politique et social. *«Il suffisait que chacun joue son rôle pour que la socialisation s'établisse et pour que les individus s'intègrent en s'autonomisant. Cette vision donnait une grande stabilité aux relations pédagogiques, car la ségrégation des publics scolaires garantissait un ajustement des attentes de tous, professeurs, élèves et parents.»* (5)
Aujourd'hui, les différentes dimensions de l'intégration se sont autonomisées. Elles passent souvent par d'autres canaux que l'institution scolaire, et l'ensemble des acteurs ou usagers se trouve en situation délicate. Les enseignants se sont retrouvés de plus en plus avec des publics «à conquérir», qui doutent de l'utilité de l'école. Les élèves sont soumis à une compétition féroce, dont les règles sont opaques. C'est aux acteurs eux-mêmes (élèves, enseignants, parents, etc.) de construire, par leur expérience, le sens et la motivation. Les élèves doivent, par exemple, percevoir en même temps l'intérêt culturel et l'utilité sociale de leurs études, ce qui n'est pas une évidence, particulièrement pour les couches populaires.
Dans ces conditions, il n'est pas éton-

2. A. Van Zanten, «Comparer pour comprendre : globalisation, réinterprétations nationales et recontextualisations locales des politiques éducatives néolibérales», *Revue de l'Institut de sociologie*, 2000.
3. P. Masson, *Les Coulisses d'un lycée ordinaire. Enquête sur les établissements secondaires des années 90*, Puf, 1999.
4. M. Drosile-Vasconsellos, «Les lycées, évolutions et réformes», *Cahiers français*, n° 285, mars/avril 1998.
5. F. Dubet, «Ecole, citoyenneté, intégration», dans *Education et Formation, op. cit.*

Un lycée bien ordinaire

Il y a une dizaine d'années, un ensemble de mesures législatives a rendu les lycées plus libres de définir leur politique de recrutement et d'orientation. En quelques années, c'est tout le fonctionnement de l'enseignement qui en a été bouleversé.

En 1990, dans une petite ville de l'Ouest de la France, le proviseur adjoint du lycée justifie l'ouverture de nombreuses options en raison de l'isolement géographique, qui obligerait les élèves à parcourir 60 km pour aller dans un autre établissement, ou bien devenir internes.
Ce cas, rapporté dans une enquête d'ethnographie participante par le sociologue Philippe Masson, illustre la mutation fondamentale intervenue dans la gestion de l'éducation au début des années 90. Il souligne que les raisons invoquées par le chef d'établissement sont évidemment partielles. C'est surtout un moyen d'élargir et d'assurer le recrutement des élèves, et ainsi d'éviter la diminution des effectifs du lycée. Aujourd'hui, tous les lycées sont ainsi engagés dans des pratiques qui, de la création d'options à des politiques spécifiques d'orientation, configurent une offre d'éducation particulièrement complexe.
Les procédures d'orientation des élèves sont définies par de nombreux facteurs : les dotations horaires et les offres de places de certaines filières, les négociations entre les différents acteurs durant les conseils de classes, etc. Les redoublements peuvent, par exemple, être tolérés ou non, au gré de la volonté de maintien de telle ou telle classe au détriment de telle autre. Ainsi, de multiples contraintes et conceptions concourent à l'élaboration de l'offre scolaire d'un établissement dont la moindre n'est pas le déroulement de la carrière des chefs d'établissements.
En 1989, toujours dans le même lycée, est nommé un nouveau proviseur : une femme de 40 ans, ayant eu une forte ascension professionnelle. Elle admet toutes les décisions d'orientation demandées par les enseignants. Cela aboutit à augmenter significativement le taux de redoublement en seconde, qui passe de 16 % à 27 %. L'année suivante, suite aux remarques de l'inspecteur d'académie, elle change totalement de politique. Elle reçoit les familles et les soutient dans leur désir de poursuite d'études : le taux de redoublement tombe à 9 %.

J.-C.R.-B.

Source : P. Masson, *Les Coulisses d'un lycée ordinaire*, Puf, 1999.

nant que l'école soit en débat (6). La critique de l'école, et donc les propositions de changement, se font aujourd'hui selon deux axes principaux. Le premier est la question séculaire de l'égalité et de la démocratisation. Sur cet aspect, les critiques néolibérales ou républicaines dénoncent principalement le pédagogisme, c'est-à-dire la pédagogie du contrat, de la négociation et de l'autonomie de l'élève.

On peut arguer en premier lieu que ce pédagogisme, responsable supposé de l'échec relatif des politiques de discrimination positive (Zep) et du maintien des inégalités scolaires, n'est pas dominant, comme l'illustre par exemple la résistance des enseignants et des parents à la suppression des devoirs à la maison, qui pourtant date de 1956 ! Il faut en second lieu voir que les propositions de réformes de ceux qui, comme Philippe Meirieu, plaident en faveur d'une démocratisation des pratiques scolaires, ne sacrifient pas à un « laxisme coupable ».

Egalité et démocratisation

Les principaux analystes français connaissent les conclusions de la sociologie de l'éducation, qui a établi depuis une bonne quarantaine d'années la corrélation entre la réussite scolaire des enfants de couches populaires et des institutions aux règles et normes clairement lisibles. Ils prennent cependant en compte les réalités de la transformation scolaire, plutôt que de s'arc-bouter sur le souvenir mythifié d'une école républicaine révolue ou sur l'espoir d'un système totalement concurrentiel.

Le second axe de réflexion sur le devenir de l'école actuelle porte sur la rentabilité de l'institution éducative, sa gestion, son efficacité et sur sa place dans l'accroissement du « capital humain » (7). Le système éducatif n'est plus le seul pourvoyeur de connaissances. Il est concurrencé par de nombreux autres lieux ou formes d'apprentissages. En effet, les individus bâtissent leurs parcours de formation, cherchant à utiliser au mieux les ressources diverses qui leurs sont offertes.

Mais, on le sait, la question de l'éducation ne se résume pas à la qualité des outils technologiques. Certes, l'enseignement à distance se développe. C'est, par exemple, le cas pour certains apprentissages comme les langues, le management, le soutien scolaire, etc. Mais il demeure lié à la certification des diplômes par l'Etat, ou du moins à l'existence de standards et de qualifications reconnues. Le rôle d'intégration sociale et politique de l'école, prérogative de l'Etat, n'a en fait aucune raison sérieuse ou prévisible de s'estomper. Les responsables des politiques scolaires continuent évidemment à concevoir l'école comme le lieu de la transmission des fondements de la culture et comme le lieu d'apprentissage des bases du vivre-ensemble des sociétés démocratiques.

Bien qu'il y ait de bonnes raisons de penser que la prise en charge par les individus de leurs stratégies de formation va se renforcer, il faudra donc, demain comme aujourd'hui, former des

6. V. Troger, « L'école en débat », *Sciences Humaines*, n° 100, décembre 1999.
7. J.-P. Jalade (dir.), « L'efficacité des systèmes éducatifs », *Sociétal*, n° 26, septembre 1999.

Former les enseignants

Achevé à la veille de la démission de Claude Allègre, ce livre (1) arrive au bon moment pour faire le point sur une question cruciale des politiques d'éducation : la formation des enseignants. Les auteurs restituent d'abord la genèse des Instituts universitaires de formation des maîtres (IUFM), créés en 1990 pour organiser une formation commune des enseignants du primaire et du secondaire. Ils rappellent que l'idée d'une professionnalité commune à tous les maîtres est un projet ancien, indissociable de l'idéal de démocratisation de l'enseignement, et à ce titre fortement ancré dans le patrimoine culturel de la gauche. Cette entrée par le politique leur permet de situer le premier développement des IUFM dans le contexte de l'alternance gauche-droite, et de rappeler que le retour de la droite au pouvoir a été immédiatement suivi en 1993 d'une remise en cause de l'existence même des IUFM.

Mais les auteurs montrent aussi l'hostilité que l'idée de professionnalité commune à tous les maîtres a toujours provoquée au sein de la communauté enseignante, au-delà des clivages politiques. On retrouve ainsi un noyau dur d'opposants, fédérés par la double croyance dans la primauté des savoirs universitaires et dans une conception essentialiste de « l'art » du maître, composés des représentants très médiatisés des humanités classiques et des tenants de l'élitisme républicain, la société des agrégés étant à la pointe du combat.

Le livre montre ensuite qu'en raison de la forte volonté politique de départ, les décisions ont été très rapidement prises, avec des conséquences plutôt négatives. La collaboration forcée de cultures jusque-là étrangères l'une à l'autre, notamment celle des anciennes écoles normales et celles des centres de formation pédagogique des professeurs du secondaire, a provoqué des querelles de territoires et une prolifération de hiérarchies parallèles et concurrentes, peu favorables à la cohérence de l'ensemble.

VINCENT TROGER

1. A. Robert et H. Terral, *Les IUFM et la formation des enseignants aujourd'hui*, Puf, 2000.

citoyens, certifier les acquis et les diplômes, fournir des normes et des valeurs admises socialement. Demeure le problème des inégalités et de la promotion sociale. Un siècle de réformes et vingt ans de discrimination positive n'ont guère fait progresser la question. C'est là le principal effet pervers de toutes les politiques éducatives. Antoine Prost rappelait il y a quelques années que, de manière très spécifique à la France, en raison de la place des diplômes et de la certification scolaire, *« l'école n'est pas un bien comme les autres ; les inégalités devant l'enseignement sont beaucoup plus fondamentales et beaucoup plus graves que les inégalités devant les vacances, le logement, l'automobile, etc., parce qu'elles les conditionnent. La réussite scolaire est la clef de la réussite sociale. »* (8) Quoiqu'il faille, de l'avis de l'historien lui-même, relativiser cette conviction partagée par tous les Français, la question de la réduction des inégalités scolaires reste centrale.

8. A. Prost, *L'Enseignement s'est-il démocratisé ?*, Puf, 1986.

L'ENSEIGNEMENT PROFESSIONNEL : UN STATUT TOUJOURS AMBIGU

ENTRETIEN AVEC VINCENT TROGER*

En dépit de la volonté affichée des pouvoirs publics, l'enseignement professionnel peine à imposer sa légitimité aux yeux des usagers du système éducatif.

***Sciences Humaines :* Quelles ont été les mutations importantes dans l'enseignement professionnel depuis les années 80 ?**

Vincent Troger : La plus significative est la création des bacs professionnels, en 1985. On y retrouve, en réponse à la demande des entreprises, les deux tendances dominantes depuis vingt ans : l'élévation du niveau de formation des ouvriers et des employés pour les préparer aux nouvelles exigences du marché du travail, et la nécessité de rapprocher l'école et l'entreprise. Les élèves de bacs professionnels effectuent en effet seize semaines de stages en entreprise pendant leur formation, et l'évaluation de ces stages compte pour l'attribution du diplôme.

***SH :* Peut-on observer, comme pour l'enseignement général, une plus grande participation de nouveaux acteurs extérieurs à l'école (les employeurs par exemple) ?**

V.T. : Depuis 1948, les représentants des employeurs sont directement associés à la conception des diplômes de l'enseignement technique, et depuis 1925, le versement de la taxe d'apprentissage leur permet d'entretenir des relations étroites avec les établissements.

L'alternance a permis d'accentuer ces liens, mais de manière contrastée : certains employeurs organisent sérieusement les stages en collaboration avec les enseignants, d'autres accueillent simplement les enfants de parents qu'ils connaissent ou les élèves des enseignants qui ont su les persuader ; les plus cyniques utilisent les stagiaires comme main-d'œuvre gratuite.

Par ailleurs, depuis une loi de 1993, les conseils régionaux ont autorité pour intervenir dans la formation professionnelle. Leur action permet parfois d'améliorer l'adéquation des formations aux besoins régionaux, mais elle peut aussi ne servir que les intérêts électoraux des élus locaux.

** Maître de conférences en sciences de l'éducation à l'IUFM de Versailles et Paris-X-Nanterre. A coordonné le dossier « Les formations professionnelles entre l'école et l'entreprise », Revue française de pédagogie, n° 131, juin 2000.*

***SH :* Les nouveaux diplômes qui ont été créés permettent-ils une bonne insertion sur le marché du travail ?**

V.T. : Il n'y a pas vraiment de règle générale en ce domaine. Bien sûr, en moyenne, les bacs pro sont plus performants que les diplômes de niveau inférieur, ou même que les bacs généraux les moins prestigieux. Mais ce qui est le plus déterminant, c'est l'état de l'offre et de la demande d'emploi dans chaque branche professionnelle concernée. Ainsi, les bacs pro commerciaux ou de secrétariat sont très demandés par les élèves, mais aussi très concurrencés sur le marché du travail par des diplômes supérieurs ou par les bacs généraux. A l'inverse, les bacs pro des métiers industriels, comme l'électrotechnique ou la plasturgie, sont moins demandés alors qu'ils offrent souvent de bons taux d'insertion.

***SH :* Avec le bac professionnel, assiste-t-on à une revalorisation de l'enseignement professionnel par rapport à l'enseignement général ?**

V.T. : C'était un de ses objectifs initiaux. Mais il a rencontré deux obstacles. Le premier tient à l'évolution des politiques éducatives après 1985. Le bac pro devait être à l'origine le principal vecteur de la promotion de 80 % d'une classe d'âge au bac. Mais c'est en définitive le lycée général qui a été massivement ouvert aux « nouveaux lycéens ». De ce fait, la pratique de la sélection des élèves de lycée professionnel sur la base de l'échec au collège a plutôt eu tendance à s'accentuer, ce qui a nui à l'image du bac pro.

Le second obstacle tient aux politiques de recrutement des entreprises : en continuant à profiter de la crise de l'emploi pour faire pression sur les conditions d'embauche et de rémunération des ouvriers et des employés, elles ont aggravé la réticence des jeunes à l'égard de formations qui conduisent prioritairement à ce type d'emploi. Il n'en demeure pas moins que l'enseignement professionnel constitue une véritable seconde chance pour les 700 000 élèves qu'il accueille (le tiers des lycéens), notamment parce que les enseignants y établissent avec eux une relation éducative plus ouverte que celle qu'ils ont généralement connue au collège.

Propos recueillis par
MARTINE FOURNIER
(*Sciences Humaines*, n° 111, décembre 2000)

MARIE-FRANÇOISE FAVE-BONNET*

L'UNIVERSITÉ : ÉTAT DES LIEUX**

Croissance des effectifs étudiants, diversification des filières, multiplication des statuts et des tâches pour les enseignants... l'Université française connaît d'importantes difficultés pour s'adapter aux demandes multiples de ses nouveaux publics.

DIRE que l'enseignement supérieur va mal fait partie de ces informations devenues si banales qu'on finirait par s'y habituer... De déclarations en projets, de lois en réformes, de grèves en négociations, on pourrait croire que la question avance, alors que le navire s'enfonce, lentement. Inertie ? Pas tout à fait, et, en tout cas, pas pour tout le monde. En effet, le terme de « massification de l'enseignement supérieur » est trompeur : il pourrait faire croire que toutes les filières et tous les étudiants vivent la même situation. Il n'en est rien : le système universitaire français se présente aujourd'hui comme une juxtaposition de filières disparates aux objectifs et aux fonctionnements très divers. Dans cet ensemble, les universités ne représentent qu'une partie de l'enseignement supérieur, mais accueillent les trois quarts des étudiants. C'est là que se concentre l'essentiel des problèmes, en particulier en premier cycle (Deug) parce que l'Université est ouverte à tous les titulaires du baccalauréat, alors que les autres filières sélectionnent leurs étudiants et sont financièrement mieux dotées.

Le bilan qui suit voudrait faire le point sur ces disparités et sur cette situation de plus en plus mal vécue par une partie des étudiants et des enseignants.

---

* Maître de conférences en sciences de l'éducation à l'Université Paris-X-Nanterre.

** *Sciences Humaines*, n° 70, mars 1997. Texte revu et actualisé par l'auteur, janvier 2001

Les effets de la « massification »

Les universités ont déjà vu leurs effectifs augmenter de façon considérable dans les années 60 avec plus qu'un doublement des effectifs entre 1960 et 1966, essentiellement en lettres et en sciences.
Les causes de cette montée des effectifs étaient diverses : augmentation de la scolarité en secondaire (conséquence de l'obligation scolaire jusqu'à 16 ans depuis 1959), raisons démographiques (*baby boom* des années 50), demande sociale vis-à-vis de l'école, économie en expansion, etc.
Malgré l'ampleur des mesures prises à l'époque, la montée des effectifs fut déjà mal vécue dans les universités. Du côté des enseignants, on s'interrogeait déjà sur l'avenir et les missions de l'Université, et l'on constatait la dégradation des conditions d'enseignement et de recherche. Quant aux étudiants… il y eut les événements de mai 1968…
Les problèmes actuels ne se posent pas exactement de la même façon. Mais certaines questions qui n'ont pas été résolues à l'époque resurgissent de façon plus forte aujourd'hui : c'est le cas, par exemple, des missions de l'Université, des premiers cycles et des méthodes d'enseignement.
Les faits, au premier abord, sont pourtant très semblables : il y avait, dans l'enseignement supérieur, 1,2 million d'étudiants en 1980, 1,6 million en 1990, et le chiffre de 2,2 millions d'étudiants a été atteint en 1995. Les seules universités accueillaient, en 1996, 1,5 million d'étudiants : elles ont subi entre 1990 et 1995 une augmentation d'effectif de 6 % par an, puis une baisse des nouveaux entrants pendant trois ans, pour se stabiliser autour de 1,4 million à la rentrée 1999-2000.
La situation est due à l'augmentation spectaculaire du nombre de bacheliers, avec l'objectif de la loi d'Orientation de 1989 de scolariser *« 80 % d'une classe d'âge jusqu'au niveau du baccalauréat d'ici l'an 2000 »* : le pourcentage de bacheliers (par génération en âge d'avoir le baccalauréat) est passé de 26 % en 1981 pour atteindre 47,5 % en 1991 et 62 % en 2000 ! Il n'y a pas ici de cause démographique, la taille des générations est, en effet, plutôt en baisse. Il s'agit aussi d'une demande sociale de la part des familles et des jeunes qui voient dans la poursuite d'études supérieures un moyen de se prémunir contre le chômage.
Les mesures prises dans l'enseignement supérieur face à la montée récente des effectifs ont été considérables. Les recrutements d'enseignants ont été importants (38 % entre 1985 et 1995), mais cet effort s'est arrêté dès 1993, changement de politique oblige, passant de 3 700 créations en 1993 à 1 050 en 1994… Au total, ces créations n'auront pu pallier l'augmentation des effectifs, à cause, entre autres, du retard pris dans les années antérieures.
Une politique de constructions et de rééquilibrage régional a été entreprise : le schéma « Université 2000 » a été initié dès 1988, suivi du plan « Université du 3e millénaire » (U3M) pour la période 2000-2006. On a augmenté le nombre de places dans les filières courtes existantes : les STS (Sections de techniciens supérieurs des lycées) et les IUT (Instituts universitaires de technologie). Mais plus de la moitié des diplô-

més des IUT poursuivent ensuite des études à l'Université pour augmenter leurs chances d'insertion professionnelle. L'effet escompté n'a donc pas été réalisé, car il manque toujours une véritable filière technologique à l'Université. Des filières professionnalisées, les IUP (Instituts universitaires professionnalisés), ont été créées en 1991, mais ces derniers n'accueillent qu'un nombre très limité d'étudiants car ils sont sélectifs. A la rentrée 2000 ont aussi été créées des licences professionnelles.
L'accroissement le plus spectaculaire du nombre d'étudiants a donc eu lieu à l'Université, et en particulier en premier cycle (les deux premières années), c'est à dire en Deug. Les échecs et abandons (entre 40 % et 50 % selon les disciplines) ont incité à mettre en place diverses mesures palliatives. Ce fut la « rénovation » des Deug en 1985 avec la pluridisciplinarité permettant aux étudiants de faire progressivement leurs choix, au cours des deux années, vers une discipline. Il y eut les arrêtés de 1992 sur les diplômes, instaurant les modules et la compensation des notes. Des groupes de soutien, des tutorats, des séquences d'initiation aux méthodes de travail universitaire… les formules depuis dix ans ont été variées et innovantes : les échecs en Deug ont légèrement baissé, mais restent importants (30 à 40 %).
Si les politiques menées pour faire face à la montée des effectifs des étudiants semblent proches de celles des années 60, elles diffèrent pourtant fondamentalement sur un point, le contexte économique, et donc sur les possibilités de financement. Le budget de l'enseignement supérieur est passé de 20 milliards de francs en 1985, à 42 milliards de francs en 1995, avec des pics de croissance de 12 % en 1991 et de 17,2 % en 1992. Il s'agissait de la priorité politique du gouvernement de gauche de l'époque. Le fait que cet effort n'ait pas été soutenu les années suivantes (1,9 % de croissance seulement en 1994 et 4,8 % en 1995) a eu des conséquences importantes sur ce sentiment d'abandon que vit l'Université par rapport aux autres niveaux d'enseignement.
De plus, les disparités dans l'enseignement supérieur n'ont pas disparu : un étudiant à l'Université ne coûte « que » 39 000 francs par an, un étudiant en IUT 53 800 francs, un élève en section de technicien supérieur 64 500 francs, alors que la dépense en classe préparatoire aux Grandes Ecoles est de 77 800 francs et celle d'un ingénieur universitaire est de 76 500 francs par an (chiffres de 1998).
Comme dans d'autres pays, l'idée de diversifier le financement de l'enseignement supérieur est à l'ordre du jour. Mais ce changement se heurte, en France, à plusieurs obstacles majeurs. L'opinion publique est fortement attachée à la quasi-gratuité (environ 900 francs par an) de l'inscription à l'Université et à l'absence de sélection à son entrée. Ces deux principes peuvent mettre des milliers de lycéens et d'étudiants dans la rue, comme en décembre 1986, lors du projet Devaquet, et les ministères successifs se gardent bien d'y toucher. Par ailleurs, la participation des entreprises au financement des universités reste très faible en France.
Les collectivités territoriales sont de plus

en plus sollicitées, mais leurs possibilités de financement et leurs politiques vis-à-vis du supérieur sont différentes. En tout état de cause, l'Etat finance toujours les salaires des personnels, ce qui représente 80 % des dépenses.

La situation des universités n'a guère de chance d'évoluer dans ce contexte, et les rénovations envisagées à l'issue des «Etats généraux de l'Université» engagés par le ministre François Bayrou au début de l'année 1996, ou bien par le rapport Attali de mai 1998 sur le rapprochement entre les Grandes Ecoles et l'Université, n'ont pas été suivies d'effets. L'Université attend toujours sa réforme…

Des étudiants désorientés

La grande hétérogénéité du système d'enseignement supérieur, constitué par ajouts de filières ou d'établissements, se présente, pour les étudiants, comme un maquis dans lequel il est difficile de faire son chemin. Il en est de même pour les employeurs qui privilégient les diplômés de certaines écoles renommées ou d'universités prestigieuses au détriment des cursus des universités.

La multiplicité des filières n'est pas la seule cause des problèmes d'orientation des étudiants : ceux-ci arrivent souvent à l'Université parce qu'ils n'ont pas pu entrer dans une filière sélective (classes préparatoires aux Grandes Ecoles, IUT, STS), ou qu'ils ont dû renoncer aux écoles privées de commerce, de gestion… parce qu'elles sont trop chères. C'est donc souvent en dernier choix que les étudiants arrivent à l'Université. Or, les conditions pédagogiques des premiers cycles à l'Université (amphis surchargés, anonymat…) ne peuvent convenir à des étudiants démotivés ou indécis. Les mesures prises pour rénover les Deug ont fait baisser les taux d'échecs, mais n'ont pas résolu la question de l'orientation des étudiants.

Les «nouveaux publics» issus des classes moyennes et populaires qui ont accédé à l'enseignement supérieur se sont essentiellement dirigés vers les filières peu coûteuses, c'est-à-dire l'Université. Ce sont eux qui éprouvent le plus de difficultés d'orientation, n'ayant pas, comme ceux qui viennent de milieux aisés, une famille ou un entourage qui puissent les informer et conseiller. Si les inégalités sociales d'accès à l'Université se sont estompées, les inégalités de succès n'ont pas évolué dans les mêmes proportions : il y a aujourd'hui, en 1er cycle, 13 % d'enfants d'ouvriers et 35 % d'enfants de cadres supérieurs et de professeurs, mais la proportion tombe à 7 % d'enfants d'ouvriers en 3e cycle, et s'élève à 46 % pour les enfants de cadres supérieurs et de professeurs.

Un autre phénomène important est l'augmentation de la durée des études. Pour obtenir le diplôme le plus élevé possible, un 1er cycle en trois ans (au lieu de deux), et un 2nd cycle en six ans (au lieu de quatre) deviennent des situations courantes. De plus, non seulement la durée des études s'élève, mais aussi le niveau : ce sont les effectifs des 2e et 3e cycles qui augmentent le plus aujourd'hui.

Pour financer des études plus longues, la proportion de ceux qui font des «petits boulots» augmente : certaines filières (lettres, sciences humaines) sont

ainsi composées en grande partie d'une population mi-étudiante, mi-salariée qui a du mal à concilier études et emploi.
Le terme de «statut étudiant», qui a été utilisé par les syndicats étudiants lors des grèves de décembre 1995 pour désigner les aides financières, est un indicateur de cette tendance. Etre étudiant n'est plus envisagé comme une période de passage, mais bien comme une période relativement longue nécessitant un «statut» avec des revenus.
Dans les filières aux débouchés incertains, comme les lettres et les sciences humaines (qui forment près de la moitié des effectifs des universités), règnent une démotivation et un désenchantement des étudiants qui ne sont plus assurés d'échapper au chômage, même avec un diplôme universitaire.
Toutes les filières ne sont pas, bien évidemment, touchées de la même façon. Ce qui caractérise aujourd'hui le monde étudiant, c'est bien son hétérogénéité. François Dubet détermine trois dimensions de l'expérience étudiante. La nature du projet poursuivi sépare ceux qui sont motivés par une profession future (médecine, par exemple) de ceux qui n'ont aucune idée de leur avenir professionnel. Le degré d'intégration dans la vie universitaire est une deuxième dimension qui distingue grandes et petites universités, nouveaux et anciens étudiants, petites filières et grandes masses. A cet égard, c'est seulement en province qu'existe encore, selon Olivier Galland, un milieu intégrateur. Le dernier clivage concerne l'intérêt intellectuel pour les études, qui est la motivation première de la moitié des étudiants, en dehors de tout projet professionnel, et cela quelle que soit la filière. Comme on le voit, la «massification» a entraîné une très grande diversification de situations pour les étudiants selon les disciplines, les filières, les universités... Si certains ont trouvé ce qu'ils cherchaient à l'Université, une formation professionnelle ou un milieu de culture, d'autres sont désorientés et désenchantés. Le titre du livre de Didier Lapeyronnie et Jean-Louis Marie, *Campus blues*, résume bien l'état d'esprit d'une grande partie des étudiants. Nous allons voir que leurs enseignants ont, eux aussi, mal vécu la montée des effectifs.

Des enseignants-chercheurs désabusés

S'il y avait autrefois un professeur et ses assistants, la profession a vécu en trente ans de profondes transformations dans la diversification de ses statuts, mais aussi de ses missions. Il y a près de 77 000 enseignants dans le supérieur, dont 80 % dans les seules universités. Mais seuls 60 % de cet effectif sont des enseignants-chercheurs titulaires : les professeurs, un peu plus d'un tiers des titulaires (14 % de femmes), les maîtres de conférences, les plus nombreux, soit 60 % de l'ensemble (36 % de femmes), et les assistants qui ne sont plus recrutés depuis 1983 et ne représentent plus que 3,5 % du total.
Mais à côté des enseignants-chercheurs titulaires, il y a 13 % de moniteurs et attachés (étudiants en cours de thèse), et 17 % d'enseignants du second degré, lecteurs et maîtres de langues. Donc plus d'un quart des enseignants permanents n'ont pas de statut universitaire au sens strict. L'augmentation du

nombre de professeurs agrégés du secondaire inquiète, car ce statut remet en cause l'articulation entre enseignement et recherche à l'Université : n'étant pas astreints à faire de la recherche, ils doivent effectuer un double service d'heures d'enseignement et constituent un moyen aisé de remédier à la montée des effectifs étudiants.

Il faut ajouter à ces différentes catégories les chargés de cours vacataires, qui effectuent quelques heures d'enseignement par semaine : jamais recensés, leur nombre a augmenté avec la montée des effectifs. Plusieurs enquêtes que j'ai effectuées montrent que la féminisation de ces statuts précaires est massive, sauf en droit et en économie… Car s'il y a eu féminisation à l'Université, celle-ci s'est faite dans les disciplines « dominées », au sens de Pierre Bourdieu, c'est- à-dire les lettres et les sciences humaines, là où la montée des effectifs a été la plus forte, et dans les statuts les plus bas dans la hiérarchie des postes.

Un autre phénomène se joue actuellement : les départs massifs à la retraite de ceux qui ont été recrutés dans les années 60 et 70. La période 2000-2007 sera la plus cruciale car 64 % des postes seront à renouveler… Cette situation accentue l'hétérogénéité du milieu, composé d'une grande majorité proche de la retraite (la moyenne d'âge est de 53 ans pour un professeur), et de jeunes collègues nouvellement nommés (30 % en dix ans). La répartition des tâches reste donc très hiérarchisée, les professeurs se consacrant essentiellement aux petits groupes de 2ᵉ et 3ᵉ cycles, tandis que les « autres » se retrouvent devant les groupes surchargés de 1ᵉʳ cycle. On peut parler, parfois, d'université à deux vitesses.

Un autre facteur de diversification des activités concerne la multiplicité de missions que doivent assumer les enseignants-chercheurs depuis la loi Faure (1968) et surtout la loi Savary (1984) : aux traditionnelles missions de recherche et d'enseignement viennent s'ajouter des tâches administratives et des responsabilités collectives. Les enseignants-chercheurs participent par voie élective à la gestion de leur département et de leur UFR, siègent dans les différentes instances de l'Université et dans les commissions de recrutement de leur discipline, interviennent dans des actions de formation continue, de formation des maîtres… Certaines de ces missions ne sont guère valorisées, et certains tentent de se « dispenser » de ces tâches, car la recherche reste le seul critère de recrutement, de promotion et de notoriété. Cette hiérarchisation des missions amène à se désinvestir des tâches d'enseignement, ce qui entrave le développement d'équipes pédagogiques, la création de nouvelles filières, la formation continue, etc.

Un autre clivage sépare aussi les enseignants-chercheurs : la possibilité (ou non) d'articuler convenablement enseignement et recherche. L'existence du CNRS et la séparation institutionnelle entre Université et Recherche (spécifique à la France) induit des différences de moyens entre laboratoires du CNRS et laboratoires d'universités. Toutes les disciplines ne sont pas traitées de la même manière : si les sciences « dures » n'ont pas de difficulté à s'intégrer dans les laboratoires du CNRS, il n'en est pas

de même pour les lettres, les sciences humaines et juridiques, où les laboratoires du CNRS sont plus rares.
Les activités de recherche sont ainsi très différenciées selon les disciplines : certains vivent mal ces difficultés de financement, surtout s'ils sont, par ailleurs, submergés par les tâches d'enseignement.
Les disparités entre disciplines existent depuis toujours à l'Université, mais ce qui change, c'est que cela commence à se savoir… L'utilisation de normes de répartition des moyens (les normes « San Remo »), la mise en place des contrats quadriennaux entre l'Etat et les universités et les rapports du Comité national d'évaluation font la lumière sur les fonctionnements internes, sur les « rentes de situation » et sur la misère de certains secteurs. Les inégalités entre disciplines sont ainsi clairement apparues : le taux d'encadrement est de 9 étudiants par enseignant en sciences, de 13 à 14 pour les disciplines de santé, de 28 en lettres et sciences humaines et de 45 en droit !
Le découragement vient aussi des changements constants de politiques au gré des changements de ministères : réformes non poursuivies, décisions non appliquées, promesses financières non réalisées… Les positions de retrait de la vie universitaire deviennent courantes : arrêt des activités de recherche chez certains, refus de tout mandat collectif chez d'autres, présence minimale sur le campus, déclin du syndicalisme…
Les raisons de ces retraits sont différentes selon les situations : perte de pouvoir pour les professeurs, blocage de carrière pour les maîtres de conférences, difficultés de promotion pour les femmes. Elles varient aussi selon les disciplines : activités extérieures plus lucratives pour les juristes et les économistes, difficultés à se maintenir à un haut niveau de recherche pour les scientifiques, sentiment d'abandon face à la masse d'étudiants pour les littéraires et les sciences humaines…
L'Université française, depuis longtemps, a été écartée de fonctions essen-

Références bibliographiques

- P. Bourdieu, *Homo Academicus*, Editions de Minuit, 1984.
- Comité National d'Evaluation, *Priorités pour l'Université*, La Documentation française, 1989.

Direction de l'Evaluation et de la Prospective (MEN) puis DPD : notes d'information 95-30, 95-40, 99-25, 99-37, 99-47, 00-20, 00-34.

- F. Dubet, « Dimensions et figures de l'expérience étudiante dans l'université de masse », *Revue française de sociologie*, XXXV, 1994.
- M. Duru-Bellat, « Des tentatives de prédictions aux écueils de la prévention en matière d'échec en 1re année d'Université », *Savoir, éducation, formation*, n° 3, Sirey, 1995.
- M. Euriat et C. Thélot, « Le recrutement social de l'élite scolaire depuis 40 ans », *Educations et formation*, n° 41, 1995.
- M.-F. Fave-Bonnet, « L'opinion des enseignants-chercheurs sur les évolutions actuelles de l'Université », et « L'opinion des enseignants-chercheurs sur leur profession », *Savoir, éducation, formation*, n° 1 et 2, Sirey, 1992.
- M.-F. Fave-Bonnet, dans M. Wilson (dir.) : chapitre « France » in *Women in Educational Management : a European Perspective*, Paul Chapman, 1997.
- O. Galland (dir.), *Le Monde des étudiants*, Puf, 1995.
- J.-P. Jallade, *L'Enseignement supérieur en Europe : vers une évaluation comparée des premiers cycles*, La Documentation française, 1991.
- D. Lapeyronnie et J.-L. Marie, *Campus blues : les étudiants français face à leurs études*, Seuil, 1992.
- J.-C. Passeron, « 1950 - 1980. L'Université mise à la question : changement de décor ou changement de cap ? », dans J. Verger, *Histoire des universités en France*, Privat, 1986.

tielles dans un enseignement supérieur (la formation des élites et la recherche de haut niveau), au profit d'autres institutions, Grandes Ecoles et grands établissements scientifiques. Cette situation ne l'empêchait pas de garder un certain prestige. Mais aujourd'hui, ce prestige est entamé : certains universitaires ont l'impression de travailler dans une institution de « second choix ». Ils avaient fondé beaucoup d'espoir dans l'avènement d'un gouvernement de gauche en 1981, qui faisait de l'Education une priorité nationale. Mais les efforts entrepris n'ont pas amélioré les conditions de vie et de travail à l'Université.

FRANCINE VANISCOTTE*

UNE COMPARAISON EUROPÉENNE DES STRUCTURES ET DES CONTENUS**

La comparaison des systèmes éducatifs européens met en évidence quatre façons différentes de penser l'organisation de la scolarité et de l'enseignement. Chacun de ces modèles traduit une histoire, mais aussi des choix de société.

UNE DIZAINE DE JOURS avant que ne sorte à l'INRP mon ouvrage *Les Ecoles de l'Europe : systèmes éducatifs et dimension européenne*, La Documentation française faisait paraître un livre de Jacques Fialaire intitulé : *L'Ecole en Europe* (1). Nos titres illustrent bien la différence de nos points de départ et de nos analyses. J. Fialaire juge essentiel le *« socle commun de principes essentiels qui fondent l'institution scolaire »*. Moi, peut-être parce que j'ai travaillé à Bruxelles et me suis heurtée aux problèmes que posent les différentes conceptions et idéologies des systèmes éducatifs, je pense que les structures des écoles de l'Europe restent très différentes et que ces différences – qui sont aussi des richesses – sont peu réductibles.

A mon avis une première remarque s'impose : il n'y a pas de modèle d'éducation universel, et il n'y a pas non plus un modèle éducatif européen. Il y a une grande diversité des systèmes éducatifs qu'il faut apprivoiser. Chaque Etat tient à son système éducatif parce qu'il représente l'âme d'un peuple, les bases de la citoyenneté, le sentiment d'appartenance nationale. Et c'est juste, car tant pour des raisons historiques que culturelles nous sommes certes européens mais très différents les uns des autres. Certes, traversant nos cultures diffé-

* Ancienne chargée de mission aux relations internationales à l'INRP. Ella a écrit *Les Ecoles de l'Europe : systèmes éducatifs et dimension européenne*, 1996, INRP.
** Article publié dans J.-C. Ruano-Borbalan (dir.), *Savoirs et compétences en éducation, formation et organisation*, Demos Editions, 2000.
1. J. Fialaire, *L'Ecole en Europe*, La Documentation française, 1996.

rentes, les préoccupations éducatives se rejoignent : égalité des chances, qualité de l'éducation, prévention de l'échec scolaire, amélioration de la formation des enseignants, formation aux technologies de la communication, adaptation de l'enseignement à notre société. Mais en raison des enracinements culturels divers, la structure des systèmes éducatifs obéit à des logiques différentes et les réponses données à des préoccupations identiques diffèrent sensiblement.

Je vais vous proposer une grille d'analyse à deux niveaux :

– ce qui se laisse voir : des structures sensiblement différentes des systèmes éducatifs. Mais ce n'est évidemment pas suffisant, une structure est un ensemble vide qu'il faut analyser et interpréter, contextualiser ;

– ce qu'on inscrit dans ces structures, non pas les contenus (que je ne développerai pas ici) mais l'esprit dans lequel s'inscrivent la transmission des savoirs et l'importance donnée au savoir (sans s et avec s).

Les structures des systèmes éducatifs de l'Europe communautaire

Aujourd'hui, il existe en Europe quatre structures de systèmes éducatifs ayant chacune leur logique, leurs références idéologiques et leur manière de préparer aux études supérieures et au monde du travail. Le tableau ci-contre les illustre.

1. Type scandinave : l'école unique (Danemark, Suède, Norvège, Islande, Finlande). Ce modèle est né du souci de promouvoir une meilleure égalité des chances en donnant le même enseignement à tous les enfants le plus longtemps possible, c'est-à-dire pendant toute la durée de l'école obligatoire, soit jusqu'à l'âge de 16 ans. Par école unique, on entend une école où les enfants dans un même lieu reçoivent un même enseignement donné par un unique corps professoral pendant toute la scolarité obligatoire.

Ce système est habité par une idée force, à savoir qu'une société démocratique qui veut donner l'égalité des chances doit organiser une scolarité obligatoire qui garantisse aux enfants une scolarité de qualité dans tous les domaines : politique, social, culturel, économique. L'école étant obligatoire jusqu'à 16 ans, tous les élèves doivent avoir à la sortie atteint le même niveau de base et acquis les mêmes connaissances. Si on ne parvient pas à faire cela, alors le caractère obligatoire de la scolarité jusqu'à 16 ans n'a pas de sens.

Le petit Danois, par exemple, entre à l'école à 7 ans (parfois avant). Il est intégré à un groupe d'enfants avec lequel il reste pendant toute la durée de sa scolarité obligatoire. Il est pris en charge par une équipe d'enseignants, dont un au moins le suit pendant toute sa scolarité. C'est un système qui assure la continuité maximale dans une école réellement unique où tous les enfants font la même chose jusqu'à 16 ans (mises à part quelques options à partir de la huitième année de scolarité).

2. Le type anglo-saxon : l'école polyvalente (Angleterre, Ecosse, Pays de Galles, Irlande du Nord et, différemment, Irlande). Les quatre grandes régions du Royaume-Uni (le cas de l'Irlande est particulier) ont adopté la *Comprehensive School* (école polyva-

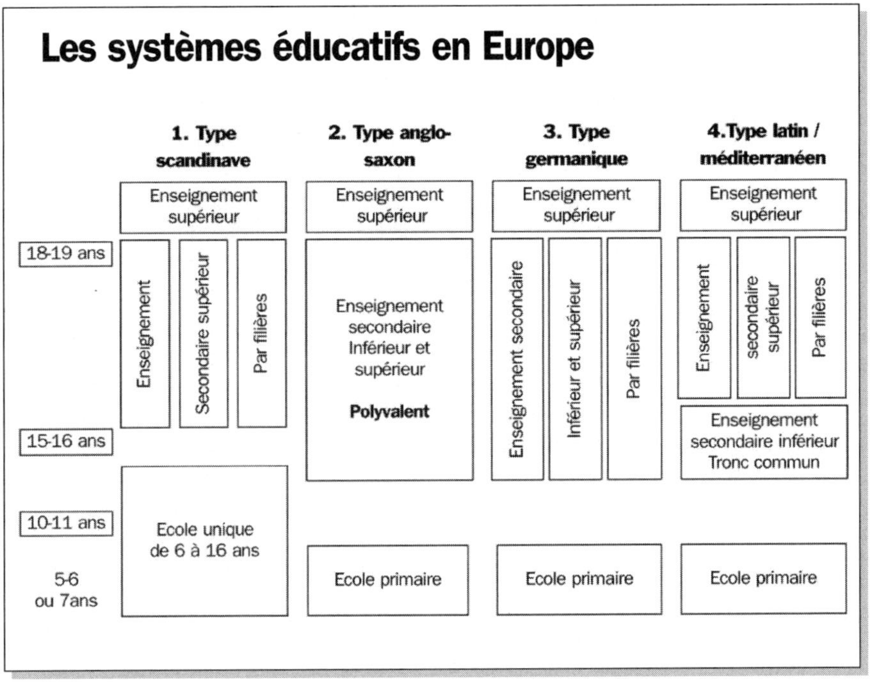

lente) qui se différencie de l'école unique par le fait qu'elle n'unifie pas le primaire et le secondaire inférieur mais recherche plutôt la continuité entre le secondaire inférieur et le secondaire supérieur en proposant non pas un même programme pour tous, mais une gamme de possibilités offertes à tous, parmi lesquelles l'enfant et sa famille font des choix. Cela était totalement vrai jusqu'en 1988 car il n'y avait pas de programmes nationaux. En conséquence, la liberté des établissements était totale. Depuis 1988 l'Angleterre et le Pays de Galles ont mis progressivement en œuvre un *National Curriculum* (programme national) qui restreint leur liberté et les possibilités données pour un enseignement libre et optionnel.

Les écoles polyvalentes, *Comprehensive Schools* d'Angleterre et du Pays de Galles, accueillent 90 % des enfants, celles d'Ecosse 99 %. L'Angleterre maintient, à côté des *Comprehensive Schools* qui répondent à l'exigence démocratique d'une même école pour tous, des établissements traditionnels, hérités du passé et très sélectifs dans lesquels sont reçus surtout les enfants de « bonne famille » (3,8 % de la population scolaire va dans les *Grammar Schools*, 3, 5 % dans les *Modern Schools* et 1 % dans des *Technical Schools*).
Un support majeur de cette manière de faire est le tutorat qui est le garant à la fois de l'égalité et de la qualité du système. L'enseignant tuteur guide l'élève dans son parcours. La structure est dif-

férente des pays scandinaves mais il y a une certaine parenté dans l'esprit

3. Le type germanique : les filières (Allemagne, Autriche, Luxembourg, Suisse, Pays-Bas et, différemment, Belgique). Ces pays ont hérité du système traditionnel en trois filières. Bien des différences existent entre eux en raison du souci de certains, depuis quelques années, de retarder l'orientation en développant des paliers d'orientation et des passerelles. Le choix éducatif reste cependant dans sa structure de base à l'opposé des précédents puisqu'il est axé sur une orientation précoce (bien avant la fin de la scolarité obligatoire), destinée à favoriser l'insertion sociale et professionnelle future de l'élève. La qualité de l'éducation repose ici sur l'orientation et la différenciation des niveaux.

L'enfant allemand (c'est l'exemple le plus significatif des pays pratiquant les filières) entre à 6 ans à l'école primaire et en général après quatre années d'enseignement (il y a quelques variations suivant les *Landers*), est orienté, c'est-à-dire que sa voie est tracée même si, entre 10 et 12 ans, les passerelles sont encore théoriquement possibles : un bon tiers entre dans le secondaire général pour faire des études secondaires menant à l'Université ; un autre grand tiers va vers une formation de type école moyenne. Un petit tiers part vers une formation courte suivie d'une formation professionnelle avant d'entrer dans la vie active.

Mais, à la différence de beaucoup de pays européens, le choix de l'enseignement technique est un choix positif, d'une part parce qu'il est le choix fondamental du système éducatif, d'autre part parce qu'il existe bien des possibilités ultérieures de faire des études à l'intérieur de ce que l'on appelle le système dual (c'est-à-dire par alternance entre le lieu de formation et celui du travail). Les entreprises assurent en effet la formation des élèves du circuit professionnel et elles le font par des maîtres de stage reconnus comme de vrais formateurs et préparés à cette fonction.

L'idée force de cette structure est à l'opposé de celle des systèmes scandinaves ; elle repose sur l'orientation précoce pour une réussite sociale et professionnelle assurée. Si ce système a réussi en Allemagne au point de faire l'admiration de bien des pays, c'est parce qu'il était porté par la société allemande, par une économie florissante permettant le quasi-plein emploi et des salaires pour les techniciens très satisfaisants. S'il est aujourd'hui remis en question, c'est parce que depuis la réunification, les entreprises n'offrent plus assez de stages de formation et que les difficultés économiques ont laissé place au chômage. Ce n'est pas le système d'enseignement qui a changé, c'est le contexte social et en conséquence le regard porté sur l'enseignement.

4. Le type latin et méditerranéen : le tronc commun (France, Italie, Espagne, Grèce, Portugal). C'est un modèle de conciliation entre les précédents. Le tronc commun apparaît comme une nouvelle solution pour répondre aux deux demandes sociales de qualité et d'équité. C'est une façon de faire qui tente d'imiter les Scandinaves : une même école avec des contenus identiques pendant la scolarité obligatoire. Mais il fonctionne sans une réelle pédagogie différenciée, sans le système de tutorat britannique et il maintient, souvent avec une certaine subtilité, des équivalents adoucis des filières : regroupements de bons élèves, choix des langues étrangères, systèmes d'options, etc.

Derrière les structures : quelles priorités éducatives ?

Derrière ces structures qui sont relativement faciles à décrire, il y a les vraies priorités : celles que l'on peut repérer, même si elles ne sont pas toujours clairement avouées ou conscientes. Elles peuvent se décliner par rapport au problème qui nous occupe : la transmission des savoirs, leur acquisition, leur organisation.

1. Les pays scandinaves ainsi que le Royaume-Uni ne mettent pas en premier objectif l'acquisition de savoirs mais relient la qualité de l'éducation à l'épanouissement de l'enfant et à l'acquisition de son autonomie. Pour cette raison, l'enfant danois ou suédois n'est pas noté avant la 8e année de scolarité (15 ans). Il ne passe aucun examen, ne connaît aucune évaluation avant la fin de la scolarité obligatoire et, ensuite, l'évaluation ne s'exprime pas en termes de reçu ou refusé mais de reçu avec telle appréciation – ce qui est différent. Il n'y a pas de redoublement, mais des groupes de soutien et des aides pédagogiques. Ce qui compte, c'est que l'enfant soit heureux à l'école – condition essentielle pour le développement de son autonomie et pour la structuration des savoirs dont l'acquisition apparaît sans doute moins compartimentée que dans d'autres pays. C'est une vision très positive de l'enfant. Dans ce contexte, la notion d'échec scolaire n'a pas de sens. Il faut noter que, à l'exception de l'Irlande, tous ces pays sont de tradition protestante, c'est-à-dire qu'il y règne une conception de l'éducation, de la famille, de la place de l'enfant dans la famille qui ne saurait être étrangère aux choix éducatifs faits et leur donne, malgré les différences entre les pays, un certain air de famille.

2. Dans les pays sous influence germanique, l'enseignement par filières induit des compartimentages au service de la priorité absolue : l'insertion sociale et professionnelle. On ne peut pas assimiler la tradition allemande et celle des Pays-Bas par exemple. Les Pays-Bas ont une tradition d'échange et de commerce très ancienne et très spécifique. Mais dans les deux cas, il y a une valorisation de l'économique et du professionnel qui induit un mode de relation au savoir bien différent de celui des précédents pays.

3. C'est réellement dans les pays latins et méditerranéens que l'on met le plus en avant cette priorité des savoirs. On reconnaît là les pays de tradition catholique (à l'exception de la Grèce qui est orthodoxe), et de culture ancienne. Ces pays sont (en raison de leur patrimoine historique peut-être) très attentifs à l'acquisition des connaissances. C'est là que l'on accorde le plus d'importance aux examens et aux évaluations. C'est qu'il y a une volonté de mener l'ensemble de la population scolaire au niveau de connaissance le plus haut possible et de traiter au mieux cette difficulté : comment concilier l'idéal égalitaire de l'école unique scandinave et la tradition pédagogique d'académisme qui se traduit souvent par une uniformité de méthodes, de fréquents contrôles des connaissances, des contraintes d'examens et de notes et une pratique plus habituelle du redoublement. Ces pays sont – et c'est dans la logique de leur système – les plus marqués par l'échec scolaire. Echec qui n'apparaît pas dans les pays scandinaves (ne pratiquant ni notation, ni évaluation, ni examen durant la scolarité obligatoire) et qui se trouve en grande partie résolu dans les pays fonctionnant avec des filières par le fait que les filières d'orientation modulent les niveaux d'exigences.

4. Les diversités structurelles des enseignements primaire et secondaire, les aspects idéologiques qui les sous-tendent sont-ils également valables pour les enseignements supérieurs ? Non dans la lettre, oui dans l'esprit.

Non dans la lettre car il existe des volontés d'harmonisation des études dans le supérieur qui n'existent pas dans le scolaire. Il y a un désir de mettre en place la mobilité des étudiants et des travailleurs, de rapprocher les formations et une organisation des études en trois cycles et deux semestres annuels par exemple, qui bien que différente est beaucoup plus proche d'un pays à l'autre. L'accord signé entre la France, l'Allemagne, l'Italie et l'Angleterre sur l'harmonisation des diplômes (Déclaration de la Sorbonne) manifeste ce souci de rapprochement même si l'harmonisation des périodes d'études ou des diplômes est encore un grand chantier.

Oui dans l'esprit car l'attention portée au développement de la personnalité se retrouve dans l'enseignement supérieur des pays du Nord. Le système de tutorat entraîne un suivi attentif des étudiants et donc moins d'échecs. La tradition universitaire permet une certaine proximité des relations entre les professeurs et les élèves. Toute aussi traditionnelle est l'importance attachée à la qualité de vie des étudiants des pays anglo-saxons sur leur campus universitaire et dans leurs activités para-scolaires dans l'université. L'importance des enseignements professionnels se retrouve dans les pays sous influence germanique avec une grande richesse des filières de formation et des formations en alternance. La priorité aux connaissances académiques demeure dans les pays du Sud où relativement peu d'importance est donnée à la qualité de la vie des étudiants dans l'université et de leurs relations avec leurs enseignants. Dans la tradition d'académisme, ce qui est premier est bien la qualité de l'enseignement, celle du diplôme, et la notion d'excellence.

Le poids de l'histoire et de la culture

Cette rapide présentation suffit à montrer combien les systèmes éducatifs reflètent les options idéologiques différentes des pays. Ces lignes de force comme toute typologie présentent un aspect réducteur. Mais au-delà de son aspect schématique, cette typologie recoupe des traditions religieuses, des enracinements linguistiques, des différences culturelles. Elle permet aussi de mieux cerner dans les systèmes éducatifs la place donnée à la petite enfance, les curriculum, la répartition des disciplines, les systèmes d'évaluation et d'orientation, etc. Ces tendances majeures qu'il convient de nuancer font comprendre l'indispensable adéquation entre un système éducatif et le type de formation qu'il demande de mettre en œuvre ; elles rappellent que toute réforme de l'éducation ou de la formation doit tenir compte de ce qui fait l'histoire et les caractéristiques du système éducatif d'un pays et ne pas chercher à imiter une réussite qui pourrait dans un autre contexte s'avérer totalement inadaptée.

Quel que soit le modèle éducatif choisi, on découvre toujours une option sur les relations entre le système éducatif et la société. En Europe, certains pensent qu'un système intégré (école unique ou polyvalente) est le plus adapté pour préserver et favoriser à la fois la qualité de l'enseignement et l'égalité des chances. D'autres croient au contraire que seul un système très tôt différencié peut permettre la qualité de l'enseignement et le dépassement des situations d'inégalité dues à la position sociale et économique des familles. Certains pensent que, dans l'enseignement supérieur, le *numerus clausus* ou un examen post-bac garantit la qualité de l'enseignement supérieur et permet à chacun d'obtenir le poste de travail qui correspond à ses capacités. D'autres pensent que c'est le système d'examen qui est le meilleur garant d'une vraie démocratie de l'enseignement.

Aujourd'hui, cependant, les positions contrastées sur ce que doit être dans l'enseignement scolaire « une école de qualité » présentent quelques rapprochements :

– d'une part, un adoucissement des filières et des ruptures qu'elles entraînent et la recherche d'une meilleure continuité éducative ;

– d'autre part, et à l'inverse, la mise en place de différenciations nouvelles dans les systèmes où l'intégration est la règle par la compétitivité possible entre les écoles et parfois par des possibilités d'options ;

– au total, bien que le tronc commun soit un système de compromis entre les deux autres tendances, il est un peu ce vers quoi chacun tend aujourd'hui en tenant compte de son histoire et de ses caractéristiques.

Il faut signaler enfin que les études internationales sur le rendement académique ne révèlent pas de différences significatives dans les résultats obtenus par les élèves en fonction de leur système éducatif. On ne peut donc trancher en faveur de l'un ou l'autre modèle. Une différence fondamentale existe cependant : dans les systèmes à filières, l'excellence apparaît avec plus de facilité alors que dans les systèmes intégrés (école unique), il y a un effet d'uniformité qui limite le nombre d'élèves en situation d'exclusion ou d'échec. Et ceci est bien le résultat d'un choix de société.

Jean-Claude Ruano-Borbalan*

RISQUES ET PROMESSES DE L'E-ÉDUCATION**

Le marché de l'e-éducation s'accroît de manière impressionnante depuis trois ans, principalement dans l'enseignement supérieur et la formation. Au-delà des craintes ou des espoirs, les technologies de l'information génèrent des potentialités évidentes, mais se heurtent à de nombreux obstacles.

Aux Etats-Unis depuis quelques années, un fort débat se mène sur l'impact des NTIC (nouvelles technologies de l'information et de la communication) en éducation. Certains auteurs estiment qu'à l'heure de la mondialisation économique, seules survivront les institutions ou les entreprises qui se seront transformées pour fournir une offre de formation crédible sur de vastes marchés, *via* les réseaux et le télé-enseignement.

Les nouvelles technologies permettraient en effet d'accroître le nombre de clients des universités ou des organismes de formation, et pallieraient ainsi une perte de revenu ou une moindre rentabilité. Parmi eux, les responsables américains (fonctionnaires des Etats, présidents des universités, consultants, industriels de l'*e-learning*) y voient plutôt une grande opportunité, alors que les responsables européens (membres de la Commission européenne, rapporteurs des ministères nationaux, présidents d'universités) se placent dans une perspective de croissance de l'enseignement tout au long de la vie. Ils soulignent cependant la menace d'une domination américaine.

En contrepoint, de nombreux analystes s'inquiètent des conséquences d'une mise en marché de l'éducation, grandement facilitée par l'essor des nouvelles technologies. Pour nombre d'universitaires et de responsables publics des

* Directeur de publication du magazine *Sciences Humaines*.
** *Sciences Humaines*, hors-série n° 32, mars/avril/mai 2001.

politiques d'éducation, la possibilité offerte par l'e-éducation profitera essentiellement à de puissants opérateurs privés. Elle aura – et a déjà – des conséquences extrêmement néfastes sur l'accès à l'éducation supérieure de la majorité de la population.

Au-delà de ces oppositions entre prospectivistes ou responsables politiques, se développent timidement des analyses de la transformation et des contraintes spécifiques de l'éducation, fût-elle supérieure et dispensée tout au long de la vie. Les nouvelles technologies sont pleines de potentialités, mais elles imposent des investissements et des renouvellements pédagogiques importants, que freinent de nombreux obstacles. Les interrogations portent particulièrement sur les contraintes organisationnelles propres au milieu académique et à la forme scolaire traditionnelle, notamment l'augmentation des coûts liés à l'interactivité, la certification des diplômes ou la difficulté de définition de la propriété intellectuelle.

Une croissance vertigineuse

Toutes les sources s'accordent, et les indicateurs convergent : l'utilisation des NTIC dans l'enseignement supérieur et la formation continue est en croissance exponentielle. Aux Etats-Unis, l'estimation va vers un accroissement important du chiffre d'affaires de l'enseignement supérieur privé, qui passerait de 180 millions de dollars à 300 millions de dollars par an dans les prochaines années, principalement grâce à des formations multimédias. L'Unesco estime que le marché de l'enseignement supérieur en ligne a été multiplié par 24 en trois ans (de 100 à 2400 millions de dollars). Cette institution prévoit que le montant sera de 3 900 millions de dollars en 2002.

Concernant la formation des adultes, surtout les formations mixtes comportant à la fois des cours traditionnels et de l'enseignement en ligne, la progression est moindre mais néanmoins importante : de 245 millions de dollars en 1997 à 1 218 millions de dollars en 2000, puis 2209 millions de dollars en 2002 selon l'estimation d'un cabinet anglais (1). C'est principalement dans les pays occidentaux et pour des enseignements nationaux certifiés que les étudiants s'inscrivent en ligne : 1 million aux Etats-Unis en 1998 (2).

Cette offre éducative est aujourd'hui essentiellement tournée vers les publics solvables, dans les marchés en expansion : le management, les technologies, le droit, les formations médicales... La plus grande *Business School* du monde par le nombre d'étudiants, Wharton en Pennsylvanie, compte par exemple pour sa filiale en ligne 8400 inscrits en MBA, dont la moitié d'étrangers résidant notamment en Chine, Inde et Corée du Sud. Cette croissance de la formation en ligne doit cependant être relativisée, particulièrement parce qu'elle est réduite dans de nombreux pays du fait même de la faible pénétration d'Internet. Dans un pays relativement bien équipé comme la France, le Centre national d'enseignement à distance (CNED), principal opérateur, compte

1. Etude citée dans P. Gil, *E-formation, NTIC et re-ingenering de la formation*, Dunod, 2000.
2. S. Mandard, « Internet ébranle la formation », *Le Monde interactif*, 26 avril 2000.

80 000 inscrits à des préparations uniquement délivrées en ligne, chiffre à rapprocher d'un nombre global de plus de 2 millions d'étudiants.
L'offre d'e-éducation est essentiellement américaine, en raison d'une volonté concurrentielle forte des universités et de la création de multiples entreprises d'e-éducation liées à la nouvelle économie : 80 % des logiciels éducatifs sont américains, si l'on en croit la Commission européenne. Cette suprématie des Etats-Unis préoccupe nombre de gouvernements, particulièrement ceux des pays anglophones. Le Canada, l'Australie et l'Angleterre s'inquiètent de voir une offre d'éducation en ligne concurrencer directement leurs propres institutions éducatives. Les autres pays sont moins menacés dans l'enseignement général, mais le sont tout autant dans des secteurs scientifiques ou managériaux, qui sont de fait des marchés mondialisés. Ils tentent comme la France d'anticiper la réponse à une poussée concurrentielle américaine que tous les responsables savent inévitable.
Le CNED, les universités et les Grandes Ecoles ont récemment mis en place un programme de création de campus multimédias. Ces organismes publics y ont été invités directement par les ministres de l'Education qui, de Claude Allègre à Jack Lang, entendent mettre en place un contrepoids à la puissance américaine en même temps qu'un instrument de rayonnement de la culture française. A la rentrée 2000, le ministère de l'Education nationale a ainsi débloqué 40 millions de francs pour la constitution de campus numériques, et 200 millions de francs ont été inscrits dans les contrats Etat/universités pour le développement de nouveaux usages pédagogiques.

De nouveaux acteurs, de nouvelles pratiques

La question n'est donc plus aujourd'hui, pour nombre d'observateurs, de savoir si l'enseignement supérieur va changer, mais comment il va changer et qui seront les acteurs principaux de ce changement. Pour James Duderstadt, président de l'université du Michigan, ce ne sont ni les Etats, ni le gouvernement fédéral, ni les 3 600 collèges supérieurs ou universités des Etats-Unis qui conduiront le changement, mais plus sûrement de nouveaux acteurs, comme les universités virtuelles privées, capables de réduire les coûts relatifs de l'enseignement en étendant leur zone de clientèle au monde entier et en supprimant les contraintes académiques, comme la titularisation des enseignants (3).
Aux Etats-Unis et dans le monde occidental, des universités privées, tournées vers un public national et international grâce à l'utilisation de cours en ligne, se développent en effet. L'exemple canonique, utilisé par les détracteurs comme par les contempteurs du phénomène, est l'université de Phœnix en Arizona. Avec ses 75 000 étudiants, elle est l'une des plus importantes universités privées des Etats-Unis et s'adresse principalement aux salariés en formation professionnelle. Cette institution n'est pas à proprement parler innovante, mais elle applique à

3. R.N. Katz & Associates, *Dancing with the Devil. Information Technology and the New Competition in Higher Education*, Jossey Bass San Francisco, 1999.

grande échelle des solutions souvent éprouvées dans de petites unités. Les enseignants sont, pour la plupart, des salariés qui enseignent le soir leurs compétences professionnelles. Les salles de cours sont utilisées au maximum et les programmes de télé-enseignement se développent de manière importante. Son intérêt provient avant tout de ce que l'université de Phœnix est le fleuron de l'un des principaux empires privés d'éducation aux Etats-Unis : la firme Apollo Group Inc., cotée au Nasdaq, dont les bénéfices ont été de 59 millions de dollars en 1999.

Une chose est certaine, ce nouveau marché de la formation supérieure se structure. En mai dernier s'est tenu à Vancouver (Canada) le premier Salon mondial de l'éducation. S'y sont rencontrées entreprises privées de la net-économie et institutions universitaires (4). En réaction, de nombreuses voix s'élèvent contre la marchandisation de l'éducation (*voir l'encadré page ci-contre*) (5). Cependant, la réalité est complexe et enchevêtrée. On assiste en fait à l'émergence d'une offre multiple, avec des acteurs venus de divers horizons. Les acteurs classiques, c'est-à-dire les principales universités américaines et européennes, sous l'impulsion des pouvoirs publics pour ces dernières, sont en train de sauter le pas d'une offre éducative en ligne tout autant que de l'utilisation importante des NTIC pour leurs institutions. Sur 80 universités françaises, 30 utilisent des plates-formes d'enseignement à distance, et les NTIC sont de plus en plus présentes (bibliothèques, cours...). Les établissements d'enseignement supérieur disposent d'une notoriété et de savoir-faire importants, et le développement de services à distance est un axe fréquent de développement. L'Ecole supérieure de commerce de Toulouse a, par exemple, créé une formation aéronautique dispensée également à Singapour et aux Etats-Unis, avec tutorat à distance. Et cette volonté de se placer sur le marché mondial, en riposte à la concurrence, se généralise.

Outre les universités et autres établissements d'enseignement supérieur, on constate que de nouveaux entrepreneurs, liés à la net-économie, investissent fortement dans le secteur de l'éducation et de la formation. C'est le cas de Michael Milken, dont la fortune initiale est liée à l'explosion boursière. Il a racheté un nombre considérable d'entreprises de formation pour créer le plus grand groupe mondial de formation, Global Universe, et il entend faire de cette industrie l'une des plus importantes de la nouvelle économie, en association avec son partenaire Larry Allison, président d'Oracle, la deuxième société de logiciels de la planète.

C'est également le cas de Paul Allen, cofondateur de Microsoft, qui s'est lancé dans l'aventure de l'alliance entre les nouvelles technologies et la formation. Il est spécialiste des « systèmes auteurs », logiciels d'aide à la réalisation d'applications multimédias de formation et d'enseignement. Il possède l'un des portails majeurs de formation sur Internet (click2learn.com).

Mais on trouve également des entre-

4. S. Blanchard, « L'école mondialisée », *Le Monde*, 25 avril 2000.
5. G. de Selys, « L'école, grand marché du XXIe siècle », *Le Monde diplomatique*, juin 1998.

La formation à distance, une nécessité économique ?

La demande d'éducation supérieure a augmenté de manière spectaculaire depuis la fin des années 70 aux Etats-Unis. James Duderstadt, ancien président de l'université du Michigan (1), estime qu'en dépit du soutien du gouvernement fédéral américain le financement va baisser dans les prochaines années. Cette baisse correspond, aux Etats-Unis et dans les pays anglo-saxons, à la volonté de dérégulation et de privatisation, mais aussi, de manière plus générale, à une doctrine issue de la théorie du capital humain, selon laquelle il est plus rentable d'investir dans les premiers degrés de l'éducation que dans le supérieur, pour lequel le secteur privé est plus efficient (2). C'est notamment le cas pour les pays du tiers-monde qui, sur incitation forte des experts de la Banque mondiale, préfèrent investir dans l'éducation de base pour leur développement. Ils doivent laisser au privé et au marché mondial un enseignement supérieur où leurs ressources ne leur permettent pas de rivaliser avec l'offre des grandes institutions occidentales.

La volonté de privatisation n'en est pas moins fortement contestée. Par exemple par Ricardo Petrella, professeur à l'Université catholique de Louvain et conseiller à la Commission européenne, qui estime que les gagnants de ce processus seront les entreprises géantes de communication (Microsoft, Vivendi-Universal...). Il s'inquiète d'un mouvement qui a vu récemment se créer plus de 1 000 universités d'entreprises dans le monde, remettant en cause la délivrance des diplômes par des institutions éducatives classiques. Il dénonce les pièges idéologiques du mouvement de privatisation : la culture de la concurrence entre établissements, la compétition des individus pour l'acquisition des savoirs, la croyance en un « impératif technologique » auquel les sociétés et les hommes doivent s'adapter.

L'exemple de la Nouvelle-Zélande est, semble-t-il, édifiant. La gestion des établissements éducatifs a été privatisée dans les années 80 (mais pas la gestion des personnels). Une désectorisation complète a eu lieu, et c'est ainsi qu'un quart des écoles se sont trouvées rapidement en difficulté... faute de clients (3). Mais ce cas est extrême. Si l'autonomisation des établissements est partout à l'ordre du jour, cela est compensé par l'augmentation des financements publics dans la plupart des pays.

J.-C.R.-B.

1. R.N.Katz & Associates, *Dancing with the Devil. Information technology and the new competition in higher education*, Jossey Bass, 1999.
2. M. Carnoy, « Notes sur la production et l'utilisation du savoir dans le secteur de l'éducation », *La Gestion du savoir dans une société apprenante*, OCDE, 2000.
3. E. Fiske et H. Ladd, « Nouvelle-Zélande : les exclus de l'école néolibérale », *Le Courrier de l'Unesco*, novembre 2000.

prises plus classiques. Des groupes d'édition et de presse comme *Les Echos* développent également un secteur de formation et de documentation en ligne. La formation et l'éducation sont particulièrement choyées par les grands groupes de télécommunications, de matériel informatique ou de logiciels...
Dans ce contexte, la réponse à la croissance du marché de l'enseignement supérieur et de la formation continue se fait souvent par la mise en place d'alliances. Alliances académiques, comme celle qu'étudie l'Université de Marseille avec l'Uned (organisme d'enseignement à distance espagnol) et l'Open University britannique ; ou encore celle des « quatre grands » qui lie les universités Stanford, Princeton, Yale et Oxford. Mais également alliances mixtes, entre opérateurs privés et institutions publiques.
Le professeur Robin Mason, de l'Open University britannique, souligne que nombre de sociétés spécialisées ont surgi pour aider les universités à concevoir et à réaliser les cours sur Internet, tandis que les fournisseurs d'accès jouent des coudes pour se placer (6). On retrouve ce processus dans la création de la société de droit britannique Universitas 21. Cette dernière est une alliance de 18 universités de 10 pays qui, en lien avec la News Corporation de Ruppert Murdoch, se propose de fournir des programmes universitaires de haut niveau, faisant appel à des méthodes pédagogiques novatrices. C'est également cette alliance d'opérateurs privés et d'institutions éducatives publiques que prône François Peccoud, président de l'université technologique de Compiègne et auteur d'un rapport pour la Conférence des présidents d'universités françaises.

Contraintes, obstacles et coûts supplémentaires

La généralisation de l'offre éducative en ligne (marchande ou non) se heurte à de nombreux obstacles. Economiques par exemple : l'utilisation des nouvelles technologies entraîne ainsi des coûts supplémentaires liés à l'acquisition des matériels ou à la conception des logiciels bien évidemment, mais aussi, de manière apparemment paradoxale, à l'accroissement du temps de travail des enseignants. Gregory Farrington, président de l'université de Lehig aux Etats-Unis, estime que l'augmentation de travail liée à l'utilisation pédagogique des NTIC est de l'ordre de 1,5 supérieure par rapport aux formes magistrales (accroissement de la communication avec les élèves et spécificité des mises en forme du cours) (7). Il souligne que la mise en place de cours réellement interactifs grâce aux NTIC est extrêmement rare. En fait, le choix entre le cours magistral à 500 personnes et le petit séminaire de quelques individus, dialoguant en permanence, dépend à la fois du sujet, de la matière... et de la notoriété ou du savoir-faire de l'enseignant.
Outre l'augmentation des coûts directs, on constate que la croissance de l'offre en ligne suppose réglée une question

6. R. Mason, « Les universités happées par la net-économie », dossier « Education : un marché de 2000 milliards de dollars », *Le Courrier de l'Unesco*, novembre 2000.
7. R.N. Katz & Associates, *Dancing with the Devil*, *op. cit.*

qui fait aujourd'hui problème : celle des droits d'auteurs. Des conflits récents et de plus en plus nombreux aux Etats-Unis le prouvent. La toute nouvelle Global Education Network, entreprise d'éducation en ligne fondée par un professeur et un *businessman*, cherchait à engager des universitaires pour qu'ils proposent des cours en ligne. Elle a échoué dans un premier temps, car les universités de rattachement des universitaires pressentis ont rappelé fermement à ces derniers que la titularisation *(tenure)* dont ils bénéficiaient leur interdisait de vendre à d'autres leurs cours (8).

Mais le temps n'est pas loin, estiment quelques commentateurs, où des conflits de propriété opposeront universitaires et universités pour savoir comment répartir les gains, et qui possède le droit de la mise en ligne. Pour l'heure, souligne G. Farrington, la réaction des universités traditionnelles aux tentatives de débauchage d'enseignants s'accompagne d'un scepticisme important des corps professoraux qui, dans l'ensemble, ne croient pas que les entreprises à but purement lucratif puissent être de bons vecteurs d'enseignement supérieur, et encore moins de recherche.

A ces obstacles économiques ou juridiques, on peut ajouter les contraintes organisationnelles et pédagogiques. L'un des points principaux est la question de l'évaluation et de la certification des connaissances. Cette question est générale et liée à toutes les formes d'apprentissage et d'autoformation hors des diplômes socialement reconnus.

En Europe, une volonté nette de reconnaissance des acquis professionnels existe, mais la résistance des institutions scolaires est importante, comme le confirmait il y a peu Jean-Louis Reiffers, alors président du Groupe de réflexion de l'Union européenne sur l'éducation et la formation : « *Le passage à une démarche active visant une plus grande responsabilité individuelle, qui devra être exercée tout au long de la vie – et pas seulement pendant la période traditionnellement dévolue à l'éducation – ne se fera pas principalement par des injonctions données au système formel et institutionnel d'offre éducative et de formation. Il se fera par la demande, lorsque les individus auront la possibilité de disposer facilement d'actifs immatériels justifiant leur capacité, seront convaincus de l'utilité d'en discuter et lorsque ces actifs seront reconnus socialement et, en premier lieu, par le marché du travail.* » (9)

Malgré cette volonté, on ne constate pas réellement de contournement des systèmes de diplômes et de formations reconnues par la demande des individus et grâce aux formations à distance (10). Si une formation n'a pas d'agrément et ne s'inscrit pas dans des cursus académiques, elle a peu de chance d'être attirante.

C'est ce que souligne, par exemple, le « permis de conduire informatique européen », attestation de la connaissance des principaux logiciels du mar-

8. J. Traub, « The campus is being simulated », *The New York Times Magazine*, 19 novembre 2000.

9. Institut de la Méditerranée, introduction de J.-L. Reiffers, alors président du Groupe de réflexion de l'Union européenne sur l'éducation et la formation, dans *L'Accréditation des compétences dans une société cognitive*, L'Aube, 1998.

10. A. Gauron, *Formation tout au long de la vie. Rapport au Premier ministre*, La Documentation française, 2000.

ché par des organismes français de formation, qui n'est reconnu ni par l'Education nationale, ni par les entreprises (11).

Une amélioration de la formation

Malgré les obstacles à leur diffusion et à leur utilisation, les NTIC permettent, lorsqu'elles sont mises au service de pédagogies actives d'apprentissage, une amélioration de la formation. C'est le cas dans les enseignements de langues étrangères, dans les formations techniques ou, de manière générale, partout où la simulation peut aider l'acquisition. Dans l'université de Pennsylvanie, il est bien rare de trouver un cours qui n'ait pas une page de présentation sur Internet. Dans cette université comme dans de nombreuses autres, progressivement, Internet est devenu un outil de discussion pour la classe. L'Essec, école de commerce privée française, met en place des *groupwares*, réseaux de communication et d'échange entre les élèves, les professeurs permanents et les intervenants occasionnels.

Outils de communication, Internet et le multimédia offrent également des ressources documentaires inégalées et accessibles que l'école de commerce, mais aussi l'université de Pennsylvanie utilisent de plus en plus. Dans la première, le réseau intranet de l'école permet aux étudiants de consulter, grâce aux multiples terminaux, les bases de données sur l'économie mondiale, les firmes… Dans la seconde, la consultation iconographique permise par la numérisation d'œuvres a révolutionné les cours d'histoire de l'art.

Il ne s'agit là que de quelques exemples, car l'utilisation des NTIC se développe dans les universités occidentales, tant pour la circulation des travaux d'étudiants ou des cours que pour les corrections ou les recommandations des enseignants. Cependant, l'utilisation des nouvelles technologies, au plan éducatif et de formation, n'est véritablement intéressante que pour résoudre des problèmes précis : remise des copies, gestion des emplois du temps, guide des leçons par transparents… Leur pénétration n'est, de ce fait, pas générale et correspond le plus souvent à l'informatisation que l'on constate dans l'ensemble des secteurs d'activités, administratifs ou industriels.

La diffusion des NTIC favorise la transformation pédagogique et l'amélioration des apprentissages, parce qu'elle est le vecteur technologique d'une volonté politique et d'une demande sociale. Nos sociétés sont en effet engagées dans une course volontariste à l'amélioration de la formation. Les nouvelles technologies sont également les moyens technologiques d'une transformation institutionnelle de l'éducation supérieure mondiale qui, pour le pire et pour le meilleur, voit se créer un espace éducatif aux offres multiples, aux fortes hiérarchies, souvent dominées par les institutions américaines. Pour autant, l'essentiel de l'éducation supérieure reste l'œuvre d'institutions universitaires implantées et régulées nationalement.

11. Ministère de la Formation professionnelle, *Info-flash*, hors-série « Se former tout au long de la vie », décembre 2000.

BIBLIOGRAPHIE GÉNÉRALE

Ouvrages généraux

L. ARENILLA *et al.*, *Dictionnaire de pédagogie*, Bordas, 2000.

J. BEAUTÉ, *Les Courants de la pédagogie contemporaine*, Chroniques sociales, 1994.

J. BEILLEROT, *L'Education en débats. La fin des certitudes*, L'Harmattan, 1999.

P. CHAMPY et C. ETÉVÉ (dir.), *Dictionnaire encyclopédique de l'éducation et de la formation*, Nathan, 1995.

B. CHARLOT, *Les Sciences de l'éducation, un enjeu, un défi*, ESF, 1995.

H. HANNOUN, *Anthologie des penseurs de l'éducation*, Puf, 1995.

J. HOUSSAYE (dir.), *La Pédagogie : une encyclopédie pour aujourd'hui*, ESF, 1993.

V. DE LANDSHEERE, *L'Education et la Formation*, Puf, 1992.

G. et J. PASTIAUX, *Précis de pédagogie*, Nathan, 1997.

F. RAYNAL et A. RIEUNIER, *Pédagogie : dictionnaire des concepts clés*, ESF, 1998 (2e édition).

V. TROGER, *Idées reçues sur l'école*, Le Cavalier Bleu, 2001.

A. VAN ZANTEN (dir.), *L'Ecole. L'état des savoirs*, La Découverte, 2000.

Education et pédagogie

M. ABDALLAH-PRETCEILLE et L. PORCHER, *Education et communication interculturelle*, Puf, 1996.

J.-P. ASTOLFI, *L'Ecole pour apprendre*, ESF, 1994.

J. BEILLEROT, C. BLANCHART-LAVILLE et N. MOSCONI (dir.), *Pour une clinique du rapport au savoir*, L'Harmattan, 1996.

C. DESVÉ (dir.), *Guide bibliographique des didactiques des ressources pour les enseignants et les formateurs*, INRP, 1993.

M. DEVELAY, *Donner du sens à l'école*, ESF, 1996.

C. GAUTHIER et M. TARDIF, *La Pédagogie : théories et pratiques de l'Antiquité à nos jours*, Gaëtan Morin, 1996.

J.-M. GILLIG, *Les Pédagogies différenciées : origine, actualité, perspectives*, De Boeck, 1999.

C. HADJI, *L'Evaluation, règles du jeu; des intentions aux outils*, ESF, 1990.

R. HESS et G. WEIGAND, *La Relation pédagogique*, Armand Colin, 1994.

B. LAHIRE, «Les manières d'étudier», *Cahiers de l'OVE*, La Documentation française, 1997.

P. MEIRIEU, *La Pédagogie entre le dire et le faire*, ESF, 1995.

P. MEIRIEU, *Frankenstein pédagogue*, ESF, 1996.

F. MORANDI, *Modèles et méthodes en pédagogie*, Nathan, 1997.

P. PERRENOUD, *Métier d'élève et sens du travail scolaire*, ESF, 1995.

P. PERRENOUD, *Enseigner. Agir dans l'urgence, décider dans l'incertitude*, ESF, 1996.

Apprentissage, intelligence et cognition

J.-P. ASTOLFI, *L'Erreur : un outil pédagogique pour enseigner*, ESF, coll. «Pratiques et enjeux pédagogiques», 1997.

B.-M. BARTH, *Le Savoir en construction. Former à une pédagogie de la compréhension*, Retz, 1993.

J. BRUNER, *L'Education, entrée dans la culture*, Retz, 1999.

F. P. BÜCHEL (dir.), *L'Education cognitive, le développement de la capacité d'apprentissage et son évaluation*, Delachaux et Niestlé, 1995.

P. CARRÉ (dir.), *De la motivation à la formation*, L'Harmattan, 2001.

M. CRAHAY, *Psychologie de l'éducation*, Puf, 1999.

J.-Y. FOURNIER, *A l'école de l'intelligence : comprendre pour apprendre*, ESF, 1999.

D. GAONAC'H et P. LARIGAUDERIE, *Mémoire et fonctionnement cognitif : la mémoire de travail*, Armand Colin, 2000.

H. GARDNER, *L'Intelligence et l'école, la pensée de l'enfant et les visées de l'école*, Retz, 1997.

A. GIORDAN, *Apprendre !*, Belin, 1998.

A. GIORDAN, Y. GIRAULT et P. CLÉMENT, *Conceptions et Connaissance*, Peter Lang, 1994.

G. GOUPIL et L. LUSIGNAN, *Apprentissage et enseignement en milieu scolaire*, Gaëtan Morin, 1993.

M. GRANGEAT (dir.), *La Métacognition, une aide au travail des élèves*, ESF, 1997.

P. MEIRIEU, *Apprendre, oui mais comment ?*, ESF, 1992.

J. ROULIN et C. MONNIER, *Psychologie cognitive*, Bréal, 1998.

M. SANNER, *Modèles en conflit et stratégies cognitives*, De Boeck, 1999.

R.S. SIEGLER, *Intelligence et développement de l'enfant*, De Boeck, 1999.

G. DE VECCHI, *Aider les élèves à apprendre*, Hachette, 2000.

G. VERGNAUD (dir.), *Apprentissage et didactiques, où en est-on ?*, Hachette, 1994.

Savoirs, compétences et transmission des connaissances

S. ALAVA (dir.), *Cyberespace et formations ouvertes. Vers une mutation des pratiques de formation ?*, De Boeck, 2000.

C. ARGYRIS, *Savoir pour agir*, Interéditions, 1995.

O. BASSIS, *Se construire dans le savoir, à l'école, en formation d'adultes*, ESF, 1998.

G. CHAUVEAU, *Comment l'enfant devient lecteur*, Retz, 1997.

F. DESBIENS *et al.*, *Pour une théorie de la pédagogie. Recherches contemporaines sur le savoir des enseignants*, De Boeck et Presses de l'Université de Laval, 1997.

M. DEVELAY (dir.), *Savoirs scolaires et didactiques des disciplines ; une encyclopédie pour aujourd'hui*, ESF, 1995.

P. GIL, *E-formation, NTIC et re-ingeneering de la formation*, Dunod, 2000.

A. GIORDAN, *Une didactique pour les sciences expérimentales*, Belin, 1999.

B. LAHIRE, *Culture écrite et inégalité scolaire*, Pul, 1993.

C. LÉVY-LEBOYER, *La Gestion des compétences*, Editions d'Organisation, 1994.

E. MORIN, *Les Septs Savoirs nécessaires à l'éducation du futur*, Seuil, 2000.

H. ROMIAN (dir.), *Pour une culture commune, de la maternelle à l'Université*, Hachette, 2000.

J.-C. RUANO-BORBALAN (dir.), *Savoirs et compétences en éducation, formation et organisation*, Demos Editions, 2000.

L. TOUPIN, *De la formation au métier. Savoir transférer ses connaissances dans l'action*, ESF, 1995.

G. VINCENT (dir.), *L'Education prisonnière de la forme scolaire ? Scolarisation et socialisation dans les sociétés industrielles*, Pul, 1994.

Formation continue

J. AUBRET *et al.*, *Savoir et pouvoir, les compétences en questions*, Puf, 1993.

J. AUBRET et P. GILBERT, *Reconnaissance et validation des acquis*, Puf, « Que sais-je ? », 1994.

P. CARRÉ *et al.*, *L'Autoformation. Psychopédagogie, ingénierie, sociologie*, Puf, 1997.

P. CARRÉ et P. CASPAR (dir.), *Traité des sciences de la formation et des techniques*, Dunod, 1999.

P. GOGUELIN, *La Formation continue en société post-industrielle*, Puf, «Que sais-je ?», 1995.

A. GUITTET, *Développer les compétences par une ingénierie de la formation*, ESF, 1995.

G. MALGLAIVE, *Enseigner à des adultes*, Puf, 1993.

E. MARC et J. GARCIA-LOCQUENEUX (dir.), *Guide des méthodes et pratiques en formation*, Retz, 1995.

P. MERLE (dir.), *La Compétence en question. Ecole, insertion, travail*, Pur, 1993.

Se former tout au long de la vie, Entretien Condorcet «Les rencontres de la formation professionnelle», *Le Monde* éditions/ministère du Travail et des Affaires sociales, 1997.

Acteurs et expérience scolaire

R. BALLION, *La Démocratie au lycée*, ESF, 1998.

A. BARRÈRE, *Les Lycéens au travail*, Puf, 1997.

E. BAUTIER et J.-Y. ROCHEX, *L'Expérience scolaire des nouveaux lycéens : démocratisation ou massification ?*, Armand Colin, 1998.

B. CHARLOT, *Du rapport au savoir en milieu populaire*, Anthropos, 1999.

B. CHARLOT, E. BAUTIER et J.-Y. ROCHEX, *Ecole et savoirs dans les banlieues… et ailleurs*, Armand Colin, 1992.

C. CRÉMIEUX, *La Citoyenneté à l'école*, Syros, 1998.

E. DEBARBIEUX, *La Violence en milieu scolaire*, ESF, 1999.

F. DUBET, *Les Lycéens*, Seuil, 1991.

F. DUBET et D. MARTUCCELLI, *A l'Ecole. Sociologie de l'expérience scolaire*, Seuil, 1996.

F. DUBET et M. DURU-BELLAT, *L'Hypocrisie scolaire*, Seuil, 2000.

F. DUBET (dir.), *Ecole, familles, le malentendu*, Textuel, 1997.

D. FISCHER, *L'Histoire des étudiants en France, de 1945 à nos jours*, Flammarion, 2000.

O. GALLAND, *Le Monde des étudiants*, Puf, 1995.

O. GALLAND et M. OBERTI, *Les Etudiants*, La Découverte, «Repères», 1996.

J. LAGARRIGUE, *L'Ecole, le retour des valeurs ? Des enseignants témoignent*, De Boeck/Belin, 2001.

G. LANGOUET et A. LÉGER, *Le Choix des familles, écoles publiques ou écoles privées*, Faber, 1997.

P. MASSON, *Les Coulisses d'un lycée ordinaire*, Puf, 1999.

C. MONTANDON et F. OSIEK (dir.), *L'Education du point de vue des enfants*, L'Harmattan, 1997.

J.-P. PAYET, *Collèges de banlieue. Ethnographie d'un monde scolaire*, Méridiens-Klincksieck, 1995.

P. RAYOU, *La Cité des lycéens*, L'Harmattan, 1998.

M. TARDIF et C. LESSARD, *Le Travail enseignant au quotidien*, De Boeck, 1999.

Systèmes éducatifs et politiques publiques

M. ALLAIRE et M.-T. FRANK (textes rassemblés par), *Les Politiques de l'éducation en France, de la maternelle au baccalauréat*, La Documentation française, 1995.

J. BOURDON et C. THÉLOT (dir.), *Education et formation. L'apport de la recherche aux politiques éducatives*, CNRS Editions, 1999.

M. CACOUAULT et F. ŒUVRARD, S*ociologie de l'éducation*, La Découverte, «Repères», 1995.

O. COUSIN, *L'Efficacité des collèges. Sociologie de l'effet établissemen*t, Puf, 1998.

M. CRAHAY, *L'école peut-elle être juste et efficace ? De l'égalité des chances à l'égalité des acquis*, De Boeck, 2000.

J.-L. DEROUET (dir.), *L'Ecole dans plusieurs mondes*, De Boeck/INRP, 2000.

F. DUBET *et al.*, *Le Collège de l'an 2000*, La Documentation française, 1999.

Y. DUTERCQ, *Politiques éducatives territoriales et évaluations du système éducatif*, INRP, 1997.

J. FIALAIRE, *L'Ecole en Europe*, La Documentation française, 1996.

A. HENRIOT-VAN ZANTEN et M. DURU-BELLAT, *Sociologie de l'école*, Armand Colin, 1992.

D. MEURET, *La Justice du systèmpe éducatif*, De Boeck, 1999.

C. LELIÈVRE, *Histoire des institutions scolaires, 1789-1989*, Nathan, 1990.

A. PROST, *Education, société et politiques. Une histoire de l'éducation en France de 1945 à nos jours*, Seuil, 1992.

J.-P. TERRAIL (dir.), *La Scolarisation de la France. Critique de l'état des lieux*, La Dispute, 1997.

C. THÉLOT, *L'Evaluation du système éducatif. Coûts, fonctionnement, résultats*, Nathan « Université », 1993.

V. TROGER, *L'Ecole de l'ardoise à Internet*, Le Monde/Marabout, coll. « Monde-poche », 1997.

F. VANISCOTTE, *Les Ecoles de l'Europe : systèmes éducatifs et dimension européenne*, INRP, 1996.

INDEX THÉMATIQUE

INDEX DES NOMS DE PERSONNES

Achevé d'imprimer en Avril 2001
par Imprimeries QUEBECOR WORLD
N° d'impression : 015348
Imprimé en France
Dépôt légal Avril 2001